U0138971

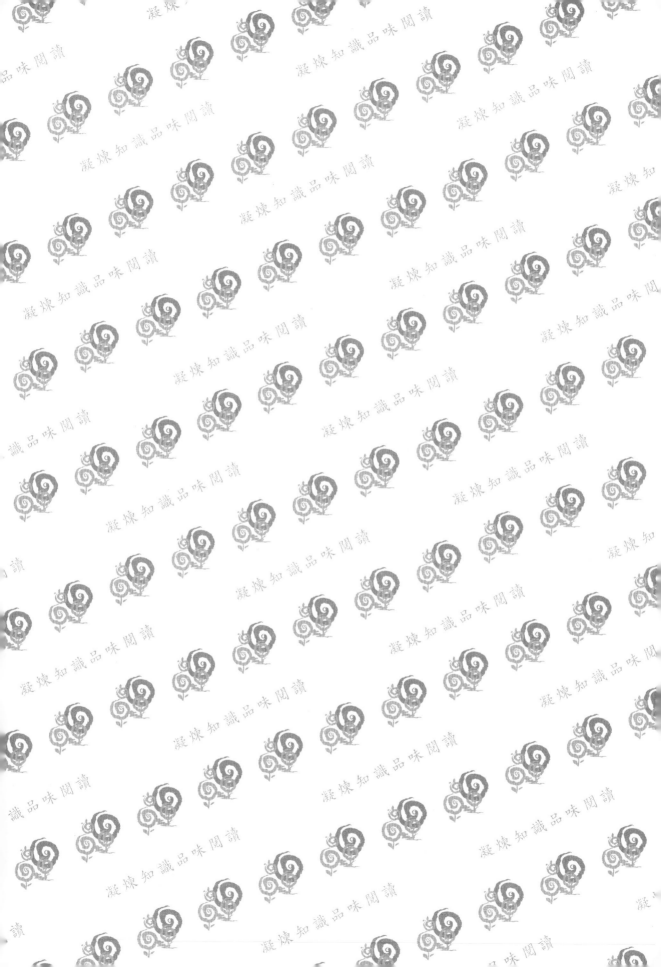

不動產投資與環境規劃

●附國土計畫實務探討與估價應用●

（依據最新民法相關法規修訂）

邢進文 著

第八版

五南圖書出版公司 印行

吳　序

　　企業連鎖經營這個議題與不動產最具關係的，莫過於房屋仲介，即不動產經紀人制度。近年來，房屋仲介的加盟越來越頻繁，主要乃受到國家公共政策面之土地增值稅減半所致，證明國家整體經濟成長已有提升，而房屋仲介的企業經營也確實能為國家提高競爭力。房地產如同火車頭，只要景氣復甦，則其他行業即會提升競爭力；金融一旦遭遇風暴，企業經營馬上面臨籌資困境，因此不動產證券化即成為替代籌資工具的金融商品。企業經營為了獲利，往往以不動產價值（價格）為追求目標；反之，不動產價值（價格）越高，則租金越高，而在地盡其利、地利共享的基礎上，企業經營越有追求獲利的壓力。

　　本書的問世，臺灣有志不動產開發的從業人員可以免去到國外取經的辛苦路程，因為我們臺灣要的是本土化的不動產開發，而不是美、英、日等國的版本。這本書結合了土地開發與企業連鎖經營理論與實務的觀念，它包含了不動產投資、貸款融資、租金訂定、估價與企業加盟立地分析、原則、因素的內容，亦包含了企業連鎖經營與土地利用法令之關係。本人相信看完這本書後，除了可以得到寶貴的知識外，還有助於不動產開發必要的認知。因此，本人在此予以極力推薦！

臺灣不動產訓練發展協會　前理事長

暨　住商不動產　董事長

吳耀焜

作者序
（八版）

　　任何一項企業經營似乎脫離不了不動產，所謂一企業需要土地、資本、勞動及企業家本身才能組合而成，而土地所形成的價值及價格、租金，乃企業投資經營最大的成本。同時，土地的有效利用、立地條件、工廠、公司之設點也與土地有關，本書寫作的一個特色是將企業經營與不動產結合，例如：企業連鎖經營需要租金的訂定、商圈、行人道、停車道的規劃、房仲業的加盟型態、企業經營之原則、影響因素、企業經營所應遵守法令（都市計畫法、民法、公平交易法等）以及企業中最大的固定成本（土地及建物）價格決定方法。最後，探討企業（包括大專院校）所面臨到的地上權、山坡地、高壓電、權利金、租金之收取，其方法為何；另一方面，亦加入了許多土地開發的概念。

　　本書的發行宗旨是希望提供一個活潑、創新的概念予社會中各個角落，同時也加入了大專院校教書的一些心得，真誠地希望能夠使社會各個角落，對於企業連鎖經營與不動產關係提高教學與受學的興趣，進而培育出未來國家的產業人才。最後，邢進文要感謝五南圖書公司楊榮川董事長、林茂榮副總經理、張毓芬副總編輯等前輩，為促成發行此書的使命感。也謝謝住商不動產吳耀焜董事長為本書作序，房地產理論暢銷作者暨知名建商董座吳家德平日的指點與指正，更感謝春保集團春鑫建設張春桂女士於國土計畫做人處事的指點迷津。

　　在臺灣成長五十餘年，承父母的教養與親情，終生難忘，感恩母親天上的庇佑。家父自山東省長清高中至濟南大學學前參與國民政府十萬青年十萬軍遷臺，晚年長年微恙，身為獨子的我身心雖俱疲，幸好得大專院校老師如周天穎

老師、林保宏老師、張嘉玲老師、胡太山老師、閻克勤老師、解鴻年老師、陳天佑老師、衛萬民老師、邱景昇老師、王傳益老師、雷祖強老師、指導教授賴美蓉、臺中市都市計畫委員會委員劉立偉老師，以及研究所求學時的林益厚老師、吳耿東老師的教學指導與鼓勵，得以讓本書順利完成。

　　最後，感謝所有促成本書發行的打字、編輯、校閱及封面、封底製作者，以及在編務過程中，一直保持聯絡溝通的侯家嵐主編，願與您們分享這本書的榮耀。

　　本書尚有遺漏之處，尚祈各位先進不吝指正是幸。

後學　邢進文　謹識

2020 年 11 月 1 日

alex580401@gmail.com

作者講座事蹟

（事蹟以教學研究、日後聯繫之用，禁止以此事蹟作爲商業之用途）

住商房仲講座

中信房仲講座

華邦廣告集團講座

全國房仲講座

臺灣房仲講座

開南大學公行系講座

臺中市地政農地講座

永慶新崛江房仲講座

太平洋房仲講座

住商房仲講座

21世紀房仲講座

永慶房仲講座

長榮大學估價師講座

靜宜大學觀光系所講座

苗栗縣政府地政處講座

彰化縣政府地政處講座

目　錄

3
PART
租金價值及路線價值分析　159

CHAPTER 3
企業經營之租金價值分析
──新訂租金、續訂租金　161

CHAPTER 4
路線價值　173

4 PART　土地開發投資及樓房投資分析　　199

CHAPTER 5　其他價值分析（國土計畫的新思維）　　201

CHAPTER 6　**土地開發分析**　**349**

CHAPTER 7　**樓房與辦公大樓的價值估算（都市計畫與建築之關係）**　**357**

5 PART　**都市計畫內（外）標的物價值開發及其他權利價值計算**　377

CHAPTER 8　**特殊標的物開發與價值分析**　**379**

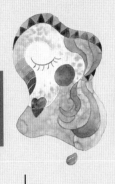

PART 1

原則、因素、程序

　　BOT 在未來專案融資的趨勢下，專案收益能力的估計更重於資產擔保的價值。因此，純收益須固定、安全、永續。

CHAPTER 1

不動產價值概說

一、緒論——不動產收益能力的估計更重於資產擔保的價值計算

前言：不動產未來利益可區分成年純收益、資本利得、優惠減稅利益、自我實現及社會地位增加、提高之利益。

沒有房地產，你的薪資、股票及任何投資利潤，將被房產增值及通膨吃掉，唯不能當作投機炒作的工具，所謂未知的獲利叫投機，已知的獲利叫投資。

✺ 何謂不動產

不動產投資目的：保值、節稅、多元化投資、資本利得、規律報酬、退休後定期收入、自用、快速回收自有財產，獲取企業經營利潤。

↳ 不動產相關定義

1.民法第六十六條

稱不動產者，謂土地及其定著物。不動產之出產物，尚未分離者，為該不動產之部分。

2.土地法第一條

本法所稱土地，謂水、陸及天然富源。

(1)水：指海洋、江河、水川、河流等。

(2)陸：指沙漠、高山、丘陵、盆地、峻嶺等。

(3)天然富源：指日照、風力、熱能、水力、空氣等一切自然力[1]。

3.建築法規

定著於土地且或地面下具有頂蓋、梁柱或牆壁，供個人或公眾使用之構造物或雜項工作物；建築物之主要設備，係指基礎、主要梁柱、承重牆壁、樓地板及屋頂之構造。

4.土地所有權及其土地相關權利，包括典權、抵押權、農育權、不動產役權

及於地面、地上、地下。

5.建築物所有權

(1)建築物附著於土地，但係於土地外獨立之物。因此，建築物與基地不必同屬於一人所有，二者可以分別存在，各擁有所有權。

(2)民法規定，不動產出產物尚未分離者，為該不動產之部分。因此，農作物與土地不可分別獨立存在。

6.土地法所稱

(1)土地改良物：分為建築改良物與農作改良物。

(2)建築改良物：附著於土地之建築物或工事為建築改良物。

(3)農作改良物：附著於土地之農作物及其他植物與水利、土壤之改良，為農作改良物。

7.政治學上所述

土地、人民、政府、主權為立國四要素。

8.憲法第一百四十三條

中華民國領土內之土地屬於國民全體。

9.經濟學上所述

土地乃一切能以創造利益為目的之地面、地下之土地。

---

[1] 李鴻毅，《土地法論》，中國地政研究所，民83，p. 39。

法規定義：一般所指法規係指法律與命令，所謂都市計畫法規，事實上包括了都市計畫法律與都市計畫命令。

法律：經立法院三讀通過，總統公布者，如國土計畫法、都市計畫法。

法：乃法律行為所規定事項者，如土地法、都市計畫法等。

條例：臨時性規定事項者，並無一定之標準者，如平均地權條例、農業發展條例，以及道路交通處罰條例等。

命令：如法規命令者，依中央法規標準法者，包括規則、細則、辦法、準則等，以國土計畫法施行細則為執行依據。

規則：指應遵守事項。

細則：依法規另作補充解釋之事項。

辦法：依規定辦理內容之方法者，如市地重劃實施辦法。

準則：係指標準作業流程者。

母法與子法：

母法：凡一法律係直接根據他種法律而產生者，所根據的法律稱為母法。如：土地法、國土計畫法，憲法與國土計畫法孰輕孰重是一個考慮的重點。

子法：依據母法所產生的法律稱為子法，如平均地權條例。乃母法之特別法，應優先適用。子法不得牴觸母法。特別法乃指特定事物適用的法律，如土地法與民法之關係，土地法為民法之子法，亦是特別法，應優先民法於土地相關適用。

土地法所稱土地意義解釋層面甚多，可從各層面加以解釋，經濟學：土地、勞力、資本及地租觀念。政治學：土地乃代表國家主權，即所謂領土。民法：不動產及其定著物，不動產出產物尚未與土地分離者為該不動產部分。另土地之上下，包括地面及其一定範圍之上空及地下亦在其內。土地法：水陸及天然富源（陽光、空氣）……。

✵ 不動產市場

☆ 何謂不動產市場

1. (1)狀況與環境：市場供需狀況之擬定。

(2)財貨與勞務：買賣雙方。

即一種狀況與環境，經由買賣雙方決定財貨（不動產）或勞務（開發）之交易與價格。

(3)可由兩個角度來看

①實質空間。

②資產市場。

2.不動產市場之功能

提供新的空間滿足需要。

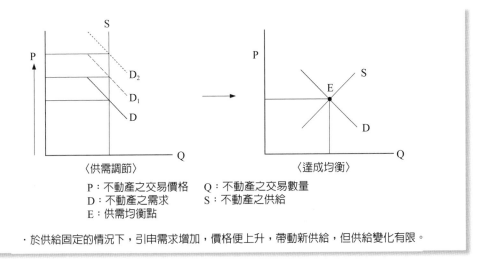

〈供需調節〉　　　　　　　　　〈達成均衡〉

P：不動產之交易價格　Q：不動產之交易數量
D：不動產之需求　　　S：不動產之供給
E：供需均衡點

‧於供給固定的情況下，引申需求增加，價格便上升，帶動新供給，但供給變化有限。

(1)自然供給：土地原有數量。

(2)經濟供給

①計畫供給：中央政府依公共政策之擬定，於市場上提供住宅約數公頃。

②狹義經濟供給：端看政策之需要，是否願意將住宅提供至市場上。

③決定土地使用：依都市計畫法第三條：係在一定地區內有關都市生活之經濟、交通、衛生、保安、國防、文教、康樂等重要設施，作有計畫之發展，並對土地使用作合理之規劃。

承上所述，於市場供需調適後，決定土地之使用。

3.不動產市場如何運作

(1)供需模型（model）

$$A = S - D$$
A：可提供使用的空間
S：出售或出租的空間
D：需求空間

$A \geq 0$（理論上一般民主國家），造成 $S > D$，而往往 $D > 0$（市場過熱）。

(2)造成 $S > D$ 的原因

①景氣好。

②需求小，類似一些都會地區盲目地投入。

4.空屋率

(1)產生原因

①購置新屋。

②第二屋。

③太老舊。

(2)計算模型（count model）

①實際空間率：在某一特定時期，實際發生的空間率。

②自然空間率：經過長期供需，達到均衡調和。

舉例：

	實際　自然	結果	開發者反映
A.	13% = 13%	均衡市場	開發速度正常
B.	15% > 13%	過度興建	開發速度減低
C.	22% > 13%	太過度興建	開發速度停止
D.	11% < 13%	需求增加	開發速度加快
E.	7% < 13%	需求強烈	快速

✎ 不動產市場價格與價值

1.價值（value）

經濟學上說，價值乃某一種財貨受人重視的程度[2]。從土地的本身涵義，即一為土地使用價值，一為土地交換價值。

2.價格（price）

某種財貨因人之欲望而受人重視之程度，以貨幣單位表示者，稱之價格。

3.土地使用價值

基於土地本身所能發生滿足人類欲望的能力，受土地供給市場的稀少，產生效用強弱之抽象觀念稱之。

4.土地交換價值

(1)基於市場上供需原則，以貨幣單位為計算幅度所表示的具體額度稱之。

(2)土地使用價值可謂租用情形，土地交換價值可謂買賣情形。同時，從「地盡其利」的觀點來看，土地如能有效利用，土地的使用價值越高。

5.產生價格的要素

(1)價值（value）：包括土地使用價值與土地交換價值，應以認知為前提。

(2)稀少性：所謂物以稀為貴，在於效用極大，也較能滿足人類的欲望，如社區網路住宅、高建材大樓，甚而區段好的土地；反之，空氣、水到處可見，取之不盡，雖對人類非常重要，但較前者價值無法比擬。

(3)有效需要：指對於財貨與勞務之需要而產生之效用，此產生過程對於財貨之需要是有效而直接的。亦可說是一種對財貨有購買的需求。

---

[2] 殷章甫，《土地經濟年刊》NO. 4，中國地政研究所，1993。

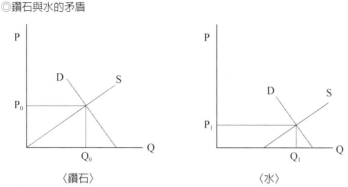

◎鑽石與水的矛盾

〈鑽石〉　　　〈水〉

• 鑽石 P_0 > 水 P_1。
• 水是人類生存重要成分，假設沒有水，人類無法生存；鑽石雖美，但人類沒有鑽石，照樣生存。

6.影響供需的因素

如果以 S_e 代表存量的供給，以 D_e 代表存量的需求，則 D_e vs. S_e 的均衡交點決定價格 P_e。

在流量市場中，供給是有彈性的 S_n，當價格↑時，農地即會變更建地，D_n 代表需求 vs. S_n 均衡點為 B，價格為 P_n，土地的交易量為 L_n，圖中可以發現 $P_n > P_e$，因為這兩土地無法替代，所以不必相等，而新開發的土地也許會配置較好的公共設施及較好的設計，所以價格可能較高。如價格低於 P_e，則會有超額需求如 XD。因為存量市場中已經無法提供更多的土地，所以可把此項超額需求轉到流量市場。

存量流量模型：假定我們有二個土地市場，一個是已有改良物的土地存量市場，一個是將要建築的土地流量市場，在存量市場中，土地的供給是完全沒有彈性。（參考韓乾，《土地資源環境經濟學》，五南圖書）

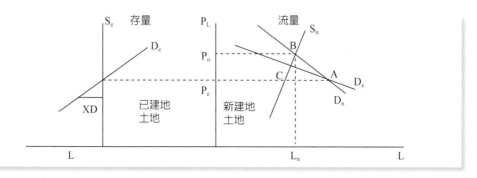

(1)供給面

①公共建設與公共設施：影響建築物供給的法令，包括：

A.空地：土地法、平均地權條例。

a.土地法第八十七條規定：凡編為建築用地，未依法使用者，視為空地。土地建築改良物價值不及所占基地申報地價 20% 者，視為空地。

b.平均地權條例第三條規定：空地者，指已完成道路、排水及電力設施，於有自來水地區並已完成自來水系統，而仍未依法建築使用或雖建築使用，而其建築改良物價值不及所占基地申報地價 10%，且經直轄市或縣（市）政府認定應予增建、改建或重建之私有及公有非公用建築用地。

B.超額私有土地：土地法、平均地權條例。

a.土地法第二十八、二十九條分別規定：直轄市或縣（市）政府對於私有土地，得斟酌地方情形，按土地種類及性質，分別限制個人或團體所有土地面積之最高額。前項限制私有土地面積之最高額，應經中央地政機關之核定。又私有土地所受土地法第二十八條之限制，應由該管直轄市或（縣）市政府規定辦法，限令於一定期間內，將額外土地分割出賣。

b.平均地權條例第七十一、七十二條分別規定：直轄市或（縣）市政府對於尚未建築之私有建築用地，應限制土地所有權人所有面積之最高額。前項所有面積之最高額以十公畝為限。但工業用地、學校用地及經政府核准之大規模建築用地，應視其實際需要分別訂之。又私有土地超過前項限額時，應通知土地所有權人於兩年內出售或建築使用。

②生產技術：技術的進步，促進土地立體利用，建物層數增加，地下化建設也因而增加。如鐵路地下化、高架橋及高架道路。

③營造戶數目：營造工廠、公司一增加，表示營建工程數量增加，因而造成建物供給增加。

④信用貸款：信用貸款利率優惠，貨幣供給、社會游資增加，建物供給增加。

⑤稅制：今日地價之高，導致公告地價上漲，為免投機炒作，地方政府調
漲地價稅暨空地稅壓制土地投機炒作、純屬不易。

　A.土地法第一百七十三條規定：針對土地法第八十九條規定分析，凡逾
期未依土地法第八十九條規定使用者，應加徵空地稅，而其稅額不得
少於該土地應繳地價稅三倍，亦不得超過應繳地價稅之十倍。

　B.平均地權條例第二十六條規定：私有空地經政府視都市發展情形，分
別劃定區域，限期使用，逾期未使用者，應加徵空地稅，前項稅額，
按該宗土地基本稅額（地價稅）加徵二～五倍空地稅。

⑥住宅衰敗的原因：海砂屋、輻射屋、山坡住宅數量增加，使得市場增加
新的住宅供給。

⑦土地使用分區管制：都市計畫分為九種使用區、區域計畫分為十九種建
築用地，因而造成建物供給增加。

⑧成本：土地取得成本降低，建商建物供給增加。

⑨政治因素、社會因素：政治越清明、社會越安定，建物供給越增加。

(2)需求面

①新的住宅類型：新產品流行，如乾溼分離、大坪數、網際網路產品需求
增加，因而使市場價格上漲。

②所得水準：利率下跌，貨幣供給增加，投資增加，所得增加，因而使需
求增加。

③投資標的減少：股市大跌，黃金價格下跌，大多數游資湧入房地產市
場，導致需求增加。

④景氣的展望：景氣好，經濟活動熱絡、消費力增加、物價上漲、地價上
漲，造成房地產需求上漲。

⑤傳統風俗習慣：中國人「有土斯有財」的觀念，造成房地產需求增加。
另外，大家庭戶數漸漸減少，年輕人向外組成小家庭戶數增多，造成房
地產需求增加。

⑥貸款條件：房貸優惠利率增加，人民購屋負擔減輕，房地產需求增加。

(3)供需

不動產分析在市場研究上，包括：

①地方經濟分析：係針對一個界定的地理區域，研究人口、家戶、就業和所得等基本經濟、社會因素之趨勢，以利進行後續市場分析時，探討其對不動產供需之影響。可透過投入產出分析 vs. 基礎經濟理論加以掌握，進行人口研究。（吳耿東，《不動產投資分析》，文筆書局，民92，p. 69）

②市場分析：就特定類型不動產於特定市場上的供需特性，較爲宏觀。

③可市性分析：又稱爲市場性分析，乃研究某計畫或開發案在市場上的競爭地位 vs. 接受程度，較爲微觀。

在個體決策分析上包括可行性分析與投資分析。前者可說，方案能否成功，在諸多法令、物理、經濟等限制條件下，如何以有限的資源滿足特定目標，此爲可行性分析。投資分析係投資開發商評估計畫的報酬 vs. 風險。

❀ 不動產價值：黃金原則

地段、地點、坪效、周邊環境、開發時程……

↻ 不動產之特性

可以用成不動產證券化，如收益。

不動產依民法規定乃土地及其定著物，因此，不動產脫離不了土地，土地的特性包括：

1.不可移動性

土地乃固定，不像一般財貨可自由移動，就因爲土地有此特性，所以在經濟市場的交易觀點來看，即產生了土地價格。

2.稀少性

所謂經濟市場乃供需法則而言，供需法則即市場上供給與需求，而在一般財貨的市場上，供給與需求達到均衡，即有一均衡價格，而在土地市場上，其爲一不完全競爭市場，市場屬特有性，土地供給呈現固定且有限，在「物以稀

為貴」的情況下，需求不斷增加，進而使不動產價格持續上漲。

3.滋養力

土地具有滋養力特性，依民法規定，不動產出產物，尚未分離者，為該不動產之部分，如土地法上規定之農作改良物，如應對在不動產價格上，應包含不動產上之出產物，即將土地上之出產物列入評估不動產價格中。

4.積載力

土地法規定之建築改良物乃依附在土地上，市區道路建設條例規定之高架橋、橋梁依附在土地上，即稱土地有所謂積載力，係指區分地上權名分。

5.分割與合併可能性

建物有所謂分割與合併，當然，土地亦有所謂分割與合併，依土地法及平均地權條例規定，政府為實施區段徵收、土地重劃與促進土地利用條件下，為達到最小建築單位面積與最小分配面積標準，以及防止土地再細分之情況下，有所謂土地分割與合併之限制規定，以達到防止土地誤用、濫用、不當利用等理想境界。

6.類別使用性

土地法第二條規定，土地的類別包括直接生產用地、交通水利用地、建築用地及其他等土地，以滿足人類各式各樣生活之需要，進而對土地的用途需求增加。

7.社、經、政位置可及性

土地雖不能移動，但可因交通運輸、國際貿易、人口外移的狀況使用土地，呈現社會、經濟、政治有利的條件，因而促進土地可及性的發揮。

8.投資、改良可及性

為促進土地之利用，提高土地之經濟價值，可將勞力與資本投資於土地上，進而增加土地之需求。

9.永續性

一般是指土地不會因使用，而產生消耗。

10.特定用途性

係針對土地使用分區管制中各種土地之用途，如住、商、工、農。

11.個別性

每一土地或建築物均有其個別的風格與區位等特性，因此，土地沒有辦法標準化，而建物亦如此。

⇨ 所謂不動產價值

依前述價格與價值的說明，可簡述為運用專家專業知識與力量以及科學的方法，對於不動產的經濟價值以貨幣額表示者稱之。此貨幣額所表示的經濟價值，乃具實質客觀、公正性，不含一切偏見與主觀意思。

⇨ 不動產價值之特性

1.公開、公正

由於對不動產採取適當、標準所有權價格，因此，不動產價值所呈現的應該是一個公開、公正的鑑價程序，如此才能展現出對不動產價值的公平性，對於政府、民間業者與個人之間，都能夠有一個依賴的準則。

2.適當性

不動產價值的建立，可加入都市計畫、土地開發的觀念，有助於政府作為徵收補償程序的依據；同時，也能夠合乎各項影響不動產價格的強勢、弱勢（優勢、劣勢），以作為不動產價格高低的判別，例如：人口、交通、公共建設等。

3.整合、溝通、協調之特性

在房地產交易市場上，由於買賣雙方對標的不動產價格認知上的差異，使得雙方不斷爭議不動產在市場上的真實價格。基於此，不動產價值所扮演的角色就是估出一個各方面（產、官、學）都能接受的妥議價格，此妥議價格即扮演了一個整合、溝通、協調買賣雙方的角色。

範例 *1-1*

> 政府與民間實施不動產評估價格之理由為何？
>
> 說明：1.公經濟（政府部門）
>
> (1)便於政府實施區段徵收及市地重劃，徵收補償標準、重劃費用、工程費用負擔之標準依據，不過能夠加入都市計畫研究或許會較有說服力。
>
> (2)課稅、賦稅繳納之依據，不過能加入稅務專業之研究以因應實價登錄、實價課稅之政策需要或許會更宏觀。
>
> (3)都市更新權利變換之需要（樓地板面積分配），似乎跟建築師與不動產經紀人實價登錄有關。
>
> 2.私經濟（民間部門）
>
> (1)活絡民間不動產買賣、移轉之交易，急需一合理不動產市價與制度，作為買賣價、移轉價之參考依據。
>
> (2)銀行貸款融資之參考，銀行本身亦有其鑑價機制。
>
> (3)公司資產價值重整之參考，破產法應運而生。
>
> (4)公司（建設、開發業）投資利用之參考。
>
> (5)建商與地主針對土地交換合作之參考，為使土地產權更為清楚。
>
> (6)銀行、保險公司保險理賠之參考，可參照建築師地上物暨周邊環境作為風險（火險）鑑價之依據，主要其乃工程造價為其專業，由其分析似較為合理。
>
> (7)地下鐵、高壓電土地損害賠償之參考。

範例 *1-2*

> 試述不動產投資估價人員應具備之修養
>
> 說明：1.專業知識水準。
>
> 2.實務工作經驗。
>
> 3.充分足夠能力：
>
> (1)歸納能力（化繁為簡）。
>
> (2)演繹能力（化簡為繁）。
>
> 4.協調能力（溝通整合）。
>
> 5.品德行為端正；切忌投機取巧。
>
> 6.社會權利、義務責任：以利他為主，不以利己為要件。
>
> 7.情緒能力（EQ 能力）。
>
> 8.社會道德、倫理能力。

範例 *1-3*

高鐵徵收‧補償標準

說明：高鐵徵收土地，是以當期公告土地現值另加四成補償，如果配合施工，還有施工獎勵金每公頃一百二十萬元，而不以「市價」來補償，是因目前並無法律依據，而且因為「市價」並無一套大家都可以接受的估價標準，所以高鐵無法超越法令的規定來辦理補償。合法的地上物都需要辦理補償，是照各縣市政府查估補償的標準發給。如果配合施工，在其限期內自行拆遷的話，高鐵局會再加發補償費 50% 的自動拆遷獎勵金。若無法提出合法證明文件，而在高鐵路權圖核定日前已存在的建物，高鐵局按照合法建物補償標準 70% 發給救濟金，其於限期內自行拆遷的話，另按救濟金 30% 發給自動拆遷獎勵金。

　　民國 101 年土地徵收條例已改為以市價作為補償依據，其內容應包括如下：（美國的作法，可作為參考，下文為作者參與內政部土地徵收條例研究計畫）

美國法令案例分析

美國土地徵收相關法制依據與說明

1.前言

　　美國有五十大州，每一州對於土地發展制度多多少少均有著不一樣的作法，如果要全然探討與探究，時間上與資料詮釋的鋪陳恐有窒礙難行之處，因此本章節內容將以徵收法令與程序、目的、範圍與補償機制作一貼切的詮釋，以使整個土地徵收研究更加完善。

2.現況與背景

　　(1)美國對於土地徵收並沒有一套全國統一的法律依據，但在美國法典中多

處規定聯邦政府部門及其相關機構公共建設如需要土地時，可以透過協議價購和徵收的方式來取得土地及不動產。此外，聯邦政府各個機構如聯邦高速公路署、聯邦航空署和各個州單位對於土地的取得包括徵收，都有各自的法律規定。美國是聯邦制國家，地方立法在美國整個法律體系中位居重要地位，在土地利用管理方面，州政府可直接參與土地利用管理，美國土地徵收權分聯邦、州、縣三級，整個土地徵收的立法原則是以公開、公正為原則。透過公告、聽證、談判等程序，作為土地徵收的必經程序，即美國聯邦憲法規定的徵收就需依據正當法律程序，使公民有足夠的知情權。美國的徵地程序中規定：如果在補償價格上有分歧，則產權方與政府機關將進行談判，談判程序展現了雙方之間的平等，保證了徵收土地的公正。

(2)聯邦政府依據憲法法典可以行使徵收權，州在建制法中享有土地徵用權的規定，並在建制法中行使土地徵用權。此外，從事共利的公共建設或經營的法人也享有土地徵收權。如在夏威夷州，諸多需地機關如：居民局、空港局、住宅開發局均擁有自己的徵收權，各行政機關非依法律授權程序，不得因為本身之需求而徵收私有土地。

3.種類與方式

(1)美國聯邦憲法第五條修正案規定：「非依正當程序，不得剝奪任何人的生命、自由或財產；非有合理補償，不得徵用私有財產供公共使用。」憲法第十四條修正案則要求，任何一州，不經正當法律程序，不得剝奪任何人的生命、自由或財產，各州也有類似的土地徵收法律條文。在美國，物權受到法律的保障與限制，物權是一種財產權，可以徵收之。財產權徵收主要分無償徵收與有償徵收兩大類，前者乃政府為了保護公眾健康、安全、倫理以及福利，可以無償徵收民眾的財產，但這種徵收近年來受到嚴格的法律規範，已較少見；後者有償徵收，係指政府因為公共使用之需要而依法有償取得土地所有人的財產並用在公共建設上，得徵收公民擁有的土地，近年來，主要乃採取這種方式。土地徵收的用途已慢慢調整為保護綠色空間、恢復生態系統、發展和管理水資源供給、

改善公共管理等永續發展為目的，這與目前發展中國家徵地主要用在經濟建設的目的大不相同。

(2)以土地徵收為例，依美國聯邦憲法第五條修正案，即使是有償徵收，也須符合三個主要條件，即法律程序必須正當、補償必須公平以及須達到公共使用。亦即是說，正當的法律程序、公平的補償、公共使用的目的是美國土地開發與管理最重要的三大目標。美國土地徵收法源係源自於英國之習慣法，由國會制定法案並由其授權對於土地加以使用，二十世紀六〇年代末，美國政府在土地用途管制制度的基本精神上，仿照英國的作法，建立了一套相當完備的土地開發與管理制度。美國聯邦憲法第五條修正案又規定非經公平補償，私有財產不得被徵收作為公共使用，此修正案僅適用在聯邦政府，不適用州政府，故在美國聯邦憲法第十四條修正案復規定：禁止各州不經正當法律程序剝奪任何人的生命、自由或財產；或在州管轄範圍內拒絕以平等法律保護任何人。承上所述，美國聯邦憲法關於徵收之規定，主要乃以公共使用、正當法律程序與公平補償為要件。各州有關徵收均有其個別不同之處理方式，不過近年來漸漸調整至與聯邦法制接近，使其徵收運用更加統一。

(3)美國土地徵收之目的——公共使用（public use）。二十世紀初開始，公共使用之定義逐漸擴大，只要對公眾有益，亦得徵收土地並移轉予他人。美國各州法律亦規定，為辦理都市更新或都市再開發，得徵收土地，並移轉給需要土地之人，唯限制其應依規定標準使用。美國土地徵收只限於「公共使用」之情形下進行，此乃為了防止漫無目標徵收，避免產生將徵收而來之土地作為其他使用。公共使用原先係指土地必須供公眾使用且為公有，許多州憲法列舉了可運用徵收辦理公共建設之類型，例如：道路、學校等。由於公共使用並無明確之定義，因而法院在面對各類型之徵收案件時，給予立法機關不同之尊重。

公共使用：一般是指全體社會成員都可以直接享受的利益，如公共交通設施、公共衛生設施、科學及文化教育設施。但如果是政府徵收少數人財產，又立即轉讓給另一些少數人使用，比如徵收某甲的土地房產給某乙開設便利商店，就不能構成公共使用。

公共使用在美國最常運用在都市更新上，公共使用之廣義解釋，包括公共利益（public advantage）或實現公共目的（public purpose）。美國在實施都市更新之際，必須先取得更新單元內土地及建物之產權，而土地產權細分的結果，使得土地所有權人眾多，易在協議上產生諸多協調的困難。此問題之解決方法即運用徵收權來取得不願意參與更新之人的土地，加以更新作為公眾使用或交由私人開發商使用。綜上所述，美國土地徵收以公共使用為目的，而原先指定土地被徵收後供公眾使用且屬公有，隨著時代變遷公共使用概念逐漸擴大，而徵收權之行使必須依法律行政規定，即立法機構列舉徵收事業立法明文規定，並於法律中授權由行政機關辦理徵收。

美國土地徵收法律訴訟

1.審查與方式

美國土地徵收制度有其訴訟程序，以加州為例，徵收必須經過一般的民事訴訟程序，而其徵收的價格必須經過陪審團決定；陪審團決定價格的同時，依州法必須考量因為徵收目的公諸於世所造成的市價上揚，並將徵收土地範圍鄰近土地可能增加的價值公諸於世。陪審團的成員均為公民，可以想像公民自主權利相當大。

2.現況

以現況來說，美國土地徵收制度係採司法審查制度，政府必須有足夠充分的理由說服民眾，說明徵收土地是為了公共使用的需要；如果當事人或相關權利關係人對於公共性質有疑義時，可以訴諸於法院審判，由法官裁定。在此情況下，美國司法制度乃採雙軌制度，包括聯邦及州法院，兩大體系各自獨立，各州法律體系亦是獨立。整個法律架構是，案件訴訟如有涉及至聯邦憲法或全國性憲法疑義時，才允許聯邦法律體系有訴訟的管理及管轄，司法機關則有權決定徵收法案內容是否違反憲法及裁定徵收補償數額。美國亞利桑那州憲法規定，私有土地不能再徵收為私人所使用，唯用於礦產開發、公共衛生或農業用

途使用所必需要的灌溉排水與通路通行情況除外。

美國相關土地徵收程序

1.徵收土地需有正當法律程序

　　美國聯邦憲法規定，法律程序必須公正，政府需要出示公告。公告必須合乎程序，公告實施前，需召開聽證會，採取司法動作或類似司法的相關流程，土地才能被徵收。徵收程序內容包括：

(1)正式審核員審查

　　審核員必須依法取得資格，在徵收程序下，取得被徵收土地所有人同意後，實地調查會勘、資料匯總，提交審核報告給負責徵收類似於需地機關的組織。

(2)高級監督員研究

　　對於補償價格做一確認，此乃協議價購之觀念，由需地機構向土地所有者或與利害關係人報價。

(3)價格分歧，進行談判

　　若補償費不能達成一致，有的州政府及有關機構則可實施強制徵收。唯強制徵收的程序和手續，各個州差異很大，其間的程序分為普通程序和緊急特殊程序。緊急特殊程序是指徵收情況，如果需要徵收更多塊土地，以致因補償金低之理由不同意土地被徵收。此時，勢必影響需地機關徵收項目進度的順利實施，需地機構可向法院申請緊急徵收，先行占用土地，事後再商定補償數額。總之，正當的法律程序一般有幾個步驟：政府預先通告，對土地進行評估，召開聽證會，達成協議，如果無法達成協議，政府可要求法院處理，法院裁定最終解決方式。因此，可以得知公告、聽證、評估與談判、訴訟等程序，係美國作為土地徵收的必經程序。美國有關徵收程序在法律上已很明確，如在程序中有所爭議、爭端，則交由司法解決。正是這樣的司法手段，使得美國土地徵收所引起的任何社會公平爭議均能有效解決，同時亦大大降低了因為爭端所產生的社會不穩定與經濟發展的衝擊，有效落實社會公平正義。

2.徵收補償之作法

(1)理論與架構

美國徵收補償基本上一個大方向是以合理補償作爲上位概念，理論上的觀點是以公共選擇層面、經濟層面、法律層面的精神與估價技術上做一結合而整體考量，美國土地徵收政策特別提到的是公共選擇層面，此與制度經濟學有關。具體的說，美國運用了公共選擇理論的概念來分析土地徵收政策；亦即，使徵收補償機制透過公共選擇理論的概念，發現土地徵收政策是否有所偏差進而產生政府失靈來加以檢討供需狀況。承上所述，美國聯邦憲法第五條修正案規定：「非依正當程序，不得剝奪任何人的生命、自由或財產；非有合理補償，不得徵用私有財產供公共使用」，因此可以發現美國土地徵收補償制度，是以人的生命或財產爲考量依據；換句話說，土地所有權人的價值勝過土地的價值。這在 1789 年美國憲法第五條修正案即已說明，任何因公共使用的政策而剝奪私人財產者，都必須獲得合理補償已然述之。

(2)合理補償定義

美國最高法院曾經對於合理補償做過一明確的解釋，係指被徵收人之財產價值回到最初完整的情況。亦可說是被徵收人在徵收前的財務價值，這個價值包括現在與未來收益的折現價值。

(3)憲法根本詮釋來看

美國政府和法律對房地產權利建立了嚴格的保護體系，憲法的權利法案中基本條例與產權相關，規定了人們的財產權（包括房地產權利）受到保護，政府爲公共利益徵用私人財產，必須按市場價值予以公正賠償。

3.美國土地徵收程序——以康乃迪克州爲例

由於美國各州土地徵收之程序不同，不同之徵收事業程序亦有所差異，以康乃迪克州爲例，土地徵收程序大致可分爲五個階段，包括徵收事業與範圍之認定、召開公聽會、徵收法院及法律訴訟、徵收補償價格之估計與計算、法院提存及徵收程序之完成，敘述如下：

(1)徵收事業之認定

地方議會核准都市更新開發計畫後，都市更新需用機關將著手取得更新單元內之不動產，取得不動產之方式包括與所有權人協議價購、承租、交換或贈與。更新實施主體無法以其他方式取得土地時，向立法機構申請徵收、地方立法機構核准後，得徵收更新單元範圍內之不動產。

(2)公聽會召開

由於美國憲法規定，凡政府於剝奪人民自由或財產前，必須事前通知並舉行聽證，有其徵收行為的必要性和合理性。唯公聽會進行時，被徵收人僅得對公平補償金額提出異議加以談判，且僅能提起司法訴訟，對徵收內容之質疑交由法院判斷。

(3)徵收補償之估算與提存

都市更新需用機關繳交補償金額其估價報告總說明於不動產所在地之高等法院述之，且向高等法院用提存方式預估之補償金額，提存於不動產所在地之高等法院。估價報告與補償金額提存於法院後，隨後並向高等法院提出申請，待高等法院依法發布徵收許可。又補償金額估價報告依州政府徵收法令送達高等法院後，被徵收人或其他相關權利人得向法院提出書面同意書，法院應立即通知權利人同意補償金額。

被徵收人或相關權利人認為補償金額過低時，得於六個月內向不動產所在地之高等法院申請複審補償報告。

(4)徵收訴訟

若需用土地人及徵收人與被徵收人在補償金額上有所爭議時，法院得要求行政機構與被徵收人分別聘請之不動產相關人員提出報告，並於法院當庭交換報告，如雙方仍不欲和解，則由公民組成的民事陪審團進行「合理補償」確定數額價金。

若被徵收人認為徵收內容有違法令依據時，得向高等法院提出司法訴訟手段，由此所提起訴訟時，法院必須對於徵收之目的加以重新審查，以確保被徵收人之財產權。

(5)徵收之完成

被徵收人或其他相關權利人若同意需用土地人所提出之補償金額，則於被

徵收人或相關權利人受領補償後，徵收完成。若需要土地人與被徵收人對補償金額有爭議時，則待合理補償金額司法判決產生效力後，補償金發竣完畢後，整個徵收程序才算完成。

4.美國徵收程序市價補償探討——以美國加州為例

美國是第一個將基本權利保障規定在憲法架構下的國家，臺灣的憲法亦明文規定人民有財產權，近年來多有地上權與地役權糾紛，人民財產權的保障漸漸受到重視。美國近二十年來，土地徵收制度已漸漸由所有權徵收朝向使用權徵收的目標，著實讓公民財產權更加有了保障。在加州，徵收補償原則上以能夠回復被徵收人土地被徵收前之財務水準，附加於土地上的價值較難評估，故在實務上以市價作為補償基準，這個市價是以最高為原則且須合乎公平。補償內容不僅包括財產現在的價值，尚包括財產未來收益的折現價值，同時要評估財務水準，尚需將可行性評估的觀念包含進去，包括法令、財務可行性評估等。美國聯邦土地取得通用規範認為市價是「擁有充分資訊的所有者以合理等值現金，將財產賣給具有相等資訊的買方」，因此市價是「財產在有充分資訊的公開競爭市場下，經由買賣雙方共同決定最可能之價格。」

(1)徵收補償市價之決定

美國加州以市場上的最高可能交易價格作為徵收補償基準，試圖填補地主因徵收所產生的損失。影響這個市價的因素與臺灣明顯不同，包括在社會因素中應考量人口問題，因為人口會影響不動產市場的類別，更重要的是，不動產在市場上的可能價格因此而生。另一方面，市價衡量亦考量供給與需求問題，此乃經濟理論的意涵，並衡量社會大眾的所得經濟能力。為了克服市價與土地價格間之落差，在民事程序法中認為徵收時，市價為「在估價日買賣雙方非基於急迫或特別情事及擁有充分資訊後決定之最高價格。」不過這個補償價格必須是合理的價格，不可考量公共建設所帶來之影響，對此補償方式加州法院有其規範，依加州民事訴訟法規定，土地徵收補償價格市價之考量不可納入公共建設之影響，以及徵收後相關活動對於土地價值之影響。

(2)比較案例說明

在美國加州以市價比較法蒐集比較案例時，市場上買賣雙方當事人不能有詐欺、脅迫等情事發生。就實際的意義來說，買賣如有假買賣、假人頭情事者，均不足以代表土地徵收制度衡量評估合理補償的依據，而市價的代表性乃以不動產市場中供給面與需求面決定。

(3)特殊目的補償方式

依據加州民事訴訟法規定，實施土地徵收制度補償種類為特殊性不具流通性之不動產，如學校用地、墳墓用地、教會、公園或不具市場性之不動產標的物，仍須依據一個合理且適當的方法來加計補償數額。

(4)承上所述

美國有關土地徵收價格合理之補償乃加計了未來利益與市場供需的觀念，當然，此未來利益必須為社會大眾所能接受。

⇘ 美國其他徵收方式探討

1.保育地役權

美國土地開發有所謂土地資源保育的目的，1920 年開始使用保育地役權的觀念，直到 1976 年聯邦稅法改革，將信託的概念帶入。過去五十年，美國為維持農業經濟，將保育地役權應用在農地保護的發展上，一旦設定保育地役權，地役權與財務結合是一大突破，即地役權代表的是包含後續改良處理等成本，而土地徵收僅指第一次給付補償觀念。

2.空間發展權

十九世紀末二十世紀初，美國空間發展權盛行，也陸陸續續在國會透過立法確定空間發展權的適當性。在美國，這是一種單獨制定法令的模式，美國城市由於人口成長快速，城市間的土地由傳統平面式的發展進入到一個立體式開發的時期，凡是土地上下空間均有其發展土地價值的可能性。

3.法令背景

1927 年，美國伊利諾斯州制定〈關於鐵道上空空間讓與租賃的法律〉，

是第一部成文法。1958 年，美國議會做出高速公路的上下空間，可以作為停車空間使用的政策；1962 年，美國聯邦住宅局制定了國家住宅法，依照該項法令，空間發展權可以作為設定抵押權的標的。1970 年代以來，美國各州紛紛提倡空間發展權，隨後奧克拉荷馬州首先完成立法，將發展權制定新法，名為「奧克拉荷馬州空間法」，立法的內容乃規定空間可以作為不動產標的物，可以轉讓、租賃、抵押、繼承，亦可以將公共道路上的空間出售或出租。因此近二十年來，美國東部各州已漸漸立法，對於政府興建公共建設需要徵收土地時，盡量避免徵收土地所有權，改成徵收土地上下空間的特定使用權，即將徵收土地所有權調整成徵收土地使用權分割處分的概念。具體的說，以徵收特定使用權代替土地所有權。

4.美國房產估價與稅之關係

全美五十個州均徵收房屋稅，房屋稅是地方政府的一個主要收入來源，因此各地方政府均掌握了房產估價的權利。由於美國對於房產估價均抱持著傳統的保守心態，有的地方政府甚至在房產估價的過程當中將其價格低估；雖說如此，被低估的房價屋主有可能會提出申訴，在申訴的過程當中，每個郡都會提出一個房產估價申訴程序來解決房產估價爭議的問題，因為房產稅並不是聯邦政府與州政府的事，房產稅是郡的事。由此可知，美國政府將其土地徵收視為一個重要的政策，但這不代表房產稅並不是一個重要的政策，至少課徵房產稅仍然對房地產市場有一定的調節作用。

5.都市更新（urban renewal）制度

發源於 1949 年美國住宅法，對於貧民窟土地徵收轉售給民間業者開發，演變至今則使用「regeneration」（再生）這個字眼來代表其意涵；因為現今的都市更新不僅在於住宅重建，而是透過都市更新手段達到提升公共利益、活化都市機能、改善居住環境品質……。

6.小結

美國是一個相當重視人權與自由的國家，在諸多的國家建設中亦是如此；尤其是土地開發管理制度與政策，當政府與人民意見有所衝突時，即訴諸司法

處理，最終的結果由司法裁判，最大的特色是人民可以參與陪審制度。

目前美國的土地徵收制度緣由已慢慢從過去傳統土地開發的方式，轉向為舊市區更新、都市更新、環境發展權以及空中發展權的關係去做衍生。亦即是說，政府需地機關擬定政策，需要人民土地可以有多重與多樣的處理方式，以保障人民最大的權益，建立一套公平的徵收機制。誠如前述，美國政府的法律對於房地產權利有一套嚴密的保護體系，土地徵收法案不僅規範了土地產權，亦規範了土地產權的保護。在補償機制上，政府為公共使用而徵收私人財產必須按市場價值予以補償，並無提到以收益或成本的方式來做補償價額的確認，由此可知，美國不動產經紀制度有著非常重要的地位，特別是在房地產市場價格的確認上，扮演了一個相當重要的角色。

在公共使用的定義上，美國實施土地徵收政策之際是以公共服務、公共空間為目的，較不是以經濟建設為目的來進行土地的干預。

參考文獻

1. 陳怡均，論土地徵收之合理估算——美國加州之經驗，臺北大學不動產與城鄉環境研究所碩士論文，2009。

2. 林昕蓉，運用徵收方式實施都市更新之研究——以私人興辦之都市更新事業為中心，政治大學地政所論文，2007。

3. 林子欽、張小燕，不動產估價是專業嗎——美國經驗的反思，土地問題研究季刊，臺北大學，2006。

4. 黃書禮、詹士樑、洪鴻智，國土保育地區防災空間規劃，國土保育地區防災空間規劃策略之整合型規劃（第二期），臺北大學，2007。

二、不動產投資原則──不動產價格形成原則（估價）

不動產投資目的：多角化投資、保值、節稅、規模報酬、資本利得、自用、退休人員收入、流動性自有資金、經營企業利潤。

不動產價格乃不動產效用加不動產相對稀少性及不動產有效需要組合而成。由此，即能正確把握不動產價格。

❀ 需要與供給原則

以變動預測原則爲基礎，又以競爭原則爲前提。

↳ 何謂需要

人類有無窮的欲求，當一個人有能力且願意購買他所期望的產品時，欲求就成爲需要了[3]。

↳ 何謂供給

1. 在經濟學乃指生產業者所提供產品予消費者，而與消費者的需要形成了一市場機能所能接受的價格，此一價格爲均衡價格。
2. 從經濟學的觀點來看，適用於一般財貨，所處的市場是一種完全競爭市場，而一般財貨的價格取決於供給與需求的均衡點，但在不動產市場，由於乃一不完全競爭市場，不動產的價格很難取決於供給與需求的均衡點上。

---

[3]　王志剛，《行銷學》，華泰書局，民 74～75。

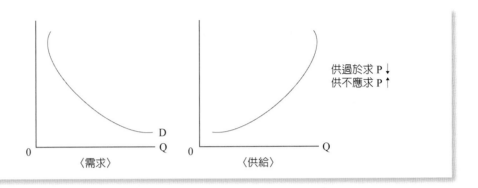

3.而一般財貨與不動產對於供給、需求變動所產生的價格變化，可說明如下：

(1)一般財貨：如同完全競爭市場，財貨的供給與需求尊重市場機能，當 S>D 時，廠商必降價以求；反之，當 D>S 時，價格反升。但到最後，財貨會達到一個均衡的境界，即 P_0 與 Q_0。

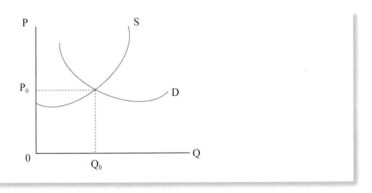

(2)不動產市場

①土地供給不變：土地具不增性，即不會增加，因此供給曲線呈垂直曲線，但人們對於土地的需求會隨之增加（因為有土斯有財之觀念）。此時，價格隨之上漲。

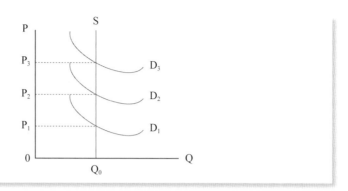

②建物供給增加：土地不會增加，但建物的供給會隨之增加。由於政府實
　施重大優惠措施、提升經濟力，以致造成辦公室需求增加，但供給增加
　的速度，還是比需求增加的速度來得慢。

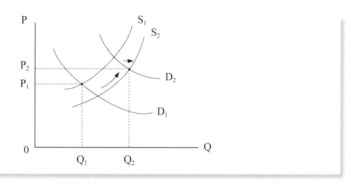

變動原則

(一)是一種自然法則、社會法則。

(二)房價以及地價，其變動的過程乃隨時間而異，不同的時間點有不同的價
　　格，所以，市場上在進行估價之前，通常必須設定一個估價日期及價格日
　　期（估價期日），以作為估價標的價格形成之日期。

(三)通常實務上常有一日三價之論，早上、中午、晚上的價格均會不一樣，此
　　乃建築業者促銷時機的決定錯誤、產品定位的錯誤以及市場不景氣因素所
　　影響。

(四)一般財貨在市場上所銷售的價格可能
隨時在變動，例如：可口可樂（量販
店）節日、週年慶折扣，不動產市場
也不例外。由於建築業者促銷時機的

試問：不動產早上、中午、晚上之價格是否一樣？

決定錯誤、產品定位的錯誤以及市場不景氣因素影響，為使銷售率提高，
往往價格隨時在變動，因此不管房價以及地價，其變動的過程乃隨時間而
異，不同的時間點有不同的價格。

替代原則

替代原則之比較如下：

市場價格比較法

以價值相當、效用相近的不動產市價作比較。

成本估價法

以各項營造、建築成本作為重置成本比較。

收益資本還原法

以報酬相當、收益相同之各項投資現金流量情形作比較。

1.又稱買賣實例比較法

以市場上買賣成交的案例作比較，得一比較價格，進而求出勘估標的之價
格。

2.又稱原價法

以重新建造原價扣除折舊，求得勘估標的之價格。

3. 又稱收益資本化法

較適合於大型購物中心、百貨公司、遊樂區估價。

⤷ 一般而言

1. 替代性

不動產與一般財貨之替代性相當低，替代性可以說微乎其微，特殊情形如大陸海上漁家以船舶為住家。

2. 不動產彼此間替代性

(1)位於同一區段、地段相連、地目相同、地價相近之不動產，其效用也隨之相近；因此，不動產彼此間則具有某種程度的替代性。

(2)產品定位不同之替代性，由於規劃上的不同，雖處同一街道、同一區段，價格之差異可能造成不動產本身之替代性。

3. 最有效使用原則

(1)市價價格比較法中之比較標的與勘估標的。

(2)原價法中重建價格之比較。

(3)收益資本還原法中之收益相似、成本相似之比較。

❀ 最有效使用原則

(一)效用乃替代之準則，所以最有效使用原則與替代原則有密切關係。

(二)均衡原則＋適合原則，一為內部，一為外部。

(三)如果基地的最有效使用是規劃為一具社區網際網路之別墅住宅，但因產品定位決策錯誤，規劃為公寓或十層樓以上之樓房予以考慮；如此，不僅先前所蒐集的資料白忙一場，就連花在市場調查上的時間、金錢以及人力也白白浪費，關鍵在於土地開發人員應具有良好的前瞻意識為準。

1.土地價格

乃以基地是否達到最有效使用原則為判準，基地如能有效使用，則土地的價格便可達於一定的標準，同時，也較容易為市場上購買者所接受。

2.不動產估價技術規則第三條

係指客觀上具有良好意識及通常之使用能力者，在合法前提下所作得以獲致最高利益之使用。實務上開放空間乃為了園藝、景觀、植栽所設，如真能落實，房價自然水漲船高。

範例 *1-4*

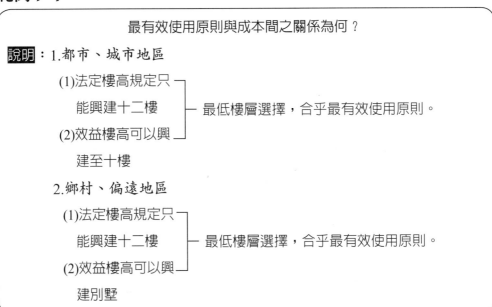

最有效使用原則與成本間之關係為何？

說明：1.都市、城市地區

　　(1)法定樓高規定只能興建十二樓　┐
　　　　　　　　　　　　　　　　　├ 最低樓層選擇，合乎最有效使用原則。
　　(2)效益樓高可以興建至十樓　　　┘

　　2.鄉村、偏遠地區

　　(1)法定樓高規定只能興建十二樓　┐
　　　　　　　　　　　　　　　　　├ 最低樓層選擇，合乎最有效使用原則。
　　(2)效益樓高可以興建別墅　　　　┘

均衡原則

不動產要能達到生產要素之均衡，每一生產要素皆能發揮高度之效用，才能創造出不動產之最適價值，進而反映出不動產之最適價格。生產要素包括勞動、土地、資本、企業家，即一企業、公司需要有此四種生產要素，才能創造出良好利潤。

範例 1-5

所謂均衡原則為何？試舉例說明。

說明：1.不動產欲為最有效經濟之利用，並反映市場上真實、合理之價格，當經由土地之自有，企業家（建築業者）之規劃、設計、行銷經營、資本勞動投入以改良土地，增加建築使用。

換言之，不動產要能達到生產要素之均衡，每一生產要素皆能發揮高度之效用，才能創造出不動產之最適價值，進而反映出不動產之最適價格。價值≈價格。

2.土地與建築物均衡

係按照土地使用的強度，在基地上之建物必須與之協調配合，如建築物之樣式、構造、樓層，否則土地使用的強度過度或低度使用，即無法創造出不動產的經濟價值。

3.建築物附屬設備之均衡

指客觀上具有良好意識及通常之使用能力者，在合法、實質可能、正當合理、財務可行前提下，所作得以獲致最高利益之使用。

4.所謂均衡原則乃指內部均衡，可由兩點說明之

(1)地價貴、勞資便宜→少用土地、多用勞力，因此多用勞力的結果，使得高樓大廈供給增加。

(2)地價便宜、勞資貴→多用土地、少用勞力，因此多用土地的結果，使得別墅的供給量因而增加。

❀ 收益遞增遞減原則

(一)不動產市場乃一不完全競爭市場，市場的價格不一定全然為消費大眾所接受，當市場價格超過市場消費者所能接受的價格時，銷售率反而降低，影響不動產投資。

(二)另樓層數如超過某一樓層時，因市場的接受度極低，將會影響不動產投資

增加程度，無法達到不動產最大效用。圖示如下：

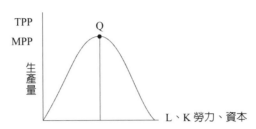

- 針對生產要素投入增加，所產生的收益也隨之增加，但生產要素增加至某一量（Q）時，收益不但不增加，反而呈現遞減的現象，此原理稱為「收益遞增遞減原則」。

(三)此種原則之運用，在農地利用上，立即可以辨明。當勞力、肥料等生產要素增加於農地上至某一點以前時，其生產量將隨之增加而達到最高，其後所投入的勞力、肥料繼續增加時，生產量反而不增加，即至某一點以後，生產要素之投入與生產量增加不成正比。

〔說明〕：以農地耕作生產量加以說明

當農人投入一公斤肥料，則會產生三公斤米；投入二公斤肥料，則會產生五公斤米；投入三公斤肥料，則會產生八公斤米；但投入四公斤肥料時，則產量遞減至六公斤米。繼續投入五公斤肥料時，則產量遞減至三公斤米，此所代表的意義，乃肥料投入越多，土壤土質會變化，因而影響稻米生產量，則所產生的稻米即越來越少。

§耕地肥沃度較佳，依農業發展條例規定須符合 756.25 坪允興建農舍。

收益分配原則

利用土地所產生的收益價值，扣除利息、工資所得及合理利潤等基本開銷費用後，最後的剩餘即歸屬於土地，此即為土地之地租。因此，當剩餘的土地價格越高時，可推定此一不動產投資為最高、最有效的利用，即可得到較高的地租。

以上所扣除的過程，可稱為「收益分配原則」。

範例 1-6

收益分配原則，請舉例說明之

說明：1.不動產係由土地、勞動、資本、企業家四種生產要素組合而成，土地的報酬為地租，勞動的報酬為工資所得，資本的報酬為利息，企業家的報酬為利潤。

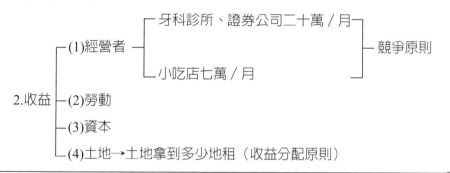

2.收益

(1)經營者 — 牙科診所、證券公司二十萬／月 ── 競爭原則
　　　　　　小吃店七萬／月
(2)勞動
(3)資本
(4)土地→土地拿到多少地租（收益分配原則）

✿ 貢獻原則

(一)係指不動產之某部分，對該不動產全體收益有何貢獻。

(二)是部分 vs. 全體之間的關係。

(三)由於建物之區位良好，使得支付交通成本、時間成本越低，所享用之公共設施、生活機能越完善，所支付的租金、佣金也最昂貴，進而所反映的市場價格也最高。

範例 1-7

試舉例說明「貢獻原則」

說明：二棟四樓公寓，一棟有電梯、防盜安全系統；另一棟則沒有，此可說電梯、防盜安全系統設備為此公寓之貢獻原則，因為使該公寓不動產價值提高。

適合原則

(一)不動產與周邊環境必須密切配合，才能使該不動產價值發揮最大的效用。
　　例如：在殯儀館鄰近規劃一住宅區，或一交通繁雜之地區規劃低樓層住宅
　　或別墅社區，都會因為人們心理因素與嘈雜之現象，進而影響不動產的價
　　值，降低不動產的效用。

(二)模式包括：
　　1.學校附近→書局，即學校附近最適合開書局。
　　2.火車站→餐館，即火車站附近最適合開餐館。
　　3.殯儀館→葬儀社，即殯儀館附近最適合開葬儀社、花店。
　　4.加油站→修車、洗車中心，即加油站附近最適合開修車、洗車中心。
　　5.醫院→藥局、西藥房，即醫院附近最適合開藥局、西藥房。

競爭原則

(一)替代性越低、具有超額利潤的產業如店面投資，都會因為人們需求的增加
　　而提高競爭力，進而使不動產的價值提高。

(二)供給本身不會產生競爭，只有需求才會產生競爭，因為不動產具有不動
　　性、不增性、不移動性。

(三)在土地經濟學說上可以競標地租理論來採取競爭原則，假設：
　　A 君租店面一百坪，作為補習班，月租二十萬元。
　　B 君租同一店面，作為皮鞋、皮飾店，月租二十五萬元。
　　C 君租同一店面，作為 7-Eleven，月租三十五萬元。
　　則三者以 C 君競標地租最高者得標，因為 C 君所負擔的地租最高，此概
　　念稱之為「競爭原則」。

預測原則

(一)與變動原則有密切關聯。

(二)預測原則與變動原則是一切原則的基準。

(三)價格之形成，係今天的價格爲昨天價格的延續、明天價格的參考依據，因此不動產價值計算所探討的不外乎是一個未來的價格。

(四)價值之評價，重要的並非過去，而是未來。土地開發人員、不動產仲介人員都會以過去成交過的價格或現在的價格，作爲開發土地所有權人暨他項權利人談判、銷售房屋制定價格的基礎。

外部性原則

(一)不動產的外在環境因子，均會產生正面與負面價值，例如：不動產附近有綠地、停車場、廣場，均會增加不動產價值。

(二)若不動產附近有殯儀館、火葬場，則會減少不動產價值。

(三)若不動產附近有流浪漢、流氓，則亦會降低不動產價值。

三、影響不動產價格形成的原因（因素）——三大因素解說

對於不動產市場及價格水準發生全面影響之自然、政治、經濟、社會等共同因素。在實務上，品質因素是最重要的，它包括鄰居素質、管理委員會是否正常運作、大樓管理好壞、大樓安全管理有無漏洞等。

一般因素

是指對於經濟、社會以不動產狀態及其價格水準加以影響之因素。由於一

般因素影響範圍很廣，是普遍性的，故又稱普遍因素。[4]

可區分為自然、社會、經濟及行政四大項，乃社會、政治、經濟、文化各層面變化對於不動產價格之變化影響，社會越進步、政治越安定、經濟越繁榮、文化水準越提高，不動產價格水準越能提升，此為影響不動產價格之一般因素。

↳ 自然因素

1.地勢狀況

土地之高低亦影響不動產價格高低，土地越陡峭恐引起排水問題，不動產價格越低；土地越平坦，則不動產價格越高。

2.地質和地基狀況

地質、土壤好壞以及土地形狀是否彎曲、整齊、平穩固定，均影響土地價格的好壞。

3.氣候狀況

溫度宜人、多暖夏涼是發展不動產最好的條件，如臺中空氣好、氣候宜人，適合發展不動產；如交通更便利、就業條件越良好，則不動產前景越可觀，因為不動產需求較為強烈。

4.區位狀況

區位交通可及性越好，不動產價格水準越高；反之，則越低。

↳ 社會因素

1.教育狀況及地區社會福利事業

社會福利事業越健全，不動產價格越高，如臺北市幼兒福利政策。

4　陳鑫，《不動產估價理論與實務》，永然文化，民 89。

2.家庭組織分子以及世代分離狀態

農業社會中，家庭人口居多，多為四代甚至五代同堂，但隨著工商業的發達，人們觀念改變，造成許多青年前往大都會中發展，因職業、交通便利的關係，往往自組家庭或購買自有房屋，造成了不動產價格提升。

3.人口多寡

人口多，對於不動產的需求就隨之增加，不動產的需求一多，則地價隨之提高；反之，人口少，對於不動產的需求就隨之減少，而地價隨之下降。例如：板橋、楊梅、竹南、大里、佳里等地。

4.不動產效用水準

土地使用強度越強、越弱，直接影響不動產之價格。又土地不當利用、過度利用、誤用、濫用均會使地價水準降低，唯有正確合理的使用，才能反映出市場上真實、合理的價格，容積率的高低與公設比息息相關進而影響房價。

5.都市化及公共事業、設施發展程度

都市化越高的地區，地價越高；都市化越低的地區，地價越低。又公共設施發展越多的地區，地價越高；反之，則越低。

6.不動產市場交易資訊

不動產基本資料如能公開化、透明化，則判別鄰近地區不動產價格越易顯現，企業經營尤其如此。所以，了解不動產交易資訊十分重要，對於可行性評估，可說非常重要，**尤其都市計畫法架構下農業區的容許使用項目尤其重視財務分析。**

7.不動產交易及使用收益習慣

以租賃權為例：有些地方因為交易習慣的不同，不承認租賃權價格；有些地方則以相當高之金額進行交易。[5]

8.建築構造、式樣狀況

建築物構造越創新，越符合消費者之需求，則房價、地價隨之提高，如曾

---

[5] 林英彥，《不動產估價》，文笙書局，民 85。

流行的法國巴洛克式住宅，正是呈現歐美流行之風，吸引了許多消費者。

9.產品設計、規劃坪數的改變

網際網路住宅、大坪數住宅流行，影響不動產價格。

➷ 經濟因素

經濟因素如果從國際層面來看，即可從不同的相關因子加以詮釋，例如：南、北韓開戰對臺灣經濟層面系統可做綜合性的探討，包括：出口、股價、股東權益、GDP、GNP、失業率、投資管道、所得、物價、地價等。

經濟成長與不動產需求，有重要關係。

1.所得水準

(1)從經濟學來說，$Y = C + I + G + (X-M)$，G 為政府支出，M 為進口，Y 為所得，C 為消費，I 為投資，X 為出口。

(2)當消費、投資、出口增加，人們所得水準提升，購買不動產需求強烈，不動產價格因而提高，此為不同執政黨任內實施之政策，並有其一定程度的基礎。

2.財政政策及貨幣政策

當經濟景氣復甦時，人民就業機會增加，收入增加，政府稅收隨之增加，公共工程、公共設施建設亦隨之增加，因而使得不動產價格有上漲空間。反之，經濟持續低迷，呈現不景氣，失業率增加，人民收入減少，進而影響消費意願，此時，不動產價格下降，即使建商降價以求，也乏人問津。

3.物價、所得狀況

物價上漲，人們預期物價上漲心理，紛紛購買不動產作為保值的工具，此時，不動產價格亦隨之上揚。

$$(1) \, i \downarrow \to Ms \uparrow \to I \uparrow \begin{cases} 股票 \\ 基金 \\ 期貨 \\ 房地產 \end{cases} \to Y \uparrow \to TD \uparrow \to P \uparrow$$

從經濟學來說，$Y = C + I + G + (X-M)$，Y 為所得，將 Y 視為 TD，即整體所得水準的意思。C 為消費，I 為投資，X 為出口。

(2)當消費、投資、出口增加，人們所得水準增加，此時總需求增加，人們購買不動產需求強烈，因而刺激購屋欲望，不動產價格提高。

4.交通可及性狀況：對於地區性發展、衰退影響極大

交通越便利，運輸成本越低，不動產價格隨之上揚。

5.稅捐之狀況：影響企業財務

稅捐負擔越重，代表建商成本提高，因而影響不動產投資收益，減少投資活動，因此，不動產價格隨之降低。[6]

6.國際形象狀況：考量國際知名度

國際形象越好、越佳的都市，不動產價格會因為外商進入設點、投資、辦公而增加。

7.產業升級、技術創新之狀況

如新竹科學園區鄰近，不動產價格下跌不易。

法規因素、行政因素（引用長照制度與法規）

一般來說，都市土地由都市計畫法規範，非都市土地由區域計畫法規範，國土計畫實施後，區域計畫將刪除。

1.影響不動產價格的法規因素

(1)地價類法規、地用類法規，內容為地價調查估計規則、土地建築改良物估價規則，以及非都市土地使用編定管制法及土地使用分區管制。

(2)都市土地，中央政府有都市計畫法來規劃，而臺灣省及北、高兩直轄市則有「都市計畫法施行細則」，來規範不同使用分區，以達不同使用強度及適合民眾食、衣、住、行、育、樂生活活動之地區。

---

[6]　陳鑫，《不動產估價理論與實務》，永然文化，民 89。

(3)總之，不動產價格會因為都市土地與非都市土地不同，以及不同使用分區之規劃而有高低差別。

2.對於土地及建築物結構與防災狀態

對於不動產不僅本身要注意安全，同時，應特別確保公共安全。例如：防災都更應運而生。

3.租金及交易管制

地租、房租管制亦會影響不動產價格。因此，土地法有規定公有房屋、私有房屋租金管制，不得超過土地及其建築物價額年息 8% 及 10% 規定。另一方面，土地稅法規定，合乎自用住宅優惠稅率規定，都市土地不得超過三公畝，非都市土地不得超過七公畝之限制。

4.住宅政策租者有其屋（社會住宅）、平價住宅

住宅之市場供需狀態，必會影響不動產價格。

⇨ 政治因素

政治越清明，不動產價格越強勢。

◎ 區域因素

所謂區域因素，是根據不動產位於何種土地使用分區、條件好壞所產生的不動產價格，價格的高低取決於該不動產位於哪一區所產生的條件不同所致。

同時，區域因素：

1.係指該不動產所屬地區之自然條件與社會、經濟、行政因素相結合，構成該地區之特性，進而影響該地區不動產價格水準。[7]

2.所謂區域因素，乃根據不動產位於何種土地使用分區所產生的不動產價格。

3.都市計畫得劃定住宅、商業、工業等使用區，並得視實際情況，劃定其他使用區域或特定專用區。

7　林英彥，《不動產估價》，文笙書局，民 85。

4.前項各使用區，得視實際需要，分別予以不同程度之使用管制。

5.又都市計畫地區，得視地理形勢、使用現況或軍事安全之需要，保留農業地區或設置保護區，並限制其建築使用。（變更特定專用區會遭致抗爭）

ᖴ 住宅區形成不動產價格的影響因素

住宅區為保護居住環境而劃定，其土地及建築物之使用，不得有礙居住之寧靜、安全及衛生。

住宅用地之基本概念：住一是總價的概念，住二是單價的概念。

1.街道條件

係指交通便利性，街道寬度大於十五公尺；可及性為二倍。

重視街道寬度、配置、系統等條件，對土地利用價值之影響。

2.交通與接近條件

居民由於生活上及業務上之需要，因此以離商店街之接近程度為考量。

3.環境條件

臺北汙水處理相當健全，臺中有其改善之處。

是以住宅地之自然、社會環境、利用狀態、上下水道、瓦斯等接近條件為考量。

4.行政條件

是以不動產利用之管制如何為考量。

5.未來發展趨勢

住宅區之成熟度如何。

都市型的公共建設，使用率呈永續時，較易分配預算（例如：建照外審編列預算）。反之，鄉村型的公共建設，使用率下降。都市發展較完善之地區，謂之熟地，因為公共建設較完善，致坪效代銷表價再加 1.15。

因此，住宅區注意事項以下說明之：

1.住宅區爲哪一種程度住宅區

住二係走中高密度，重生活機能；住一係走低密度，重生活品質。

例如：高、中以及低密度等使用區，地價有所不同。

2.位於都市土地抑或是非都市土地

住宅區如位於都市土地中，則不動產價格較高；反之，非都市土地中十九種建築用地，價格則較低。

3.面臨道路之寬度

住宅區面臨道路寬度越寬，則交通可及性越高，生活便利性越優良。

4.地勢高低

地勢是否偏低、社區排水防洪系統是否完善。

諸多重劃地區之所以淹水乃開發成本偷工減料所致，政府及規劃公司不可不慎，或許乃施工配置與預算不同所致。

5.嫌惡設施

是否有變電所或汙水處理場鄰近於旁，因而影響本身優越性，進而影響不動產之價格。

6.日照、風向、潮溼狀況

住宅區域必須注意到建地位置所吹的風向爲東北季風或西南風，甚至太陽日出、日落之陽光直射、斜射角度。客觀上解釋，日照越多，風向爲冬暖夏涼型態之西南風，房價較易爲消費者所接受。

日照、採光、風向越佳之住宅區，不動產價格越好。

7.公共設施之狀況

一般而言，公共設施乃由區段徵收與市地重劃而來。

住宅區域鄰近公共設施如果繁多，則此區的不動產價格容易上漲，公共設施可包括公園、綠地、車站等，法定比例爲 10%。

8.噪音、空氣汙染公害

發生程度較多者，不動產價格越低。

9.垃圾場、墓地、殯儀館接近程度

不動產如鄰近於垃圾場、墓地及殯儀館，則不動產價格會因為空氣的惡臭、勿與死人為伍的傳統觀念而下跌。

10.特種營業場所之狀況

地下酒家如鄰近於住宅區，則此住宅區的房價便會因色情的氾濫而下跌。

11.建蔽率及容積率

第一種、第二種以及第三種住宅區之不動產價格，亦有所不同。

(1)都市土地：係指依法發布都市計畫範圍內之土地。

(2)非都市土地：係指都市土地以外之土地。

(3)建蔽率：係指建築面積占基地面積之比率。

(4)容積率：係指基地內建築物總樓地板面積與基地面積之比率。[8]

12.超級市場、大型購物中心鄰近影響

住宅區生活機能越好，則不動產價格越高。

13.接近文教機構之程度

住宅區越接近文教機構，不動產價格越容易上漲。

文教區變更為建地後，價格有無吸引力有待商榷。

商業區形成不動產價格的影響因素

商業區為促進商業發展而劃定，其土地及建築物之使用，不得有礙商業之便利。商業區之注意事項以下說明之，三大要件：交通樞紐、人潮不斷、捷運鄰近，此為解釋路段率最佳之詮釋，分別為 1.15、1.15、1.2 也視為坪效計算之依據。此可與民法共有物管理中改良行為之說法或說明相似，所謂改良行為係指不變更共有物之性質而增加效用及價值之行為，好比工業區變更住宅區，住宅區變更商業區之開發方式。

---

[8] 李鴻毅，《土地法論》，中國地政研究所，民 83，pp. 447～448。

1.商業區為哪一程度商業區

例如：高、中、低密度等使用區地價有所不同，因為繁榮程度不同。

2.位於都市土地抑或非都市土地

商業區如位於都市土地中，則不動產價格較高；反之，則較低。

3.面臨道路之寬度

商業區面臨道路寬度越寬，則交通可及性越高，生活便利性越優良。

最好不要超過三十公尺道路。

4.地勢是否偏低，社區排水防洪系統是否完善。

5.優越性影響不動產之價格。

6.競爭狀況。

7.商業設施之種類及規模。

8.顧客之交通運輸及交通狀態。

9.商品搬遷之便利性。

10.公共設施之狀況

商業區域鄰近公共設施如果繁多，則此區的不動產價格容易上漲，公共設施可包括公園、綠地、車站等。

11.土壤種類

基地位置土壤的種類係為砂土、壤土、黏土或海砂、級配料，也會影響該基地的房屋價格，進而影響購買者的意願。

12.景觀、視野狀況

臨山靠水的房價越高，購買者意願越多；反之，房價則越低。

重劃地區土地街廓越小，地主變多，主觀偏見興建樓層有高有低，影響都市景觀、視野以及通風、日照，房價上漲不易。

13.接近文教機構之程度

建物與基地緊鄰學校單位及補習班,不動產價格往往較高;同時,由於學生租屋人數眾多,租金價格也較高,進而增加不動產的投資意願。

14.超級市場、大型購物中心鄰近影響

不動產如果位於超級市場、大型購物中心之鄰近,則其價格會因交易之便利而上漲。

15.加油站、焚化爐有無接近程度

不動產如鄰近於加油站及焚化爐,則不動產價格可能會因為地區的危險程度增加及惡臭之空氣而下跌,進而影響購買者的購屋意願。

16.垃圾場、墓地、殯儀館接近程度

不動產如鄰近於垃圾場、墓地及殯儀館,則不動產價格會因為空氣的惡臭、勿與死人為伍的傳統觀念而下跌。

17.特種營業場所之狀況

地下酒家如鄰近商業區,則此商業區的房價便會因色情的氾濫而下跌。

18.地區發展潛力

地區越發展,住戶人數即越多,進而增加商圈的發展利益,所以地區越有發展潛力的商業區,不動產價格越能上漲。

19.百貨公司之有無

一般而言,越接近百貨公司的地方,人口越能聚集,附近不動產價格因而較高。

20.營業經營之型態

營業為批發或零售,直接影響到地區房價。舉例來說,營業為零售較多之地方,代表越能吸引人潮,進而帶動房價。反之,營業為批發較多之地方,較不易吸引人潮,反倒較吸引零售商,則房價較難上漲。

⇨ 工業區形成不動產價格的影響因素

工業區為促進工業發展而劃定，其土地及建築物，以供工業使用為主，具有危險性及公害之工廠，應特別指定工業區建築之。

工業區之注意事項，以下說明之：

1.土地使用分區管制

行政上之輔導與管制程度。

2.確保勞動力之便利

$$勞動指數 = \frac{勞動費指數^*}{區位重量^{**}}$$

*每製造單位產品所須支付平均勞動成本
**每製造單位產品所須支付運輸成本

決定於勞動成本最低點：

(1)越大：$\frac{大}{小}$ 偏向於勞動成本最低點。

(2)越小：$\frac{小}{大}$ 偏向於運輸成本最低點。

3.主要道路、次要道路（幹線道路、鐵路輸送設施之建設狀況）

主要道路、次要道路越寬廣，其代表交通可及性越強，在噪音及擁塞情況允許下，鄰近不動產價格往往會因此而上漲。

4.工業用水之供給量

水是天然資源，是人生活中不可或缺的資源。產業發展工業設立之工業區，不能沒有水，如中央已通過貢寮重大公共政策核四案，面臨最大的問題就是水源充不充足。因此，要使工業區不動產價格提升，必須不缺工業用水，才是一大福祉。

5.排水之水質汙濁狀況（水質汙染）

工業排水必須經過過濾，否則易引起公害，因而影響附近不動產價格。

⤷ 農業區形成不動產價格的影響因素

農業區乃爲提高農業生產力，直接或間接扶植自耕農，並調節水質汙染、供應糧食之需要而設立。

農業區之注意事項，以下說明之：

1.土地使用分區管制及非都市土地使用分區管制（行政上之輔導及管制程度）、法規確定

應先確定所評估之區域爲農業區及農業用地，作爲不動產價格之判定準則。

2.集貨場之鄰近程度

越接近農業運銷中心，地價越貴，容易上漲；反之，則越便宜，越容易下跌。

3.交通運輸設施狀況（與消費地距離）

農業區內交通設施越健全，則運送農產品及肥料即越便利，越能降低成本，地價則越貴。

4.地勢、地形狀況

地勢越陡峭，地形越不完整、曲曲折折，則農地之生產力越不易發揮，而農地的價格就不易提升。

5.排水設施狀況（水利狀態）

農業區內種植稻米、蔬菜、水果。排水設施越健全，排水狀況越暢通，則此農業區內之農地價格就越容易提升。

6.通風、日照、雨水狀況

農地通風越良好、陽光越充足、水分越豐富，則農地生產力就易提高，此時，農地的價格就易提升。

7.水質狀況

8.土壤、土層狀態

土地法規定保護自耕農條款，包括直接創設自耕農與間接扶植自耕農。法令規定內容如下：

1. 省或院轄市政府得限制每一自耕農負債最高額，並報中央地政機關備案，保護自耕農。

2. 承佃耕作之土地，合於下列情形之一者，如承佃人繼續耕作滿八年以上，得請求該管縣市政府代為照價收買之。

   (1)土地所有權人為不在地主。

   (2)土地所有權人為非自耕農。

   但老弱、孤寡、殘廢及教育慈善公益團體藉土地維持生活者，免予照價收買。→間接扶植自耕農（已刪除）

3. 各級政府為創設自耕農需用土地時，經行政院核定，得依下列順序徵收之，其地價得以土地債券給付之。

   (1)私有荒地。

   (2)不在地主之土地。

   (3)承佃之土地，其面積超過依土地法第二十八條所限定最高額之部分。→直接創設自耕農

4. 舉辦佃農購地長期低利貸款：貸款最高額為地價之六成，其餘四成由農民自籌，利息為年利率 5%，分十年均等償還。→間接扶植自耕農

5. 限令私有超過最高限額之土地於一定期間內分割出賣，此項分割出賣額外之土地，如為農地，其承受人以能自耕者為限。→間接扶植自耕農

6. 私有農地所有權之移轉，其承受人以能自耕者為限，並不得移轉為共有，但因繼承而移轉者，得為共有。→間接扶植自耕農（已刪除）

   (1)立法意旨：乃在實施耕者有其田，採行家庭農場經營型態。

   (2)所謂自耕係指自行耕作之自然人而言。[9]

   (3)自耕能力證明書之認定：（行政命令）

   ①年齡在十六歲以上，七十歲以下之自然人。

   ②無專任農耕以外之行業、職業或勞動工作者。

   ③有現耕農地者。

   (4)現已修訂，無年齡之限制，均得申請農業使用證明書。而承受農地之限制，應符合下列規定：

9　林英彥，《不動產估價》，文笙書局，民 85，pp.157～162。

①承受農地，須符合區域計畫法或都市計畫法有關土地使用管制法令。

②承受農地，與申請人之住所應在同一直轄市、縣（市）或不同直轄市、縣（市）毗鄰鄉（鎮、市、區）範圍內。

③承受農地與申請人之現耕農地應在相連三個鄉（鎮、市、區）範圍內。

上述規定，乃屬行政命令，法律位階偏低，在執行上缺乏強制力。

7.農地繼承人部分不能自耕者，於遺產分割時，應將農地分歸能自耕者繼承之，其不能按應繼承分割，依協議補償之。農地繼承人均無自耕能力時，應於繼承開始一年內，將繼承之農地出賣予有耕作能力之人。→間接扶植自耕農（已刪除）

8.家庭農場為擴大經營面積或便利農業經營，在同一地段或毗鄰地段購置或交換耕地時，於取得後連同原有耕地之總面積在五公頃以上者，其新增部分，免徵田賦五年，所需購地或需以現金補償之資金，由農業主管機關協助辦理十五年之貸款。→保護自耕農

✿ 個體因素一：以分區為說明

指不動產本身條件、所處環境之影響，而產生價格差異之因素。

⮩ 住宅區價格形成之因素

1.巷道、街道面臨之寬度

寬度如太狹窄，則消防車、垃圾車出入不便，影響居民安全及便利，如民法第 787 條：袋地通行權前因後果值得探究。

2.嫌惡設施

係指殯儀館、火葬場、加油站等設施，勢必影響不動產價格，此乃民俗觀感所致，唯目前臺中市殯儀館周邊環境與館內均有便利超商、運動休閒中心、公車涼亭等增值公共設施，顯示民眾已不會在心裡有所窒礙。

3.生活機能健全程度

係指周遭生活設施好壞，均會直接影響不動產價格，一般係指公共設施。

4.區位、風向、採光、日照

住宅區之不動產區位若採光良好，則價格隨之提高，此為近年開放空間獎勵容積所致。

ᓚ 商業區價格形成之因素

1.消費者之適合性及流動性

商業經營型態要盡量適合消費者，以及考量消費者的流動性，例如：學校附近應盡量開適合學生口味的簡餐店、牛排館以及麥當勞、書店，而商業區位流動性頻繁，應盡量選定交通可及性便利的地方。

2.商業區經營生意，不見得為有利益

如臺中市繼光街一帶商業區，近年來做起生意乏人問津，反倒是西屯大學鄰近之住宅區，因學生、外來人口眾多，因而自成一個小商圈。

ᓚ 工業區形成價格之因素

工業區之用水：要使工業區住宅價格提升，必須不缺工業用水，才是一大利多，所以有建構滯洪池的需要。

ᓚ 農業區形成價格之因素

1.農路灌溉排水

耕地坵形是否利於灌溉排水，農路、水路是否短少或路段率不良，不利於農事經營，都將影響農業區不動產價格之漲幅。

2.水沖、沙壓等重大災害

農業區之農地是否遭受重大災害，也會影響不動產價格。

3.農地種類、土壤級別

(1)農地包括優良農地、一般農地、限制農地，土壤包括砂石、石塊、壤土及黏土，條件不同，不動產價格亦有所不同。

(2)所謂農業用地：係指供農作、森林、養殖、畜牧及與農業經營不可分離之農舍、畜禽舍、倉儲設備、晒場、集貨場、農路、灌溉、排水、漁用碼頭及其他農用之土地，以及農民團體與合作農場所有直接供農業使用之倉庫、冷凍（藏）庫、農機中心、蠶種製造（繁殖）場、集貨場、檢驗場等地。

4.雨水、日照之狀況

足夠之雨水、充足的陽光，均是影響不動產價格之因素。

5.農產運銷中心之接近

越接近農產品運銷中心的農地，地價越高。

❀ 個體因素二：以土地、建物為說明

是指不動產形成個別性，進而形成個別價格之因素。

↳ 土地價格形成之因素

1.位置、面積、地勢等狀態。
2.寬度、深度狀態：
    (1)三角地。
    (2)矩形地。
    (3)不整地。
    (4)普通地。
    (5)街角地。
    零售商店街之坡度，會影響步行者是否走上坡路，如欲走平坦之店鋪，則需要更多之建築費，而陳列的商品也會因為視線的變更而降低陳列效果。
3.日照、通風、乾濕狀態。
4.臨接街道之系統。
5.與公共設施鄰近狀況。

6.上下水道設施之難易。

7.公法上包括建築法規以及不動產行政相關法規。

8.私法上包括租賃權及地上權。

9.公法上、私法上管制。

10.建物構造、材料。

11.設計之質感。

12.建物營造施工之質量。

　　總之，一般因素可以說是規定不動產價格之外在因素，而個別因素可以說是規定不動產價格之內在因素。[10]

建物價格形成之因素

1.建物外觀。

2.建物構造（內、外牆）。

3.建物使用屋齡。

4.建物使用現況。

5.建物維護狀況：維護得越好，折舊就越低。

不動產價值的重要性

求取客觀、真實的價格

1.房地產價格難以掌握，尤其房地產市場為一不完全競爭市場，其價格實難捉摸。從建築業者的觀點來說，預售屋價格及成屋價格，全憑市場中之廣告企劃代銷公司分析調查，雖說有其一套市場分析、調查的準則，但終究為一經驗法則，為此，常有一水之隔、一橋之隔所產生的價格差異性。

2.因此，如能建立一套合理、客觀、公平、公正、公開的實價登錄與都市計畫研究，必能在不動產市場上求取一合理、真實的估價過程。

---

[10]　林英彥，《不動產估價》，文笙書局，民85。

範例 *1-8*
（下列可作為城鄉施政項目統計設計問卷之前置作業，或前測之依據）

101 年 7 月 17 日參與彰化講座訪談問卷題目

一、您好，就您所知，您認為土地使用的需求及用途與地價有沒有關係？1.有
　　關係 2.沒有關係。

　　1.(18)　　2.(2)

二、您覺得土地開發與都市計畫有沒有關係？1.有關係 2.沒有關係。

　　1.(20)　　2.(0)

三、當政府區段徵收實施時，要做財務計畫，需要做基本的現金流量分析，會有收
　　入支出項目產生淨值，您認為人口與收入項目有關嗎？1.有關係 2.沒有關係。

　　1.(17)　　2.(3)

四、承上所述，您認為人口與支出項目有關嗎？1.有關係 2.沒有關係。

　　1.(19)　　2.(1)

五、您覺得人口與都市計畫有關係嗎？1.有關係 2.沒有關係。

　　1.(20)　　2.(0)

六、您覺得人口增加，地價會上漲嗎？1.會 2.不會。

　　1.(18)　　2.(2)

七、您覺得人口減少，地價會上漲嗎？1.會 2.不會。

　　1.(2)　　2.(18)

八、您覺得就業率會不會影響土地使用的需求用途改變？1.會 2.不會。

　　1.(15)　　2.(3)

九、您覺得地價跟什麼有關係？1.物價 2.人口 3.就業率 4.公共設施 5.商圈 6.年
　　所得 7.利率 8.經濟成長率 9.GDP　可以複選。

　　1.(15)　　2.(15)　　3.(10)　　4.(14)　　5.(13)　　6.(4)　　7.(5)　　8.(14)　　9.(5)

十、您覺得公共建設增加，什麼也會增加？ 1.人口 2.地價 3.就業率 4.政府負債
　　5.舒適感 6.交通便利性 7.用水量 8.廢棄物汙染 9.其他產業　可以複選。

　　1.(13)　　2.(14)　　3.(11)　　4.(3)　　5.(6)　　6.(14)　　7.(9)　　8.(5)　　9.(1)

十一、承上題，如果真的要選一個因素，您覺得跟哪一個因素相關最為密切？

　　　1. 人口 2.地價 3.就業率 4.政府負債 5.舒適感 6.交通便利性 7.用水量 8.廢

棄物汙染 9.其他產業　可以複選。

1.(5)　2.(10)　3.(3)　4.(2)　5.(1)　6.(5)　7.(1)　8.(0)　9.(1)

十二、臺灣未來的房地產市場，您覺得要靠：1.交通 2.觀光 3.豪宅 4.升格直轄市 5.人口。

1.(7)　2.(6)　3.(0)　4.(6)　5.(9)

十三、您覺得臺灣需要的交通建設是：1.臺灣高鐵 2.臺鐵 3.高速公路 4.飛機運輸。

1.(10)　2.(0)　3.(10)　4.(2)

十四、人口慢慢老化，跟都市計畫低密度發展有沒有關係？1.有關係 2.沒有關係。

1.(17)　2.(3)

十五、交通建設改善或發展，您覺得與哪一種地價有關係？1.農地 2.工業用地 3.山坡地 4.建地。

1.(7)　2.(6)　3.(1)　4.(7)

十六、交通建設改善或發展，您覺得哪一種土地地價會上漲？1.農地 2.工業用地 3.山坡地 4.建地。

1.(4)　2.(4)　3.(6)　4.(10)

十七、您知道農村再生嗎？1.知道 2.不知道

1.(9)　2.(10)

十八、農村再生會不會造成農地地價上漲？1.會 2.不會。

1.(16)　2.(2)

十九、現在流行綠建築，您覺得綠建築會產生下列哪一種效益？1.環境適居性 2.保護土地景觀 3.保護自然環境 4.全部有關。

1.(4)　2.(2)　3.(4)　4.(16)

二十、您知道都市設計嗎？1.知道 2.不知道。

1.(12)　2.(6)

二十一、您覺得政府制定特定區計畫的目的是什麼？1.設科學園區 2.炒地皮 3.圖利開發商 4.流行 5.創造就業機會。

1.(1)　2.(1)　3.(4)　4.(0)　5.(12)

二十二、您覺得觀光地區、偏遠地區適合做中高密度開發嗎？1.適合 2.不適合。

　　　　　1.(10)　2.(10)

二十三、您覺得政府做公共建設（徵收或重劃）在計算財務計畫時，是不是都
　　　　假設有利潤？1.是 2.不是。

　　　　　1.(17)　2.(3)

結論

就彰化地區的實際訪談問卷，大約可以知道人口與都市計畫、土地開發、房
價、交通設施、觀光息息相關，但為何相關？相關的程度如何？恐怕是未來發
表期刊與參與論文需要探討以及研究的地方。除此之外，透過此次深度訪談的
結果，更能讓日後研究運用方法所產生的測量等級、尺度、屬性、變數、信
度、效度，能夠有一個更明確的說服力。分述如下：

1.就以上所探討各項議題的過程中，可以發現：當公共建設增加之際，隨著人
　口、地價、就業率與交通設施將會增加或增強；而越深究的話，公共建設增加
　之際，與地價高度的關係是訪談人員的首要選項。因此可以得知，在臺灣現今
　環境下，公共建設的投入是促成地價上漲的最大原因，其次是與人口、交通便
　利性有著極度密切的關係。所有的訪談對象均認為都市計畫與人口有高度關
　係，在探究的過程中，一個城鄉或都市，沒有人口，都市計畫或許沒有做下去
　的依據與理由，而這個現象或許可以成為未來施政者擬定法律的依據。

2.從財務的角度來看，公共建設的投入、收支所產生的淨值，亦與人口有著相當高
　的關係。從訪談的結果得知，人口是一個與公共建設投入所產生效益的準則。

3.另外一個與人口有關的議題是，當人口增減之際，房價或地價是否呈現增減。
　即人口增加，房價、地價乃增加；另一方面，人口減少，房價、地價呈現下滑
　趨勢，這似乎與實際上產生了矛盾。從實務的角度來看，人口減少之際，房價
　與地價似乎也呈現上漲，如都會地區中的臺北市、臺中市的七期地區、臺中市
　的霧峰地區、臺南的新營等地區，地價均呈現上漲趨勢。

4.此外，現行政府為建立富麗新農村，讓年輕人返鄉就業，實施了農村再生政
　策。從此次實務調查的訪談過程當中，大家都知道綠建築的重要性，而農村
　再生有近半數的人對這項政策不知情。唯這個政策實施之後，地價一定會上
　漲，此乃表示，不管政府實施什麼有關都市計畫或非都市土地的政策，只要
　實施在即或者實施前後，地價一定會呈現上漲趨勢。

公部門徵收補償之依據

1. 近來政府爲實施國家經濟政策，興辦公共事業所徵收民間之土地，爲補償地主之權利，常以公告現值甚而加重 40% 爲補償高點，但因各縣市地價水準及公告現值高低不一，差距頗大，如臺北市與新北市板橋區爲例，同樣爲實施公共建設徵收民間之土地，但所補償金額卻相去甚遠。

2. 爲此，實價登錄制度實施後，政府未來在徵收土地時，由於實價登錄的合理過程、強制性，所補償地主之權利較能以公平的價格作爲補償標準，無形中便可減少許多民怨，以利政府公共政策的進行。唯近年來估價爭議時有所聞，到底準不準令人質疑，又政治操弄房價很嚴重，且各領域專家說法不同。

3. 關於徵收內容，土地法第二百零八條規定：國家爲公共事業之需要，得依法徵收私有土地。包括：

   (1) 國防設備：係指重要軍事設施。

   (2) 交通事業：係指道路，如鐵路法、大衆捷運法。

   (3) 公用事業：係指自來水公司、農產品批發市場等。

   (4) 水利事業：係指水庫，但必須以洪水位範圍爲準。

   (5) 公共衛生：係指公廁、地下水道。

   (6) 政府機關：地方自治機關及其他公共建築，係指市議會、火車站。

   (7) 教育學術及慈善事業：係指中研院，但如爲私人興辦，則不在包括之內。

   (8) 國營事業：係指中油、台電、台肥。

   (9) 其他由政府興辦以公共利益爲目的之事業：係指公有停車場。

時事補充

徵地糾紛，癱瘓道路

臺中港維護鄉土權益自救會不滿臺中港特定區五十米特三號道路，前後兩次徵收土地價差十餘倍，造成地主損失數億元，於 7 月 30 日發動上百人於港南路交流道抗議，並聲東擊西地於特三號高速公路上偷倒四堆廢棄土，造成交通陷入癱瘓，警方依公共危險罪追查偷倒司機。

臺中港維護鄉土權益自救會指出，梧棲鎮公所曾於民國 78 年間，徵收臺中港特定區五十米特三號道路平面工程用地，未將地上物一併辦理徵收，違反土地法，依法規定徵收土地如未依原徵收計畫使用，應讓土地業者原價購回，但梧棲鎮公所卻執意違法。

特三號道路工程於民國 84 年間，港務局配合經濟部加工出口區設立，變更為高架道路工程直達該區，需地機構改為臺中港務局，但梧棲鎮公所並未依法重新辦理徵收土地及地上物，工程用地內農地之重劃區亦未補償，即強行開路，嚴重損害民眾權益。

抗議民眾上百人，昨天上午於梧南路交流道處，拉開寫著「變更計畫騙取土地欺壓百姓」、「踢皮球官員下臺解決補償救濟金」白布條抗議，警方動員六十餘名警力嚴陣以待，因警方沒收民眾準備的六、七十枝扁擔，雙方一度發生激烈肢體衝突。

縣府地政局說，縣府就地主訴願向內政部反映，要求撤銷徵收被駁回，認為依法不符，地主目前正採行政訴訟中，一切靜待行政法院判決；只能希望用地機關港務局，能夠給 70 年徵收土地的業者救濟與補償，因 78 年一分地六十五萬元，尚須繳納增值稅，但民國 87 年一分地即高達六百八十萬元，相差十餘倍，不合情理。

警方緊急調派推土機，將四堆廢棄土推往路肩，讓車輛得以通行，抗議民眾表示，他們並不知是何人所倒，可能是行經的貨卡車，替他們打抱不平伸以援手；警方針對國內首宗於高速道路偷倒廢棄土意圖阻撓交通，將依公共危險罪對偷倒貨卡車司機進行偵辦，正調閱相關監視錄影機，調查何人所為。

（陳世宗，《中國時報》，民 92.7.31）

範例 *1-9*

> 比較標的係較常以何種方法適用之？
>
> 說明：1.買賣實例比較法。
>
> 2.買賣實例比較法有涉及到同一供需圈，即近鄰地區與類似地區能成立替代關係，而價格互為影響最適範圍。因此，勘估標的與比較標的必定有相輔相成之關係，所以在買賣實例比較法上，最為顯著。
>
> （參考陳鑫，《不動產估價理論與實務》，永然文化，民90）

↳ 估價的幾個解釋名詞

範例 *1-10*

> 何謂估價期日情形？其與估價日期有何不同？分別估價各指為何？獨立價值、部分價值之不同為何？請說明之。
>
> 說明：1.估價期日之情形
>
> (1)過去之價格形成日期：假設在 91 年 6 月 1 日成交一估價案例，其價格為六十萬／坪。
>
> (2)現在之價格形成日期：假設在 92 年 11 月 1 日（現在）成交一估價案例，其價格為一百二十萬／坪。
>
> (3)未來之價格形成日期：假設在 96 年 6 月 12 日成交一估價案例，其價格為一百四十萬／坪。
>
> 以上三項稱為「估價期日」。
>
> 2.估價日期
>
> 乃指假設估價人員於某年某月某日接到一估價案例，當時接到實際調查分析之日期為 90 年 7 月 1 日至 7 月 31 日，則此日期即為估價日期，又稱「勘察日期」。
>
> 3.分別估價
>
> 在市場評估房地產價格中乃指土地估價與建物估價，前者可謂土地貢獻原則，後者可謂建物貢獻原則，兩者合而為一稱為「聯合貢獻原則」，不動產經紀業者常對市價最為敏感。
>
> 4.獨立價值
>
> 係僅以土地為評估價格，不必考慮土地上其他建築物。具體地說，乃

忽視建築物之存在。

5. 部分價值

係指土地與建築物結合發揮效用之前提下，分別把握土地與建築物之經濟價值。

範例 *1-11*

何謂限定價格？

說明：1.係不動產與取得之其他不動產合併，或為取得其他不動產一部分而分割，致不動產價值與市場價值乖離，市場受到相對之限定，基於該限定市場適當表示該取得部分之經濟價值（參考林英彥，《不動產估價》，p. 69）。

2.容積率實施前，建築業者為搶建照（限定價格與企業評估之可行性）所形成之價格，好比土地每坪七十萬，此價格即為限定價格。

3.農業區當時土地價格為一坪二十萬，如變更為住宅區後，土地價格為一坪四十萬時，則此變更後的價格即為限定價格。

4.一塊土地崎嶇不整（A），當時的價格為三十萬／坪，但如合併成一塊完整的土地時，合併後的價格上升為四十萬／坪，則此合併後的價格即為限定價格。

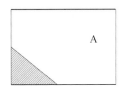

5.乙承租甲的土地做生意，此時，乙為承租人，如甲欲出賣其土地，乙得以承租人身分優先購買甲之土地，此優先購買甲之土地的價格，即為限定價格。

相關法條

1. 土地法第三十四條之一 → 債權行為 ⎤
2. 土地法第一百零四條 → 物權行為 ⎦ 競合 → 物權 > 債權。

　　基地出賣時，地上權人、典權人或承租人有依同一條件優先購買之權。房屋出賣時，基地所有權人有依同樣條件優先購買之權。其順序以登記之先後定之。前項優先購買權人，於接到出賣通知後十日內不表示者，其優先權視為放棄。出賣人未通知優先購買權人而與第三人訂立買賣契約者，其契約不得對抗優先購買權人。

3. 土地法第三十四條之一

　　不得對抗第三人，此第三人為善意，係買賣債權行為。

4. 土地法第一百零四條

　　不得對抗優先購買權人，係物權行為。

重要名詞定義

1. 比較標的

　　指可供與勘估標的間，按情況、價格日期、區域因素及個別因素之差異進行比較之標的。

2. 價格日期

　　又稱不動產價格基準日期，係估價標的價格形成之日期。價格日期又稱估價期日。

3. 同一供需圈

　　指比較標的與勘估標的能成立替代關係，且其價格互為影響之最適範圍。此替代關係正好符合市價比較法中之替代原則。

4. 近鄰地區

　　指與勘估標的物毗鄰之地區，而以供居住、商業、工業、農業活動等同質性用途所形成之地區。

　　〔新規則〕：指勘估標的或比較標的周圍，供相同或類似用途之不動產形成
　　　　　　　　同質性較高之地區。

例如：住二同住二；商一同商一。

住二：第二種住宅區；商一：第一種商業區。

（參考陳鑫，《不動產估價理論與實務》，永然文化，民89）

5.類似地區

同一供需圈內，近鄰地區以外而與勘估標的使用性質相近之其他地區。

※釋例如下：

(1)新北市中和區與永和區、新店區之替代關係。

(2)臺中市北屯區與水湳、潭子之替代關係。

(3)高雄市三民區與鼓山區、左營區之替代關係。

※圖解思考：

比較適用於超商、紅茶店、百貨業之企業連鎖。

(1)   (2)

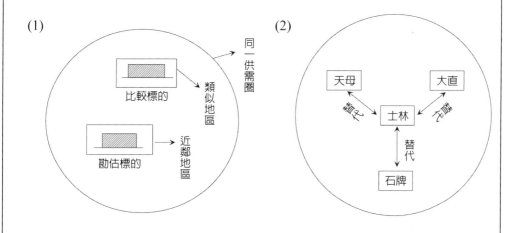

(3)

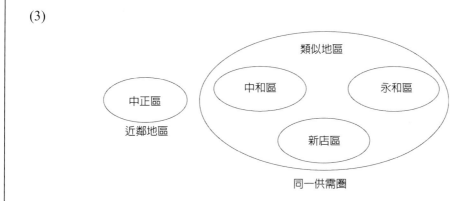

6.圖示近鄰地區

　(1)在神岡區裡面只有一家便利商店。

　(2)神岡元富店。

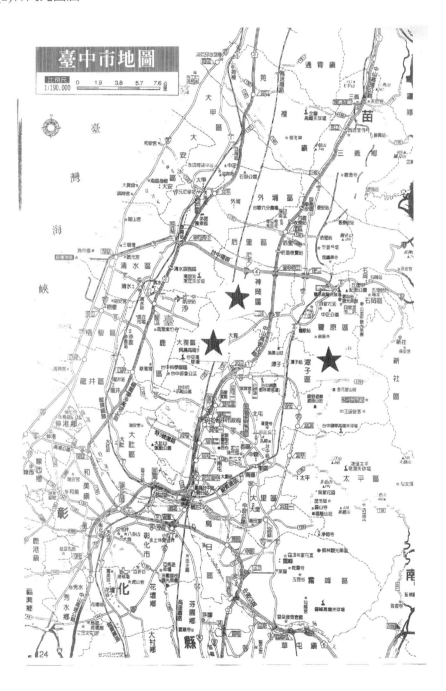

7.圖示類似地區

　(1)神岡區跟豐原區約有四家便利商店。

　(2)所以在神岡買不到，還可以到豐原買。

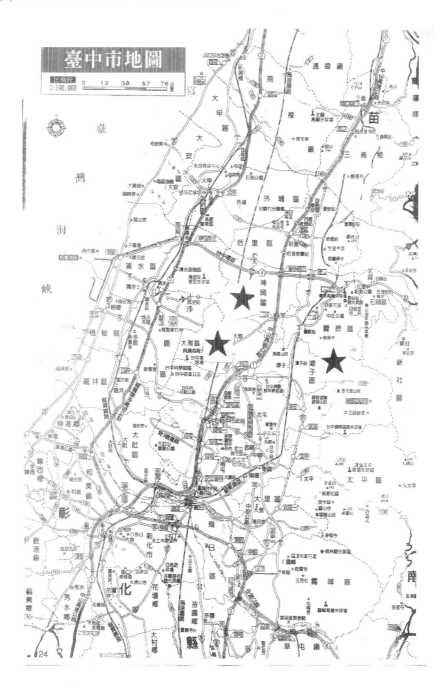

8.圖示同一供需圈

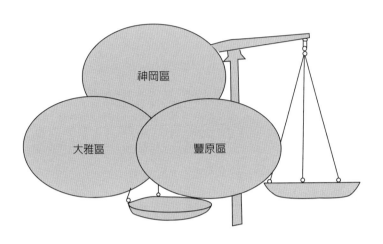

9.近鄰地區分析 —— 大明路 vs. 中興路

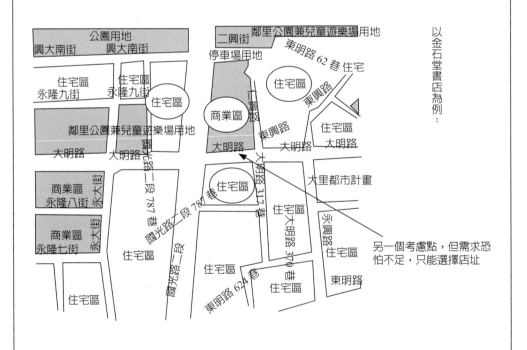

10.同一供需圈分析（以大里、太平、霧峰比較）

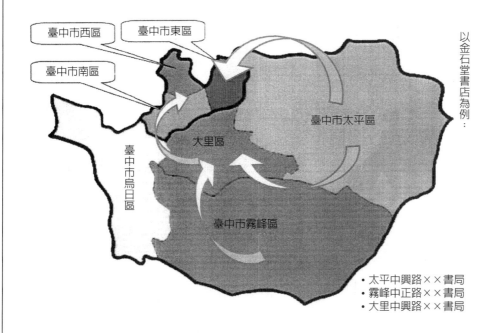

以金石堂書店為例：

- 太平中興路××書局
- 霧峰中正路××書局
- 大里中興路××書局

11.情況調整

(1)乃指鄰近不動產交易情況，對買賣實例價格是否符合市場合理買賣價格所做的修正。

(2)所謂調整乃求正常情況，而排除不正常情況；所謂市場合理買賣價格，即為正常價格、市場價格，係指市場供需均衡所決定之價格。

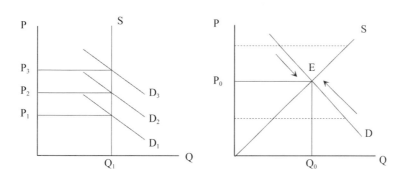

(3)情形可包括：

　①親友間買賣 $\times \dfrac{120}{100}$ 。

　②預期價格心理作祟 $\times \dfrac{96}{100}$ 。

　③急買 $\times \dfrac{90}{100}$ 。

　④急賣 $\times \dfrac{108}{100}$ 。

　⑤脫產 $\times \dfrac{112}{100}$ 。

　⑥畸零地買賣 $\times \dfrac{120}{100}$ 。

　⑦地上物處理糾紛買賣 $\times \dfrac{112}{100}$ 。

　⑧受迷信買賣 $\times \dfrac{95}{100}$ 或 $\times \dfrac{110}{100}$ 。

　⑨含仲介價格買賣 $\times \dfrac{98}{100}$ 。

12.個別因素

指勘估標的（不動產）受本身條件之影響，而產生價格差異之因素，前者不動產的類別另於土地法、民法均有規定。

13.區域因素

指影響近郊地區不動產價格水準之因素。

14.試算價格係依因子權重衡量之價格

係依因子權重衡量之價格，指對勘估標的於適用比較方式、收益方式或成本方式求得之價格。但這試算價格不是最後的價格，也可說是運用這三種方法所求得之價格。

15.比較價格

指依買賣實例比較法求得之試算價格。

16.總收益

依通常之使用，而能繼續且有規律地產生安全、穩定之年收益。

17.總費用

為達到年總收益額所必須支付之費用總額。

18.有效總收益

指依總收益減去閒置與租金損失扣減額加上其他服務性淨所得之數額。

19.構造耐用年數

建築改良物自建築完成之日起,因使用、自然耗損,達到不堪使用之年數。

20.經濟耐用年數(此乃代銷、廣告業者較為重視狀況)

指建築改良物使用年數,已能達到收回其經濟價值之期間。

21.重建成本

使用與勘估標的相同之建材標準、設計、配置及施工品質,於價格日期(估價期日)重新複製建築所需之成本。係同工同料。

22.重置成本

指與勘估標的相同效用之建築改良物,以現代建材及標準設計與配置,於價格日期建築所需之成本,係發揮相同效用,可知建築量體的費用用於提升建築品質。(另編列預算)

23.區域分析

(1)乃指對勘估標的屬哪一區域,該區域之性質、生活機能為何,對於勘估標的之價格會有哪些影響。

(2)學者林英彥敘述:係分析判定對象不動產屬於何種地區,該地區具有何種特性,該特性對於不動產價格形成有何全盤性之影響。

24.個別分析

分析對象不動產個別因素,以判定其最有效使用。因此,不動產價格乃以不動產最有效使用為前提。

25.特定價格

指具有市場性之不動產,基於特定條件下形成之價值,並以貨幣金額表示者。

種類:

(1)公園、學校:供公共或公益使用之不動產。

(2)軍事設施:國防部、飛彈基地。

(3)中正紀念堂。

(4)總統府或火車站上之避雷針。

(5)公司重整之評估:僅供參考之性質,不會用以課稅、買賣、設定抵押行為之參考。亦有人稱為資產之評估,實務上為有形資產與無形資產之評估。

26.查定價格

係指金融貸款成數（不動產）之價格。

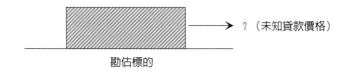

勘估標的

例如：

此時，土地增值稅為四十萬，此勘估標的市價為九百萬，根據銀行主管責任貸放成數為七成，則此時貸放金額即為(900-40)×0.7=602 萬（查定價格）。

27.勘估標的

指委託單位（包括專家、學者及建築師……）接受委託所估價之土地，建築改良物（以下簡稱建物）、農作改良物及其權利。

(1)土地法第五條：土地法所稱土地改良物，分為建築改良物與農作改良物。所謂建築改良物：附著於土地之建築物或工事為建築改良物。

(2)民法第六十六條：稱不動產者，謂土地及其定著物。不動產之出產物，尚未分離者，為該不動產之部分。

(3)土地法第一條：本法所稱土地，謂水、陸及天然富源。

　①水：乃指海洋、江河、水川、河流等。

　②陸：乃指沙漠、高山、丘陵、盆地、峻嶺等。

　③天然富源：乃指日照、風力、熱能、水力、空氣等一切自然力。

(4)土地所有權：乃於地面、地上、地下。

(5)建築物所有權：建築物附著於土地，但係於土地外獨立之物。

(6)建築物與基地不必同屬於一人所有，二者可以分別存在，各擁有所有權。

(7)民法規定，不動產出產物尚未分離者，為該不動產之部分。因此，農作物與土地不可分別獨立存在。

28.租賃權價格

(1)土地所有權人可以完全獲得所有權,使該土地市場性回復最有效使用期待成為可能。

(2)土地所有權人購買該租賃權價格時,如高於第三人購買之租賃權價格時,則該價格為限定價格;如低於第三人購買之租賃權價格時,亦為限定價格,但如土地所有權人可以讓渡給第三人購買時,則該價格為正常價格。

(3)正常價格係為具市場性不動產,在正常情況下所形成之合理價格,都市計畫變更不妨視為有市場性之故。

四、不動產鑑定價值之程序

修法前之技術規則

土地估價程序如下:

(一)確定勘估基本事項。

(二)擬定勘估計畫。

(三)申請及蒐集資料。

(四)勘察現場。

(五)調查交易或租賃實例及蒐集補充資料。

(六)整理、比較、分析資料。

(七)運用不同的估價方法推算勘估標的價格。

(八)決定勘估標的價格。

(九)撰寫估價報告書。

確定勘估基本事項

1.勘估標的之內容

此乃研究人員與委託者間必須確定勘估基本事項，此委託者不一定是所有權人，可能是債權人，其內容包括勘估標的地號、建號、所有權確定、有無地上權、典權等他項權利。

土地使用分區管制之規定：土地開發人員對於勘估標的之土地為都市計畫中哪一使用區，其不同使用區得再依使用強度，或視實際之需要，再予劃分，分別予以不同程度之使用管制，必須予以確定、了解性質，以便查估價格。

同時，注意事項如下：

(1)市地重劃後之土地，其勘估標的應注意土地所有權人所分配之面積是否未達最小分配面積標準。

(2)區段徵收後土地，以抵價地作為補償者，其勘估標的應注意土地所有權人所領回之抵價地是否未達最小建築面積。

例如：住宅區得再細分為高密度、中密度、低密度等使用區；商業區得再分為中心商業區、社區商業區、鄰里商業區；工業區得再分為甲種、乙種、特種及零星工業區，而分別予以不同之管制。

(3)勘估標的之建築改良物與農作改良物（注意事項）：

①民法第六十六條規定，所謂不動產乃土地及其定著物，不動產之出產物，尚未分離者，為該不動產之部分。

②農作改良物附著於土地上，相當於民法之出產物。由此可知，土地與土地上農作改良物為同一不動產。

③土地法上之建築改良物乃附著於土地之建築或工事，附著即定著之意，附著土地上之建築改良物並不屬於土地之一部分，此乃從物理學觀點與角度，不視為土地構成一部分。

④因此，實價登錄自應先了解土地上之農作改良物與建築改良物是否為同一不動產，以確定勘估標的之內容。同時，對於確定對象之不動產，還

包括獨立價值、部分價值之說明。[11] 而獨立價值僅以土地為估價對象，部分價值是以土地或建築物為估價對象。

2.價格日期

(1)勘估標的價格形成之日期。

(2)買股票有一個時間點，當然實價登錄前後也應有一個價格形成時間點，此時間點乃稱為價格日期，並常受委託者委託。

3.查估價格種類

(1)即查估勘估標的之市場正常價格、限定價格而言，基本上不應包括特定價格。

(2)通常物價指數、地價指數、房租指數是重要參考依據。

4.價值之目的

(1)便於政府實施區段徵收、補償

政府為興辦公共事業之需要，常以公權力之行使徵收私有土地，但由於補償標準不一，常遭民怨，將來如能實施標準制度後，必能對徵收補償標準有一合理之解釋。

(2)維持市場合理價格

為確保不動產交易安全，由開發人員估計一合理價格，實為不動產市場合理價格。

範例 *1-12*

從事不動產估價，應確定哪些基本事項？

說明：確定事項係指程序一 vs. 程序二內容，係指 pp. 72-74 所規定內容：

(一)確定勘估基本事項。

(二)擬定勘估計畫。

---

[11] 陳鑫，《不動產估價理論與實務》，永然文化，民89。

擬定勘估計畫

端看計畫之龐大，如工商綜合區、溫泉風景區。

1.確定作業步驟

每一項作業時間必須要能劃分清楚，不能前後不一，否則資料雜亂無章、主題不明，很難獲得一合理價格。

2.預估所需時間

從健全的估價制度所蒐集之資料、分析、判讀、商議、結果、報告書完成，至業者簡報所花的時間成本，必須事先預估一個時間流程，以利估價作業之進行。

3.預估所需人力

一個完整的評估報告需要多少人力，端賴健全的估價制度之專業知識與相關經驗是否健全來決定，往往一個合作團隊應是比較具有效率，又能各司其事才行。

4.預估作業經費

可行性分析與財務分析是最密切相關，能降低成本乃企業一大競爭優勢。

5.擬定作業進度表

按照工作項目、時間、工作細項作一進度表，以便督促專案工作進度，達到估價之目的。

申請及蒐集資料

可以委託公司內部祕書、文書人員，乃屬外部業務動作。

1.相關申請及蒐集之資料

(1)土地登記簿謄本、建築改良物登記簿謄本、地籍圖謄本、地價證明書、建築改良物勘測成果圖、土地使用分區證明書、土地使用分區圖及地質資料、遊樂區、溫泉區、工商綜合區設立條件之資料。

(2)土地使用分區乃指都市土地，非都市土地除外，而地價證明書可分電腦、人工兩種，建築改良物勘測成果圖以平面、立面為準。

(3)健全的估價制度透過土地登記簿謄本、建築改良物登記簿謄本、地籍圖謄本、地價證明書、建築改良物勘測成果圖、土地使用分區證明書、土地使用分區圖及地質資料的蒐集，了解估價標的對象之土地類別、筆數持分狀況、建物構造、面積、地形、坐落、當期公告現值、前次移轉申報現值、建物形狀、有無違建、土地為哪一使用分區、標的對象與鄰近公共設施之相關位置，以及地質硬鬆情形等資料，予以彙整。

2.影響地方發展計畫

任何一項地方重大公共工程，均會正、反面影響健全的估價制度所評估的不動產價格，例如：中央核准的核四與六輕案，一反一正，貢寮的不動產價格一落千丈，麥寮的不動產價格卻日日昂揚。

3.不動產交易或蒐集資料

市場上預售屋、新成屋、中古屋所成交的價格以及特色必須一一蒐集，資料來源必須真實、可靠，才能正確評估勘估標的之合理價格，資料蒐集可向政府、銀行、代書、建設公司等單位搜尋（蒐集）。

4.其他

影響不動產市場最重要的因素，不外乎是國家的政治、經濟、社會各方面。政治清明，社會治安越好，經濟的成長越高，物價水準越合理，就業機會越好，均會影響不動產市場價格的勘估。

勘察現場

乃屬外部業務動作，查看是否有違章建築、鐵皮屋以及附近鄰近道路、外環道路狀況。

1.調查影響價格因素應詳填於調查書

勘估標的所在之區位與鄰近之周邊環境、嫌惡設施，均會影響勘估標的之

價格。

2.確認前條所蒐集之資料

其特點為客觀性。就客觀性來說，評估價格所蒐集到的地價、房價、生活機能、預期重大公共工程之進行資料，最好與鄰近相同個案作一客觀性比較。

3.調查使用現況

(1)勘估標的對象交易記錄以及附著於不動產上之他項權利，應確實掌握了解。

(2)公共設施之服務程度對於土地由於提供相當程度的貢獻，因此健全的都市計畫制度在作土地評估價格作業時，較能凸顯公共設施之貢獻對地價評估之重要性。

(3)建築物區分所有部分：標的對象不能僅著重在單一個體評估，尚要考量整棟建物公共設施、各住戶之管理維護對於單一個體貢獻如何才是。

4.就勘估標的及其周邊環境或臨路巷道情況攝製必要之照片

勘估標的不能憑空想像、文字書面敘述就可，必要時為了加強分析的客觀性與真實性，可針對勘估標的之鄰近環境、臨路情況、建物外觀、室內景觀、空間、格局作一攝製表格分析。

> 土地估價程序之(一)與(二)為確定事項，以書面資料之委託書作為確定事項方法，(三)與(四)為確認事項，以實地勘察求證事項作為確認事項之方法，因此，確定在前，確認在後。

範例 1-13

> 不動產估價程序須確認對象不動產，如何確認？
>
> 說明：係指「(三)申請及蒐集資料」與「(四)勘察現場」之確認。

✍ 調查交易或租賃實例及蒐集補充資料

乃屬外部業務動作。

此交易或租賃實例乃指買賣或租金實例。

不動產估價從業人員應依下列原則，蒐集可比較之實例：

1.與勘估標的位於同一供需圈內之近鄰地區或類似地區

(1)近鄰地區

指勘估標的或比較標的周圍，供相同或類似用途之不動產，形成同質性較高之地區。

(2)類似地區

指同一供需圈內，近鄰地區以外而與勘估標的使用性質相近之其他地區。

(3)同一性質標的

健全的估價制度將勘估標的與近鄰地區或類似地區同一性質標的作一比較，並調查其現實不動產價格以作為評估之參考。

2.與勘估標的分區使用管制相同或相近

不同使用分區自能反映出不同的不動產價格，商業區地段較優，地價較高，評估時亦應與其他地段之商業區作實例比較，以了解勘估標的之真正交易價格。

3.與勘估標的使用性質相同或相近

此項規定乃指業者在使用性質相同或相近的地方作一調查比較，例如：在住宅區合法使用之停車場，鄰近商業區合理經營之地下停車場，但有其例外，如學校文教區地下室違法作餐廳使用，與鄰近商業區內合理經營之餐館自不得相提並論，否則健全的估價制度等於核准在學校文教區地下室就地合法經營餐廳。

4.實例之價格符合正常價格之定義

作比較之實例必須要符合客觀、合理、公開、公正之正常價格才是。

整理、比較、分析資料

此程序乃屬內部業務動作。

消息來源真不真實非常重要。

房地產專家就所蒐集之資料先行整理、比較、分析及調整，並以下列原則優先選擇至少三件實例進行比較及推定。

1.實例資料內容充分且詳實者

資料作到最詳實，估價水準越高，評估價格過程越合理。

2.實例與勘估標的在同一個近鄰地區且個別因素最相近者

實例之比較盡可能以同一個近鄰地區作為參考依據，而個別因素之相近，乃指勘估標的本身條件如自然環境、地形、地勢水準，以及地價水準相近者，作為比較參考依據。

3.實例之價格形成日期與勘估標的之價格日期最接近者

實例之比較，盡可能以價格形成日期與勘估標的之價格日期最接近者，為優先考量。

另外，房仲人員取得土地，須取得以下資料：

1.基地位置。

2.土地面積。

3.地目地號。

4.使用分區。

5.面臨路寬。

6.欲售地價。

7.土地條件（地形、地勢、臨地狀況、共有土地）。

8.付款條件。

9.附買回條款。

10.適宜性分析。

運用不同的價值方法推算勘估標的價格

這些不同方法,最好併用。

土地估價三大基本估價方法,包括原價法、買賣實例比較法(又稱市價比較法)以及收益還原法。其中原價法乃是以成本的角度為考量,買賣實例比較法(又稱市價比較法)乃以替代的角度為考量,而收益還原法乃是以所得的角度為考量。

每一種方法均有其合理過程及優、缺點,無所謂好、壞,但如只依賴一種方法,較不合理,市場價格就不易求出。

> 試問:1.一顆蘋果分成三部分,哪一部分較好吃?
> 2.百貨公司、購物中心、量販店,哪一類較賺錢?

實務上見解:學術參考之!

原價法似乃建築師專業,因它是成本的角度,建材表乃建築師所擬。

收益還原法似乃會計師專業,因它著重的是現金流量的折現試算。

市價比較法似乃不動產經紀人專業,因市價乃成交價,由供需來決定,目前有專家、學者教授不動產估價系統似很好用。坊間中華徵信所、威名、宏大、遠見、華聲、臺北大學、逢甲大學等單位法拍估價物件與建商思維頗具參考價值。

決定勘估標的價格

此價格為試算價格。試算價格應如何調整:

1.資訊適不適當、準不準確。
2.估價十二項原則有無確實遵守。
3.三大因素考量是否得當。
4.估價方法是否得當。
5.最終價格之勘估過程是否合理。(係指試算價格)

撰寫估價報告書

1.報告書之種別

(1)制式報告書

乃公司接案對外公開運作估價之報告書,其報告書制式化、格式化,常為

公司對外簽約之代表書章。

(2)非正式報告書

乃估價人員團隊所提出之估價報告書，純然為小組討論以及估價人員進行商議調整、修正之必要報告書章。

(3)另一報告書之種別

①開放式（自由式）報告書：報告書係屬申論題方式撰寫，希望能加入一些實務型專家學者報告，乃以專案處理方式制定報告書，勘估標的為針對工商綜合區、遊樂區等勘估。

②封閉式（定型式）報告書：報告書乃屬選擇題方式撰寫，乃以一般案件方式制定報告書，勘估標的為針對土地及建物。

③混合式報告書：係 ① + ② 之組合。

2.報告書之內容

(1)委託人

(2)資產估價金額

①必要時，得預估土地增值稅額。

②此估價金額乃指總價單位×面積。此總價：淨額必須扣除土地增值稅額，才得以求出淨額。

(3)價格種類

係指正常、限定、特定價格。

(4)勘估標的之詳細資料

①土地：權利人、坐落、標示、面積、權利範圍。

②建物：權利人、門牌、基地標示、構造、裝修、情況、面積。

③所勘估標的（土地或建物）詳細資料求取來源，係抄自登記簿謄本，不是土地或建物所有權狀，因為權狀偽造情形時有發生。

(5)勘估標的使用現況

有無違章建築、鐵皮屋。

(6)勘估標的受法令規定之使用管制

諸如：住一、住二、商一、商二。

(7)勘估標的之他項權利負擔的產權情況

勘估標的物上有無設定他項權利，如抵押權、地上權等，以求勘估標的完整。

(8)資產評估目的（政府、民間）

評估的目的為何？也是必須撰寫在估價報告書內，目的包括買賣、抵押、貸款、投資、脫產用。

(9)估價日期及價格日期。

(10)資產重估所運用之方法及其估算過程與價格決定之理由

因此，我們可以很清楚是由估價過程得到估價結果，並非先有估價結果，才有估價過程；同時，價格的最終決定必須要有理論根據。

(11)專業估價者姓名及其證照、字號，例如：會計師財務報表。

範例 *1-14*

資產評估報告書之內容為何？

說明：如上所述。（報告書內容）

3.補充

從健全的估價制度撰寫估價報告書，可以看出一份合理的估價報告即將出爐。更詳細說明之，估價報告書之內容可分述如下：

(1)委託鑑價者之姓名或名稱。

(2)鑑價機構、鑑價人員與委託鑑價者之關係。

(3)鑑價事項

①委託鑑價目的。

②鑑價標的：

　A.標的名稱。

　B.標的性質。

　C.標的位置。

　D.標的面積。

　E.標的所有權人。

　F.標的他項權利人。

　G.標的權利範圍。

上述所指標的乃指勘估標的而言，即勘估不動產。

③鑑定價格種類：

A.正常價格：指供需達到合理均衡時，所產生之價格。

B.限定價格：情形有二種甚至多種。舉例而言：農業區變更為住宅區前，土地價格一定較變更為住宅區後為低，而此時變更為住宅區後的土地或建築改良物價格，即為限定價格。

另對於建商深恐政府實施容積率管制，造成容積率減少所實施之搶建，致使住宅供給增加，因而影響不動產價格，此不動產價格稱為限定價格。

C.特定價格：所謂特定價格乃指估價人員對於特定標的物所評估之價格，此特定標的物可包括古蹟、重要軍事設施，如臺中火車站、總統府等。

④鑑價日期。

(4)鑑價結果

包括鑑價日期與鑑價金額。

(5)鑑價內容及評估方法

①標的物概況：對於勘估標的，估價人員應說明標的物之概況，並分析影響標的物價格之地域及個別因素（如交通、街道、環境、行政、使用現況、權利負擔……）、環境因素（至少應包括公共設施、都市計畫或地區性之重要建設開發計畫等）、行政因素（至少應包括土地分區使用與管制規定、土地建築使用規定及建物結構、防災相關規定等）。

②標的物區域內不動產交易之比較實例。

③選定之鑑價方法、理由及資料來源說明。

④鑑定價格之計算過程、調整說明及其決定。

⑤鑑價金額之決定。

(6)土地增值稅之估算

依照平均地權條例規定，土地增值稅之稅率為 20%、30%、40%，累進課徵。

(7)其他必要補充說明事項。

(8)鑑價機構及鑑價人員相關事項

　①鑑價機構名稱、資本額、組織結構及人員組成。

　②鑑價人員姓名、年齡、學經歷、從事鑑價工作之年數及期間、承辦鑑價案件之件數。

　③出具「鑑價報告所載事項無虛偽、隱匿」之聲明。

　④鑑價日期。

　⑤鑑價機構、負責人及鑑價人員簽章。

　⑥出具鑑價報告之日期：契約成立日前，鑑價者出具報告之日期與契約期限不得逾三個月。

(9)附件

　①標的物（勘估標的）鑑價明細表。

　②標的物登記簿謄本。

　③地籍圖謄本。

　④都市計畫圖。

　⑤標的物位置圖。

　⑥土地使用分區證明。

　⑦標的物現況照片。

　⑧修法後之技術規則。

✤ 不動產價值程序介紹（店面價值計算）

(一)確定價值基本事項。

(二)擬定價值計畫。

(三)蒐集資料。

(四)確認勘估標的狀態。

(五)整理、比較、分析資料。

(六)運用價值方法，推算勘估標的價格。

(七)決定勘估標的價格。

(八)製作價值報告書。

確定價值基本事項

1.勘估標的之內容

依土地使用分區管制之規定：土地健全的估價制度對於對象不動產之土地為都市計畫中哪一使用分區，必須予以確定，以便查估。例如：住宅區得再細分為高密度、中密度、低密度等使用分區。商業區得再分為中心商業區、社會商業區、鄰里商業區。工業區得再分為甲種、乙種、丙種及零星工業區，而分別予以不同之管制。

2.價格日期

(1)勘估標的價格形成之日期。

(2)不動產價格有一個時間點，此時間點乃稱為價格日期，並受委託者委託。

3.查估價格種類及條件

即查估勘估標的之市場正常價格、選定價格或查定價格而言，基本上不應包括特定價格。

4.價值之目的

包括買賣、抵押、課稅、公司重整等。

擬定價值計畫

1.確定作業步驟

每一項作業時間必須要能清楚，否則資料缺乏進度，很難獲得一合理之價格。

2.預估所需時間

土地估算在進行不動產估算之內容，為蒐集資料、分析、會議、結果、製作估價報告書等之。其必須事先預估一個時間流程，以利估算作業之進行。

3.預估所需人力

一個完整的分析報告需要多少人力，端看健全的鑑價制度之專業知識與實務經驗是否健全來決定。

4.預估作業經費

估價公司開銷最大的往往就是健全的鑑價制度報酬，其他如資料蒐集費用、製作報告書費用必須預先評估。

5.擬定作業進度表

按照工作項目作一進度表，以便督促、評估專案工作進度，達到估算之完整性。

蒐集資料

1.包括土地登記簿謄本、建築改良物登記簿謄本、地籍圖謄本、地籍謄本、地價證明書、建築改良物勘測成果圖、土地使用分區證明書、土地使用分區圖及地質資料。

2.除此之外，尚包括：

(1)勘估標的之標示、權利、法定用途、使用管制等基本資料。（確認資料）

(2)影響勘估標的之一般因素、區域因素及個別因素。（因素資料）

(3)勘估標的之相關交易、收益及成本資料。（實例資料）

確認勘估標的狀態

1.包括

(1)對象不動產物體之確認。

(2)權利狀態。

2.可參考之資料[12]

(1)調查影響價格因素應填載於實例調查書。

(2)確認前條所蒐集之資料。

(3)調查使用現況。

(4)就標的及其環境或臨路情況，攝製必要之照片。

3.根據技術規則說明如下（技巧）

(1)確認勘估標的基本資料及權利狀態。

(2)確認勘估標的及比較標的之使用現況。

(3)確認影響價格之各項資料。

(4)作成記錄及攝製必要之照片。

4.不動產價值應依下列原則蒐集可比較之實例

(1)實例之價格符合正常價格或可調整為正常價格

作比較之實例必須要符合客觀、合理、公開、公正之正常價格才是。

(2)與勘估標的位於同一供需圈內近鄰地區或類似地區

①近鄰地區：乃指勘估標的或比較標的周圍，供相同或類似用途之動產，形成同質性較高用途之地區。

②類似地區：指同一供需圈內，近鄰地區以外而與勘估標的使用性質相近之其他地區。

③不動產健全的評估制度應將勘估標的與近鄰地區或類似地區同一性質標的作一比較，並調查其現時不動產價格以作為評估之參考。

(3)與勘估標的分區使用管制或使用性質相同或相近

不同的使用分區自能反映出不同的不動產價格，商業區地段較優，地價較高，評估時亦應與其他地段之商業區作實例比較，以了解勘估標的之真正交易價格。

(4)實例之價格形成日期與勘估標的之價格

此項規定乃指健全的評估制度在使用性質相同或相近的地方作一調查比

12　陳鑫，《不動產估價理論與實務》，永然文化，民89。

較，例如：在住宅區合法使用之停車場、鄰近商業區合理經營之地下停車場；但有其例外，如學校文教區地下室違法作餐廳使用，與鄰近商業區內合理經營之餐館自不得相提並論，否則臺灣現有的估價制度等於核准學校文教區地下室就地合法。

整理、比較、分析資料

不動產健全的估算制度應就所蒐集之資料先行整理、比較、分析及調整，並以下列原則優先選擇至少三件實例進行比較及推定。

1.實例資料內容充分且詳實者

資料作到最詳實，價格水準越高，價值分析越合理。

2.實例與勘估標的在同一個近鄰地區且個別因素最相近者

實例之比較盡可能以同一近鄰地區作為參考依據。而個別因素之相近，乃指勘估標的本身條件如自然環境、地形、地勢，以及地價水準相近者，作為比較參考依據。

3.實例之價格形成日期與勘估標的之價格日期最接近者

實例之比較盡可能以價格形成日期與勘估標的之價格日期最接近者，為優先考量。

運用價值方法推算勘估標的價格

法院訴訟的土地估價三大方法，包括原價法、收益還原法及市價比較法，尚有土地殘餘法、建物殘餘法、土地開發分析法以及路線價法、區段價法等。因此，不

試問：一塊麵包已分成三等分，哪一等分較好吃？

動產健全的估價制度應兼採二種以上估價方法推算勘估標的價格，但因情況特殊不須估價技術或不能採取二種以上方法估價者，不在此限，並應於估價報告書中敘明。

↳ 決定勘估標的價格（試算價格）

原價法
市價比較法 ⟶ 試算價格（可參考專家或次級資料所評估因子
收益還原法　　　　　　　　加以權重計算而得）

範例 *1-15*

> 試算價格如何調整？
>
> 說明：1.估價所蒐集的資料確不確定、適不適當。
>
> 　　　2.土地估價十二項原則有無遵循。
>
> 　　　3.估價所運用的方法，是否合乎勘估標的之使用性質或用途。
>
> 　　　4.一般因素、區域因素、個別因素分析是否得當。
>
> 　　　5.估價過程是否合理，同時符合理論根據。
>
> 　　　6.單價與總價之關聯是否適當。
>
> 　　　以上可參酌不動產估價技術規則第十五條。

↳ 製作價值評估報告書（製作資產評估報告書）

　　為讓不動產價格評估更健全：可加入不動產經紀人 vs. 建築業者及都市計畫之概念並作成價值報告書，於簽名或蓋章後，交付委託人。

1.報告書之內容

　(1)委託人。

　(2)勘估標的基本資料：

　　　①土地：權利人、坐落、標示、面積、權利範圍。

　　　②建物：權利人、門牌、基地標示、構造、裝修、狀況、面積。

　(3)勘察日期及價格日期。

　(4)價格種類。

　(5)估價條件。

　(6)估價目的。

　(7)估價金額，必要時得預估土地增值稅額。

(8)勘估標的之所有權及他項權利負擔與產權情況。

　①他項權利如為本金最高限額抵押權，如何評估資產價值？如何了解土
　　地所有權人狀況？

(9)勘估標的之使用現況。

(10)勘估標的受法令規定之使用管制或其他管制事項。

　①如一屋二賣；甲一屋二賣之際，與乙簽訂買賣契約，並將產權登記與
　　丙，前者為民法債權行為，後者為民法物權行為，基於物權效力大於
　　債權效力，即產權登記與丙有效。

(11)價格形成之主要因素分析。

(12)估價所運用之方法及其估算過程與價格決定之理由。

(13)其他與估價相關之必要事項。

2.前項價值報告書，須檢附必要之圖說、資料。

範例 *1-16*

不動產（店面）估價、租金資料種類為何？

說明：1.確認資料

　不動產物體及權利狀態確認所必要之資料。

　2.因素資料

　係指一般因素之一般資料（政治、經濟、社會、行政、法律）及個別
　因素之個別資料。

　3.實例資料

　係指買賣實例（市價比較法）、收益實例（收益還原法）、成本法
　（原價法）。

範例 *1-17*

不動產（店面）價值報告書種類有幾種？

　　如能將水土保持計畫書、環評報告書納入甚佳。

說明：三種，分述如下：

　1.封閉式報告書

　係針對較簡要之一般案件（土地或建物）作評估報告書，屬於測驗題
　型式之價值報告書。

2.開放式報告書

　係針對較複雜案件（溫泉區、購物中心）作成之報告書，屬於申論題
型式之價值報告書。

3.混合式報告書

　1+2。

內文補充

1.申請及蒐集資料（p. 74）

(1)地籍資料。

(2)土地使用計畫資料。

(3)市場資料。

(4)社經資料。

(5)其他。

2.勘察現場（p. 75）

(1)土地

　①確定正確位置。

　②確定土地使用現況。

　③與鄰地界址之相鄰關係。

　④土地之地形、地勢。

　⑤土地是否為既成通路或有公用通行權。

(2)建物

　①有無辦理建築第一次登記。

　②建物保護、維護情況。

　③建物使用現況。

　④建物實際用途與登記是否相符。

　⑤產權面積與使用面積是否相符。

　⑥車位是否有產權登記。

3.整理、比較、分析資料（p. 78）

(1)何謂區域分析、個別分析、重建成本、重置成本。

(2)進行個別分析應掌握哪些因素：

①宗地條件：包括面積、寬度、深度、形狀。

②街道條件：包括臨接街道之系統、寬度。

③接近條件：包括交通設施、公共設施、離車站距離之條件。

④環境條件：包括景觀、日照、環境等條件。

⑤行政條件：指使用分區及行政上之管制。

⑥其他。

（林英彥，《不動產估價》，文笙書局，民 84）

範例 1-18

價值與價格之關係為何？

說明：1.不動產估價一定先有價值，才有價格，而價值在實務上分為兩種，一為使用價值，好比租賃行為；一為交換價值，好比買賣行為。

2.有了以上二種價值行為，進而產生價格，即所謂勘估之價格。

範例 1-19

何謂獨立價值、部分價值？

說明：1.獨立價值

僅對土地估價，不對建築物估價，即忽視建築物之存在，雖說土地與建物結合為一不動產，但僅就土地為估價對象，而不考慮建物價格對土地價格之影響。

2.部分價值

係指土地與建築物結合發揮效用之前提下，分別把握土地與建築物之經濟價值。

範例 *1-20*

政府部門與民間部門實施不動產開發價值、租金分析之理由為何？

說明：1.政府部門

(1)政府（中央、地方）課稅之依據。

(2)政府徵收私有土地、推行公共政策或事務，以為徵收補償之依據。

(3)政府施行土地重劃分配之依據：包括重劃費用、工程費用、貸款制度及土地重劃後分配之依據。

(4)政府抵價地之價值參考依據以及抵價地標售之依據。

(5)都市更新中，權利變換之稅捐及管理費用、工程費用、土地費用負擔之依據。

(6)土地所有權人於都市更新不能或不願參與分配時，由實施者估定合法建築物所有權人權利價值及地上權、永佃權或耕地三七五租約價值，於土地所有權人應分配土地及建築物權利範圍內，按合法建築物所有權、地上權、永佃權及耕地三七五租約價值占原土地價值之比例，分配予各該合法建築物所有權人、地上權人、永佃權人或耕地三七五租約之承租人，納入權利變換計畫內。

2.民間部門

(1)為因應民間不動產買賣價值之參考。

(2)為因應民間不動產租賃價值之參考。

(3)為因應金控公司、融資業務之參考。

(4)公司破產、價值之參考。

(5)公司資產重整之參考。

(6)保險公司理賠之參考。

(7)高壓電、地下鐵損害賠償價值之參考。

(8)開發商投資利用之參考。

(9)建設公司與地主合建土地價值之參考。

範例 1-21

不動產健全的估價市場機制公布實施應具備哪些要件？

說明：1. 專業知識（knowledge）（參考銀行內控規範），不得抵觸

土地法與稅法、不動產投資與市場分析、財務理論與計畫財務分析。

2. 實務工作經驗

理論與實務並重才是最佳技術。

3. 歸納能力

將評估個案化繁為簡。

4. 演繹能力

將評估個案化簡為繁。

5. 判斷推理能力

6. 溝通整合能力

7. 品德、操守端正

8. 道德、法令責任

9. 客觀分析能力

股份有限公司取得或處分資產處理程序曾對專業估價者提出說明，係指依法律得從事不動產、其他固定資產估價業務者（包括建築師、專家學者、各都市計畫及地價評議委員，前項盡量以有土地開發實務操作者為原則）。

品德操守實務專欄

〈新聞稿〉

國家土地徵收補償，多年前中央政府以地價評議委員會來作市價補償的認定；因為擔憂會有利益迴避問題，這點正巧在民國 101 年初期就爆發了臺北地方法院書記官與退休法官介入估價爭議的問題，相關人士正面臨法律制裁；多年前某財團開發案也爆發估價資訊不實問題，沒想到民國 103 年前又爆發了北部重要開發案地上物建商委託樓層估價爭議的問題，現已進入司法調查，行政

院及地政司當初的堅持是以各縣市政府地價評議委員會作為估價認定的考量。

目前，監察院正在調查為何各縣市法院估價案件爭議糾紛不斷，有房地產業者認為，所有的估價案件似乎以房仲專業的市場價格調查為依歸，民間的估價師與不動產經紀制度似乎在市價之專業上持不同的看法。再說實價已登錄，價格已公開化，倒是建築師與代銷業者的估價學理及實務似須受到尊重。平心而論，建築師有其專業上的考量，不尊重其專業亦似乎說不過去。各專業估價領域專家，包括會計師等長期爭吵亦不是辦法。另一方面，都市計畫委員會、土地徵收審議委員會可學習歐、美及亞洲各國，由專業人士參與陪審的必要。也有其計畫理論，主權在民的理論根據，減少政府與民間公共政策之間的衝突。

§房地產銷售的祕密與技巧：（未來趨勢）

坪效：透過公設比、容積率、坪效係數、工程造價、土地成本以及地點所擁有的人潮、使用分區、交通樞紐等條件，加計管銷費用後所換算出的預售合理房價，謂之坪效。

土地開發分析：由總銷、利率、報酬率、直接成本暨間接成本，換算土地合理的價格謂之。

功能：日照、通風、機能（建材）及相關計畫道路、既成巷道，以及私設巷道可行性之評估。

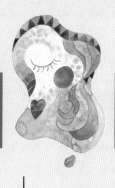

PART 2

基本衡量價值的方法

①影響不動產投資（估價）之品質因素：依臺灣省都市計畫法施行細則 29-1 視之；都市計畫農業區經縣市政府審查核准，可興建安養中心。②在新的國土計畫架構下，視都市計畫農業區為第五類農業發展區。而相關品質因素包括周邊環境、身心靈、身體機能、屋齡、內部設施等，都市計畫農業區品質因素最重要仍是建蔽率之提升（40%）。

1.區位。

2.屋齡。

3.寧適。

　　(1)停車空間、內部通道（動線）、人車分道、造景。

　　(2)建築外觀。

　　(3)內部設施、安全。

　　(4)內部裝潢品質和水準。

4.物理條件。

5.租金水準表現。

就寧適程度來說，可分二大部分：

第一：包括停車位、動線、景觀配置。

第二：包括內部結構、裝潢與建築外觀。

　　同時，也探討了建築 vs. 都市計畫，即周邊環境的關係。目前臺灣社會住宅、包租代管政策是否與都市計畫歷史演變過程有聯結可值得探究（例如：化糞池存廢、污水下水道、修繕非違建概念）等公共建設或公共設施等乃為周邊環境之概念。

CHAPTER 2

基本價值方法

一、原價法（成本法）

　　所謂原價法，簡單地說，即跟市場行情並無相關，因此，此法較無法反映市場上真正合理的價格，唯市價法與原價法息息相關，頗有互補之處。

⚙ 原價法內容

　　茲依「不動產估價技術規則」敘明如下：

法條

1. 成本法，指勘估標的於價格日期當時重新取得或重新建造所需成本，扣減其累積折舊額或其他應扣除部分，以推算勘估標的價格之方法。

　　依前項方法所求得之價格為成本價格。

2. 建物估價以求取重建成本為原則。但建物使用之材料目前已無生產或施工方法已改變者，得採重置成本替代之。

　　(1)重建成本：指使用與勘估標的相同或極類似之建材標準、設計、配置及施工品質，於價格日期重新複製建築所需之成本。

　　(2)重置成本：指與勘估標的相同效用之建物，以現代建材標準、設計及配置，於價格日期建築所需之成本。

　　重置成本可以選擇最經濟替代的材料施行法，所以重置成本較重建成本價格為低，實務上消防、環保、排水、引水結構上所花的成本架構即為重置成本觀念。

法條

成本法估價之程序如下：

　1.蒐集資料。

　2.現況勘察。

　3.調查、整理、比較及分析各項成本與相關費用等資料。

　4.選擇適當方法推算營造或施工費用。

　5.推算其他各項費用及利潤。

　6.計算總成本。

　7.計算建物累積折舊額。

　8.計算成本價格。

法條

成本法估價除依第十一條規定蒐集資料外，另得視需要申請及蒐集下列土地與建物所需資料：

　1.土地開發及建築構想計畫書。

　2.設計圖說。

　3.相關許可或執照。

　4.施工計畫書。

　5.竣工圖。

　6.使用執照。

　7.登記簿謄本或建物平面位置圖。

法條

成本法估價應蒐集與勘估標的同一供需圈內之下列資料：

　1.各項施工材料、人工之價格水準。

　2.營造、施工、規劃、設計、廣告、銷售、管理及稅捐等費用資料。

　3.資本利率。

　4.開發或建築利潤率。

● 站在建設公司的角度

　1.勘估標的之總成本，應包括之各項成本及相關費用如下：

　　(1)營造或施工費。（直接成本）

(2)規劃設計費。（間接成本）

(3)廣告費、銷售費。（間接成本）

(4)管理費。（間接成本）

(5)稅捐及其他負擔。（間接成本）

(6)資本利息。（間接成本）

(7)開發或建築利潤，係指企業利潤。

2.前項勘估標的如係土地或包含土地者，總成本應加計價格日期當時重新取得土地之素地成本，並加計利息。

3.總成本各項計算過程，應核實填寫於成本價格計算表內。

● 站在營造公司的角度

勘估標的之營造或施工費，項目如下：

1.直接材料費。

2.直接人工費。

3.間接材料費。

4.間接人工費。

5.管理費。

6.稅捐。

7.資本利息。

8.營造或施工利潤。

法條（參考陳鑫，《不動產估價理論與實務》，永然文化）

1.勘估標的之營造或施工費，得按下列方法擇一求取之：

(1)直接法：指就勘估標的之構成部分或全體，調查其使用材料之種別、品級、數量及所需勞力種別、時間等，並以勘估標的所在地區於價格日期之各種單價為基礎，計算其營造或施工費。

(2)間接法：指就同一供需圈內近鄰地區或類似地區中，選擇與勘估標的類似之比較標的或標準建物之營造或施工費標準為基礎，經比較與勘估標的之條件差異並作價格調整，以求取勘估標的營造或施工費。

2.前項第二款所稱標準建物，指按營造或施工費標準表所營造或施工之建物。

3.前項營造或施工費標準表應由不動產估價師公會全國聯合會（以下簡稱全聯會）按不同主體構造種類及地區公告之；未公告前，應依直轄市或縣（市）政府發布地價調查用建築改良物標準單價表為準，**實務上可會同室內設計公會、建築師公會及土木技師公會等全國聯合會一同參考之。**

法條

直接法分為下列二種：

1.淨計法：指就勘估標的所需要各種建築材料及人工之數量，逐一乘以價格日期當時該建築材料之單價及人工工資，並加計管理費、稅捐、資本利息及利潤。

2.單位工程法：係以建築細部工程之各項目單價乘以該工程施工數量，並合計之。

法條

間接法分為下列二種：

1.工程造價比率法：指按工程概算項目逐項比較勘估標的之比較標的或標準建物之差異，並依工程價格及工程數量比率進行調整，以求取勘估標的營造或施工費。

2.單位面積（或體積）法：指以類似勘估標的之比較標的或標準建物之單位面積（或體積）營造或施工費單價為基礎，經比較並調整價格後，乘以勘估標的之面積（或體積）總數，以求取勘估標的營造或施工費。

法條

勘估標的為建物時，規劃設計費按內政部所定建築師酬金標準表及直轄市或縣（市）政府發布之建造執照工程造價表計算之，或按實際營造施工費之 2%～3% 推估之。

法條

1.勘估標的之資本利息應依分期投入資本數額及資本使用年數，按自有資金與借貸資金分別計息，其自有資金與借貸資金之比例，應依銀行一般放款成數定之。

2.前項資本利息之計算，應按營造施工費、規劃設計費、廣告費、銷售費、管理費、稅捐及其他負擔之合計額之百分比計算。

法條

資金中自有資金之計息利率應不高於一年期定存利率，且不低於活存利率；如為借款則以銀行短期放款利率計息，預售收入之資金應不計息。

法條

1. 勘估標的之開發或建築利潤應視工程規模、開發年數與經濟景氣等因素，按營造或施工費、規劃設計費、廣告費、銷售費、管理費、資本利息、稅捐及其他負擔之合計額，乘以適當利潤率計算之。

2. 前項利潤率應由全聯會定期公告。未公告前依營造或建築同業之平均經營利潤率為準，並得依開發或建物型態之不同，考量經營風險及開發或建築工期之長短酌予調整之。

3. 前項建築工期指自申請建造執照開始至建築完成，達到可交屋使用為止無間斷所需之時間。

法條

廣告費、銷售費、管理費及稅捐等費率，應由全聯會定期公告，未公告前依下列規定推估之：

1. 廣告費、銷售費按總銷售金額之 4%～5% 推估。

2. 管理費按總銷售金額之 3%～4% 推估。公寓大廈管理條例規定應設立公共基金者，應列於管理費項下，並得提高管理費用率為 4%～5%。

3. 稅捐按總銷售金額之 0.5%～1.2% 推估。

法條

廣告費、銷售費、管理費、稅捐及開發或建築利潤，視勘估標的之性質，於成本估價時得不予計入。

法條

1. 未完工之建物應依實際完成部分價值，或以標準建物之營造或施工費標準表為基礎，參考建物工程進度營造費用比例表估算之。

2. 前項建物工程進度營造費用比例表，由全聯會公告之，實務上乃以土融期限一半作為工程進度期限。

法條

因特殊狀況致土地或建物投資無法產生相對正常報酬之成本，於成本估價時得

不予計入或於折舊中扣除，並應於估價報告書中敘明。

法條

1. 建物折舊額計算：應以經濟耐用年數爲主，必要時得以物理耐用年數計算。

2. 經濟耐用年數：指勘估標的開始使用後，以致值回價值之年數。

3. 物理耐用年數：指建物因自然耗損或外力破壞至結構脆弱，而不堪使用所經歷之年數。

4. 建物之經歷年數大於其經濟耐用年數時，應重新調整經濟耐用年數。

法條

1. 建物經濟耐用年數表由全聯會依建物之經濟功能及使用效益，按不同主體構造種類及地區公告之。未公告前，依直轄市或縣（市）政府發布之地價調查用建築改良耐用年數表估計之。

2. 健全的估價制度得按個別建物之實際構成部分及使用狀態，觀察維修及整建情形，參考前項地價調查用建築改良耐用年數表，推估建物之剩餘經濟耐用年數，加計已經歷年數，求算經濟耐用年數，並於價值報告書中敘明。

法條

1. 建物之殘餘價格率應由全聯會公告，未公告前得視該建物之狀況及社會習慣判定之。建物耐用年數終止後確實無殘餘價格者，於計算折舊時不予提列。

2. 前項殘餘價格率指建物於經濟耐用年數屆滿後，其所剩餘之結構材料及內部設備仍能於市場上出售之價格占建物總成本之比例。

法條

1. 建物累積折舊額之計算，以定額法爲原則，公式如下：

$$累積折舊額 = C \times (1-R) / N \times n$$

其中：　C：建物總成本

R：殘餘價格率

n：經歷年數

N：物理耐用年數

(1-r) / N：年折舊率

2.前項累積折舊額如有採取其他方法計算之必要時，應於價值報告書中敘明。

法條

1.成本價格之計算公式如下：

(1)土地成本價格＝土地總成本。

(2)建物成本價格＝建物總成本－建物累積折舊額，

或建物成本價格＝建物總成本×〔1－（年折舊率×經歷年數）〕。

(3)房地成本價格＝土地成本價格＋建物成本價格。

一般來說，建物現值求算考量：

$$P = C \times \left[1 - (1-R) \frac{n}{N} \right] \rightarrow \text{重視經歷年數}$$

$$P = C \times \left[1 - (1-R) \frac{N-n'}{N} \right]$$

$$P = C \times \left[1 - (1-R) \frac{n}{n+n'} \right] \Big\} \text{重視殘餘年數}$$

P＝建物價格	n＝經歷年數
C＝建物總成本	n'＝殘餘經濟耐用年數
R＝殘餘價格率	N＝經濟耐用年數

2.前項土地成本價格之求取如有困難，得以比較價格或收益價格替代之，並於價值報告書中敘明。

法條

全聯會依第五十條、第五十六條、第五十七條、第五十九條、第六十二條及第六十三條公告之資料，應先報請中央主管機關備查。

原價法意義

原價法又稱成本法（cost law），係為求取勘估標的（不動產）價格，重新建造與所勘估標的一樣或相同構造、材料、式樣之不動產，利用重新建造所花費之成本減去折舊（保養得好、維護得好，折舊就越低），推算勘估標的之價格，此方法稱為成本法；簡單地說，就是以價推價，花了多少、必須收費多少的觀念。

重新建造成本

亦稱重新建造原價，此乃原價即成本的觀念。就建築物而言，如欲勘估其價格，在估價期日若重新建築與現存欲勘估之建築物完全同樣式樣、構造、材料之新建築物，此所花費的建造、設計、規劃費用即稱為重新建造原價。

> 重建成本：使用與勘估標的相同之建材標準、設計、配置及施工品質，於估價日期重新複製建築所需之成本，又稱為重新建造原價。

估價期日

又稱價格日期，係估價標的價格形成之日期，不論過去、現在、未來，皆有一價格形成日期。

 求取重新建造成本之方法與產品定位的關係

直接法

係就勘估標的（不動產）直接求取重新建造成本之方法。乃對勘估標的所使用之建材、工程材料、種類、層次、數量及營造施工勞動種類、工程時間加以調查，並以勘估標的在價格形成日期之各種單價為基礎，計算直接成本，加上間接成本及適當承包人之利潤，求取標準建造費用，進一步加上附帶周邊費用（包括利息、租金、登記費等各項行政費用），又分為淨計法、平方尺法、立方尺法。

1.淨計法

(1)乃勘估標的之標準建設費加計附帶周邊費用，以求取重新建造成本之方法。

(2)一般來說，建築施工過程包括許多項目，可分為直接成本、間接成本，前者乃指建築材料費用，後者乃指管銷費用，又名精算法。

2.平方尺法

(1)係對於勘估標的求取每平方尺之營造成本乘上勘估標的總樓地板平方尺數，即可求得重新建造原價，又名單位面積法。

(2)補充：如就建築改良物所需各種建築材料及人工數量，逐一乘以估價當時該建築材料之單價及人工工資並合計，稱之精算法。

(3)其中包括直接成本，乃指建築材料；間接成本，乃指管銷費用。

3.立方尺法

照平方尺法計算求得重新建造原價後，再換算成立方單位，即為立方尺法，又名單位體積法。

✑ 間接法

1.係就勘估標的之同一供需圈內之近鄰地區或類似地區，調查與勘估標的有相同之建造成本之建築物，並表明單位明細，適當加以修正，以求取重新建造原價，再與勘估標的作比較，即可求得勘估標的之重新建造原價。

> 1.直接法較間接法精確。
> 2.直接法乃就建築物本身估計成本；間接法乃就建築物相類似之不動產估計成本。
> 3.直接法較間接法複雜。

2.間接法包括概算法、毛算法，前者係以工程概算項目作修正，後者係以工程單位面積、體積、造價作修正。

茲以下表釋例。

營造成本 vs. 房屋稅關係：工程造價統計（分析）表

工程名稱				樓層面積					
工程概要									

基礎		結構		整修		設備		機電		假設		其他	

分類造價及數量統計表　　工程造價：　　　　　元／坪

類別	項目	數量／建築面積	(M²)	平均單價／每單位		造價／建築面積	(M²)	造價／建築面積	(坪)	權比	備註
基礎工程	挖棄土		m³／m²	元／m³		元／m²		元／坪			
	安全措施	0	m³／m²	元／m²		元／m²		元／坪			
	基槽		m／m²	元／m		元／m²		元／坪			
	擋土工程	1	式	元／m²		元／m²		元／坪			
結構工程	PC		m³／m²	元／m³		元／m²		元／坪			
	混凝土工程		m³／m²	元／m³		元／m²		元／坪			
	鋼筋工程		kg／m²	元／Ton		元／m²		元／坪			
	模板工程		m²／m²	元／m²		元／m²		元／坪			
	鋼骨工程		kg／m²	元／Ton		元／m²		元／坪			
裝修工程	隔間工程		m²／m²	元／m²		元／m²		元／坪			
	外牆粉飾		m²／m²	元／m²		元／m²		元／坪			
	內牆粉飾		m²／m²	元／m²		元／m²		元／坪			
	地坪粉飾		m²／m²	元／m²		元／m²		元／坪			
	平頂粉飾		m²／m²	元／m²		元／m²		元／坪			
	壁面粉飾		m²／m²	元／m²		元／m²		元／坪			
	防水處理		m²／m²	元／m²		元／m²		元／坪			
	門窗工程		m²／m²	元／m²		元／m²		元／坪			
	雜項	1	式	元／m²		元／m²		元／坪			
	景觀及植栽	1	式	元／m²		元／m²		元／坪			
設備工程	電梯設備	12	部	萬／部		元／m²		元／坪			
	廚房設備	564	套	元／套		元／m²		元／坪			
	衛浴設備	1,128	套	元／套		元／m²		元／坪			
	停車設備		單位	元／位		元／m²		元／坪			
	化糞池	2,000	人份	元／人		元／m²		元／坪			

（續前表）

					元 / m²		元 / m²		元 / 坪		
機電	電氣	1	式		元 / m²		元 / m²		元 / 坪		
	給排水		式		元 / m²		元 / m²		元 / 坪		
	消防		式		元 / m²		元 / m²		元 / 坪		
	空調		式		元 / m²		元 / m²		元 / 坪		
	監控		戶		元 / 戶		元 / m²		元 / 坪		
假設與雜項	臨時水電	1	式		元 / m²		元 / m²		元 / 坪		
	垃圾處理		m³ / m²		元 / m²		元 / m²		元 / 坪		
	鷹架工程		m³ / m²		元 / m²		元 / m²		元 / 坪		
	運搬費	1	式		元 / m²		元 / m²		元 / 坪		
	點租工	1	式		元 / 工		元 / m²		元 / 坪		
	雜項	1	式		元 / m²		元 / m²		元 / 坪		
其他	勞安及保險	1	式		元 / m²		元 / m²		元 / 坪		
	售後服務費用		式		元 / m²		元 / m²		元 / 坪		
	管理利潤及稅金	1	式		元 / m²		元 / m²		元 / 坪		
合　計		物價波動概估比例為					元 / m²		元 / 坪		坪

§ 近年來，隔減震結構技術出爐，此方法應放在結構工程類別，工程造價增加介於三千至五千元／坪。

⮑ 何謂僱工購料？（工程造價 vs. 僱工購料之關係）

狹義定義：

在社區工程施作時，由地方社區團體，採購材料，僱用在地人執行。

廣義定義：

以僱工購料為精神的社區營造計畫執行時，包括辦理相關研習課程及活動、採購材料及技術、工程施作，皆由地方社區團體、在地居民參與策劃執行。

僱工購料的產生？

臺灣社區總體營造觀念自 1994 年推出以來，以「造人」爲核心，延伸出「造景」、「造產」等不同操作議題，這一切的作爲無非是希望藉由社區民眾的參與過程，來建立人與這片土地的連結，進而關心我們所居住的環境，愛護我們的家園，達到永續社區的願景與目標，經過十多年來的摸索與試驗，在空間操作層面上，「僱工購料處理原則（草案）」終於成形。

社造在「造景」等空間議題的操作上，多年來我們一直在思考，如何能增加民眾參與的深度與廣度。十多年前很多的空間專業者或公部門對於空間議題的參與式規劃或參與式設計的認知，只停留在召開民眾說明會、公聽會，或藉由報章、雜誌等媒體的宣傳，在規劃設計的過程中提出意見及討論。雖然這些都可以被歸納爲民眾參與的操作手法，但如果要讓民眾參與的觀念更加內化，這是不夠的。

在過去的操作經驗中，這樣的模式只會產生眾多的意見領袖及冷眼旁觀的民眾，但這卻是臺灣大部分公共工程或議題所存在狀況；因此在後來的策略發展上，許多社造人士開始嘗試藉由許多活動，將人與人之間的情感重新連結，並重新教育社區民眾對社區營造的價值觀，將許多很生硬的工程變成一個社區參與的活動或遊戲。我們也開始廣義的詮釋僱工購料的精神與操作手法。

參考資料：九十四年度藍鵲飛翔——臺中縣社區風貌推廣及管理中心暨駐地計畫

⚙ 減價修正（折舊）

即建築物的折舊調整、減價修正之意，包括內在因素：物理、功能之扣除，以及外在因素：經濟功能之扣除。

在估計不動產之重建成本時，不應只以建造一全新之建築物的角度來求出建造成本，而必須將折舊之因素一併考量。

上河圖綠建築規劃：
步驟：1.景美溪認養社會綠化成功。
　　　2.綠色建築。
　　　3.環境與住宅共生。
　　　4.基地綠化。
　　　5.植栽。
　　　6.覆蓋率。
　　　7.綠色的島新主張。

〔理由〕：估計之不動產並非一全新的建築物，由於物理、機能、經濟之因素，可能使得建築物之價值減損，在此係從勘估不動產之重新建造成本，扣除影響勘估不動產價值之因素，如物理、功能、經濟等因素所造成的折舊減價額，以求取勘估不動產價格形成日期之真實、合理之不動產價格。

☞ 減價修正之原因

1.物理因素：係指實體損壞

即自然因素，包括：

(1)勘估標的本身之損壞及毀損。

(2)自（天）然之朽壞，風吹雨打。

物理考量的因素必須注意到損害不動產回復修正的情況，如可以回復損害時，則不動產價值可以作正確、真實的估計，但如不能回復損害時，則就只能憑不動產從業人員豐富的專業知識與實務經驗來估計了。

2.機能因素（功能）：係指功能性退化

即從勘估標的本身條件減價修正；換言之，乃針對同種類之不動產建造技術、設計創新，以致所勘估之不動產價值降低，因而引起勘估不動產相對減價。

3.經濟因素：係指外部性退化

係針對勘估標的與所處環境、區位是否調適，作為減價修正之考量。例如：建商業者在一殯儀館鄰近推出高級住宅個案，強調高級建材、高格調，但總是因為環境之不協調，導致價格下跌。

4.營造成本 vs. 房屋稅的關係

依房屋稅條例規定各縣市不動產評價委員會，須有一定地方民意代表組成。再則，房屋標準價格應依據各種建造材料所建房屋，區分種類及等級，各類房屋之耐用年數及折舊標準，以及按房屋所處街道村里之商業交通情形及房屋供求概況，並比較各該不同地段之房屋買賣價格減除地價部分訂定標準。

法拍屋價格速算

結構	折舊率	工程造價／坪	M²
SRC	1.2%	85,000-	0.3025
RC	1.6%	70,000-	0.3025
加磚	1.8%	48,000-	0.3025
鋼構	1.8%	50,000-	0.3025
石	2.0%	22,000-	0.3025
木	2.2%	15,000-	0.3025
	殘值率＝100%－（建築年限×折舊率）		
	×可及性（參考房屋稅條例第九條）		
	×面積（參考建物謄本）		
合計	（即為房屋現值）		

※可及性之定義可說成調整率，一般而言，都市化程度越高的地區可達 300%～350%。一道路寬度標準衡量大都以 10～20 米路為基準，如以大樓樓店與透天而言，只要道路寬度在 12 米以上，調整率均以 200% 為準，此調整率即為路段調整率。

✑ 路段率與坪效的關係如下說明之

依都市計畫法第三條規定：所稱都市計畫，係指在一定地區內有關都市生活之經濟、交通、衛生、保安、國防、文教、康樂等重要設施，做有計畫之發展，並對土地使用作合理之規劃而言。

主要計畫與細部計畫代表了整個都市發展過程，其法律過程之由來如下說明之：

1. 都市計畫法§17：未發布細部計畫地區，應限制其建築使用及變更地形，但主要計畫發布已超過兩年，已能確定建築線者，得依建築法令規定；核發建築執照，實務上簡稱建地。

2. 都市計畫法§32：都市計畫得劃定住宅、商業、工業等使用區，並得視實際情況劃定其他使用區或特定專用區。再依其人口發展與密度劃設細目，如住一、住二、住三等。

範例 2-1

為何經濟耐用年數會較物理耐用年數短？同時，在實務上也較常考量經濟耐用年數？

說明：所謂在作減價修正時考慮之經濟因素，其最大理由乃指土地價值與建築物價值在適當保持均衡期間。由於不動產區位與所處環境不適合、不調和，進而使不動產價值減少（招致不適應化之減價），所以經濟耐用年數通常會較物理耐用年數短。

↰ 減價修正之方法（折舊調整）（耐用年數法）

數學的方法包括定額法、定率法、償還基金法。

1.定額法

又稱直線法，折舊額每年均為固定，且與經歷年數成正比。一般來說，成本－折舊＝現值。

公式如下：

(1) $D = \dfrac{C-S}{N}$

其中 C：重新建造原價＝重建的成本。

D：每年之減價額（折舊額），在耐用年數內，所平均分擔之折舊金額。

S：殘餘價值，即勘估不動產耐用年數期滿，所剩餘之價值。

N：勘估不動產之耐用年數。包括物理耐用年數以及經濟耐用年數，前者乃指勘估標的因天然損毀導致建物不堪使用年數；後者乃指勘估標的開始使用後，以致值回價值之年數。

(2) $P_n = C - (D \times n)$

P_n：現有之價值＝現值

D：每年折舊額

n：建築物使用年數

(3)
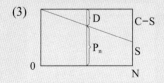

範例 *2-2*

耐用年數種類為何？實務上以哪種較常用？

說明：1.耐用年數（N）

包括物理耐用年數以及經濟耐用年數。前者乃指建物不堪使用年數，後者乃指建物使用已值回其價值之年數；前者之耐用年數一定比後者還要長久，但在估價的技術上一定是以後者為基準。

2.殘價率

建物耐用年數期滿殘餘價值對重新建造原價之比率。一般來說，物理耐用年數較經濟耐用年數為長，但運用於估價上，乃以後者較為常見，主要理由乃指建築物是以將來可能產生之全部效用換算為貨幣單位來計算價值，故須以經濟的壽命為不動產價值鑑定之基礎。

$$S = C \times R$$

=重新建造原價×殘價率

範例 *2-3*

假設有一建物六十坪，每建坪建造費兩萬元，耐用年限二十年，殘價率 8%，請問每年折舊額有多少？若建物已使用六年，則折舊總額有多少？第六年建物期末之現值為多少？

說明： $D = \dfrac{C-S}{N}$

$2 \times 60 = 120$ 萬……C 重新建造原價

$120 \times 8\% = 9.6$ 萬……S 殘餘價值

$\dfrac{120 - 9.6}{20} = 5.52$ 萬……D 每年之折舊額

$5.52 \times 6 = 33.12$ 萬……折舊總額

$P = 120 - 33.12$ 萬 $= 86.88$ 萬……建物現值

2.定率法

係勘估標的在耐用年數內，每年所提列的折舊額，即作減價修正額；而折舊金額係每年依不動產價值的一定比率發生或計算，此法較適用於汽車之折舊。

公式如下：

(1)①$D = dC$

②$P_n = C(1-d)^n$

　　P_n：勘估標的之殘餘價格（第 n 年之積算價格）

　　n：勘估標的已使用年數

　　D：折舊額

　　d：折舊率

　　C：重新建造原價

(2)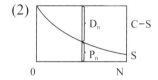

分述如下：

第一年折舊額 $D_1 = d \times C$

第一年殘餘價格 $P_1 = C - dC$

$$= C(1-d)$$

第二年折舊額 $D_2 = d \times C(1-d)$

第二年殘餘價格 $P_2 = C - dC - [d \times C(1-d)]$

$$= C(1-d) - [d \times (C - Cd)]$$

$$= C - Cd - dC + Cd^2$$

$$= C - 2Cd + Cd^2$$

$$= C(1-d)^2$$

以此類推：

第 n 年折舊額 $D_n = d \times C(1-d)^{n-1}$

第 n 年殘餘價格 $P_n = C(1-d)^{n-1} - d \times C(1-d)^{n-1}$

$$= C(1-d)^n$$

此 P_n 為殘餘價格，若 S 為殘餘價格，則：

$P_n = S = C(1-d)^n$

$$(1-d)^n = \frac{S}{C}$$

$$1 - d = \sqrt[n]{\dfrac{S}{C}}$$

$$d = 1 - \sqrt[n]{\dfrac{S}{C}}$$

範例 *2-4*

設一建物之重建成本為一百五十萬元，折舊率 10%，已使用五年，試問此一建物之現值為多少？（殘餘價值）

說明：$P_5 = C(1-d)^n$

$\qquad\qquad = 150(1-0.1)^5$

$\qquad\qquad = 88.57$ 萬

$\qquad$ 建物現值為 88.57 萬元

3.償還基金法

係將勘估標的每年所提列之折舊扣除額儲存，並按一定利率複利計算，迄耐用年數屆滿時，得出一折舊扣減額本利合計，再以勘估標的之重新建造原價扣除折舊扣減額複利本利，合計得出一殘餘價值，進而得殘餘價格者。

公式如下：

$$\dfrac{r}{(1+r)^N - 1}$$

N 年期滿收一元，每年年底應投資：

$$ASF = \dfrac{r}{(1+r)^N - 1}$$

範例 *2-5*

設一店面重新建造原價為一百萬元，耐用年數為二年，殘價率為 0%，利率為 10%，試問每年折舊額有多少（以償還基金法計之）？

說明：$100 \text{ 萬} \times \dfrac{10\%}{(1+10\%)^2 - 1} = 476{,}190$ 元

範例 2-6

如預計十五年期滿二百萬元，當年利率為 5% 時，現在起每年應存多少元？

說明： $200\ \text{萬} \times \dfrac{5\%}{(1+5\%)^{15}-1} = 92{,}684\ \text{元}$

4.償還基金率與複利年金終價率之關係互為倒數

(1)複利年金現價率＝複利現價率×複利年金終價率

$$\frac{(1+r)^N-1}{r(1+r)^N} = \frac{1}{(1+r)^N} \times \frac{(1+r)^N-1}{r}$$

(2)償還基金率 $= \dfrac{r}{(1+r)^N-1}$

(3)複利年金終價率 $= \dfrac{(1+r)^N-1}{r}$

↳ 結論

就原價法之程序與焦點，作如下說明：

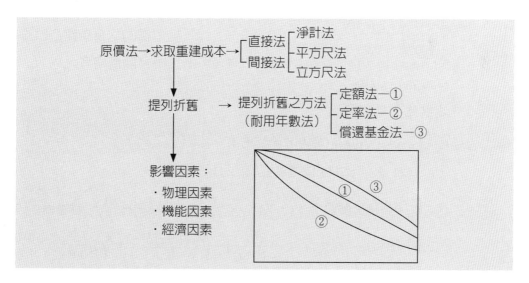

以折舊總額來說：③＜①＜②，但以建物現值來說：③＞①＞②。

範例 2-7

每年投資兩萬元，當利率為 5% 時，六年期滿之本利和為多少？

說明： $\dfrac{(1+5\%)^6-1}{5\%} \times 20{,}000 = 190{,}982\ \text{元}$

範例 *2-8*

假設一棟店面一千萬元，殘價率 10%，i = 3%，N = 50，則折舊以定額法、償還基金法分別求算，又所提列之折舊以哪一種方法最少？為什麼？（N = 50 年）

說明：1.定額法

$$S = C \times R$$

$$= 1,000 \, 萬 \times 0.1$$

$$= 100 \, 萬$$

又 $D = \dfrac{C-S}{N}$

$$= \dfrac{1,000\,萬 - 100\,萬}{50}$$

$$= 18\,萬 / 年$$

2.償還基金法

$$\dfrac{C(1-R) \times r}{(1+r)^N - 1}$$

$$= \dfrac{1,000\,萬 \times (1-0.1) \times 3\%}{(1+3\%)^{50} - 1}$$

$$= \dfrac{900\,萬 \times 0.03}{(1+3\%)^{50} - 1}$$

$$= 79,789\,元 / 年$$

3.求取建物現值為

$$P_n = C - A \times FVIFA(n)\,複利年金終價率 = \dfrac{(1+r)^N - 1}{r}$$

① $A = C(1-R) \times SSF(n)\,償還基金率 = 每年折舊額$

② $\therefore D_n = 累積折舊額 = C(1-R) \times \dfrac{r}{(1+r)^N - 1} \times \dfrac{(1+r)^N - 1}{r}$ 經過年限

③ $\therefore P_n = C - D_n = C - [C(1-R) \times \dfrac{r}{(1+r)^N - 1} \times \dfrac{(1+r)^N - 1}{r}]$ 經過年限

Ans：償還基金法所提列之折舊，會越來越低。

理由：因為 $\dfrac{r}{(1+r)^N - 1}$ 有利上滾利的概念、利息的概念，所以折舊越來越低。

二、買賣實例比較法——市價比較法

意義

比較價格、收益較常見，成本比較較不常見。

係求取不動產價格（勘估標的）的方法是以比較方式進行。乃從近鄰地區或類似地區蒐集許多買賣實例，並從中選出較適當之實例與勘估標的作比較，必要時作情況補正與期日修正，以求取勘估標的之客觀、合理價格，稱為比準價格。

補充

買賣實例比較法

又稱市價比較法，乃蒐集鄰近類似與對象不動產的交易個案，並將這些個案與對象不動產特性、條件加以對照、比較，以求取一個合理且具代表性的真實價格（此方法的理論根據是替代原則）。

特性

(一)替代原則，由於不動產具有異質性。

(二)探討過去的價格，未來價格不可預測。

(三)可運用於土地租賃權、房屋租賃權，進而求取地上權價格。

步驟

注意事項

1. 先蒐集近鄰地區價格資料，後蒐集類似地區價格資料，前提必須在同一供需圈內。

2. 以市場正常交易價格為主，不是限定價格或特定價格，甚而查定價格。

3. 情況補正，係指親友間買賣、脫產、急售等不正常交易，均須作情況補正。

4. 期日修正，市場上常存有一日三價情形，因此當被比較的標的行情較高時，現在要估的標的即須往上調，參考範例 2-9。

5. 區域因素，係指勘估標的附近交通設施、生活設施情形好壞作比較修正。

6. 個別因素，係指勘估標的與鄰近個案標的在規劃、設計、建材品質等個別條件上作比較修正。

7. 法規相同，係指土地使用分區，勘估標的為住宅區，鄰近個案比較也應為住宅區。

8. 性質相同，勘估標的為住家，鄰近個案比較也應為住家，但不能拿預售屋作比較。

9. 求出估計價格，以健全的專業知識與實務經驗加以權重，求出市場價格。

10. 蒐集鄰近與對象不動產相似條件之不動產個案，包括建築業者所推出的新、舊個案來作比較、對照。

　　誠如第 9 點，目前臺灣估價制度受到社會各界評論，應有所依歸，並尊重不動產經紀人制度市價比較法估價之專業暨都市計畫預期發展程度之專業，以使投資估價制度更加健全，另一方面，建築師的專業有它的重要性，畢竟房屋的標準價格依據常以建築師的立場或角度為主。

原則

1. 個案之不動產最好鄰近待價而沽之不動產，同時，最好在同一供需圈內以及物理特性能夠相似。

2.個案之不動產最好爲市場中正常、不違
法之交易，對於親友間買賣、急售以及
實施強制執行或抵押權之買賣房屋皆屬
不正常之交易，應盡量避免之。（情況
調整）

3.個案之不動產成交日期與估價對象不動
產日期差距不可太大，由於不動產價格
會隨時產生變化，因此，個案不動產交

> **市價比較法**：是以市場上其他功能類似相近不動產的交易價格爲參考依據，最大之優點乃能反映出估價對象不動產的市場價值，而且求算之方法相當簡單，唯一最大的缺點就是在做調整時，太依賴主觀判斷。

易所發生的時間越接近估價基準日，準確度越高。（期日修正）

(1)個案不動產與估價對象不動產區位之差異、自然環境、生活機能等，進
行比較後作一適度調整修正。

(2)個案不動產與估價對象不動產在規劃、設計、建材品質等個別因素之間
的差異必須作一比較，適度調整修正。

(3)求出估計之價格，透過調整消除個案不動產與估價對象不動產間之差
異，此估計之價格，應有賴於土地開發的專業人員來發揮。

❀ 資料取得對象（專家學者）爲重

(一)房屋仲介公司、不動產鑑價人員。

(二)買、賣雙方。

(三)建設公司。

(四)代書。

(五)法院。

(六)銀行。

(七)公家單位。

(八)企管顧問公司。

(九)建築師。

(十)各公會相關團體。

範例 *2-9*

進行估價時，何種時機須作期日修正？

說明：買賣實例比較法、租賃實例比較法。

圖例：

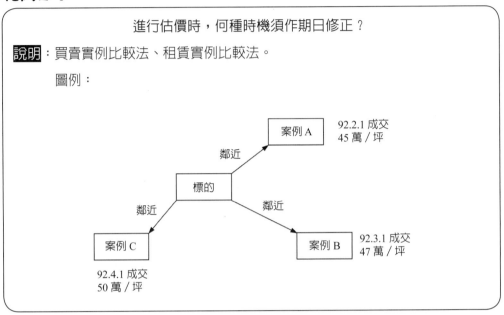

範例 *2-10*

試舉一例說明，您在市場上之經驗，以買賣實例比較法作一企業估價。

說明：個案不動產與對象不動產之比較分析：

比較項目	案例一	案例二	案例三	總價
交易日期	六個月前	五個月前	幾乎同時	〃
坐　落	相似	相似	較佳	〃
坪　數	大三坪	大二坪	小二坪	〃
建材等級	較好	較差	一樣	〃
屋　齡	10 年	2 年	3 年	〃
生活機能	好	優	優	〃
堪用狀況	相似	較差	較差	〃

範例 *2-11*

何謂情況調整、價格日期調整、區域因素調整與個別因素調整？

說明：1. 情況調整

比較標的之價格形成條件有非屬於一般正常交易情形，而影響交易價格之約定，就該影響之部分所作之調整。

2. 價格日期調整

比較標的價格日期與勘估標的價格日期，因時間上之差異導致價格水準發生變動，所以適當之變動率或變動金額，將比較標的價格調整為勘估標的的價格日期之價格。

3. 區域因素調整

所選用之比較標的與勘估標的不在同一近鄰地區內時，將比較標的之價格轉化為與勘估標的同一近鄰地區內價格水準，以便進行個別因素比較，而以比較標的區域價格水準為基礎，就區域因素不同所產生價格差異，逐項進行分析及調整。

4. 個別因素調整

以比較標的價格為基礎，就比較標的與勘估標的因個別因素不同所產生價格差異，逐項進行分析及調整。

範例 *2-12*

何謂期日修正值？標準依據為何？

說明：$\frac{(\quad)}{100}$ 式、$\frac{100}{(\quad)}$ 式即正常買賣價格為 100 時，實際買賣價格應調整多少比率的觀念。

範例 *2-13*

> 買賣實例比較法有何優缺點？
>
> 說明：1.優點
>
> (1)以替代原則為理論基礎。
>
> (2)實現真實性。
>
> (3)符合當事人經濟行為。
>
> (4)具有說服力。（參考林英彥，《不動產估價》，九版）
>
> 2.缺點
>
> (1)很難應用在不動產交易甚少之地區，例如：鄉下之田野、古厝。
>
> (2)很難應用在不動產買賣實例很少之地區，例如：高山峻嶺、原住民保留地上之民宿。

範例 *2-14*

> 買賣實例比較法之注意事項或步驟為何？
>
> 說明：1.蒐集並查證比較標的相關資料→多數買賣實例。
>
> 2.選擇與勘估標的相同或相似的比較標的→不管是近鄰地區或類似地區，總之要在同一供需圈。（參考陳鑫，《不動產估價理論與實務》，永然文化）
>
> 3.對比較標的價格進行情況調整及價格日期調整→情況補正及期日修正。
>
> 4.比較、分析比較標的與勘估標的區域因素及個別因素之差異，並求取調整率或調整額：
>
> (1)區域因素分析：
>
> ①區域土地利用。
>
> ②公共設施。
>
> ③交通運輸設施。
>
> (2)個別因素分析：
>
> ①地勢。

②臨路狀況。

③基地位置。

④土地形狀。

⑤臨街狀況。

5.計算勘估標的試算價格。

6.決定勘估標的比較價格→比準價格。

範例 *2-15*

情況調整因素包括哪些？

說明：1.急買、急賣。

2.期待因素影響之交易。

3.受債權、債務關係影響之交易。

4.親友關係人間之交易。

5.畸零地或有合併使用之交易。

6.地上物處理有糾紛之交易。

7.法院拍賣。

8.受迷信影響之交易。

9.包含公共設施用地之交易。

10.人為哄抬之交易。

範例 *2-16*

何謂區域分析？

說明：即分析判定對象不動產屬於何種地區，該地區具有何種特性，又該特性
對於該地區內之不動產價格形成有何全面性影響。區域分析乃分析對象
不動產之個別因素，以判定最有效使用。該不動產價格，乃以最有效使
用為前提。因此決定不動產價格時，必須判定不動產最有效使用。

範例 *2-17*

個別分析應包括哪些具體條件？請說明之。

說明：1.宗地：寬度、深度、形狀、面積。

2.環境：治安、日照、景觀。

3.街道：臨接街道之系統、結構、寬度。

4.接近：與公共設施、交通設施、車站之距離。

5.行政上之管制：包括土地使用分區管制。

範例 *2-18*

何謂市價比較法之意義？

說明：係以比較方式求取不動產價格所使用之方法，此法需要蒐集多數買賣實例，選擇適當者，然後施行情況調整、價格日期調整、區域因素調整及個別因素調整，由此求得勘估標的之試算價格，此價格又為比準價格。

（參考林英彥，《不動產估價》，九版）

範例 *2-19*

市價比較法程序為何？

說明：茲依「不動產估價技術規則」第二十一條，敘明如下：

比較法估價之程序如下：

1.蒐集並查證比較標的相關資料。

2.選擇與勘估標的條件相同或相似之比較標的。

3.對比較標的價格進行情況調整及價格日期調整。

4.比較、分析勘估標的與比較標的間之區域因素及個別因素之差異，並求取其調整率或調整額。

5.計算勘估標的之試算價格。

6.決定勘估標的之比較價格。

前項第五款所稱之試算價格，指以比較標的價格經情況調整、價格日期調整、區域因素調整及個別因素調整後所獲得之價格。

範例 *2-20*

定量分析、定性分析

說明：1.定量分析

運用定量分析得到每一比較標的之淨修正值，可採用百分率或差額修正。其方法如下：

(1)分組資料分析法：依類似比較項目將資料分成若干組，將這些分組資料比對分析，找出影響因素及影響程度。

(2)敏感度分析：衡量個別因素變動對不動產價值之影響。

(3)統計分析：運用統計法迴歸分析，找出影響不動產價格之影響因素及影響程度。

(4)成本分析：將折舊費用與修復成本作為修正之基礎。

(5)租金差異資本化法：案例不動產因缺乏某項設施而造成租金損失，將損失部分予以資本化而為修正價格。

2.定性分析

確認比較標的優於或劣於勘估標的，進而達到不動產價值範圍，不可採百分率修正或差額修正。其方法如下：

(1)相對比較分析：分析案例以確定是否優於或劣於標的不動產。

(2)排序分析：將案例與標的不動產按降序或升序排列，以決定標的不動產在排序中之相對地位。

　　估價的準則與方法為定性、為定量，性質為何？司法、行政實務與學界仍有所爭議。可能的原因在於定性、定量標準化不同，涉及影響義務人相關權益之保障甚深，公務體系之行政程序亦有所不同，故定性、定量估價之準則與方法，應有其探討之必要。

補充

請依下列所給條件為基準，採用比較法，評估甲不動產之試算價格後，再行決定該宗不動產價格，並將結果以不動產估價報告書之格式，完整陳述之。當下列所給資料有所欠缺，以致無法繼續進行評估時，健全的估價制度得進一步界定估價條件，唯產生報告書中詳細載明之，否則請勿任意添加估價條件。

說明：比較法估價方法：

對象不動產（勘估標的）報告書

估價報告總說明：

(一)委託人：○○○（並不一定是土地所有權人），可能是法人、自然人，甚至胎兒。

(二)勘估標的基本資料：

　　1.土地：○○市○○段 123 地號，面積三百平方公尺，三公畝。

　　2.建物：○○市○○段 888 建號，面積三百平方公尺，為二樓透天厝。

(三)價格日期及勘察日期：參考前解釋名詞

　　1.價格日期：民國 90 年 12 月 1 日。

　　　係不動產價格基準日期。

　　2.勘察日期：民國 90 年 12 月 24 日～民國 91 年 1 月 24 日。

　　　係赴勘估標的現場從事調查分析之日期。

(四)價格種類：正常價格，即市場合理買賣價格。

　　係具有市場性不動產，在正常情況下所形成之合理價格。

(五)估價條件：二樓透天住宅，面積三百平方公尺，土地面積三百平方公尺。

(六)估價目的：買賣。

(七)估價金額：依估價方法及其過程而定。

(八)他項權利負擔：如指不動產役權乃行使表現於外部。

　　1.例如：地面安設水管之引水行為。同時道路之通行具有繼續性，
　　　　亦不具排他性之性質。

　　2.上述如指本金最高限額抵押權，從市場供需角度視之；係指土地
　　　　所有權人真實身份作為房仲物件成交順利之考量。

(九)勘估標的使用現況：位於住宅區、住宅使用。

(十)勘估標的法令使用管制或其他管制事項：

　　勘估標的位於住宅區，建蔽率為 80%、容積率為 100%。

(十一)價格形成因素分析：

　　1.一般因素：

　　　(1)政治：略。

　　　(2)經濟：略。

　　　(3)文化：略。

　　　(4)社會：略。

　　　(5)法律：略。

　　2.區域因素：

　　　(1)日照、通風、採光、溫度、溼度：略。

　　　(2)街道之寬度、強度：略。

　　　(3)公共設施配置狀態：略。

　　　(4)離市中心之距離與交通設施之距離：略。

　　　(5)上下水道、郵局、醫院、公園配置狀態：略。

　　　(6)噪音、空氣汙染程度：略。

　　3.個別因素：分析勘估標的個別因素以判定最有效使用，因此不動
　　　　產價格是以不動產最有效使用為前提。

　　總之，比較法有情況調整、價格日期調整、區域因素調整及個別因素調整
四項，每一項調整依附在每一個項目之下，均分別與案例一（比較標的一），
案例二（比較標的二）、案例三（比較標的三）作修正，得出調整率與調整率
後之價格。

　　如下：

項　　目	案例一 （比較標的一）	案例二 （比較標的二）	案例三 （比較標的三）
1.市場價格	××／坪	××／坪	××／坪
2.情況調整率	××％	××％	××％
3.情況調整率後價格	××／坪	××／坪	××／坪
4.價格日期調整率	××％	××％	××％
5.價格日期調整率後價格	××／坪	××／坪	××／坪
6.區域因素調整率	××％	××％	××％
7.區域因素調整率後價格	××／坪	××／坪	××／坪
8.土地個別因素調整率	××％	××％	××％
9.土地個別因素調整率後價格	××／坪	××／坪	××／坪
10.建物個別因素調整率	××％	××％	××％
11.建物個別因素調整率後價格	××／坪	××／坪	××／坪
12.加權調整率	××％	××％	××％
13.加權調整率後價格 　（計算勘估標的試算價格）	××／坪	××／坪	××／坪
14.決定勘估標的比較價格	××／坪（案例一××／坪　案例二××／坪　案例三××／坪）		

就上述區域因素、土地個別因素、建物個別因素，係包括：

	主要項目	比較標的一	比較標的二	比較標的三
(一)區域因素	鄰地狀況	$\frac{100}{100}$	$\frac{100}{100}$	$\frac{100}{100}$
	道路使用	$\frac{101}{100}$	$\frac{101}{100}$	$\frac{101}{100}$
	環境條件	$\frac{100}{100}$	$\frac{100}{100}$	$\frac{100}{100}$
	總修正率	$\frac{101}{100}$	$\frac{101}{100}$	$\frac{101}{100}$
	總修正率 $= \frac{100}{100} \times \frac{101}{100} \times \frac{100}{100} = \frac{101}{100}$			
	主要項目	細 項		小 計
	鄰地狀況	違章狀況−2%道路整齊＋2%		0%
	道路使用	寬度−3%結構＋4%		1%
	環境條件	日照＋2%治安−3%景觀＋10%		0%
(二)土地個別因素	主要項目	比較標的一	比較標的二	比較標的三
	土地形狀	$\frac{102}{100}$	$\frac{103}{100}$	$\frac{97}{100}$
	地 勢	$\frac{98}{100}$	$\frac{97}{100}$	$\frac{102}{100}$
	使用分區	$\frac{90}{100}$	$\frac{102}{100}$	$\frac{98}{100}$
	總修正率	$\frac{90}{100}$	$\frac{102}{100}$	$\frac{97}{100}$
	主要項目	細 項		小 計
	土地形狀	正方形＋5%可及性−3%		＋2%
	地 勢	坡度−2%整齊 0%		−2%
	使用分區	建蔽率−5%容積率−5%		−10%
(三)建物個別因素	主要項目	比較標的一	比較標的二	比較標的三
	構造、材料	$\frac{98}{100}$	$\frac{99}{100}$	$\frac{100}{100}$
	屋 齡	$\frac{99}{100}$	$\frac{97}{100}$	$\frac{102}{100}$
	管理狀況	$\frac{97}{100}$	$\frac{102}{100}$	$\frac{97}{100}$
	總修正率	$\frac{94}{100}$	$\frac{98}{100}$	$\frac{99}{100}$
	主要項目	細 項		小 計
	構造、材料	RC−2%		−2%
	屋 齡	中古屋−1%		−1%
	管理狀況	人員無過濾−2%養寵物−1%		−3%

依學者林英彥之見解，建物個別因素尚須注意：

(一)面積、構造、材料。

(二)施工之質與量。

(三)設計、設備是否良好。

(四)公法上、私法上之管制。

(五)建築物與環境適合型態。

三、收益還原法──收益資本化法

✿ 意義

(一)將未來期待純收益折算為現在價值之總和來估計勘估不動產價值，此價值
為實質價值。

(二)基本要素為純收益與資本還原利率。

(三)收益方式。

(四)以此求取不動產試算價格，此試算價格稱為收益價格。

　　1.今年　　　　　　明年　　　　　　　後年

　　100 元　　　　100(1 + r)　　　　100(1 + r)^2

　　r 為利率

　　明年的 100(1 + r) 是現在（今年）的多少錢？

　　即為收益還原法的概念。

　　模式：$\dfrac{100(1+r)}{(1+r)} = 100$

　　2.假設你有一塊土地，未來會產生利潤（地租），此利潤乃淨賺利潤。第
一年淨賺三十萬元，第二年淨賺五十萬元，第三年淨賺六十萬元，第四
年淨賺七十萬元，第五年淨賺八十萬元，每年分別予以資本還原，再予
以折算為現在的價值總和，即為收益還原法之內涵。

主要概念

(一)乃以收益為其主要方式。

(二)乃永續年金的觀念。

(三)還原利率以年利率計算，因為是以年間為計算單位，未來的錢折算為現在價格的比率為還原利率。不動產折現率多少，取決於產品之經濟效益，效益之高低對於不動產真實價格有深遠之影響。

(四)乃將未來期待之純收益折算為現在的價格。

(五)純收益為年總收益－年總費用，即為「TR−TC」觀念。TR 表示年總收益，TC 表示年總費用。

(六)折現率為「還原利率」，到底還原什麼？還原「價值」嗎？價值是因先決定「風險」大小，再「後天」被決定，故講「還原」一詞有「前後因果顛倒」的矛盾存在，其也應隨不動產的「種類」而發生差異，任何地方、任何不動產求取一個共同的統一利率實在非常困難，投資風險越大，則還原利率應該越高。（參考麥當勞·區域條件分析報告，修平技術學院金融風險系，日四技金二甲，周潔，93.06）（www.gisedu.geog.ntu.tw）。

範例 *2-21*

小邢投資二方案，A 案（店鋪）IRR 6%，σ = 12%；B 案（大樓樓店）IRR 50%，σ = 17%，試就所知二方案之變異係數，並述之何者投資風險較大。

σ：標準差（衡量風險的程度）

說明

A 案：$CV = \dfrac{12\%}{6\%} = 2$　　A 案每單位報酬需承擔 2 單位風險

B 案：$CV = \dfrac{17\%}{50\%} = 0.34$　　B 案每單位報酬需承擔 0.34 單位風險

故 A 案投資風險較大。

公式

$$V = \frac{a}{r}$$

V：土地收益價格
a：年純收益
r：還原利率

步驟：
1. 算出土地總收益、營運費用。
2. 總收益與營運費用相減而得純收益。
3. 用還原利率予以還原。
4. 求出收益價格。

範例 *2-22*

試述 V 與 a、r 之間關係為何？

說明：$V = \frac{a}{r}$ （V 與 a 成正比，V 與 r 成反比）

V：土地收益價格（即地價）

a：年純收益（年總收益 － 年總費用）

r：折現率（年利率）

$$V = \frac{100萬}{4\%} = 2,500\ 萬 \qquad \frac{100萬}{5\%} = 2,000\ 萬$$

∴ 國內利率上升，房地產價格下跌。

註：從某個角度來說，還原利率＝折現率＝年利率。

範例 *2-23*

甲、乙二方案，甲案 IRR 60%，σ = 15%；乙案 IRR 8%，σ = 3%。試計算二方案之變異係數，並說明何者投資風險較大。

說明：甲案：$CV = \frac{15\%}{60\%} = 0.25$

乙案：$CV = \frac{3\%}{8\%} = 0.375$

甲案獲每單位報酬需承擔 0.25 單位風險，乙案獲每單位報酬需承擔 0.375 單位風險，故乙案投資風險較大。

甲案

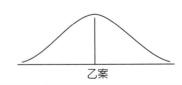

乙案

範例 *2-24*

> ### 收益還原法公式內涵為何？
>
> 說明：1.著重於收益的估計及折現率的求算。
>
> 　　　2.所求出的純收益是一種典型的純收益。
>
> 　　　3.較常運用在出租公寓、辦公大樓方面。
>
> 　　　4.收益還原法所求出的收益價格，其可信度取決於純收益與折現率是否
> 　　　　為一真實數據。

範例 *2-25*

> ### 收益還原法較常運用在何處？
>
> 說明：1.辦公大樓出租。
>
> 　　　2.出租公寓。
>
> 　　　3.以營利為目的之不動產→店鋪、百貨公司。
>
> 　　　4.直接生產用地（農地較常運用）。
>
> 　　　假設有一塊農地年總收益一百二十萬元，包括主產物收入、副產物收
> 　　　入；年總支出六十萬元，包括生產費用、勞工費用，土地收益資本化率
> 　　　5%，試求農地收益地價？
>
> 　　　(120 萬−60 萬) / 5% = 1,200 萬
>
> 　　　年純收益為年總收益扣除年總費用。
>
> 　　　年總收益不是一種預測值。
>
> 　　　1.年總收益所代表的情況，包括下列要件：
>
> 　　　　(1)安全固定。
>
> 　　　　(2)繼續固定。
>
> 　　　　(3)供正常合理使用。
>
> 　　　2.年總費用的情況：
>
> 　　　　所謂年總費用係指達到年總收益所必須支付之費用，包括下列要件：
>
> 　　　　(1)管理費。
>
> 　　　　(2)稅賦。
>
> 　　　　(3)維修費。
>
> 　　　　(4)保險費。

範例 *2-26*

何謂購買年？

說明：$V = \dfrac{a}{r}$

假設 r 為 5%，則 $a \times \dfrac{1}{5\%} = 20$ 個購買年。

範例 *2-27*

1. 有一店面，樓地板面積五十坪，月租八萬元，押金六個月，地價稅二萬／年，房屋稅三萬／年，重建價格六萬／坪，耐用年數六十年，殘價率 20%，管理費三千元／月，保險費 0.2%（按建物價格），修繕費 0.3%（按建物價格），綜合收益還原利率 4%，銀行定存年利率 5%，試求店面收益價格。

2. 房子出租，試用收益還原法計算土地收益價格：一塊土地出租，年總收入二百萬元，年總支出八十萬元，r 為 6%，試計算土地收益價格。

說明：1.(1)年總收入：

①租金 8 萬×12 = 96 萬

②押金利息收入 6×8 萬×5% = 2.4 萬

96 + 2.4 = 98.4 萬

(2)年總支出：

①重建價格 6×50 = 300 萬

300 萬×20% = 60 萬

300 萬−60 萬 = 240 萬

240／60 年 = 4 萬（每年要扣除的折舊）

②租稅 2 萬 + 3 萬 = 5 萬／年（每年要扣掉的租稅）

③管理費 3,000×12 = 36,000 = 3.6 萬

④保險費 300 萬×0.2% = 6,000 元 = 0.6 萬

⑤修繕費 300 萬×0.3% = 9,000 元 = 0.9 萬

共計 14.1 萬。

(3)店面收益價格：

綜合收益還原利率 4%

a = 98.4－14.1 = 84.3 萬

$V = \dfrac{a}{r}$

= 84.3 / 4% = 2,107.5 萬

2.土地收益價格：(200－80) / 6% = 2,000 萬元

範例 2-28

收益無期限：當土地運用至無限年時

$V = \dfrac{a}{r}$ ，試舉例求證。

說明： $\dfrac{a_1}{1+r} + \dfrac{a_2}{(1+r)^2} + \dfrac{a_3}{(1+r)^3} + \dfrac{a_4}{(1+r)^4} + \dfrac{a_5}{(1+r)^5} + \cdots\cdots + \dfrac{a_n}{(1+r)^n}$

假設 $a_1 = a_2 = a_3 = a_4 = a_5 = a_n = a$

則 $\dfrac{a}{1+r} + \dfrac{a}{(1+r)^2} + \dfrac{a}{(1+r)^3} + \dfrac{a}{(1+r)^4} + \dfrac{a}{(1+r)^5} + \cdots\cdots + \dfrac{a}{(1+r)^n}$

數學模式：等比級數→想到高中數學

$\dfrac{首項[1 - （公比）^n]}{(1 - 公比)}$ ......(1)

公比 $= \dfrac{後項}{前項}$ ....(2)

則 $\dfrac{\dfrac{a}{(1+r)^2}}{\dfrac{a}{1+r}} = \dfrac{1}{1+r} = 公比$

代入(1)公式中：

$\dfrac{\dfrac{a}{1+r}\left[1 - \left(\dfrac{1}{1+r}\right)^n\right]}{1 - \left(\dfrac{1}{1+r}\right)}$

先看分母：

$1 - \left(\dfrac{1}{1+r}\right)$

$= \dfrac{1+r}{1+r} - \dfrac{1}{1+r}$

$= \dfrac{1+r-1}{1+r}$

$= \dfrac{r}{1+r}$

再看分子，並代入(1)公式中：

$$\frac{\dfrac{a}{1+r}\left[1-\left(\dfrac{1}{1+r}\right)^n\right]}{\dfrac{r}{1+r}}$$

$$=\frac{a}{r}\left[1-\left(\frac{1}{1+r}\right)^n\right]\cdots\cdots(3)$$

當土地運用到無限年時，即 $n\to\infty$

則代入(3)公式中

$$\lim_{n\to\infty}\frac{a}{r}\left[1-\left(\frac{1}{1+r}\right)^\infty\right]\cdots\cdots(4)$$

先看 $\left(\dfrac{1}{1+r}\right)^\infty$，我們知道 $\dfrac{1}{1+r}<1$

假設以 $\dfrac{1}{1+r}=0.9$ 代替，則 $(0.9)^\infty\cong 0$

代入(4)公式中

$$V=\frac{a}{r}(1-0)$$

$$V=\frac{a}{r}$$ 得證。

範例 *2-29*

投資報酬率基準為何？請舉例說明之。

說明：投資報酬率又稱折現率，即 $r=?$

1.轉讓（流通）越高之資產，報酬率較低，例如：動產中之定期存款。

2.風險、危險性越高之資產，報酬率較高，例如：股票、期貨。

3.增值空間越高之資產，報酬率較低，例如：出租房子（臺中市西屯商圈）。

4.管理越難之資產，報酬率越高，例如：十大名宅。

　　筆者認為：影響還原利率的大小高低，原本就不易求得，其歸納包括如下：

(一)風險的考量，會影響利率的變動，進而影響到還原利率。

(二)管理上的難易程度：可以從原價法的角度思考，管理得越好，維護得就越好，折舊率即低；但從收益還原法來說，評估建築物自當考量折舊問題，

二方法中之折舊求取是否可相提並論，實務上似乎見解不同了。

(三)不同種類的不動產所反映的還原利率，自應有所不同。如作商業使用，因為考量收益，自與作工業、住宅、農業使用所反映的還原利率，亦會有所不同了。

1.商業區

範例 *2-30*

購置一建築物作為營業之用，其建置成本為三千萬元，估計每月之淨收入為二百萬元，則折現率為何？

說明：年收入 200 萬／月×12＝2,400 萬

折現率＝2,400 萬／3,000 萬＝80%

2.住宅區

範例 *2-31*

購置一建築物作為出租之用，其建置成本為一千二百萬元，每月淨收入為四萬元，則折現率為何？

說明：年收入＝4 萬／月×12＝48 萬

折現率＝48 萬／1,200 萬＝4%

3.學區

範例 *2-32*

購一套房出租予學生，其重建成本為一百萬元，每月淨租金收入為五千元，則折現率為何？

說明：年收入＝0.5 萬／月×12＝6 萬

折現率＝6 萬／100 萬＝6%

範例 2-33

估價有一說法：土地運用到∞沒有意見，而建物運用到∞有意見，但有例外，請舉例說明之。

說明：假設一棟建物重建成本一百萬，殘價率 50%，耐用年數五十年，試證明建物亦可運用到無限期。

1. 100×50% = 50 萬

   100－50 = 50 萬

   $D = \dfrac{50}{50} = 1$ 萬（每年所提減價修正額）

   減價修正額亦等於折舊額。

2. 每年提存一萬，提存至五十年，共五十萬

   提存率 = 折舊率

3. 理由：提存減價修正額五十年，共五十萬，待建物損毀五十萬＋五十萬（殘餘價值）＝一百萬

4. 結論：房子損毀打掉，再蓋一棟新的建物，無法運用到無限年。

範例 2-34

土地折現率為何小於建物折現率？

說明：1. 土地管理容易，建物因為樓層數增加導致管理困難。

2. 土地增值空間較大，建物增值空間較小。

3. 土地沒有折舊，建物有折舊。

4. 土地風險小（因為可以永久存在），建物風險大（會燒掉、倒塌）。

r 稱為還原利率（折現率），由於不動產包含土地及建物，因此，土地有土地還原利率，建物有建物還原利率，土地與建物結為一體時，則採土地及建物綜合還原利率。

推求土地收益價格、建物收益價格，以殘餘方式代表。

↳ **假設模式空間**

r_1：土地還原利率

r_2：建物還原利率

a_1：土地純收益

a_2：建物純收益

d：折舊率

計算如下：

1.土地價格

$$L_P = \frac{a_1}{r_1} \begin{cases} \text{折舊前} \\ \text{折舊後} \end{cases} \rightarrow \text{因爲土地沒有折舊，所以公式一樣。}$$

$$a_1 = L_P \times r_1$$

2.折舊後建物價格

$$B_P = \frac{a_2}{r_2} \text{（折舊後）}$$

$$\text{則 } a_2 = B_P \times r_2$$

—— 建物有折舊，所以公式不一樣。

3.折舊前建物價格

$$B_P = \frac{a_2}{(r_2 + d)} \text{（折舊前）}$$

$$a_2 = B_P \times (r_2 + d) \text{（折舊前）}$$

4.土地及其建物結合

(1)土地及其建物價格 = P

土地及其建物的純收益 = a

綜合還原利率 = r（乃土地與建物）

(2)也有折舊前、折舊後之區分：

公式：以先求綜合還原利率來說明

$$P = \frac{a}{r} \quad r = \frac{a}{P} \quad \text{此 P 爲 } L_P \text{、} B_P$$

①折舊後：

$$r = \frac{a}{P} = \frac{L_P \times r_1 + B_P \times r_2}{L_P + B_P}$$

②折舊前：

$$r = \frac{a}{P} = \frac{L_P \times r_1 + B_P \times (r_2 + d)}{L_P + B_P}$$

👆 更詳細之說明

1.土地收益價格計算

假設 a_1 為土地收益，r_1 為土地還原利率，則土地收益價格為 $L_P = \frac{a_1}{r_1}$。因為土地沒有折舊，所以土地收益價格求算不須考量折舊前、折舊後。

2.建物收益價格計算

假設 a_2 為建物純收益，r_2 為建物還原利率，則建物收益價格求算必須考量折舊前、折舊後，因為建物會折舊。

(1)折舊後

$$\text{則建物收益價格 } B_P = \frac{a_2}{r_2}$$

(2)折舊前

$$\text{則建物收益價格 } B_P = \frac{a_2}{r_2 + d}$$

公式中 d 為折舊率。

3.土地及其建物結合求得還原利率

假設 L 為土地價格，B 為建物價格，而 r_1、r_2 分別為土地還原利率、建物還原利率，則土地及其建物結合綜合還原利率如何求得，亦必須考量折舊前、折舊後。

(1)折舊後

$$P = \frac{a}{r} \quad r = \frac{a}{P}$$

則綜合還原利率 r 之計算公式為 $\dfrac{L_P \times r_1 + B_P \times r_2}{L_P + B_P}$

(2)折舊前

$$r = \frac{a}{P} = \frac{L_P \times r_1 + B_P \times (r_2 + d)}{L_P + B_P}$$

(3)土地及其建物價值的比率，以土地與建物的還原利率加權平均而得，稱
為土地及其建物綜合還原利率。

範例 2-35

設土地價格一百萬元，建物價格五十萬元，土地資本還原利率 5%，建物資本還
原利率 6%，試問土地及其建物綜合還原利率為多少？

說明： $r = \dfrac{L_P \times r_1 + B_P \times r_2}{L_P + B_P} = \dfrac{100 \times 5\% + 50 \times 6\%}{150} = 5.33\%$ （折舊後）

依法令規定，折現率的決定方式包括收益資本化率或折現率，應依下列方
式擇一決定：

一、收益資本化率或折現率，應考慮銀行定期存款利率、政府公債利率、
不動產投資之風險性、貨幣變動狀況及不動產價格之變動趨勢等因
素，選擇最具一般性財貨之投資報酬率為基準，比較觀察該投資財貨
與勘估標的個別特性之差異，並就流通性、風險性、增值性及管理上
之難易程度等因素，加以比較決定之。

二、選擇數個與勘估標的相同或相似之比較標的，以其淨收益除以價格
後，以所得之商數加以比較決定之。

三、依加權平均資金成本方式決定，其計算式如下：

收益資本化率或折現率 $= \sum\limits_{k=1}^{n'} W_i K_i$

其中：

W_i：第 i 個資金來源占總資金成本比例，$\sum\limits_{k=1}^{n'} W_i = 1$。

K_i：為第 i 個資金來源之利率或要求報酬率。

四、依債務保障比率方式決定，其計算式如下：

收益資本化率或折現率（R）＝ 債務保障比率（DCR）× 貸款常數（K）× 貸款資金占不動產價格比率$\left(\dfrac{\text{Loan}}{\text{P}}\right)$。借款人每次支付本息就提高 DCR，此對放款者有利。$DCR = \dfrac{NOI}{DS}$　$K = MC \times 12$

DCR：債務保障比率　　　　NOI：淨營運收入

DS：償債支出　　　　　　MC：貸款常數

五、考量市場上類似不動產每年淨收益占每年有效總收入之合理淨收益率，及類似不動產合理價格除以每年有效總收入之有效總收入乘數，以下列公式計算之：

收益資本化率或折現率 ＝ 淨收益率（NIR, Net Income Ratio）／ 有效總收入乘數

收益資本化率或折現率之決定有採取其他方法計算之必要時，應於估價報告書中敘明。①淨經營收益占有效毛收益之比率；②1–經營費用率 ＝ 有效毛收益乘數 ＝ 不動產價格／有效毛收益。（備註：因條文排版無法完整呈現計算式，計算式請參閱相關圖表；並請參考第 12 章不動產企業投資比率（工具）講解。）

補充

折現率之決定有採取其他方法計算之必要時，應於估價報告書中敘明。

範例 *2-36*

某棟十五樓辦公大樓第七層，面積二百坪，於 2009 年 7 月市價每坪十五萬元；第九層面積一百八十坪，出租營業用，租金收入二十萬／月，經營費用占比例 15%，該大樓閒置損失占 10%，貸款以七成計，利率 2%，二十年期採本金每月（期）償還，試計算本棟大樓適當資本化率？

說明：請參考範例 2-37（習題說明）。

範例 2-37

某十二樓辦公大樓第五層，面積二百五十坪，於 2007 年 3 月成交價每坪二十五萬元，同時第六層面積二百二十坪，出租每月三十三萬元收入，估計合理費用比 20%，該大樓合理空置率 5%，此貸款資金占不動產價格比重 70%，貸款利率 4%，分二十年期採月本金償還，試求算本案例資本化率（r）？

說明：$r = DCR \times K(MC) \times \dfrac{\text{貸款\$}}{\text{不動產價格}}(20\%)$

PGI	18,000
$-18,000 \times 5\% = 900$	
EGI	17,100
$-17,100 \times 20\%$	

1. $330,000/220 = 1,500$ 元／坪

2. $1,500 \times 12 = 18,000$

3. $17,100 \times 0.2 = 3,420$　$17,100 - 3,420 = 13,680$　NOI

　　則 $13,680 \times 250 = 3,420,000$

4. $250,000 \times 250$ 坪 $\times 70\% = 43,750,000$

5. 則 $43,750,000 \times MC(i \cdot n)$

　　　　　　$\times MC(4\% \cdot 240)$

$$43,750,000 \times \dfrac{\dfrac{4\%}{12}\left(1+\dfrac{4\%}{12}\right)^{240}}{\left(1+\dfrac{4\%}{12}\right)^{240}-1} = 265,125$$

$（i \cdot n）$

= （貸款利率・期限）

MC：貸款常數因子

　　$\therefore 265,125$ ／月 $\times 12$ 月 $= 3,181,500$

6. $DCR = \dfrac{NOI}{DS} = \dfrac{3,420,000}{3,181,500} = 1.075$

7. $k = 0.006 \times 12 = 0.072$（單）（年）

　　則 $r = 1.075 \times 0.072 \times 0.7 = 5.42\%$

Ans：

$330,000 \div 220 = 1,500$ ／坪／月

$1,500$

$-1,500 \times 5\%$

$\overline{1,425 \times 12}$ 月 $= 17,100$

則有效毛收益乘數 = 不動產價格／有效毛收益

　　　　　　　$\Rightarrow 250,000/17,100 = 14.6199$

又 $1-20\% \Rightarrow 0.8/14.62 = 5.47\%$ 可作為另求 r 之算法參考。

如不扣掉合理費用則為 1/14.62 = 6.84%，可作為 r 求取之參考。不妨從合理費用 20% 來看，是否應從折舊的考量來探究便可得知。（當 r 有採取其他方法計算之必要時，應於坊間估價報告書中敘明。）

又(1–0%)/14.62 = 6.84%，可作為 r 另一算法之參考。

即為 1/14.62 的意思。

0% 代表的是合理費用比 0%

❀ 收益訂有期限

⇨ Inwood 方式

1.定義

係基於房屋租金或企業經營之折舊前的純收益，乘上土地及其建物結合體還原利率與建物殘餘耐用年數為基礎之複利年金現價率，求取勘估標的之收益價格。

2.公式

$$(1) P'_n = a \times \frac{(1+r)^{n'} - 1}{r(1+r)^{n'}}$$

n'：建物殘餘耐用年數

a：房屋租金或企業經營折舊前之純收益

r：土地及其建物結合還原利率，店面所產生之收益或租金是房地一體結合所產生，所以應用綜合還原利率。

P'_n：收益價格→建物之耐用年數期滿之收益價格

$$(2) L = \frac{P}{(1+r)^n}$$

P：基地價格

L：基地還原價格→耐用年數期滿時之土地價格

r：土地（基地）還原利率

n：耐用年數

$(3) P = P'_n + L$

P：收益價格（土地及其建物結合）

範例 2-38

假設王律師在臺中有一土地租給曹律師，以設定地上權方式創造每年五百萬元
淨收益，每年租金二十萬元，存續期間五十年，市場盛行利率 2%，試計算此地
上權可創造多少價值？（單位：萬元）

說明：$(500 - 20) \times \dfrac{(1 + 2\%)^{50} - 1}{2\%(1 + 2\%)^{50}} = 15,022$

唯違章建築、圍牆、豬舍、內（外）游泳池算不算地上權，從經濟層面
上視之；以上均無法定經濟價值，並不算地上權之概念，謂之。

範例 2-39

假設乙有一土地每年可創造一百萬元淨收益，甲向乙以設定地上權方式取得土
地使用權，並且每年固定支付租金二十萬元，地上權存續期間二十年，市場盛
行利率 3%，試計算地上權價值。（單位：萬元）

說明：$(100 - 20) \times \dfrac{(1 + 3\%)^{20} - 1}{3\%(1 + 3\%)^{20}} = 1,190$

範例 2-40

1. 收益有一定期限之不動產（例如：公園預定地上之建築物五年後必須拆
   除），可否運用 P 之公式來求其收益價格？如認為不可以，則應如何查估始
   為合理？
2. 假設某建物耐用年數十年，其間每年可產生房租純收益二十萬元，房地一體
   還原利率為 0.08（不含折舊率），依 Inwood 方式計算，收益價格為多少？
3. 承上，耐用年數期滿，基地會剩餘價格，以還原利率還原基地現價，此時設
   基地價格為五十萬元，還原利率 6%，則基地現價多少？

說明：1. 否，不可以，應以下式計算之：

$$P'_n = a \times \frac{(1+r)^{n'} - 1}{r(1+r)^{n'}}$$

2. $P'_n = a \times \dfrac{(1+r)^{n'} - 1}{r(1+r)^{n'}} = a \times \dfrac{(1+r)^{n'} - 1}{r} \times \dfrac{1}{(1+r)^{n'}}$

$$= 200,000 \times \left[\frac{(1+8\%)^{10} - 1}{8\% \times (1+8\%)^{10}} \right]$$

$$= 200,000 \times 6.710081 \text{（查「複利年金現價率表」）}$$

$$= 1,342,016.2 \text{ 元}$$

建物是不斷地產生租金及創造收益，所以應有年金之概念。而建物所產生之租金及收益是會不斷累積的。

3. $L = \dfrac{P}{(1+r)^n}$

$\quad = \dfrac{500,000}{(1+6\%)^{10}} = 500,000 \times \dfrac{1}{(1+6\%)^{10}}$

$\quad = 500,000 \times 0.55839 \text{（查「複利現價率表」）}$

$\quad = 279,195 \text{ 元}$

☝ Hoskold 方式

1.意義

觀點與 Inwood 方式完全相同，唯一考量之處在於折舊率加計在還原利率下還原，求出收益價格。

2.原則

(1)將折舊率以提存折舊費方式，予以資本還原。

(2)以建物殘餘耐用年數為基礎。

(3)以償還基金法求之。

3.公式

$P'_n : \dfrac{a}{r + f'_n}$

P'_n：收益價格

a：房屋租金或企業經營折舊前純收益

r：土地及其建物結合之綜合還原利率（不含折舊率）

f'_n：依償還基金法求得折舊率 $= d$

$\because P'_n : \dfrac{a}{r + f'_n}$

又 $f'_n = \dfrac{r_3}{(1+r_3)^{n'} - 1}$

$$\therefore P'_n = \frac{a}{r + \dfrac{r_3}{(1+r_3)^{n'}-1}}$$

r_3：對折舊提存本金還原

n'：建物殘餘耐用年數

範例 2-41

假定房租折舊前純收益十萬元，基地及建物綜合還原利率為 0.08，建物耐用年數為十年，對建物折舊提存金儲蓄利率為 0.04，則收益價格為多少？

說明：$P = \dfrac{100,000}{0.08 + \dfrac{0.04}{(1+0.04)^{10}-1}} = \dfrac{100,000}{0.08 + 0.083291} = 612,404$ 元

（相關數值，可查年利計算表）

補充

1. 中英名詞對照

  (1) Amount of one（複利終價率）

  (2) Amount of one per period（複利年金終價率）

  (3) Sinking fund factor（償還基金率）

  (4) Present worth of one（複利現價率）

  (5) Present worth one per period（複利年金現價率）

  (6) Partial Payment（本利均等年賦償還率）

2. 相關公式（n = N = 投資年限 = 貸款年限）

  (1) $A_n = (1+r)^n = S^n$

  (2) $M_n = \dfrac{(1+r)^n - 1}{r} = \dfrac{A_n - 1}{r} = \dfrac{S_n - 1}{i}$

  (3) $F_n = \dfrac{r}{(1+r)^n - 1} = \dfrac{1}{M_n}$

  (4) $V_n = \dfrac{1}{(1+r)^n} = \dfrac{1}{A_n} = \dfrac{1}{S_n}$

  (5) $P'_n = \dfrac{(1+r)^n - 1}{r(1+r)^n} = \dfrac{M_n}{A_n}$

  (6) $R_n = \dfrac{r(1+r)^n}{(1+r)^n - 1}$

✎ 創業理財──投資六大公式

1.複利終價率 $(1+r)^N$

例一：今天（現在）有一百元，放在銀行生利息，利率 6%，共二十年，
則二十年後變成多少元？

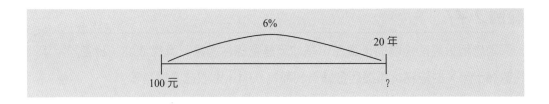

按年計算：$100 \times (1 + 6\%)^{20} = 320$

按月計算：$100 \times \left(1 + \dfrac{6\%}{12}\right)^{240} = 331$

例二：今天有一百元，利息 2%，則五年後變成多少元？

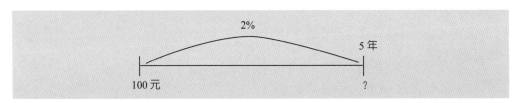

$100 \times (1 + 2\%)^5 = 110$

2.複利年金終價率 $\dfrac{(1+r)^n - 1}{r}$

例一：每月存 5,000 元，在利率 10% 的情況下，經過二十年，則會變成
多少元？

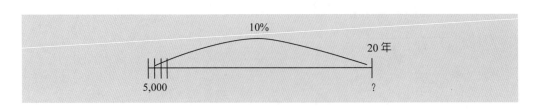

按年計算：$5,000 \times 12 \times \dfrac{(1+10\%)^{20}-1}{10\%} = 3,436,499$

按月計算：$5,000 \times \dfrac{\left(1+\dfrac{10\%}{12}\right)^{240}-1}{\dfrac{10\%}{12}} = 3,796,844$

例二：每月存五百元，報酬率 5%，二十年後可增加多少元？

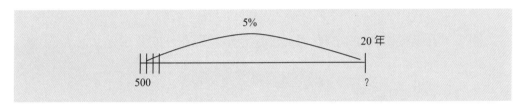

$500 \times \dfrac{\left(1+\dfrac{5\%}{12}\right)^{240}-1}{\dfrac{5\%}{12}} = 205,516$

3.償還基金率 $\dfrac{r}{(1+r)^N-1}$

假設小王二十年後希望有一筆五百萬的資金，市場利率在 5% 的情況下，小王現在每月應存多少元？

$5,000,000 \times \dfrac{\dfrac{5\%}{12}}{\left(1+\dfrac{5\%}{12}\right)^{240}-1} = 12,164$

4.複利現價率 $\dfrac{1}{(1+r)^n}$

例一：二十年後的一百元 $(1+6\%)^{20}$ 是今年（現在）的多少元？

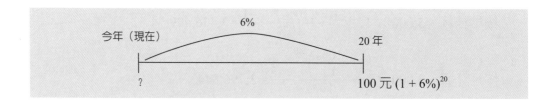

$$\frac{100 \times (1+6\%)^{20}}{(1+6\%)^{20}} = 100$$

例二：五年後複利 2% 的五百元，是今年（現在）的多少元？

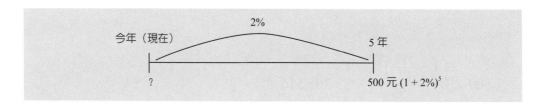

$$\frac{500 \times (1+2\%)^{5}}{(1+2\%)^{5}} = 500$$

期中考：何謂終價率？何謂現價率？

5.複利年金現價率 $\dfrac{(1+r)^n - 1}{r(1+r)^n}$

祥傑每月淨利五萬元（開店），合約六年，市場利率 4% 情況下，如欲頂讓，可頂讓多少元？

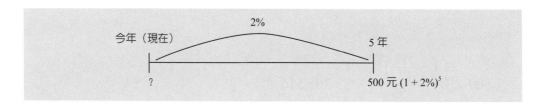

$$50{,}000 \times \frac{\left(1+\dfrac{4\%}{12}\right)^{72} - 1}{\dfrac{4\%}{12}\left(1+\dfrac{4\%}{12}\right)^{72}} = 3{,}195{,}871$$

6.本利均等年賦償還率 $\dfrac{r(1+r)^N}{(1+r)^N - 1}$

假設購買一屋，貸款五十萬元，利率 2%，貸款期限三十年，則每月應償還多少元？

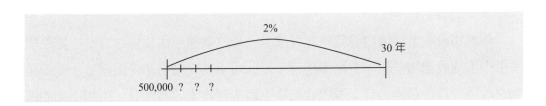

$$500,000 \times \dfrac{\dfrac{2\%}{12}\left(1 + \dfrac{2\%}{12}\right)^{360}}{\left(1 + \dfrac{2\%}{12}\right)^{360} - 1} = 1,849$$

範例 2-42

不動產價值方法中，各有何優缺點？

說明：1.原價法之優缺點

(1)優點：較能把握重新建造原價及減價修正。

(2)缺失：只能針對新開發地區作評估，對於原始地區較不易分析。

2.市價比較法之優缺點

(1)優點：以替代原則為前提。

(2)缺失：較難在農村地區與古厝取得買賣實例。

3.收益還原法之優缺點

(1)優點：具理論根據。

(2)缺失：收益還原法之純收益需要安定之純收益及適當之還原利率，但就一般經濟情勢與社會產業變動方向，實不易取得。

四、殘餘法

🌸 意義

　　係單獨求取土地或建物價格之方法。乃以收益還原法以外之方法，如原價法求得土地或建物任何一方之價格時，以此所求得之價格求得歸屬於土地或建物之收益。再從房地結合之純收益扣除土地或建物之收益部分，所扣下來的部分即屬於土地或建物之純收益，再將此殘餘之純收益予以資本還原，即可求得建物、土地之收益價格。

🌸 土地殘餘法

　　係指土地之純益價格，簡單地說：乃房地結合之純收益扣除建物之純收益，即得土地之純收益。換言之，從建物及其基地當中所產生之純收益，扣除歸屬於建物之部分，即可得到歸屬於土地之純收益，再以土地還原利率予以資本還原，即可求得土地之收益價格。

🌸 建物殘餘法

　　係房地結合之純收益扣除土地之純收益部分，即得建物之純收益。換言之，從建物及其基地所產生之純收益，扣除歸屬於土地之部分，即可得到歸屬於建物之純收益，再以建物還原利率予以資本還原，即可求得建物之收益價格。[13]

---

[13] 林英彥，《不動產估價》，文笙書局，民82，pp.158～159。

公式

⤵ **土地殘餘法**

模式如下：

> 假設 a：房地結合純收益
>
> a_1：土地純收益
>
> a_2：建物純收益
>
> L_P：土地價格→係以 L_P 為準
>
> B_P：建物價格→係以 B_P 為準
>
> r_1：土地還原利率
>
> r_2：建物還原利率

1.折舊前

$$a - a_2 = a_1$$

$$L_P = \frac{a_1}{r_1} \quad B_P = \frac{a_2}{(r_1 + d)}$$

$$a_1 = L_P \times r_1$$

$$a - a_2 = L_P \times r_1 = a_1$$

$$\nabla\ a_2 = B_P(r_2 + d)$$

$$L_P = \frac{a_1}{r_1} = \frac{a - B_P(r_2 + d)}{r_1}$$

2.折舊後

$$L_P = \frac{a_1}{r_1} \quad B_P = \frac{a_2}{r_2}$$

$$a - a_2 = a_1$$

$$a_2 = B_P \times r_2$$

$$a - B_P \times r_2 = L_P \times r_1$$

$$L_P = \frac{a - (B_P \times r_2)}{r_1} = \frac{a_1}{r_1}$$

👆 建物殘餘法

1.折舊前

$$a - a_1 = a_2 \quad L_P = \frac{a_1}{r_1}$$

$$a - L_P \times r_1 = a_2 \quad a_1 = L_P \times r_1$$

$$a - L_P \times r_1 = B_P(r_2 + d)$$

$$B_P = \frac{a - L_P \times r_1}{r_2 + d} = \frac{a_2}{r_2 + d}$$

2.折舊後

$$B_P = \frac{a_2}{r_2} \quad L_P = \frac{a_1}{r_1}$$

$$a - a_1 = a_2 = (B_P \times r_2)$$

$$\therefore B_P = \frac{a - (L_P \times r_1)}{r_2} = \frac{a_2}{r_2}$$

範例 *2-43*

試述土地殘餘法與建物殘餘法之不同。

說明：1.定義不同。

2.一為估土地收益價格，一為估建物收益價格。

3.折舊不同，土地沒有折舊，建物有折舊。

4.公式、模式不同。

5.計算方法、程序不同。

6.名稱不同，一為土地殘餘法，一為建物殘餘法。

🌑 貢獻原則

↳ 土地貢獻原則

拆算不動產土地及其建物（房地一體）之價格時，如將超額利潤以極大比例或全部分配予土地時，稱之為土地貢獻原則，如：

土地貢獻時值（元／坪）＝（不動產市價－建物時值）÷土地面積

↳ 建物貢獻原則

拆算不動產土地及其建物（房地一體）之價格時，如將超額利潤以極大比例或全部分配予建物時，稱之為建物貢獻原則。建物貢獻原則主要論點，在於土地上如無新型式或單純之建物興建時，則無從表現土地的實際價值，因此應將貢獻所產生出來的價值歸於建物，如：

建物貢獻時值（元／坪）＝（不動產市價－土地時值）÷建物面積

↳ 聯合貢獻原則

將房地一體所產生之價格，分配予土地占房地一體的部分予土地，分配予建物占房地一體的部分予建物，即稱為聯合貢獻原則，其主要論點乃是以投資分配的觀點區分土地與建物貢獻價格。

綜上所述，土地貢獻原則乃指土地的效用，建物貢獻原則乃指建物的效用，聯合貢獻原則乃指不動產效用，即土地效用＋建物效用，如：

(1)土地貢獻時值（元／坪）

$$＝（不動產市價）\times \frac{土地時值}{（土地時值＋建物時值）}÷土地面積$$

(2)建物貢獻時值（元／坪）

$$＝（不動產市價）\times \frac{建物時值}{（土地時值＋建物時值）}÷建物面積[14]$$

---

[14] 林明宏，《商業土地及建物估價》，中華徵信研究所，p.13。

範例 *2-44*

試以土地貢獻原則、建物貢獻原則及聯合貢獻原則，計算如透天厝一棟一千萬元，土地時價五百萬元，建物時價四百萬元，超額利潤一百萬元，各關係為何？（假設）（單位：萬元）

說明：1.土地貢獻原則

$1,000 - 400 = 600$

$600 - 500 = 100$……超額利潤歸於土地

2.建物貢獻原則

$1,000 - 500 = 500$

$500 - 400 = 100$……超額利潤歸於建物

3.聯合貢獻原則

$1,000 - 400 - 500 = 100$

$100 \times \dfrac{4}{9} = 44.4$　　$44.4 + 400 = 444.4$（建物價格）

$100 \times \dfrac{5}{9} = 55.6$　　$55.5 + 500 = 555.6$（土地價格）

範例 *2-45*

假設一店面月租金一百萬元，押金三個月，年息 7%，樓地板面積七百坪，建物重建價格六萬／坪，耐用年數六十年，修繕費按重建價格 4%，管理費按租金 5%，殘價率 30%，土地還原利率為 5%，建物還原利率為 7%，租稅三十萬／年，火險 0.8%，建物經歷年數十年，求土地與建物價格。（單位：萬元）

說明：1.解此題要注意一點，即月租金為房地一體租金，即店面所產生月租金，係土地及建物效用發揮的結果。在此先要用土地殘餘法計算土地收益價格，千萬不能用建物殘餘法計算。

2.步驟：

(1)房地一體的總收益：

$100 \times 12 = 1,200$

$100 \times 3 \times 7\% = 21$

$1,200 + 21 = 1,221$

(2)房地一體的總支出：

700 坪×6 萬／坪＝4,200（重新建造原價）

4,200×4%＝168（修繕費）

100×5%×12 月＝60（管理費）

又殘價率為 30%，則：

4,200×30%＝1,260

(4,200−1,260)／60＝49（每年扣掉的折舊）

4,200×0.8%＝33.6（火險）

租稅費用＝30

∴房地一體的總支出為 340.6

(3)房地一體的純收益＝房地一體的總收益－房地一體的總支出

$$=1,221-340.6=880.4$$

又建物純收益＝建物現值（價格）×還原利率

$$=[4,200-(49\times10)]\times7\%$$

$$=259.7$$

土地純收益＝房地一體純收益－建物純收益

$$=880.4-259.7$$

$$=620.7$$

土地收益價格＝$\dfrac{土地純收益}{土地還原利率}$

$$=\dfrac{620.7}{5\%}$$

$$=12,414（萬）$$

$$=1.2414（億）$$

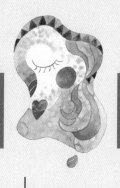

PART 3

租金價值及路線價值分析

土地法第一百條注意事項：

如承租人有下列情形之一者，出租人得終止租賃契約：

一、積欠租金除以擔保金抵償外達二個月以上者，依租賃住
宅市場及管理條例約定押金不得超過二個月的租金總
額，超過部分無效。

二、違反法令使用時。

三、違反租賃契約者（有特別之約定）。

四、未經出租人之同意轉租於他人者。

五、損壞出租人之財物而不為相當之賠償者。

　　除以上規定，出租人如收回自住或重新建築者，得終止租
約。重新建築係指房東（出租人）如有娶媳婦事宜，可以此請求
承租人搬離之。另損壞出租人之財貨如為消防、排水設施之際，
應予以考量水帶破損、化糞池等設施；再擬工程進度期別試算考
量之。前項原因如遇糾紛得依訴訟、消費爭議、不動產糾紛調處
來辦理。前項第三項如契約內容違反應約定及不得約定事項的部
分無效之。押金用途為擔保在租約有效期間內，不得以押金抵
充；但租約終止後，如有未清償租金或賠償等債務時，先以押金
扣除後，再返還承租人。

CHAPTER 3

企業經營之租金價值分析
——新訂租金、續訂租金

❖ 意義

　　經常用於國營事業之法院、縣市政府等公家單位以及加盟店等私人單位，與評估不動產價格一樣，為物業管理業者重要事項，實務上用於商業、營業處所之評估已越來越多，故學習物業管理，應同時留意租金之評估方法，又可稱為租賃權估價，係將所有權的觀念分離出來，如後續現金流量表可參考會計規範，了解租金支出。

　　店鋪經營上一個極大的壓力來源，是居高不下的房租負擔。一家店的來客是否足夠，立地條件是一決定性的關鍵，好的商圈不僅租金居高不下，往往還是各品牌咖啡館競相爭奪的對象。互相角逐的結果，最後獲利者卻是店面房東，付出高租金取得店面的「贏家」，實際經營時，卻因租金過高而在獲利上成為「輸家」。

　　連鎖總部必須建構品牌個性，創造差異化，對各店鋪來說，總公司建立健全的後勤支援體系，適時推出整體性的宣傳活動，並在人員培訓、資訊整合、物流配送、商品開發等各方面提供協助；能提供店鋪更強的獲利保障，消費者也能享受更好的消費品質，創造總部、店鋪、消費者的三贏局面，才是企業長期發展的基礎。

　　同時，公共場所和商業區的租金較高，其中商業區的租金會因商圈的發展而有所變化，例如：以前臺中自由路及第一廣場因商業發達而繁榮，租金很高，但現在也因商圈沒落而租金下降，甚至乏人問津，故商圈的發展也會影響租金。旅遊景點一開始的租金最低，但後來會因旅遊景點的發達及人潮的帶動，而使得店面的地價上漲快速，故旅遊景點的租金變化最大。

種類

新制定租金評估

係求取住宅用地及建物之新制定租金時，應當依據租賃契約所能反映出來的經濟價值及正常租金，運用於新房客。

評估的方法包括收益法中的收益分析法、租賃實例比較法以及積算法，所求出的租金是求取一般正常租金。

1.收益分析法

係收益還原法中之延伸，過程一樣，其最大的特徵是將租金當成收益還原法中的收益來看，即以收益方式求取不動產租金之方法。

(1)內涵：先分析一般企業經營之總收益，求取勘估不動產在一段時間內（月、年）可能產生期待之純收益，再將各項為維持勘估不動產租賃之費用予以調整、分析加計，以求取勘估不動產之試算租金，此試算租金稱為收益租金。

(2)特性

①此收益分析法中所謂一段時間，一般以建築物及其基地租金為一個月，土地則為一年。

②純收益乃基於一般企業經營之純收益，並非基於租賃等之純收益。

③即以所得到之收益可以多少，作為支付租金之方法。

④較適用於企業經營用之不動產，對於居住使用之不動產較不適用。

範例 3-1

有一店面，假設以之開設便利商店，會產生收益，收益給誰呢？

說明：經營企業有四種生產要素：土地、勞動、資本、企業家，分別產生地租、工資、利息、利潤，其中自土地拿到多少地租，這個觀念就是「收益分析法」。

2.租賃實例比較法

　　與買賣實例比較法之運用完全相似，是以比較方式，求取不動產租金所使用之方法，主要乃蒐集同一供需圈內近鄰地區或類似地區與勘估標的相似之租賃實例，並加以適當選擇，進行情況補正、期日修正、區域因素、個別因素之比較，由此比較過程而求得勘估不動產之試算租金，此租金稱為比準租金，亦稱判準租金，此租金為適當並具有替代性，又稱替代租金。

解釋名詞

· 情況補正：乃指權利金、押金、保證金等支付，作為租金折價額及運用獲利折價。一般來說，可由租賃契約中加以修正。

· 期日修正：乃指租賃期間如為繼續，其租金隱含的實際漲價額，期日應回溯至締結契約開始之日期（如同收益還原法中的還原）。

　此修正即代表著租金從訂定租約那日起，至未來所漲的金額。

3.積算法（此法與包租代管政策人員課程中建築物管理與維護實務關係較為密切）

(1)係以成本方式求取不動產租金所使用之方法，其首要步驟乃在先求取勘估不動產在租金形成日期當時之基準價格，再以計算式中乘上與勘估不動產相稱之**期待報酬率（期待租金報酬率）**，加上為維持一定租賃水準所必要花費之管理費、維修費，並加以折舊修正後，所求得勘估不動產之試算租金，亦稱**積算租金**。此所謂基準價格，亦稱基礎價格，此價格之求得須依原價法及租賃實例比較法求得，不太能以收益分析法求得，主要乃是收益分析法係以租金為基礎，即將收益當成租金視之。

(2)特性

　①期待報酬率：乃收益還原法中之期待純收益之觀點；換言之，投資不動產所產生之期待利潤或報酬，是決定不動產租金主要因素。此乃純收益占資本額之比率。

　②必要費用：包括課稅、管理費、維修費、保險費、減價折舊費等，各項費用並非全然必要，乃隨勘估不動產本身狀況而異。總之，乃為維護勘估標的所支出之費用。

③公式：

$$R = P \times r + N = a$$
將 a 當成租金來看
R：積算租金
P：勘估不動產之基準價格
r：期待利潤率（報酬率）
N：必要費用

❀ 企業案例：基地條件分析

↳ 前言

　　由於少子化是現今全球趨勢，少子化後的嬰童市場，表面雖然規模變小，但家長因此更願意投資孩子，業者都積極開發利潤更高的市場。面對積極開發的市場，也就必須掌握好商圈發展和取得更有利的店址，讓業者面對競爭者更能早一步占有市場商圈。

↳ 研究動機

　　對過去百年老字號來說，鄰里街坊就是必然的基本客戶。而今社會快速變化，活動空間範圍驟然急速擴張，掌握良好的商圈發展，也就成了當務之急，將來可能獲致最大利益的所在，就在於地點的選擇。

↳ 商圈

　　商圈是都市中消費者購物或休閒不可或缺的商業活動空間之一，當開店時所需找的較佳地點，靠近商圈的地點就是一個最佳的選擇，但還需要以其他條件來加以評估，而評估的其中一個重點可從商圈型態來評估。

　　臺灣三大都會區之商圈型態，主要可區分為（以臺中為例）：

　　1.住商混合居多：一般是住宅和店面混合在一起，目前臺中市大部分都

是。

2.住宅社區：很單純的住宅區，例如：惠來社區。

3.商業辦公：專門做辦公大樓，交通流量大，例如：中港路兩邊的大樓。

4.觀光鬧區：如東海藝術街。

5.大型商場：大型的賣場，如愛買、家樂福、好市多。

6.觀光郊區：在郊外形成的一個小商圈。

7.規劃特區：如精明一街、大墩商圈。

8.其他類型：如大坑風景區。

✎ 商圈因開發程度、人口數量與消費能力等因素，可區分爲三種規模

A 級商圈

發展成熟、腹地廣大且交通便利，往往擁有數個「磁點」，除了平日的常態人潮外，更有開放式的外來消費人口。

B 級商圈

一爲商圈、社區或交通轉運點建設所形成，由於人潮大多在大馬路邊流動，故往往成爲線形商圈。二爲類似 A 級商圈，但腹地較小之地區所形成。

C 級商圈

大多倚靠單一社區或當地一大型工商點，因此大多形成一固定與較爲封閉之消費型態。

✎ 商品特性概分三種商圈

第一商圈（日用品商圈）：最大範圍爲徒步十～十五分鐘，可以每天來店，約一公里以內，例如：糖、米、醬油等。

第二商圈（選擇性商圈）：最大範圍爲開車十～三十分鐘，可以每週來店，約五公里內，例如：自行車、衣服等。

第三商圈（專門品商圈）：最大範圍爲汽車三十～六十分鐘或以上，可以

每月來店，約三十公里內，例如：珠寶等。

依據店鋪來客的百分比，可將商圈劃分為四部分

項目	利用交通工具類型	顧客占比	距離（半徑）	時間	時速
第一商圈	徒步圈（主要商圈）	55～70%	500 公尺	10 分鐘	3 公里
第二商圈	腳踏車圈（次要商圈）	15～25%	1,000 公尺	10 分鐘	6 公里
第三商圈	汽機車圈（邊緣商圈）	5%	5,000 公尺	10 分鐘	30 公里
第四商圈	捷運圈	10%	2 公里	10-20 分鐘	50 公里以上

商圈人口結構與不動產之關聯性

(1)人口密度

　　人口密度可用每平方公里的人數或戶數來確定，在人口密度高的地方越適合發展。

(2)營業時間長度

　　營業時間延長是提高坪效的最基本方法，也可以增加收入的可能性。

1.租押金成本方面

　　評估商圈過後，必須來探討立地的成本：

(1)租金：大部分越靠近商圈中心，租金就越貴，所以選擇在商圈中心會需要較高的租金。

(2)押金：是指當房東與房客達成租賃關係時，為避免未來房客可能會破壞房屋、違反契約或不繳房租等情況產生，房東可以要求房客支付一定金額作為擔保。

2.店鋪有向上、向下發展可能

　　店鋪如有地下室或樓上樓層可供擴租，不僅有助店面擴張，或可作為倉儲、辦公地點，提升存貨調配效率，降低成本。

3.在店鋪的位置明顯度和接近容易度

　　店鋪的明顯可見度是店鋪選擇的第一要件，如果有數個候選的相近租金店

鋪，位置明顯度應是第一個被考慮的因素，如在大馬路邊、轉角處……。而可接近度是直接影響銷售的因素，位置複雜或到達困難，都會影響客戶來店的意願。

✍ 交通方面

1.馬路寬幅及車輛速度

過寬或過窄的馬路，都不是設店的好地點。一般商店，四到六線道馬路最為恰當；十二線道大馬路，對一般商店就是個致命傷；中小型零售業，選擇車速適中的道路較為合適。

2.停車方面

停車方便性將影響銷售越來越明顯，因此店鋪的選擇地址應將停車方便性列入重要考量，需要有時間參觀的人，都希望有個好的停車位。

3.視察各商圈的相關資料：以臺中為實例

	福星商圈	大墩商圈	南屯商圈
商圈型態	住、商混合	住、商混合	住、商混合
商圈規模	A 級商圈	B 級商圈	B 級商圈
根據商品特性	第二商圈	第二商圈	第二商圈
人口特性	學生偏多	上班族居多	一般住戶較多
位置	西屯路和河南路口	大墩上附近中港路	南屯路上近文心路
坪數	90 坪店面二層	90 坪店面二層	60 坪一層樓鐵皮屋
租金	約 6 萬多	約 6 萬	約 4 萬
路寬	4 線道	4 線道	4 線道
交通	近公車站牌（方便）	近公車站牌（方便）	近公車站牌（方便）
住宅環境	店面較多但也有公寓大樓在西屯路和河南路口附近	店面較多，但也有不少的公寓大樓	大部分都是公寓大樓
車潮	晚上較多	中、晚餐時間居多	下班的時候較多
停車便利性	附近有付費停車場，但有段距離，旁邊停車不方便	每一段都有付費停車場，但愛的世界附近沒有，只有路邊付費停車格	附近沒有停車場，只有路邊停車格，但一般車潮不多，所以還算方便
競爭店	有規模的店較少	有媽媽寶寶的店和丁丁藥局	附近有麗嬰房

4.同商圈中，可以開兩家連鎖店嗎？

這種情況大多發生在都心區：

(1)都心區係由車站、辦公區、百貨公司、地下街、商業大樓、飯店等複合形成，顧客層仍因周邊地區性質的差異、各通道的不同而有分別。

(2)由於客層不同，同一條路上同時開二、三間店就不妥當。

(3)一立地一店鋪，終會被時代潮流淹沒，必須具備預測未來立地的能力。

(4)今後的立地策略應採取計畫性的點作戰方式，朝著概括該地區 50% 以上的市場占有率為目標。

如何掌握成為地方城鎮的 NO.1 店鋪機會

地方城鎮的地價比較便宜，可開發土地多，若能充分利用，有很多生財機會，也是地方店鋪擴大規模的機會。

「面積就是力量」，城鎮商業中心的形成，是由幾個鄉鎮的較大型店為主聚集而成。城鎮商業區的店鋪面積大概都以二百坪以上的大型店為核心，周圍聚集一百坪以下的中型店，而且各自擁有停車場。地方商業圈的舊道路，沿途雖然呈現明顯的衰退跡象，但是新道路所形成的新興商業區卻具有發展潛力。對該商業區或附近所形成的合適立地，若能事先預測其擴大的範圍，則及早購置或租借用地便能掌握先機。

續制定租金評估

係原出租人（房東）與原承租人（房客）為繼續維持租賃關係，真正反映出租金水準，但前提是必須建立在原出租人與原承租人間，因此市場受到限定，故屬於限定租金之範圍。

評估的方法包括差額分配法、利率法、推算法與租賃實例比較法。

1.差額分配法

係切實反映勘估不動產經濟價值之適當實質租金與實際上之實質租金之間所發生之差額，依據租賃契約內容，適時加以調整修正，求取合理之實質租金，支付租金亦然。

運用方式

(1)所謂切實反映勘估不動產適當之實質租金，乃於價格形成日期所訂定之
正常租金，可以租賃實例比較法、積算法求之。但如為支付租金時，應
當將契約設定時所收押金、保證金從實質租金中扣除，由此可求得支付
租金之數額。

(2)所謂適當之實質租金乃指經濟租金，其與實質租金之間差額，應如何判
定有多少應當歸屬於出租人，此判定原則應考量區域因素、個別因素，
綜合考量差額發生之原因，並就租賃契約內容加以分析之。

(3)其契約內容包括：

①契約上之經過期間。

②原出租人或原承租人之租賃標的對於地區之貢獻程度。

一般來說，和景氣變動有關，此乃經濟因素之範圍。

此可視為衡量房屋稅之路段率之依據，係可參考範例 3-2。

範例 *3-2*

原出租人與原承租人貢獻程度為何？試舉例說明之。

說明：1.假設您身為承租人，向出租人承租一店面作為牙科診所，租期三年，
現租約到期，出租人要調房租三十萬元，設原房租五十萬元，此時必
須衡量這三十萬元是誰的貢獻，假設您的貢獻程度為 20%，土地本身
區位條件的貢獻為 80%，則：

　　30 萬×20% = 6 萬

　　30 萬×80% = 24 萬

2.因此合理的調漲幅度為二十四萬元，因為有六萬元是您本身身為牙科
醫師的貢獻，此法即為「差額分配法」的內涵。

2.利率法

係以勘估不動產之原本價格或經濟價值為基礎，乘上續租租金之收益率，
加上為維持勘估不動產之必要費用，由此求得勘估不動產之試算租金的方法。

運用方式

(1)關於經濟價值為基礎之費用以及必要維護、維修費用，適用積算法求得。

(2)簡單地說，乃純租金占價格之比率，亦可說純收益占價格之比率。對於續租租金之收益率，是以訂定現行租金當時之基礎價格與純租金之比率為標準，對於基礎價格變動之程序，乃於同一供需圈內近鄰地區或類似地區租賃實例比較後加以決定之。[15]

(3)照積算法的概念來推→a = P×r + B

91 年 12 月地價為二千萬元，現已漲至二千二百萬元。因此，以地價上漲推至地租上漲稱之。具有成本的觀念，因為成本上漲，地價、地租亦上漲。

範例 *3-3*

利率法步驟為何？

說明：步驟如下：

1.求勘估對象不動產原本價格或經濟價值。

2.乘上收益率（報酬率）。

3.加上為維持勘估標的正常水準之必要費用。

3.推算法

係將勘估不動產原出租租金，乘上**物價指數、地價指數**等變動率後加上租金形成日期所必要之費用，而得一新租金。

運用方式

(1)變動率：乃指訂定租約當時至勘估不動產價格形成日期，隨政治和經濟情勢之變動、利率變動、物價變動、所得變動之部分。

(2)以上所述之必要經費之求取方法，適用積算法中之說明。

(3)舉例：假設 90 年 10 月租金合約二十萬元，93 年 10 月變動 5%，則二十萬×5% + 維修費用為新租金。此 5% 稱為變動率，乃指地價指數、物價指數、房租指數平均值。

---

[15] 林英彥，《不動產估價》，文笙書局，1993，pp.190～191。

4.租賃實例比較法

適用於新制定租約租金方法，對於續訂租金之求取也可適用（買賣實例比較法相同）。

簡單地說，別的地方之區位租金已經漲了，運用租賃實例比較法訂定租金，至少也應漲一下，此乃租賃實例比較法中的最大內涵。

時事補充

爭取降租，力省成本

便利商店最大的經營成本支出，除了總部費用外，幾乎就是租金成本，今年前 7 月，全家便利超商訂下租期內租金降低一億元的目標，統一超商呼籲房東共體時艱，萊爾富的店租則陸續展開 8%～10% 降幅；為追求更便宜的租金成本，福客多、OK 便利商店更調整商圈的展店位置，福客多展店轉向社區型商圈，如南港、天母、文山等地區，OK 則捨棄競爭激烈的 A 級據點，轉進次級道路要衝位置，爭取更有利的租金價格。

便利商店的租金支出，大約占總成本支出的 27% 左右。隨著景氣欠佳、商圈結構改變，四大便利商店系統都把降租列為降低成本的重點。

統一超商指出，受到不景氣影響，業者經營十分辛苦，正陸續與房東展開協商，希望能共體時艱。

萊爾富便利商店行銷副理趙坤仁表示，去年以來，房東已感受到不景氣的壓力，配合降租的意願提高。依不同商圈特性，該公司旗下門市租金平均都有 8%～10% 調降空間。

全家便利商店副總經理葉榮廷則以租期內的租金來計算，經積極爭取，去年相較前年租金，已節省二億元；全家也訂下今年 7 月底前，降低一億元目標，把成本再向下壓縮。

不過，OK 在積極降租的同時，雖以降租一成為目標，但卻只有三成的房東願意配合，而且平均降幅只有 3%～5%；為此，該公司決定調整商圈的展店策略，捨棄高度競爭的 A 級據點，轉進次級道路要衝展店。

（陳彥淳，《工商時報》，民 92.6.30）

✿ 租屋應注意事項

↬ 租屋考量因素

1. 交通便利性。
2. 人員複雜性。
3. 鄰近安寧。
4. 租賃處是住宅區、商業區，還是工業區。
5. 位置會不會太偏僻。
6. 是否有逃生避難設備。
7. 是否為違章建築。
8. 租金多少？租約期限有多長？何時繳納？
9. 是否要押金？
10. 大樓管理費、水電費、房屋稅等金額由誰繳納？
11. 房東提供哪些家具及設備，其使用現況如何？
12. 是否允許炊事？養寵物？

↬ 訂立合約注意事項

務必要請房東出示房屋所有權狀、身分證、登記謄本或房屋稅單，以確定房東真實身分；若是二房東，應請其出示與原房東所訂之契約書，了解到底有無可轉租他人的規定。

↬ 日常注意事項

1. 將房門換鎖。
2. 避免和陌生人共乘電梯。
3. 莫走暗巷。
4. 告知家長、老師正確租屋地址及電話。
5. 注意租屋附近是否有可疑人物。

CHAPTER 4

路線價值

在 還沒介紹路線價價值法時,先探討何謂大量土地價值分析,之後再詳細說明路線價價值方法之應用。

所謂大量土地價值分析無非就是針對一大筆土地、數筆土地、數個地主權利、義務所產生的土地估價。當政府(公部門)、民間(私部門)實施區段徵收或市地重劃時,對於徵收補償以及抵費地之折價計算有其一評估之依據稱之。

一般來說,臺灣大量土地估價的作法包括路線價價值法與區段價法。本章先針對路線價價值法來探討。

🏵 路線價

(一)不是道路價,而是臨街面之價。

(二)乃面臨特定街道而交通可及性相等之市街土地,設定標準深度,求取在該深度上各宗土地之代表單價,再將各宗土地代表單價附設於臨街路線上,此單價乃為標準宗地單位地價,不需再作修正之單價,此單價稱為路線價。

(三)再藉由路線價為基礎配合深度指數表,考量級率、深度宗地單價乘上面積,以數學方式算出臨街同一街道之其他宗地地價,此種估價方法稱為路線價價值法。

> 路線價價值法之特色:
> 1.市街上較常適用。
> 2.較常運用在道路系統完整上。
> 3.面臨馬路,須排列整齊。
> 4.不能用於鄉下偏僻地區以及農地上。
> 5.適用於繁榮街道上。

(四)路線價估定程序：

    1.檢查界定路線價。

    2.調整、修正路線價：標準宗地就不用調整。

範例 *4-1*

> **調整項目有哪些？**
>
> **說明**：1.土地形狀調整，如三角形、平行四邊形、梯形等形狀土地。
>
>   2.土地深度調整。
>
>   3.街角地調整。
>
>   4.調整後求出一單價×面積＝總價（路線價）。

範例 *4-2*

> **一般來說，臺灣路線價價值法有幾種？**
>
> **說明**：1.臺灣省 ┐ 計算方法相同，計算結果有很大的差別。但只限於臨街深
>
>   2.臺北市 ─ 度小於十八公尺。
>
>   3.高雄市 ┘ 如臨街深度大於十八公尺，則計算方法與計算結果均相
>
>   同。

✿ 深度指數

    為臨街線起深、淺度有所不同之土地價值，深度越深，土地價值越低；反之，則土地價值越高。此乃利用價值高低之影響因素。

☞ 獨一深度百分率

    a、b、c、x、y、z 英文字母各代表每坪土地單價，下圖每坪土地單價價值高低順序為：$a > b > c > x > y > z$。

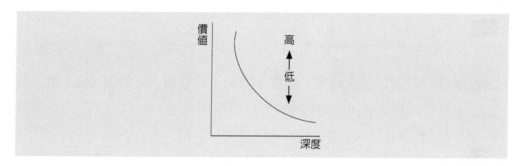

⇘ 平均深度百分率

每坪土地單價價值順序為：

$$a > \frac{a+b}{2} > \frac{a+b+c}{3} > \cdots\cdots \frac{a+b+c+x+y+z}{6}$$

⇘ 補充

1.深度指數越深，可及性越差，土地價值越低。

2.深度指數越淺，可及性越優，土地價值越高。

　一般而言，平均數分三種：

　(1)算術平均數。

　(2)中位數。

　(3)眾數。

　　就投資學派來說，為因應臺灣風俗民情，均採平均深度百分率編製指數表，而歐、美國家則另採累計深度百分率編製指數表。

四三二一、九八七六法則

(一)此法則係美國較常適用之法則，美國路線價標準深度一百呎，以二十五呎為一級距，第一個二十五呎其價值占路線價 40%，第二個二十五呎其價值占路線價 30%，第三個二十五呎其價值占路線價 20%，第四個二十五呎其價值占路線價 10%，此法則稱之為「四三二一法則」。

範例 4-3

四三二一法則是誰提出的？

(A)慎格爾　(B)布希　(C)蘇慕斯　(D)哈維。

解答：(A)。

(二)但深度若超過一百呎的第一個二十五呎，其價值占路線價 9%，第二個二十五呎，其價值占路線價 8%，以此類推，至 6% 為止，此法則稱為「九八七六法則」，1 呎（約）= 0.3 公尺。

街道		深度（呎）	深度百分率（%）
40%	↕ 25 呎	25	40
30%		50	70
20%		75	90
10%		100	100
9%		125	109
8%		150	117
7%		175	124
6%		200	130

（100 呎）

一般土地（宗地）

　　所謂一般宗地，即一般土地，乃面臨街道之長方形或正方形之土地。此種土地之路線價，不論臺灣省、臺北市、高雄市規定標準深度如何，則一律以

同樣公式計算之。即：路線價地價（總價）＝路線價單價×深度百分比率（指數）×臨街面積

　　公式：

$$P = U \times df \times S$$

P：路線價地價
U：路線價單價
df：深度指數
S：臨街面積

臺灣省路線價價值法之應用

名詞定義與計算實例

⇨ 臨街地與裡地

1.前言

　　臺灣省路線價價值法依據：「臺灣省繁榮街道路線價區段宗地地價計算原則」（80.04.29 臺內地字第 922123 號函備查）。

2.圖示

　　(1)臨街地：以臨街線來說明→路線價價值法。

　　(2)裡地：以裡地線來說明→區段價法。

名詞解釋

‧臨街地與裡地：繁榮街道之區段以裡地線為區段界線，裡地線之標準深度以距離臨街線（包括騎樓地）十八公尺為原則。

亦即繁榮街道之區段，以裡地線分別臨街地及裡地。

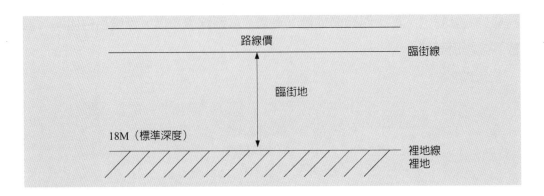

3.舉例

以臺灣省為例：

$$P = U \times df \times S$$

(1)宗地深度未達標準深度十八公尺時

$1,000 \times 120\% \times（11 \times 7）$

$= 92,400$ 元

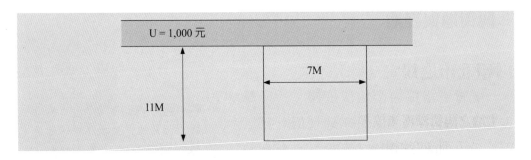

(2)臨街地深度未達裡地線者：應按下列深度指數表計算之。

臺灣省深度指數表

深度	未達 4M	4M 以上 未達 8M	達 8M 未達 12M
指數（%）	130	125	120
深度	達 12M 未達 16M	達 16M 至 18M	
指數（%）	110	100	

(3)宗地深度較深，超過裡地線（超過標準深度）十八公尺時

則每平方公尺之地價，應以裡地單價與臨街地單價按面積比例計算。

(4)如果宗地深度＞標準深度（十八公尺）

則宗地地價

$$= （路線價 \times \frac{100}{100} \times \frac{18}{宗地深度} + 路線價 \times \frac{40}{100}$$

$$\times \frac{宗地深度 - 18 \ 公尺}{宗地深度}）\times 面積$$

$$（2,000 \times \frac{100}{100} \times \frac{18}{20} + 2,000 \times \frac{40}{100} \times \frac{2}{20}）\times 10 \times 20 = 總價（按該宗土地面積）$$

♨ 臺北市之規定（路線價價值）

1.土地之臨街深度未達裡地線者

依下列深度指數表計算之。

深度	未達 3.6M	5.4M ↔↓	7.2M ↔↓	9M ↔↓	10.8M ↔↓
臨街深度指數（％）	150	145	140	135	130
深度	12.6M	14.4M	16.2M	18M	
臨街深度指數（％）	122.5	115	107.5	100	

2.土地之臨街深度過淺

將騎樓用地深度扣減後，距離裡地線深度二分之一以內者，其每平方公尺單價也以上列深度指數表計算之。

3.臨街深度較深

(1)超過裡地線者，其每平方公尺單價應按臨街土地價格與裡地土地價格合計總數，按該宗土地面積平均計算之。

(2)如該宗土地為四方形者，得以臨街地與裡地之深度比例平均計算之。

4.裡地土地單價

應依裡地區段地價（即區段價法）查計之。

平行四邊形路線價價值

↳ 臨街地價值

按平行四邊形之高（深）度，作為臨街深度，計算臨街地面積之參考。

↳ 裡地價值

超過標準深度作為裡地與臨街地劃分，分別求算面積。

↳ 實例

平行四邊形：以高度作為臨街深度。

1.臨街地價值

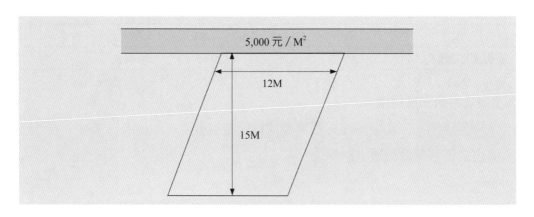

以臺灣省估價方法計算：

$5,000 \times 110\% \times (15 \times 12) = 990,000$（總價）

2.裡地價值

假設裡地價（乙地）為 50 元 / M²

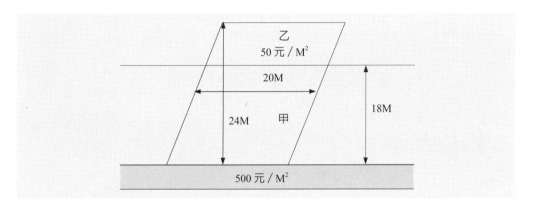

(1)先求路線價單價、裡地單價

甲：$500 / M^2 \times 100\% = 500$ 元 / M²

乙：50 元 / M²（假設值）

(2)再求面積比例（係每平方公尺單價）

在求算裡地地價的過程當中，裡地價當然會比路線價低。

$500 \times \dfrac{(18 \times 20)}{(18 \times 20) + (6 \times 20)} + 50 \times \dfrac{(6 \times 20)}{(18 \times 20) + (6 \times 20)}$

$= 500 \times \dfrac{360}{480} + 50 \times \dfrac{120}{480}$

$= 375 + 12.5$

$= 387.5$ 元 / M²

總價 $= 387.5$ 元 / M² $\times (24 \times 20)$

　　　 $= 186,000$ 元

梯形路線價價值

梯形之標準深度以其高度作為臨街指數參考，按梯形面積（上底 + 下

底）×高度÷2，再予以乘計每平方公尺路線價單價得出總價。但必要時，可按利用價值與可及性調整補正之，以不超過原計算單價二成為限。

🐾 實例

梯形：視利用價值及可及性，調整補正之原計算單價二成。
舉例如下：

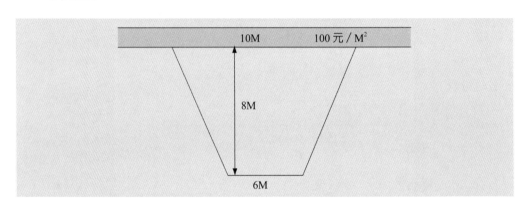

以臺灣省估價方法計算：

$100 \times 120\% = 120$ 元／M^2

$120 \times (1+20\%) = 144$ 元／M^2

$144 \times \dfrac{(10+6) \times 8}{2} = 9,216$ 元

✿ 三角形路線價價值

(一)三角形土地，由於形狀崎嶇不完整，會妨礙土地利用，價格也會受影響，所以計算路線價時，通常必須進行減價修正。

(二)臺灣省對於三角形土地路線價規定如下：

1.正三角形

以高度二分之一為臨街深度，按深度指數計算單價與總價。

2.逆三角形

　　以在臨街線上之頂點與底邊中點垂直距離作為起點，底邊至臨街線長度作為訖點，比照袋地深度指數率計算單價與總價。

(三)臺北市對於三角形土地路線價規定如下：

　不論正、逆三角形，均以頂角與底邊之臨街深度求取臨街地價後，再依各角度修正率修正之。

　簡單來說，不論正三角、逆三角，均考量角度修正率。

　舉例：

1.正三角形

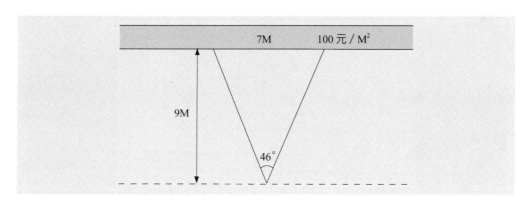

(1)以臺灣省估價方法計算：

　　標準深度為 9M ÷ 2 = 4.5M

　　100 × 125% = 125

　　$125 \times \dfrac{9 \times 7}{2} = 3,937.5$ 元

(2)如以臺北市估價方法計算，則考量角度修正率，但較少考量面積問題。

　　為何會如此，主要乃考量面積會有所不同，例如：

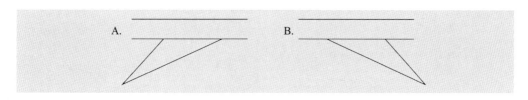

則標準深度為 9M

$$100 \times 130\% \times 92\% = 119.6 \text{ 元 / M}^2$$

範例 *4-4*

何種地比照袋地計算？

(A)正三角形　(B)正方形　(C)逆三角形　(D)平行四邊形。

解答：(C)。

2.逆三角形：比照袋地計算

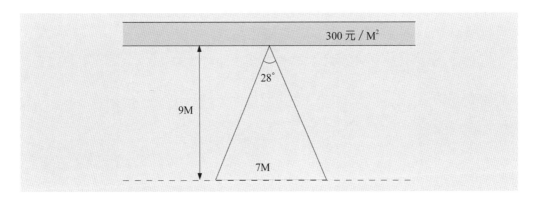

(1)以臺灣省估價方法計算：

標準深度比照袋地方式計算，則起點為 0，訖點為 9M。

$$\therefore 300 \times 74\% = 222 \text{ 元 / M}^2$$

$$222 \times \frac{(7 \times 9)}{2} = 6,993 \text{ 元}$$

(2)如以臺北市估價方法計算，標準深度為 9M。

則 $300 \times 130\% \times 73\% = 284.7$ 元 / M^2

(3)如以高雄市估價方法計算：

則 $4.5 + \dfrac{4.5}{2} = 6.75$ 為標準深度

$$300 \times 85\% \times 73\% = 186.15 \text{ 元 / M}^2$$

✿ 左右（雙面）臨街地

雙面臨街地路線價，其有關路線價價值規定如下：

✤ 臺灣省規定

街廓縱深在三十六公尺以下者，應以中間線分前後兩部分，分別按其深度計算臨街地單位土地價格與其總價。

✤ 美國規定

合致點價值估價法：先將高價街之深度求出，再由總深度減去所求得之高價街深度，即得低價街之深度，求取深度的過程，稱為合致點。

✤ 舉例

雙面臨街地以臺灣省估價方法計算較為重要。

1.以臺灣省較重要

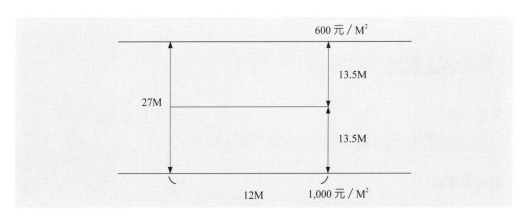

$1,000 \times 110\% \times 1/2 + 600 \times 110\% \times 1/2 = 880$（單價）

$880 \times (12 \times 27) = 285,120$（總價）

2.美國

$$高價街深度 = \frac{高價街地價}{高價街地價+低價街地價} \times 全部深度$$

✿ 路角地土地路線價價值

路角地係指十字路口或交叉路口之土地，依規定計算路線價及單價如下：

路角地之地價爲依正街臨街深度、按臨街深度指數計算單價後，並斟酌加計旁街地價。加計之方法以縱橫臨街線之交叉點起，每四・五公尺爲一級距，依序按成數予以加成。

範例 *4-5*

路角地乃以：

(A)4.5M　(B)5M　(C)5.5M　(D)6.5M　爲一級距。

解答：(A)。

➷臺灣省之規定

1.省轄市地區

依照順序加計旁街路線價之四成、三成、二成、一成。

2.縣轄市地區

依照順序加計旁街路線價之三成、二成、一成。

3.鄉鎭地區

依照順序加計旁街路線價之二成、一成。

(1)路角地→依路線價高者爲正街。

(2)路角地→依路線價低者爲旁街。兩者相等時，則以寬度較大者爲正街，

寬度較小者爲旁街。

4.舉例

以上加減原則，視實際特殊情形，須斟酌情形加以變更並擬定處理原則，專案報省政府部門核定。

(1)省轄市地區

①假設正旁街路線價均少於二萬元：

得依序加計旁街路線價，但以小於一成爲原則。

②假設正旁街路線價均在二萬元以上，但少於四萬元：

得依序加計旁街路線價二成、一成爲原則。

③假設正旁街路線價均在四萬元以上者：

得依序加計旁街路線價三成、二成、一成爲原則。

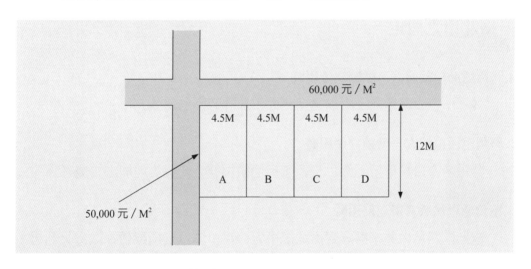

A.60,000×臺灣省深度指數表 + 50,000×0.3 =□□×(4.5×12)= ？

B.60,000×臺灣省深度指數表 + 50,000×0.2 =□□×(4.5×12)= ？

C.60,000×臺灣省深度指數表 + 50,000×0.1 =□□×(4.5×12)= ？

D.60,000×臺灣省深度指數表 = □ □×(4.5×12)= ？

(2)縣轄市地區

①假設正旁街路線價少於一萬五千元：

得依情形加計旁街路線價，但以小於一成爲原則。

②假設正旁街路線價均爲一萬五千元以上，但小於三萬元：

得依序加計旁街路線價二成、一成爲原則。

③假設正旁街路線價均爲三萬元以上者：

得依序加計旁街路線價三成、二成、一成爲原則。

(3)鄉鎮地區

①假設正旁街路線價少於一萬元：

得依情形加計旁街路線價，但以小於一成爲原則。

②假設正旁街路線價均爲一萬元以上，但小於二萬元：

得依序加計旁街路線價二成、一成爲原則。

③假設正旁街路線價均爲二萬元以上者：

得依序加計旁街路線價三成、二成、一成爲原則。

↳ 臺北市之規定

1.路角地面積較適當，供獨立使用時

其每平方公尺單價，應以正街路線價加計旁街路線價三成。

2.路角地面積較大，供獨立使用時

其每平方公尺單價，應以正街臨街地價加計旁街臨街地價之二成五。

3.路角地以供數宗獨立使用時

應斟酌路角地與相鄰之臨街地每平方公尺單價以縱橫臨街線之交叉點起，每四‧五公尺以垂直各劃三線，各格之地價以正街路線價，依序加計旁街路線價之五成、三成、二成、一成，分別計算各該宗地地價。

4.路角地如被陸橋或地下道出入口所影響其利用價值時

應以估計之路角地單價，減一成補正之。

5.舉例

臺北市估價法：

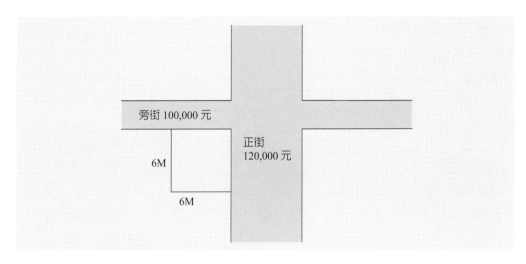

$$120{,}000 + 100{,}000 \times 0.3 = 150{,}000$$
$$150{,}000 \times (6 \times 6) = 5{,}400{,}000$$

高雄市之規定

1.路角地範圍以縱橫裡地線與臨街線中間之範圍為準。

2.路角地範圍中，第一宗土地正旁街以路線價較高者為正街，路線價較低者為旁街，如兩路線價相等時，以使用寬度較大者為正街，寬度較窄者為旁街。

3.路角地地價依正街之臨街深度（臨街深度指數）計算單價後，並斟酌加計旁街地價，加計之方法以縱橫臨街線之交叉點起，每四‧五公尺為一級距，依序按四成、三成、二成、一成、半成，此半成乃指 5% 而言。

袋地價值計算的方法

（民法第 787 條有所謂袋地通行權之概念）

(一)乃指裡地線以內，不直接臨接道路之土地。

(二)臺灣省對於袋地之土地價格計算方式規定如下：

1.袋地之每平方公尺單價，依其深度之起點、訖點，按下表深度指數計算之：

袋地深度指數表（臺灣省）

指數（訖）＼深度（起）	4M以下	4～8M	8～12M	12～16M	16～18M
4M以下	78	4～8M			
4～8M	77	75	8～12M		
8～12M	75	74	72	12～16M	
12～16M	73	71	69	66	16～18M
16～18M	70	68	66	63	60

2. 袋地之形狀為梯形、三角形、平行四邊形，其起訖點之深度比照臨街地方法計算之。

3. 袋地位於裡地與臨街地之間者，其每平方單位之單價、總價計算，應以裡地單價與袋地單價按面積比例平均計算其單價。

4. 舉例：

(1)

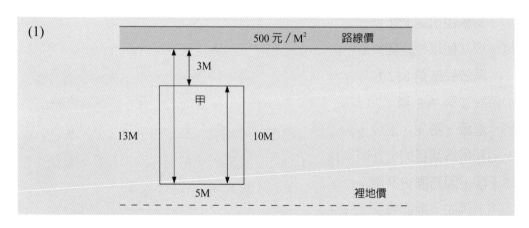

甲地單價及總價為：

$500 \times 73\% = 365 \rightarrow$ 每平方公尺單價

$365 \times (10 \times 5) = 18,250$ 元 $\rightarrow$ 總價

　　袋地通行權：土地因與公路無適宜之聯絡，致不能為通常使用者，該土地為袋地，土地所有權人得通行周圍地以至公路，故袋地所有人對鄰地有法定通行權（民法第 787 條），但對於通行地因此所受之損害應支付價金，所受之損害應以最少方法為之。

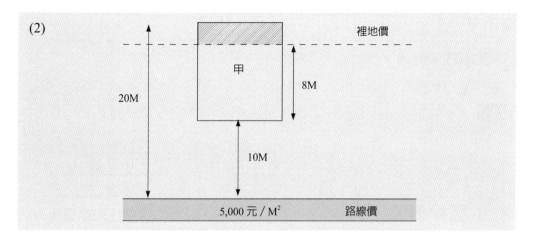

計算式如下：

甲地單價起訖點爲 10～18 公尺，因此深度指數表率爲 66%，則每平方公尺單價 $5,000 \times 0.66 \times \frac{18-10}{20-10} + 5,000 \times 0.4 \times \frac{20-18}{20-10} = 3,040$ 元／M^2。

又依民法第 851 條規定：以他人不動產供自己不動產通行、汲水、眺望、電信或其他以特定便宜之用爲目的之權，謂之地役權（不動產役權）。

再依民法第 852 條規定：不動產役權有因時效取得者，以繼續表現爲限並準用民法第 769 條（20 年）、第 770 條（10 年）之規定。依此；不得建築圍牆、遮蔽、陽光、通風、採光爲之。同時；地役權（不動產役權）係以他人之土地利用爲其目的，乃限制他人土地所有權之作用。站在法院見解關係即爲無權干涉，因乃歷史共業（侵害人民財產權）。總之；不動產役權之行使表現於外部，例如：地面安設水管之引水行爲，且開設道路之通行具有連續性，以此專業認知提升住的權利。如下表補充解釋。

民眾對住居可主張的權利

權利	事實	法令依據
排水限制權	鄰居不得設置屋簷，把雨水排到他人的房地	民法第 777 條
管線設置權	可請求通過鄰地設置電線、水管，但須付費	民法第 786 條
袋地通行權	封閉的土地，可請求經由鄰地通行	民法第 787 條
禁止氣灰、音響侵入權	可要求鄰地不得排放瓦斯、臭氣、喧囂	民法第 793 條
危害預防權	鄰地建屋，可請求預防地基動搖或建物受損	民法第 794 條
日照權	鄰地建屋影響日照，原住戶可請求撤銷建照	建築技術規則

參考來源：聯合報、王文玲

範例 *4-6*

不直接臨路之地為：

(A)梯形　(B)圓形　(C)三角形　(D)袋地。

解答：(D)。

🏵 區段價法

　　所謂區段價法是依據土地利用現況、土地使用分區管制、公共設施、交通可及性、自然、人文環境、地區未來發展潛力，將地價相近、地段相連、地目相同之土地，劃分為同一性質地價區段，然後從中抽查數宗代表土地之地價，求其平均數或中位數：由此可作為區段地價，再以此所求得之區段地價乘以土地面積，便可求得土地之地價，所公告後之土地價格即為土地公告現值。

✍ 「建立不動產估價影響因素調整分析模式作業」第四期 業務訪談實調作業

訪談內容（作者受邀）

一、請問您認為建構「影響不動產價格因素比較表」及「不動產估價價格比較調整分析明細表」是否有其必要性？或有其他方法可增進估價作業之客觀性？

　　答：有必要。不過得做一個加權的動作更是需要，問題是加權怎麼做？很難有個方法，因為土地是土地、建物是建物，可以把都市計畫的觀念加在土地中做加權，把建築的觀念加在建物中做加權，只是比例要多要少，是否要看政府部門、學術界、各委員、開發商的態度而定。

二、請問您認為本專案所建構之「不動產估價價格比較調整分析明細表」是否具客觀性？或有其他建議，以增進本專案成果之客觀性？

　　答：否，因為各分區的影響因素不盡相同，雖其分區有相似之處，但影響

因素不全然相同（如自然環境狀況不會相同、道路之條件也不會相同），而調整上下浮動值之比較，是基於一個相對的比價換算，並不能真實的反映出當地真實之價值，其反映出的僅能稱為甲、乙兩地比較性之價值，未能客觀表達一地之價值。

可將當地的一些特殊資源因素納入比價之考量，輔以不同之權重比，以反映當地特殊性之價值。（如甲、乙兩地，其區位相似，皆為鄰近農業區的住宅區，甲地區居民大多想將農業區作變更之使用，但乙地區之居民卻極力想保留當地的農業區，如此即便甲、乙兩地的區域因素相同，但兩地之價格仍會有其價錢上差距之因素，故針對一地而言不客觀。）

三、請問您認為本專案之研究成果，是否可運用於實務作業上，若是，其適用對象及範疇為何？若否，應作何種修正？

答：是。但適用對象應針對各個區域設立一個統一的參考表，也有可能視狀況全國統一設立價格因素比較表，而全國都依循著此表來進行估價調整，那麼天生自然條件較差的地區，它的價格是否都會變低？（像是某地區的風大），而天生條件好的就是價格高，因為這樣的價格影響，自然條件差的地區自然價格也低，進而衍生窮者多集中某地方，而富者全住在臺北，導致人口密度方面更趨嚴重。

四、「不動產估價價格比較調整分析明細表」中，包含許多的影響因素，您認為有哪些影響因素需要增刪，或各種因素之定義需要調整，其理由為何？

答：可以增加文化的影響因素，當地之人文、歷史、文化會直接、間接的影響當地之地價。如早期艋舺給人的印象有三流（「流氓」、「流鶯」、「流浪漢」），而其地價會受影響，人們會因為艋舺給人的印象，而不想居住在此。此外，將鬼屋、凶宅、惡鄰居等文化因素作一個因素調整表，或許能更突破。急買、急賣、親友間買賣都曾考慮。

五、您認為「不動產估價價格比較調整分析明細表」中，調整係數應以等比或等差方式分配較為恰當？且當調整係數過大（第三期調查結果調整係數多數為較大值）或過小時，有何改進方式？

答：可考量等比因素分析。

現在實務上都在做區段徵收、市地重劃，預期地方發展程度與公共設施完備程度影響地價的漲幅甚大，所以可試試看土地用等比方式、建物用等差方式。

六、您認為是否有其他縣市，與您所熟悉之縣市，在住宅不動產價格影響因子上，有相同或相近的影響幅度（相同意指此二縣市的「不動產估價價格比較調整分析明細表」可互相引用，相近則表示此二縣市的「不動產估價價格比較調整分析明細表」具有一固定的差異），如存在有相近縣市，其間之差異為何？

答：(一)相同。如新豐與楊梅其區位、機能相近類似，故地價上為替代之關係。

(二)相近。如豐原與三義地區，其機能上有相關性，且具有差異性存在（在各個地區發展因子）。不過，新豐與楊梅地區分屬不同縣市，但區位、機能相近類似。

七、您覺得本專案與實價揭露有何種關係？

答：專案涉及到人為因素，人力資本乃屬內隱性，尤其房仲業，價格的搜尋為首要，透過此專案可了解與房仲業的差異。

八、您覺得本專案之研究成果，對產業界、政府部門或學術界等不同領域，分別有哪些影響與助益？

答：產業界：可加計都市計畫、房仲相關專業之觀念。

政府部門：試試看可否算出益本比的效益。

學術界：可以試試看加計因子的差異，以預測的方法計算出價格。

九、您認為本專案計畫有哪些可以改進之處？

答：影響不動產價格之因素，可更多元化（如文化層面的影響），如此在評定一地之不動產價格時，更能實際的反映出不動產價格。

◉ 標準田地

所謂標準田地乃針對農地作分析、評估，其特點乃將農地內自然條件相似

之土地劃爲同一性質區域，將區域分成數等分，然後在各等分區域內，選擇具有代表性之標準田地，依照市價比較法評估、調整分析求取標準田地價格，然後加以比較，設定一分數級距，之後再將各筆農地與標準田地作一比較，得出各筆農地之分數級距，由此分數折算成各筆農地之價格，稱爲標準田地。

✹ 標準宗地法

所謂標準宗地法乃將地目相同、地段相連、地價相近、情況相同或相類似之土地，劃分爲同一性質地價區段。在各地價區段內，選擇具有代表性宗地，稱爲標準宗地，再將所選擇之代表宗地加以分析、修正、評估，以作爲同一性質地價區段調整、評估其他宗地之依據。

範例 *4-7*

土地類別爲何？

說明：1.臨街地與裡地：屬於繁榮街道之土地，裡地線分裡地及臨街地，其標準深度以十八公尺（包含騎樓地）爲準。

2.路角地：乃指十字路口、交叉路口之十八公尺爲範圍之土地而言。

3.袋地：乃指裡地線以內，不直接臨接道路之土地而言。

✹ 蘇慕斯法則及霍夫曼法則

緣由：改進不合理估價制度。

↳ 蘇慕斯法則

將企業零售商店街之街角地利用，應用在土地商圈估價中。[16]

---

[16] 林英彥，《不動產估價》，文笙書局，民89。

↳ 霍夫曼法則

對於深度百分率決定價格與價值自有一套標準，此百分率為一定。

深度百分率表[17]

深度（呎）	蘇慕斯法則（%）	霍夫曼法則（%）
5	14.35	17
10	25.00	26
15	33.22	33
20	41.00	39
25	47.90	44
30	54.00	49
40	64.00	58
50	72.50	67
60	79.50	74
70	85.60	81
75	88.30	84
80	90.90	88
90	95.60	94
100	100.00	100
110	104.00	—
120	107.50	—
130	109.05	112
140	113.00	—
150	115.00	118
160	116.80	—
175	119.14	122
180	119.08	—
200	122.00	125

↳ 附註：地價指數表格

臺灣省之深度指數表

深度	4M 以下	4～8M	8～12M	12～16M	16～18M
指數	130%	125%	120%	110%	100%

---

[17] 參考杉木正幸著，《不動產價格論》，文雅堂研究社，民 53. 05。

臺北市之深度指數表

深度	3.6M 以下	3.6 〜 5.4	5.4 〜 7.2	7.2 〜 9.0	9.0 〜 10.8	10.8 〜 12.6	12.6 〜 14.4	14.4 〜 16.2	16.2 〜 18M
指數	150%	145%	140%	135%	130%	122.5%	115%	107.5%	100%

高雄市之深度指數表

深度	6M 以下	6〜8M	8〜10M	10〜12M	12〜15M	15〜18M
指數	125%	120%	115%	110%	105%	100%

　　省市均以臨街深度十八公尺為標準深度，目前省市均將超過十八公尺部分，以路線價之四成予以處理。

　　臺北市繁榮街道各宗土地地價計算原則對三角形地之計算，與臺灣省同樣分為正三角形與逆三角形二種。

1. 正三角形之宗地其每平方公尺單價，應先以底邊與頂角之臨街深度求臨街地價後，以下列頂角之角度修正率加以修正計算之。

角度	15 度	30 度	45 度	60 度	75 度	75 度以上
修正率（%）	83	86	89	92	95	100

2. 逆三角形之宗地其每平方公尺單價，應以頂角與底邊之臨街深度求臨街地價後，依下列頂角之角度修正率加以修正計算之。

角度	10 度以上	15 度	30 度	45 度	60 度	75 度	75 度以上
修正率（%）	70	73	76	79	82	85	100

袋地深度指數表（臺灣省）

指數　深度(起)　深度(起)	4M 以下	4〜8M	8〜12M	12〜16M	16〜18M
4M 以下	78				
4〜8M	77	75			
8〜12M	75	74	72		
12〜16M	73	71	69	66	
16〜18M	70	68	66	63	60

袋地深度指數表（臺北市）　　　　　　　　　　　　　　　　　　　　　　　單位：%

深度	距離臨街線 9M 以內者	距離臨街線 13.5M 以內者	距離臨街線 18M 以內者
指數	80	70	60

袋地深度指數表（高雄市）　　　　　　　　　　　　　　　　　　　　　　　單位：%

袋地中線 距離臨街 線深度	6M 以下 （含 6M）	6M 以上至 8M	8M 以上至 10M	10M 以上至 12M	12M 以上至 15M	15M 以上至 18M
指　數	90	85	80	75	70	65

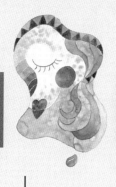

PART 4

土地開發投資及樓房投資分析

CHAPTER 5

其他價值分析（國土計畫的新思維）

↳ 素地

即一塊土地無任何地上物及土地法、民法規定他項權利存在之單純土地而言。

除外條件：

1.土地改良物。

2.他項權利。

3.工作物。

↳ 素地價值

1.係指單純土地而言，乃一塊土地上無任何地上物及土地法、民法規定他項權利存在之單純土地而言。

圖例：

土地

2.簡單地說，乃不考慮地上的改良物、工作物、他項權利，有地上權當成沒地上權估，有建物當成沒建物來估，有高壓電、墳墓當成沒高壓電、墳墓來估的道理。

᭰ 素地價值之方法

1.買賣實例比較法。

2.開發成本法。

3.預期開發法。

 (1)上述三種估價方法，均是以成本法作變化，買賣實例比較法前述已討論
  過。

 (2)開發成本法：係指新開發土地而言，估開發後土地價格。

 (3)預期開發法：係指尚未開發土地而言，估開發前土地價格。

 (4)小結：

  開發前價格＝開發後地價／（1＋合理報酬率）－開發費用

✿ 住宅用地的價值計算

᭰ 四種住宅

1.第一種住宅區

 爲維護最高之實質居住環境水準，專供建築獨立及雙併住宅，維持最低之
人口密度與建築密度，並防止非住宅使用而劃定者，如教育、安全、體育、自
由職業事務所等。

2.第二種住宅區

 爲維護較高之實質居住環境水準，供設置各式住宅及日常用品零售業或服
務業等使用而劃定之住宅區，如日常用品、福利、自由職業事務所等。

3.第三種住宅區

 爲維護中等之實質居住環境水準，供設置各式住宅及一般零售業使用，維
持稍高之人口密度與建築密度，並防止工業與較具規模之商業使用而劃定之住
宅區，如衛生、國際觀光旅館等設施。

4.第四種住宅區

　　為維護基本實質居住環境水準，供設置各式住宅及公害較輕微之輕工業與一般零售業等使用，並防止一般大規模之工業與商業等使用而劃定之住宅區，如公害輕微之設施。[18]

價值方法

1.買賣實例比較法。

2.收益還原法。

3.預期開發法。

4.開發成本法。

考量因素

1.區域因素

　　(1)交通可及性。

　　(2)區位狀況條件。

　　(3)街道長、短、寬、窄程度。

　　(4)法規條件。

2.個別因素（勘估標的本身條件）

　　(1)宗地面積大小。

　　(2)區位條件。

　　(3)深度長短。

　　(4)寬度。

　　(5)形狀大小。

---

[18]　陳玉霖，《住宅土地及建物估價》，中華徵信研究所，p. 7。

⚙ 工業用地的價值計算

工業用地利用得越好，價格即越高。從韋伯工業區位論（Weber's industrial location theory）可以得知，工業區位理論包括運輸費導向、勞動費導向以及集聚利益。

↳ 運輸費導向探討區位理論

意義：先探討在一定的原料產地與市場的配置下，工廠位置將決定在何處，顯然是在運輸費最小的地方，影響運輸費的因素是距離與重量兩項，並假定由統一的運輸機構，即鐵路來運輸。

運輸費用最小、工廠價格越高。

將原料依產出狀態分為普遍原料與地域原料。前者是到處可得的原料，後者是特定地域得到的原料。又依參加生產的狀態，將原料區分為純粹原料與不純原料。

前者是原料全部摻入產品內，後者是原料只有一部分摻入產品內。

$$原料指數 = \frac{地域原料的總產量}{產品的總產量}$$

1. 當原料指數大於一時，工廠位置將決定在地域原料產地接近處。
2. 當原料指數小於一時，工廠位置將決定在消費地接近處。
3. 當原料指數等於一時，工廠位置將決定在地域原料產地與消費地之間。

↳ 勞動費導向探討區位理論

意義：勞動供給地可能使原先以運輸費最小決定的工廠位置發生偏移，而被勞動供給地所吸引。

工廠位置脫離運輸費最小點，則運輸費必然會提高，故需要在勞動費節省額大於運輸費增加額的情形下，工廠位置才會移動。

$$勞動指數 = \frac{勞動費指數^*}{區位重量^{**}}$$

*每製造單位產品所需支付的平均勞動成本

**每製造單位產品所需之運輸成本

勞動成本最低點：

1. 式子越大時→工廠位置偏向於勞動成本最低點。
2. 式子越小時→工廠位置偏向於運輸成本最低點。

（參考林英彥，《土地經濟學》，文笙書局，民 93）

✍ 集聚利益探討區位理論

意義：韋伯工業區位論（Weber's industrial location theory）也認為，大規模生產是比較有利的。如有多數的經營者並存，也能收到社會性的集聚利益。例如：可成立原料市場、消費市場，降低一般間接費用，成立輔助性機構。

韋伯工業區位論認為要能引起集聚，則需要數個工廠的邊際等費用線構成共同的交叉面，然後在此交叉面，依據運輸費最小的原則，決定工廠集聚的位置。

工業用地價值之其他相關條件，茲敘述如下：

1. 考量因素

與住宅用地狀況相同，可參考前項形成住宅區不動產價格之因素。

2. 價值方法

以買賣實例比較法為主。

3. 工業用地之種類

(1) 傳統大、小廠房。
(2) 標準大、小廠房。
(3) 廠房、辦公大樓。
(4) 工業住宅。

商業用地的價值計算

商業區之種類

商業區內建築物之建蔽率及容積率不得超過法令規定，各種分區劃定之目的亦必須遵守法令。

1.第一種商業區

為供住宅區日常生活所需之零售業、服務業及其有關商業活動之使用，而劃定之商業區。

2.第二種商業區

為供住宅區與地區性之零售業、服務業及其有關商業活動之使用，而劃定之商業區。

3.第三種商業區

為供地區性之零售業、服務業、娛樂業、批發業及其有關商業活動之使用，而劃定之商業區。

4.第四種商業區

為供全市、區域及臺灣地區之主要商業、專門性服務業、大規模零售業、專門性零售業、娛樂業、批發業及其有關商業活動之使用，而劃定之商業區。[19]

考量因素

可參考前述形成不動產價格之因素。

---

[19] 林明宏，《商業土地及建物估價》，中華徵信研究所，p. 20。

價值方法

1.市場比較法

係蒐集市場上與勘估不動產近鄰地區或同一供需圈內類似地區之不動產交易價格，並比較相互間各項差異因素後，推定勘估不動產價格之方法。

2.收益還原法

係求取不動產未來所能產生之期待收益，以適當還原利率折算爲現値之方法。

上述二種方法中，以收益還原法最適宜評估商用不動產之方法。

以上所述商業用地、住宅用地、工業用地均為建地。成本法均不適用，因為成本法比較適用於新開發土地，如開發成本法（山坡地開發即是）。

◉ 農業用地的價值計算

農村再生條例：推廣在地農產品、在地風味餐，提高當地農產品附加價值。例如：大湖的在地產品草莓、彰化微熱山丘的鳳梨。

農會標售承受擔保品招標方式

1.核定底價在六十萬元以上者，採公告招標。
2.核定底價在十二萬元至六十萬元，得採公告比價方式。
3.在十二萬元以下者，得爭取兩家以上比價辦理。

農業用地之價值方法

1.收益還原法

此法是以農地之年總收益中，包括農作物中之主產物收入加計副產物收入，扣除生產成本，包括：(1)生產資材費有育苗、農藥、肥料、農具及其他農事耕作所需消耗等費用；(2)人工管理費用包括雇工費或委託代耕費用等；

(3)土地改良費用包括建築改良費用及農作改良費用。農地總收益扣除上述費用後，即為農地之純收益，以資本還原利率還原所得之收益價格，即為代表農地價格。

2.評分法

另外有一農地評估方法為評分法，以各項影響農地價格的因素作為評分之標準，並以百分率表示，主要特點如下：

(1)土地：分為壤土、砂土、黏土、石灰岩。

(2)水質含量：深淺不一。

(3)傾斜程度。

(4)位向。

(5)管理難易程度。

一般來說，由於農業區對於建築房屋較有限制，因此，評估農地價格常以收益還原法為主要考量。

✎ 農會承受擔保品的原則

1.法院核定之底價不足抵償貸款本息，且明顯低於貸款價格。

2.適合本身使用或具有將來性。

3.將來處分時，不致發生困難。

⚙ 以農會處分不良債權計畫為例（連帶債務）

金融體系下之企業連鎖經營方式，以○○農會處分不良債權計畫為例（參考農會相關辦法調整之）。

✎ 緒論

1.研究動機

財政部為解決基層金融機構高逾放比及不良債權問題，特要求各基層地方

金融機構提出處分計畫，了解有無積極處分不良擔保品之事實，金融企業其處分計畫動機如下：

(1)不良債權擔保品規劃。

(2)保障銀行權益。

(3)打銷呆帳。

(4)提高擔保品拍賣定價。

(5)提供上級單位（財政部）評估。

　　整體而言，○○農會欲藉此處分計畫完成上述計畫動機，同時，在此另訂立「○○農會投標承受拍賣品及其處分辦法」，加速清理逾期放款及催收款項，以維護本會之權益。

2.研究目的

(1)降低成本：針對法院裁定拍賣屢次流標之案件或拍賣後底價甚低時，本會得以承受後再行出售，除可增加本會收益外，進而可降低成本。

(2)增值空間：由於不動產具個別性、不增性、不動性、符合競爭性原則及市場供給與需求原則，基於此，本會可將所承受之擔保品等待時機、覓得良機再行出售，或可重新裝潢、維護後，出售獲取利益。

3.計畫內容

　　本會係針對所提出處分計畫，擬定二項計畫內容：

(1)處分之必要事實：本會信用部依當地行情判斷，認為有處分之需要或出售、公開標售、出租之事實，由信用部呈報理監事會議討論。

(2)執行單位：本農會處分計畫，執行單位如下：

　　①逾放清理小組。

　　②會計股。

　　③會務股。

　　④稽核室。

　　⑤理監事會議。

　　⑥理事會。

(3)監督單位：本農會處分計畫，監督單位如下：

　　①○○縣政府農業局。

　　②財政部金融局。

(4)執行種類（內容）：本會所提處分計畫，執行種類如下：

①不動產：包括土地、建物、農地、糧肥倉、農產加工設備用地。

②資產：傳真、影印機等固定資產。

③處分方式：本農會針對所擬處分計畫，在處分方式前須先擬處分注意事項，注意事項如下：

A.依據○○農會投標承受拍賣品及其處分辦法，依法不動產所有權完成登記之日起一年內處分之。

積極之處理：本農會積極處分係採公開拍賣方式，即類似銀拍屋之農拍屋作法。其作法須符合本農會投標承受拍賣品及其處分辦法中三項原則（本農會自訂）：

a.核定底價在六十萬元以上者，應以公告招標方式辦理。

b.核定底價在十二萬元以上未達六十萬元者，得採公告比價或公告招標方式辦理。

c.核定底價未達十二萬元者，授權主辦單位取具二家以上價單，以比價或說價方式辦理後，呈報理事會核備。

如遇前二項方式辦理標售時，應呈報監事會派員會同監辦。前者所標定金額，應提報理事會核備。

B.本農會辦理公告招標時，應將公告及投標須知等文件送本農會理事會，由逾放清理小組會同會計股、會務股、稽核室審核後，呈報理事長核定。公告經本會用印後，應在本農會：

a.營業單位門首公告。

b.標的物所在地公告五日以上。

c.報紙稿公告二日以上。

　　ⓐ十全格式。

　　ⓑ五全格式。

d.有線電視廣告。

　　ⓐ例如過去 TVBS-2100 全民開講，時段在 21：20～21：30

　　ⓑ東森頻道──開運鑑定團，時段在 21：40～21：50

C.注意事項：本農會採公告招標方式處理不動產時，其鑑定價格注意

事項係依照學理上不動產估價技術規則執行之。包括：

a.同一供需圈：係勘估標的與比較標的能成立替代關係，而本農會公告標售價格與比價標的價格互為影響最適範圍。

b.近鄰地區：勘估標的與比較標的周圍，供相同或類似用途之不動產，形成同性質較高之地區。

c.類似地區：同一供需圈內，近鄰地區以外，而與勘估標的（本農會拍賣品）使用性質相近之地區。

本農會公開拍賣不動產，其價格除依據○○農會投保承受拍賣品及其處分辦法處理外，其售價之決定方式較須採用市場比較法。其學理上作法，本農會係採用不動產估價技術規則辦理。

D.情況調整：比較標的之價格形成條件中，有非屬於一般正常交易情況而影響交易價格之約定，或有其他足以改變比較標的價格情況存在時，就該影響部分所作之調整。

E.價格日期調整：比較標的價格日期與勘估標的價格日期因時間上之差異致價格水準發生變動，應以適當之變動率或變動金額，將比較標的價格調整為勘估標的價格日期之價格。

F.區域因素調整：當所適用比較標的與勘估標的不在同一近鄰地區內時，為將比較標的價格轉化為同一近鄰地區內勘估標的價格水準，以便進行個別因素比較，而以比較標的區域價格水準為基礎，就區域因素不同所產生之價格差異，逐項進行分析調整。

G.個別因素調整：以比較標的價格為基礎，就比較標的與勘估標的個別因素不同所產生之價格差異，逐項進行分析調整。

本農會公開拍賣動產，其價格估算方式如下：

動產價格估算方式
評估動產之價格係依照會計學之原理，動產使用中產生折舊之理由，評估其折舊價格之推算有下列三種：加速折舊法、定率遞減法、直線折舊法，經本單位市場蒐集資料歸納整理，上述折舊法在市場上運用情形如下：
本單位考量中古市場行情之理由，係由於物品以中古市場所能提供之商品服務與上述之折舊法相較而得，故本單位經開會討論決議以折舊價與中古價相等，約合於市價的六成評估。

🖒 處理方式

1.自行處理

(1)本農會參加投標取得不動產或動產所有權後，應即指派專人管理維護，並得在適當價格內處分之。

同時，本農會係針對抵押權實行因而取得不動產或動產者，應自取得之日起四年內處分之。但經主管機關核准者不在此限。

(2)本農會自行處理擔保品模式：係依據本農會會計股、會務股、稽核室共同組成一逾放清理小組，會同本農會信用部各成員依據○○農會投標承受拍賣品及其處分辦法，同行處理擔保品模式均以公告、公開、公正、透明之方式執行之。

2.委外處理（代位、代理）

所謂代理：依據民法第 103 條代理人於代理權限內，以本人名義所為之意思表示，直接對本人發生效力。前項規定，於應向本人為意思表示，而向其代理人為之者，準用之。

民法第 169 條

由自己之行為表示以代理權授與他人，或知他人表示為其代理人而不為反對之表示者，對於第三人應負授權人之責任。但第三人明知其無代理權或可得而知者，不在此限。前者為善意、後者為惡意。

民法第 170 條

無代理權人以代理人之名義所為之法律行為，非經本人承認，對於本人不生效力。前項情形，法律行為之相對人，得定相當期限，催告本人確答是否承認，如本人逾期未為確答者，視為拒絕承認。

民法第 171 條

無代理權人所為之法律行為，其相對人於本人未承認前，得撤回之。但為法律行為時，明知其無代理權者，不在此限。例外情況如下；不動產從業人員所定一般契約、專任合約書等，係以代理是否有委託書為準則，如四兄弟中分配財產，一人寧願受到法律制裁（即被關）亦從事偽照文書行為，因此；代理之法律行為形同虛設，法律行為有無委託書已無重要性。

　　本農會擔保品委外處理方式，乃委託專業第三人──○○不動產鑑定公司鑑價，除考量公正形象外，尚從職業要素中考量專門知識、調查才能、判斷推理之能力、熟練之經驗、圓滿之常識，以及從倫理要素中考量責任、正直而誠實、廉潔、公平而無私、自信程度與不違背社會責任之特長。除依據○○不動產鑑定公司專業評估鑑定（價）資料以及評估標準鑑定外，其評估實例標準亦參考其他鑑定方法。

3.消極處理（公開標售）

　　透過公開標售將財產權售予第三者，此與市場供需有其密切關係。

　　本農會積極處理採公開拍賣方式處分擔保品外，尚另以消極處理採法拍模式（方法）處分擔保品。其辦法乃依據本農會（○○農會）投標承受拍賣品及其處分辦法中三項原則，聲請法院拍賣債務人之不動產及動產，並報本農會理事會核准後參加投標：

　(1)法院核定底價不足抵償貸款本息，且明顯低於期末正常價格（價格日期）。

　(2)適合本農會使用或有其將來性。

　(3)將來處分時不致發生困難。

　　本農會除採法拍模式處理擔保品係以○○所屬之○○地方法院為主管機關，而本農會消極處理擔保品係以閒置與待價而沽二種方式，來作為擔保品價格之確認。

4.閒置

　(1)等待下一次公開招標或聲請法院拍賣。

　(2)本農會向○○地方法院繼續聲請排案，如前項所為。

　(3)由本農會理事會開會討論授權予有意承購者，採議價或比價方式辦理出售，並報○○縣政府財政局核准，遵照○○農會投標承受拍賣品及其處分辦法規定辦理。

5.待價而沽

　　本農會針對擔保不動產、動產處分方式如採消極處理進行時，其擔保品之價格乃委託○○不動產鑑定公司，或依據○○農會投標承受拍賣品及其處分辦法規定辦理。

(1)本農會所擬定處分擔保品之積極處理方式，其中委外處理注意事項如下：

①範圍：不動產（土地、建物）

A.對象不動產（本農會擔保品）之坐落、地號、面積、權利範圍、樓層、門牌號數、構造、用途均應詳細記載，並由本農會公告之。同時，對於投標截止日期及地點、開標日期及地點均應公告，以利民眾參與投標。

B.本農會針對以上公告招標之擔保品，其地號、地目、用途、樓層、範圍，均依土地及建物謄本所示之。

綜合以上不動產而言，本農會委外範圍，尚包括農地、糧肥倉、農產加工設備用地。

②委外事項：本農會委外事項包括：

A.○○不動產鑑定公司鑑價債務人擔保品。

B.○○○○○會計師事務所。

C.○○○○○律師事務所。

(2)作業流程及風險管理：

①作業流程：本農會為加速清理逾期放款及擔保品以為本農會權益，除依照本農會投標承受拍賣品及其處分辦法執行外，對處分投標與聲請法院拍賣債務人之不動產或動產作業均應提報理事會，由逾放清理小組研討、計畫、分析，呈報理事長核定後辦理。

②風險管理：本農會參加投標或承受取得不動產或動產所有權後，應即指派專人管理維護。

A.不動產部分，原則上應自所有權完成登記之日起一年內處分之。

B.本農會如欲承受農地，應依照農業發展條例報經農業中央主管機關申請許可後，方可承受農地。

C.本農會乃依據學理上風險理論探討，於處分計畫中執行。

所謂風險乃本農會參加投標後，投資實際報酬與預期報酬之變化程度。理論上，不動產投資風險包括業務、財務、通貨膨脹與流通性風險。

D.本農會參加投標或承受擔保品是以不動產型態、經營方式、不動產所在市場特性，作為考量業務風險的重點。

本農會將其業務風險分為靜態風險與動態風險，靜態風險乃物理屬性，致投資人無從控制，一旦發生即可損失；動態風險乃具物理與經濟屬性，除考量不動產（擔保品）、年分、品質有關外，不受一般經濟消長所左右。

E. 本農會所考量財務風險：係以財務槓桿方式籌措資金，逐項逐期償還貸款本息，淨營業收益能否足額償還逐項逐期貸款本息，關係著本農會投標財務風險大小。當逐項逐期償還、貸款本息與本農會信用部貸款利率成正比時，浮動利率足以造成逐項逐期償還貸款本息起伏不定。當淨營業收益不足償付逐項逐期償還貸款本息時，本農會無法定期負擔債務。

財務風險依學理上來說，可分：

a. 內部風險：與投資對象不動產（擔保品），每年期生產報酬以償付債務能力有關係者。

b. 外部風險：係本農會籌措自有資金與借貸能力有關者。

F. 本農會公開招標擔保品、通貨膨脹風險業已評估過。本農會考量通貨膨脹，據委外評估機構（○○）預測，指標包括消費者物價指數與躉售物價指數。本農會內部認為，未來即使承受擔保品再行出售獲取利益和預期數額如數收到，本農會購買利益可能因通貨膨脹而大減。

G. 本農會委外作業處分計畫上考量流通性風險。由於不動產變現率低，現金一旦轉換成不動產，將來欲快速還原為現金常須以低於市價脫售。本農會委託○○不動產鑑定公司盡量以客觀、合理、公正評估，以降低流通性風險，同時並盡量依本農會所核定底價方式辦理：

a. 核定底價在六十萬元以上者，應以公告招標方式辦理。

b. 核定底價在十二萬元以上未達六十萬元者，得採公告比價或公告招標方式辦理。

c. 核定底價未達十二萬元者，授權主辦單位取具兩家以上價單，以比價或說價方式辦理後，呈報理事會核備。

③委外對營運之影響評估：本農會由於考量擔保品公開招標程序過慢或自行承受資金壓力過大，特委託○○不動產投資鑑定股份公司與學術

界，針對本農會所提供擔保品加以評估客觀合理價格，以利資金對內、對外運用。

‧對內：本農會營運費用、人事費用、管銷成本以及正常利潤。

‧對外：利息以及委外營運成本。

本農會委託○○企業鑑價特以投資決策分析學說來評估營運成果，其實際運作如下：

A.若投資案價值（承受擔保品價值）大於市價（公開拍賣價），可以投資，否則放棄。

B.若期望報酬率大於要求報酬率，可以投資，否則放棄。

本農會根據以上原則，係以經驗法則作為營運評估：

A.還本期間法：以本農會支出在何期可被收入抵銷為原則。由於本農會逾放比達 18%，存款比率達 63%，因此營運成本始終存在，放款收入也持續存在，所以本農會以還本期間法評估營運，至多以四年一期為基準評估。

B.比率分析：可幫助本農會作初步計畫，並由○○以下列比率作為本農會營運評估：

a.貸款與不動產價值比：

L/V＝尚未償還債務／不動產價值比（以四年為一期）

b.本益均衡點：

BR＝經營費用＋償債能力／有效毛收益

④客戶權益保障說明：

本農會秉持公正、透明、公開原則經營，對於所有存放款之客戶均予以保護。本農會確保不會濫用客戶資料，同時對於本農會公開招標之擔保品，除依本農會公告外，對於開標日期及地點以及投標截止日期與地點均詳細公告，同時對於勘估標的物之權利範圍、最低投標金額、應繳保證金等事項，均能詳細說明。本農會除提供○○不動產投資鑑定股份公司鑑定本農會所提供之擔保品客戶資料外，對於其他市場仲介商、代書從業人員以及其他鑑定公司，本農會概不提供客戶相

關資料，以保障客戶相關權益。同時，本農會對於擔保品委外鑑定事項除加強與○○不動產投資鑑定股份公司溝通價格問題外，對於影響土地品質肥沃度與區位因素，本農會亦常與○○討論，以便更精確了解擔保品價格之真實性。另外，本農會信用部亦加強控管，定期與會計室稽核，以便更了解客戶權益。此外，本農會資訊室亦遵循電腦處理個人資料保護法，針對擔保其所有客戶資料以安全建檔，並防止客戶資料外漏。

本農會對於參加投標或承受取得不動產與動產所有權後，應即指派專人管理維護。本農會同時對於投標以及承受不動產或動產時，應調查市場狀況並會同稽核室審查後依規定辦理，如此才能確保未來擔保品處分承受人之權益，同時針對不動產鑑價部分，本農會應確定確保產權清楚，對於價格之鑑定，尚須委託鑑價公司（○○）呈學術單位評估審核後，才能公開拍賣或標售，價格才能精確，民眾權利（益）才能確保。

本農會針對內部之擔保品乃公開標售而得，對於標售而得之擔保品自然有處分之自主權，處分包括如下：

A.再行標售賺取利益。

B.出租賺取租金收入。

　近四年賺取利益如下：

　　　可參考各農會財務計畫書

　近四年賺取租金收入如下：

　　　可參考各農會財務計畫書

備註：擔保品出租租金收入計算，是為求取本農會各年度之可能毛收益。

農地農業農用政策之研究

買農地做農業使用的根本

　　生產、生活、生態乃以環境永續的角度來看，就農地使用產生的價值來看。如從生產面來看：糧食的需求應以優良農田（地）為依歸，如特定農業區農牧用地上；空氣的品質維護應藉由農地產生類似綠帶的功用，進而達到永續生態的最佳目標。農地違反容許使用者，造成危害的乃民事責任、造成犯罪的乃刑事責任。何謂隔離綠帶、隔離設施，簡單地說前者乃綠美化及綠覆率等措施，要有一定的寬度，大約兩米，後者係指空間設施，如汙水處理廠。

　　因此，買農地做生態用的話，就做滯洪池；做價值的話，就做文化資產……。現在的農地買賣，從投機的角度來看，說得不客氣一點，就是農業產業績效不彰、滿意度不夠，把農村的農地當成商品，扭曲了住宅市場，一點都沒有價值，未來農委會似會要求更多。

　　購買農地的投資者或使用者未來在國土計畫的精神下，凡是具優良農業生產環境、維持糧食安全或曾經投資建設重大農業改良設施之地區，將劃分為第一類農業發展區。具良好農業生產環境、確保生產功能及為促進農業發展多元化之地區，將劃分為第二類農業發展區。針對農業生產環境受外在因素之干擾地區，劃分為第三類農業發展地區。唯山坡地保育區農牧用地是否應該劃設為國土保育區，應有一明確的認識與具體的討論，從實務上操作來看，丙種建築用地係住宅用地，自然有居住與人口密度的屬性，而其容積率與建蔽率應可考慮規範在第二-3 類城鄉發展區。對於目前第四類農業發展區之要件，主管機關將其認定為農村主要人口集居地區，現有聚落人口達一定規模，且與農業生產、生活、生態之關係密不可分之農村聚落，面積達五公頃以上者，係包括依區域計畫法所劃設之鄉村區（但不包括城鄉發展區與國土保育區劃設條件之地區）。此類農業發展區似乎與農委會執行農村再生計畫理念相近，未來如能將此等條件與理念相結合，則農村再生計畫將有很大的發展空間，尚且使臺灣土地使用計畫在人口數量與密度的一定條件下，劃設合理的功能分區如第四類農業發展區。同時，使臺灣地區農村再生計畫各資源投入農村居民感受之滿意

度，能夠與土地使用計畫的屬性有個嶄新的未來，使農村真正脫離貧窮的目標。期盼智慧農業，如氣象局廣設氣象站、觀測站，引用數據的串連，了解有那些農作物受到災害。

臺灣省和北、高兩市農舍建築規定的比較

項目	臺	北、高兩市
建築屋簷高度	14 公尺	10.5 公尺
樓層限制	4 層	3 層
最大基層建築面積	165 平方公尺	165 平方公尺
最大樓地板面積	660 平方公尺	495 平方公尺
建蔽率	10%	10%
容積率	農舍面積為興建農舍建築物之面積（即建蔽率及道路等設施不得超過 10%）	限高 10.5 公尺

最新規定：凡農舍最大樓地板面積 > 500 平方公尺，需增設一平面車位。

☙ 我國土地使用管制制度

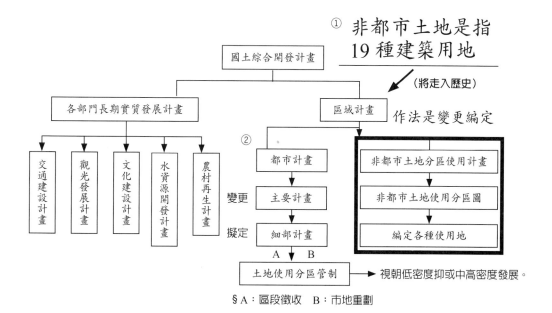

§A：區段徵收　B：市地重劃

與農村再生政策施政項目息息相關的非都市土地包括農牧、林業、交通、遊憩及生態保護用地。其目標如下：

非都市土地使用之類別及性質

用地類別	使用地性質
甲種建築用地	供山坡地範圍外之農業區內建築使用者。
乙種建築用地	供鄉村區內建築使用者。
丙種建築用地	供森林區、山坡地保育區、風景區及山坡地範圍之農業區內建築使用者，實務上有的以變更或開發的方式作為宗教（風景區）。
丁種建築用地	供工廠及有關工業設施建築使用者。
農牧用地	供農牧生產及其設施使用者。
林業用地	供營林及其設施使用者。（森林遊樂、戶外遊樂、休閒農業）
養殖用地	供水產養殖及其設施使用者。
鹽業用地	供製鹽及其設施使用者。
礦業用地	供礦業實際使用者。
窯業用地	供磚瓦製造及其設施使用者。
交通用地	供鐵路、公路、捷運系統、港埠、空運、氣象、郵政、電信等及其設施使用者。
水利用地	供水利及其設施使用者。
遊憩用地	供國民遊憩使用者。（鄉村＋行政＋生態＋水源＋鄉村教育）
古蹟保存用地	供保存古蹟使用者。
生態保護用地	供保護生態使用者。
國土保安用地	供國土保安使用者。山坡度（公用事業）30%～40%（坡度）
殯葬用地	供殯葬設施使用者。
海域用地	供各類用海及其設施使用者。
特定目的事業用地	供各種特定目的之事業使用者。

備註：將走入歷史 　　　　　　　　　　　　　（參考營建法令：區域計畫法施行細則）

ᕦ 非都市土地開發

　　四種目標：第一、地理判斷（GIS）。第二、人口：沒有人口，土地開發與變更可以做得下去嗎？第三、資源：目前非都市土地包含水與海洋。第四、經濟活動：包括都市計畫外與產業分析，例如：臺中烏日違章工廠輔導合法問題！都市計畫走的是分區變更，區域計畫走的是開發許可制，未來國土計畫實施後，區域計畫將走入歷史。

非都市土地開發歷史演變暨法令依據

單位、時間、法令

72 年	83 年	85 年	87 年	89 年
山坡地開發建築管理辦法	環評水保觀念	區域計畫法修訂	行政院經建會革新	內政部、環保署、農委會，各目的事業主管機關
承襲英國規劃概念	適用山坡地開發	開發許可制納入	行政革新	重大投資計畫

本研究整理

都市土地開發歷史演變暨法令依據

　　臺灣都市計畫法自民國 53 年正式有法令依據，唯民國 62 年初正式上軌道。就道路用地而言，乃以民國 69 年為一界限，著重在政府開闢道路都市計畫法施行前後，有無補償的具體作法以及依據，即因應民國 70 年實施都市計畫。

　　都市計畫（土地）的法源依據包括土地法、平均地權條例、平均地權條例暨施行細則、都市計畫法。國土計畫法通過後，未來從事房仲及代銷人員或開發商投資的重點，即為國土計畫的城鄉發展區，亦即原有的住 1、住 2、住 3 即變成了第幾類之城鄉發展區詮釋，商業區 1、3、4、5、6 亦是如此。

　　具體而言：住 1 演變而成的住 1-1 與住 1-C 可朝住 2 發展規劃來看，似可朝第一類城鄉發展區的概念來劃設，而住 1-A、住 1-B 及 住 1-2、住 1-3 仍可朝第二類城鄉發展區的概念劃設來思考之，商 5、商 6 可朝第一類城鄉發展區的概念劃設。住 1 朝第二類城鄉發展區規劃的理由為何？1.人口不夠；2.人口密度尚低；3.僅是位於交通樞紐；4.無緊鄰捷運重大建設。從市場面視之，住 1 由於人口數量、密度之不足，似乎無捷運等重大公共建設緊鄰，因此應朝向第二類城鄉發展區劃設的空間性質較大才是。（參考）

臺灣地區土地使用計畫與管制系統（參考經建會）

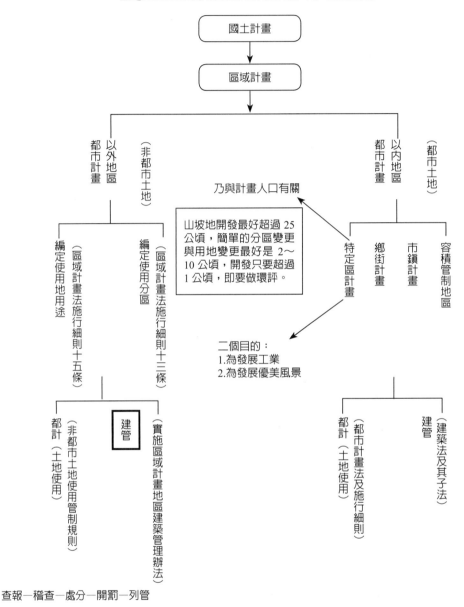

查報—稽查—處分—開罰—列管

　　國土計畫下，區域計畫視同廢止，朝向國土保育區、城鄉發展區、農業發展區、海岸發展區四大分區發展。如鄉村區甲建或乙建未來似可朝第二類城鄉發展區劃設，此類土地交通發展、人口數量、公共建設（緊臨捷運站）內涵與都市計畫法中第一種住宅區性質較為相似。從市場上視之，人口非農業居多，地段位於都市計畫周邊，人口密度較低，要劃設為第一類城鄉發展區的機會較低，至於都市計畫中第一種劃設住宅區分類可延續前頁所述參考。

臺灣地區土地使用計畫與管制體系

⇲ 現行臺灣地區土地使用計畫與管制體系

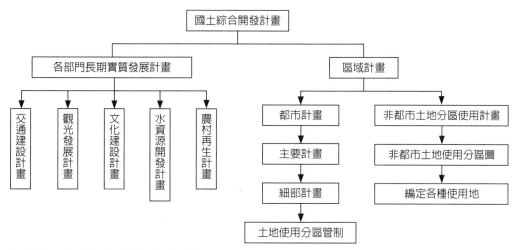

參考資料：行政院農委會水土保持局王志輝，2009。

新舊架構比較

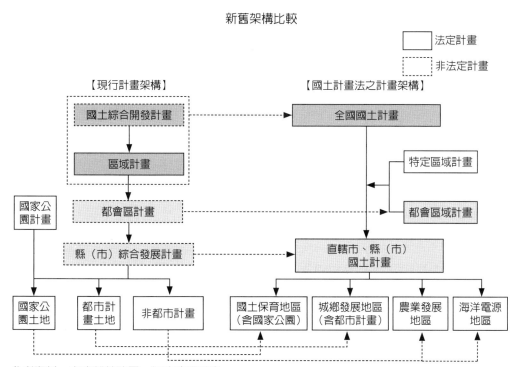

參考資料：內政部營建署、行政院國發會。

國土計畫法將高於現行所有相關土地法律，亦是臺灣土地使用最高指導原則，連同濕地保育法、海岸管理法、災害防治法等全部建構後，將是臺灣永續發展、長治久安的里程碑。

筆者認為：姑且不論國土計畫未來實施成效與進度是否又會延後？各縣市政府現今所提報內政部審議之國土計畫所面臨最大的問題即是因地制宜（人口、地質、公共建設、交通便利性差異）的詮釋。另一方面：國土計畫在新的法令架構下亦缺少了各部門長期實質發展計畫的探討，包括農村再生計畫、水資源開發計畫、文化建設計畫、觀光發展計畫、產業發展計畫以及交通發展計畫等，而是由行政院各部會（文化部、農委會、國發會、交通部）自行發展在地產業、文化、地方創生目標下建構容許使用開發的政策。

未來國土計畫劃設四項功能分區後，原有的都市計畫會繼續延續下去，區域計畫體制下的十九種建築用地機制將走入歷史，從開發許可制度調整為容許使用制度。

⤷ 歷史背景與組織簡介

民國 28 年頒布都市計畫法，回歸歷史至現今共分三個階段（參考邢進文，中興大學公共政策研究所都市計畫論文，中興大學法商學院，臺北）。

1.日據時代（1895～1945）

1895 年臺灣割讓日本，1898 年在臺北成立一個都市計畫的專業性組織，名為臺北市區計畫委員會。民國 25 年在總督府下設臺灣都市計畫委員會替代臺北市區計畫委員會，將規劃與執行建構在審議制度上。

2.大陸淪陷前（1930～1945）

民國 28 年通過都市計畫法以及制定都市計畫委員會組織與審議辦法。

3.國民政府遷臺後（1945～1988）

光復初期一直到民國 53 年 9 月 1 日總統令修正公布全文 69 條。制定都市計畫法，民國 58 年歷經轉折，民國 62 年第二次修訂都市計畫法似才正式上軌道。而各縣市大都在 1981 年（民國 70 年）陸續發布都市計畫，民國 63 年公

布區域計畫法。整體來說：臺灣地區都市計畫法內涵仿效美國，所以有分區的概念，執行的時候採現況會勘，作法是到你家看使用現況，結果一看，看到了老百姓從事土雞城、家具店等買賣行為，政府的態度一律將此狀況劃為農業區或工業區。以臺中市來說，民國 70 年第一次實施都市計畫，其他省轄市紛紛於後實施第一次都市計畫，此也印證了農建地興建透天的需求與機制。

日本統治臺灣之際，為使臺灣日本化，即沿襲了這套制度，稱作殖民式都市計畫。

國父實施平均地權，倡地盡其利、地利共享，執行依據乃以市地重劃實施辦法、平均地權條例、土地徵收條例等作為土地開發之依據，進而提升土地的價值。我國土地法制定，係以民生主義土地政策為立法之最高基本原則，依據國父之主張，實施平均地權為解決土地問題最有效的辦法。重點乃縮短貧富差距；目的在地盡其利、地利共享，以增進國民財富為目的。憲法規定國民經濟應以民生主義為基本原則，人民依法取得土地所有權，應受法律保障與限制，私有土地應照價徵稅，政府並得照價收買。國家對於土地分配與整理，應以扶植自耕農及自行使用土地人為原則，並規定適當經營面積。

土地法涵蓋範圍包括平均地權條例、農業發展條例、山坡地保育利用條例、水土保持法、都市更新條例、區域計畫法、都市計畫法、農地重劃條例、市地重劃實施辦法及土地稅法，另施行細則不及備載。

近幾年來全球氣候變遷快速，臺灣在地震、颱風來襲或豪雨成災，所引發一連串土石流、水患等重大災害，造成人民生命財產巨大損失，更充分暴露出國土脆弱的體質與大自然反撲的警訊。過去國土規劃沒有章法，違建濫墾久為國人詬病，現行國土計畫法施行後，將統籌全臺土地，通盤檢討臺灣人口、糧食需求、發展城鄉建設，建立永續的土地管制，是臺灣土地政策與發展的一大里程碑。

✎ 國土計畫未來新目標（國土計畫法草案經行政院第 3165 次會議通過）

因此，未來國土空間發展，應以符合永續發展之世界趨勢，並以因應全球氣候變遷為目標，故亟需整合土地使用計畫及審議之體系，以達成下列目

標：

1. 有效改善現行都市及非都市土地兩套各行其是之管理制度，以及水、土、林保育事權分散之缺失，建立未來公平、公開及效率之國土利用、管理及發展制度。

2. 整合國土資源之保育事權、加強景觀及防災之空間規劃，建立公共建設與土地利用之整體配合及都會區建設之協調機制，提升國際競爭力。

3. 提高地方整體規劃之自主性，透過完整之農地資源調查、農業與城鄉發展規劃及其配套公共設施之成長管理機制，確保國土永續發展。具體的說，國土計畫可簡化為四大目標，即依現況調整分區、因應環境變遷、確保糧食安全以及因應人口及就業需求分區使用。更具體的作法是建構國土計畫體系、建立使用許可制度、強化民眾參與及資訊公開透明制度、確定國土復育與永續發展以及強化民眾（公民）行政救濟之權利。

中華民國政府於 105 年 1 月 6 日制定公布國土計畫法，施行日期由行政院於本法公布後一年內（106.01.06）定之。

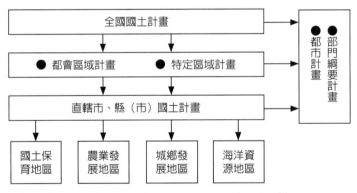

資料來源：參考內政部營建署、各大學不動產系所學術機構。

由上表可延伸至政府於 105 年 1 月 6 日制定公布國土計畫法，其含意如下：

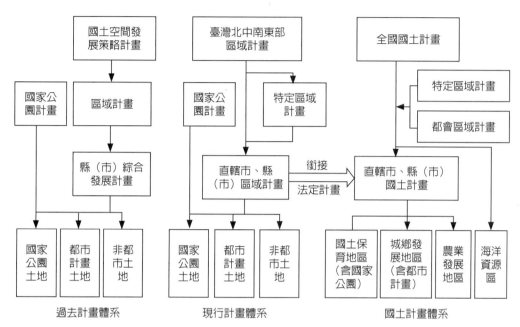

過去計畫體系　　　　現行計畫體系　　　　國土計畫體系

・國土計畫法公告實施後，主管機關擬定「全國國土計畫」及「直轄市、縣（市）國土計畫」，取代現行區域計畫。直轄市、縣（市）國土計畫應遵循全國國土計畫，建立二層級空間計畫體系。必要時，得擬定都會區域或特定區域計畫，納入全國國土計畫。（國土計畫法第8、第9條）

資料來源：內政部營建署。

　　國土計畫之主管機關在中央為內政部；在直轄市為直轄市政府；在縣（市）為縣（市）政府。諸多內容定義分別為：

一、國土計畫：指針對我國管轄之陸域及海域，為達成國土永續發展，所訂定引導國土資源保育及利用之空間發展計畫。

二、全國國土計畫：指以全國國土為範圍，所訂定目標性、政策性及整體性之國土計畫。

三、直轄市、縣（市）國土計畫：指以直轄市、縣（市）行政轄區及其海域管轄範圍，所訂定實質發展及管制之國土計畫。

四、都會區域：指由一個以上之中心都市為核心，及與中心都市在社會、經濟上具有高度關聯之直轄市、縣（市）或鄉（鎮、市、區）所共同組成之範圍。

五、特定區域：指具有特殊自然、經濟、文化或其他性質，經中央主管機關指定之範圍。

六、部門空間發展策略：指主管機關會商各目的事業主管機關，就其部門發展所需涉及空間政策或區位適宜性，綜合評估後，所訂定之發展策略。

七、國土功能分區：指基於保育利用及管理之需要，依土地資源特性，所劃分之國土保育地區、海洋資源地區、農業發展地區及城鄉發展地區。

八、成長管理：指為確保國家永續發展、提升環境品質、促進經濟發展及維護社會公義之目標，考量自然環境容受力、公共設施服務水準與財務成本、使用權利義務及損益公平性之均衡，規範城鄉發展之總量及型態，並訂定未來發展地區之適當區位及時程，以促進國土有效利用之使用管理政策及作法。

另一方面，國土計畫之規劃基本原則如下：

一、國土規劃應配合國際公約及相關國際性規範，共同促進國土之永續發展。

二、國土規劃應考量自然條件及水資源供應能力，並因應氣候變遷，確保國土防災及應變能力。

三、國土保育地區應以保育及保安為原則，並得禁止或限制使用。具體而言，國土保育地區依照土地使用指導原則來看，簡單說，第一類國土保育區有點禁建的味道、第二類國土保育區有點限建的味道、第三類國土保育區有點擴大容許項目的味道，並加以管制。一般來說，**國土保育區包含區域計畫地區、都市計畫保護區及公共設施用地（其他都市計畫、鄉村區除外）、環境敏感地區與國家公園區等**，而農業發展區似有林業用地作為休閒農場以及農地變更為特定目的事業用地的味道，此為參考內涵。

四、海洋資源地區應以資源永續利用為原則，整合多元需求，建立使用秩序。具體而言，第一類與第二類海洋資源地區係以公共安全、公共福祉、公共通行及公共水域使用為目標，加以制定分類。**第一類海洋資源地區具有排他與獨占性。**

五、農業發展地區應以確保糧食安全為原則，積極保護重要農業生產環境及基礎設施，並應避免零星發展。

六、城鄉發展地區應以集約發展、成長管理為原則，創造寧適和諧之生活環境及有效率之生產環境，並確保完整之配套公共設施。就實務上來說，市地重劃與合建可能視為未來臺灣城鄉發展的趨勢重點。

七、都會區域應配合區域特色與整體發展需要，加強跨域整合，達成資源互補、強化區域機能提升競爭力。

八、特定區域應考量重要自然地形、地貌、地物、文化特色及其他法令所定之條件，實施整體規劃。

九、國土規劃涉及原住民族之土地，應尊重及保存其傳統文化、領域及智慧，並建立互利共榮機制。

十、國土規劃應力求民眾參與多元化及資訊公開化。（公聽會成效不彰）

目前缺失：（現今國土計畫公聽會由於出席人數不足，導致成效不彰）。

依照司法院大法官 156 號解釋：主管機關變更都市計畫行為係公法上之單方行政行為，如直接限制一定區域內人民之權利、利益或增加其負擔，即具有行政處分之性質。又特定人或可得確定之多數人之權益遭受不當或違法之損害者，自應許其提起訴願或行政訴訟以資救濟。

（資料來源：中文書籍與統計年鑑，林清，《行政法總論與實務》，志光數位出版，106 年 6 月出版）。

2020 年 1 月司法院發布 742 號解釋令，都市計畫委員會審議組織將受到行政程序法、行政訴願法、民法甚至憲法所提人民財產權約束。

筆者看法：一項政策實施，係對外（人民或民眾）直接發生法律效果（係屬動態性質），因此人民的財產權應受法律保障與限制。

臺中市都市計畫（西屯地區）細部計畫（第二次通盤檢討）案公告徵求意見座談會記錄，與會單位人員意見如下。即臺中水湳經貿園區細部計畫通盤檢討針對都市計畫提出住宅區分區劃設構想，筆者在公聽會提出以下見解：

1. 國土計畫法已於 107 年公告實施，本案是否有納入國土計畫概念，研議未來將劃分成什麼分區。

2. 計畫人口是以住所還是居所定義進行評估？計畫人口如無法達標，恐造成更多空屋。

　　3.計畫區南側緊鄰文心路捷運綠 G8 線，在捷運場站周邊沒有商業區，是否應規劃商四、商五用地，同時創造就業機會。

　　4.對於計畫區內私設巷道或既成巷道是否進行分析，避免造成後續規劃劃設道路設計不當問題。

十一、土地使用應兼顧環境保育原則，建立公平及有效率之管制機制。

參考資料：內政部營建署、國土計畫法

✏ 道路的型態（道路含兩側水溝），農路不算道路，因為不具公眾通行之特性

1.計畫道路：都市計畫正式公告發布實施的道路，於都市計畫圖及地籍圖上均有標示。總而言之，都市計畫法有了，隨即公布實施，政府開路即可補償，亦較規則，如下圖。

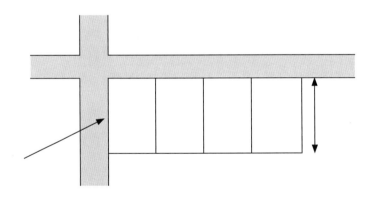

2.既成道路：乃具民法物權公用不動產役權的私人土地，寬度如同建地的六公尺路，有的如同舊市區開發的二公尺或三公尺路；可說是，通行二十年及二戶以上的住戶通行此路。原則上，既成道路政府的態度盡量不予徵收，因它有法定空地的性質，應具公用不動產役權的特色，即道路在某些情況下是被限制使用了。此可參考民法物權通行權之概念，如既成巷道不規則；指定建築線後就較規則了。都市計畫圖說亦會標示。

3.私設道路：此道路乃基地內建築物之主要出入口至建築線間之道路，與道路交叉口盡量免截角。一般來說，私有土地如沒有具法定空地的性質，任何人是可以自由買賣的，進而取得持分的價值；換言之，它是屬於私有土地。

舉例說明：當基地內通路為水溝時，該如何處理？

答：直接去化出售掉即可。（出售給鄰地）如下圖示。

圖示
（例）

計畫道路

有 A、B 兩地不同土地所有權人，水溝為 B 地所有權人所有。如要達地盡其利之目標，最好的方法即是將水溝連同 B 地去化（賣）給 A 較佳。

水溝可作私設道路，簡單地說；即是基地或基地內通路，通路如果是 B 的，要不要計入法定空地比？需視合約 A 與 B 怎麼擬，如果計入空地比，那麼對 B 較為有利，因為其可以蓋的建築面積將更多。

如果水溝所有權為 B 所有，則 B 的角色為何？此水溝可供法定空地，如此與水溝為同一所有權人，進而增加可建築面積（容積率）。

農舍的幾個課題介紹

一般來說，農地基於農用的情況下只能興建農舍。在一般農業區農牧用地的土地使用類別下，諸多人士將其利用成民宿、別墅，或許在容許使用以及順應民情的情況下，農地可以用來興建民宿及別墅，特定農業區亦是如此。改為農地農用原則下，不得經營民宿、蓋別墅，只能蓋農舍，為何有違反規定之說，此乃基於順應民情所致。

買農地蓋農舍需滿二年，近年來，農舍興建指定建築線課題已探討許久。而農地指定建築線由內政部營建署探討已久，此乃建築師權利義務。唯農地指定建築線臨路須達幾公尺路，似乎是照建地的方式或習慣指定。農地有新農、老農之類別，如以老農用地來說，土地坪數未達七百五十六點二五坪或更小，則指定建築線臨路須大於六公尺路，恐很難作一合理的詮釋，因不符擴大農場經營面積的宗旨及長遠目標。至於山坡地保育區之農牧用地，由於居住農舍一戶一戶環環相扣，有所謂通行權問題，指定建築線面臨產業道路寬度是否須以建地方式指定，恐有討論之必要；現況均先以申請農業使用證明為優先，農地持有人再於四鄰會勘滯洪池之準備（生態池），至於其他見解再與業務承辦人

討論較為安全。

總而言之，指定建築線的申請，基本條件應該要有：

1. 二十年以上公眾通行。

2. 二戶以上住戶出入。（門牌）

3. 二公尺以上，再依其深度（離計畫道路）退縮至六公尺，唯大部分之農牧用地農路二公尺似即可指定建築線申請建照興建農舍，為此，中央主管機關有其探討研究之必要，以正視聽。目前臺灣既成巷道寬度大多為六公尺，少則二至三公尺，均可指定建築線以利申請建照。

新的課題（農地）：

1. 重劃後農地可否再變更，原則上不可，以杜農地炒作歪風。另有為了讓重劃後國有農地得以變更成立之農產加工合作社暨其加工設施坐落其土地；有違反土地使用管制規定者應予廢止登記證或依建築法令規定禁建、限建。

2. 原有農路、水路地完善與否。

3. 農舍最大樓地板面積超過五百平方公尺，應附加一平面車位。

1. 我們的農地是農牧用地，畜牧的牧，不是畜禽的禽。

    (1)畜牧是指四隻腳的，畜禽是兩隻腳的。

    (2)同時，在四〇年代，農地上養雞、養鴨似乎是禁止的，原因在於養了雞、養了鴨，怕會引起環保的問題，同時會有蛇的入侵，進而傷害人類。

範例 5-1

> 農地變建地（農舍）後，什麼會增加？
>
> 解答：廢棄物。

2. 廢棄物與資源關係

廢棄物因何產生？

心得：就農地施肥的情況來看，肥料投入量增加勢必引起農地土壤肥沃度的改變，如此一來，農地收穫量一定會產生收益遞增、遞減的狀況。從這個角

度來看，廢棄物乃肥料增加所致，跟地下水汙染較無關聯。雲林地區地下水超抽與廢棄物產生是否有關，更是政府部門研究上一大重點。

　　廢棄物沒有人喜愛，如同嫌惡設施唯恐避之不及，但在政府的諸多法令體制下，因為廢棄物影響的容受力似乎沒有一個很明確的見解，好像是人口多的地方沒有危險性即可，都市計畫亦是如此，許許多多的通盤檢討與個案變更均是先以人口量為考量依據，政府制度、法令執行上一旦沒有了依據，產業及小市民即無所適從，因而產生了盲點。

　　平均地權條例第五十二條規定，為促進土地合理使用，並謀經濟均衡發展，主管機關應依國家經濟政策、地方需要情形、土地所能提供使用之性質與區域計畫及都市計畫之規定，全面編定各種土地用途。唯時空背景變遷，諸多公園內設有土地公、寺廟甚而教會，均以都市計畫通盤檢討命名為公6定之。

經濟發展與產業

　　企業尋求發展在所難免，此乃因為規模經濟的產生，但由於土地的不足，使得諸多企業另尋偏僻鄉下之土地。具體的說，乃企業擴廠。目前企業擴廠的方式以農地變更編定居多，並以低汙染的方式取得相關單位許可即可。另一個層面，目前為響應行政院節能減碳政策，鼓勵企業財團購買山林加以維護管理，落實生態永續（滯洪池、覆蓋率），換得優惠稅率。

經濟發展應涵蓋環評之層面

1.對原有生態破壞程度。
2.對水土保持影響程度。
3.對當地景觀有何改變。
4.對地方發展貢獻。
5.就業程度。
6.居民生活干擾程度。
7.維護糧食安全。

國土計畫架構下可從政策幾個面向探究之。如下圖示：

國土計畫法施行後，將統籌全臺土地，通盤檢討臺灣人口、糧食需求、發展城鄉建設，兼顧國土保育與國土安全目標，建立永續的土地管制。

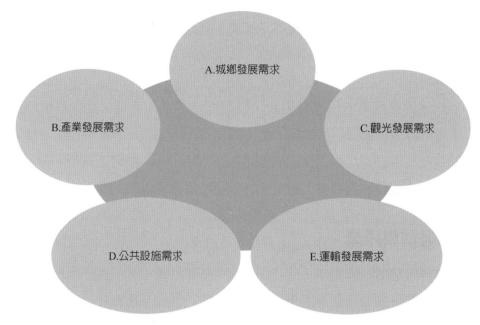

資料來源：邢進文，南投縣不動產代銷仲介同業公會講座（埔里），2019.06。

國土計畫實施新現況：內政部將進行修正礦石開採合理審查許可、太陽光電設施允許設置專編規定、推動海岸保護計畫及防護計畫，以及明訂重要溼地保育利用計畫，預定於 2017 年 9 月辦理公開展覽及公聽會，提報國土計畫審議會審議，預定於 2018 年 1、2 月間陳報行政院審核，依法於 5 月 1 日前公告實施，目前進度與實務界的意見不一，另；違章工廠合法化搭配太陽能（一甲地承租 40 萬）也使得納管作業進度緩慢。

農地違章工廠影響圖示

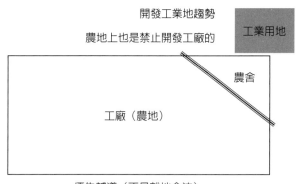

開發工業地趨勢
農地上也是禁止開發工廠的

工業用地

農舍

工廠（農地）

優先輔導（不是就地合法）
「即是有條件輔導合法，並未就地合法」

條件：
1. 三千坪以上農牧用地。
2. 低汙染產品（由廢棄物環保技術士舉證）。
3. 限於民國 105 年 5 月 20 日以前作為未登記工廠納管條件，依法（工廠管理輔導管理辦法）可受理違章工廠登記合法化及其辦理用地變更。
4. 需與建築師專業一併攜手合作，辦理相關檢測事宜。
5. 農委會政策乃以 2016 年 5 月 20 日為基礎日，此後，違章工廠即報即拆。經濟部則將違章工廠列為前瞻建設，而農委會更訂定農地保護基金（回饋金）為試算標準就地合法。

　　如今有些縣市改變政策，違章一律拆除，問題為是否執行力夠有待商榷。至民國 109 年 3 月 20 日起違章工廠須在汙水、排水、廢水、公安、環安、勞安、消防均須合法到位，違者一律罰單六萬元／張；不改善者，則以斷水、斷電處置。

　　（依）工廠管理輔導辦法第 28-2、28-5 條規定：直轄市、縣市主管機關應於 2019 年 6 月 27 日修正條文之日起六個月內，將轄區內未登記工廠擬定管理輔導計畫，報請中央主管機關核定。

　　（依）工廠管理輔導辦法第 28-5 條規定：就低汙染未登記工廠，應於 2019 年 6 月 27 日修正條文之日起二年內申請納管，前項納管計畫申請表內容應包括公司負責人、設廠地點、地號、面積及產業類別等等。三年內提出工廠改善計畫。前項改善計畫包括消防、環保、排水、建築安全、環境評估、環境許可、山坡地水土保持及設廠標準。

　　（依）工廠管理輔導辦法第 28-5 條規定：未登記工廠位於下列地區者，不得申請納管：

1.依水土保持法劃設之特定水土保持區。

2.依水利法、河川管理辦法劃設之河川區域。

3.依水利法、河川管理辦法、排水管理辦法、淡水河洪水平原管制辦法劃設之洪氾區一級管制區及洪水平原一級管制區。

4.依水利法、河川管理辦法、排水管理辦法劃設之區域排水設施範圍。

5.依實施區域計畫地區建築管理辦法劃設之活動斷層兩側一定範圍。

6.依國家公園法劃設之國家公園區內之特別景觀區、生態保護區。

7.依文化資產保存法劃設之自然保留區。

8.依野生動物保育法劃設之野生動物保護區。

9.依野生動物保育法劃設之野生動物重要棲息環境。

10.依森林法、自然保護區設置管理辦法劃設之自然保護區。

11.依海岸管理法、行政院核定之「臺灣沿海地區自然環境保護計畫」劃設之一級海岸保護區。

12.依濕地保育法劃設之國際級重要濕地或國家級重要濕地核心保護區、生態復育區。

13.依文化資產保存法劃設之古蹟保存區。

14.依文化資產保存法劃設之考古遺址。

15.依文化資產保存法劃設之重要聚落建築群。

16.依文化資產保存法劃設之重要文化景觀。

17.依文化資產保存法劃設之重要史蹟。

18.依水下文化資產保存法劃設之水下文化資產。

19.依國家公園法劃設之國家公園內之史蹟保存區。

20.依飲用水管理條例劃設之飲用水水源水質保護區或飲用水取水口一定距離內之地區。但未登記工廠非屬飲用水管理條例施行細則第七條規定之污染性工廠，得申請納管。

21.位於供家用或供公共給水之水庫集水區。但未登記工廠非屬於水資源保育直接相關之環境敏感地區範圍，且開發行為不影響該水庫管理機關（構）執行水庫集水區保育實施計畫者，得申請納管。

22.依水利法、水庫蓄水範圍使用管理辦法劃設之水庫蓄水範圍。

23.依森林法劃設之國有林事業區、保安林等森林地區。

24.依區域計畫法劃設之森林區。

25.依森林法劃設之大專院校實驗林地及林業試驗林地等森林地區。

26.依溫泉法劃設之溫泉露頭及其一定範圍。

27.依漁業法劃設之水產動植物繁殖保育區。

28.農產業群聚地區。（依農委會指示辦理）

（以）2019 年 7 月 24 日作為工廠管理輔導辦法修正日期，修正第 39 條、增訂 28-1 至 28-13 條條文，施行日期並由行政院以行政命令定之。

（依）經濟部工業局新修正工廠管理輔導辦法相關子法說明會會議資料：未登記工廠與特定工廠管理及輔導以 2020 年 3 月 20 日作為實施日期。並以此日期（2020 年 3 月 20 日）起申請輔導合法，廠商每年應繳交納管輔導金（十年內），即取得特定工廠登記證明；二年內申請納管（2022 年 3 月 19 日止），三年內提出工廠改善計畫（2023 年 3 月 19 日止），前項工廠改善計畫可申請展延。申請特定工廠登記證十年內（2030 年 3 月 19 日）未取得者，未登記廠商工廠改善計畫即為失效。

（依）工廠管理輔導辦法第 28-5 條規定：每年應繳交納管輔導金屆期未繳交者，直轄市、縣市主管機關（得）駁回未登記廠商納管申請（或）廢止未登記廠商工廠改善計畫。

（依）工廠管理輔導辦法第 28-7 條規定：直轄市、縣市主管機關核准登記之特定工廠，每年應繳交營運管理金至取得一般工廠登記證。

在之前取得臨時工廠登記證之廠商，即可（直接）申請特定工廠登記證，再依前項每年應繳交營運管理金至取得一般工廠登記證為止。

（依）工廠管理輔導辦法第 28-5 條規定：特定工廠登記證申請之有效期限至工廠管理輔導辦法中華民國 2019 年 6 月 27 日修正之條文施行之日起（二十年）止。

（依）工廠管理輔導辦法第 28-10 條規定：主管機關對於取得特定工廠登記者，得依下列規定辦理土地變更為適當使用分區或變更編定為適當使用地類別：

一、群聚地區優先採（新訂）都市計畫或開發產業園區規劃處理，依都市計畫

法、區域計畫法、國土計畫法相關規定辦理土地使用分區變更或使用許可。就臺中市為例：違章工廠較嚴重地區乃烏日溪南，以臺中市規劃創新基地而言，將其規劃為新訂烏日（溪南）產業發展特定區計畫為產業園區開發案之觀念，此外；尚包括新訂大里塗城都市計畫規劃為產業型概念。在此以新訂都市計畫詮釋違規工廠合法化土地使用變更的方式似乎與都市計畫內涵產生些許矛盾，即新訂都市計畫焦點在於交通樞紐、公共建設（緊鄰捷運站）以及計畫人口（少子化），目前各地違章工廠地區似與上述新訂都市計畫理念脫節。

二、都市計畫以外土地之零星工廠，由取得特定工廠登記者擬具用地計畫，就其工廠使用之土地，向直轄市、縣（市）主管機關申請核發特定工廠使用地證明書，辦理使用地變更編定（國土計畫建構為使用許可制）。同時，該工廠限於低污染之產業類別及主要產品之負擔。

三、都市計畫土地之零星工廠，依都市計畫法規定辦理。

前項違章工廠輔導合法實際經驗與作法如下說明之：

(一) 從事物品製造加工之事實

依事業主體、審查負責人、地段地號、地籍圖送件，可俗稱納管階段。前項尚包括用水水單、電表之單據、戶籍門牌等等相關文件。依主管機關經濟部電表之單據出具證明地址與廠址需相符，前者不同則另補資產負債表，營業用均可，以大於 330 度為基準。在工業團體會員登記資料上可指廠商協進會、職業工會。

機器設備的地點與廠址沒有門牌怎麼辦？

答案：可以營業登記所在地點為依據。

焦點：低污染認定基準：本認定基準採負面表列方式，凡不在下表所列舉之行業別或製程者，屬低污染事業，即加工、製造以及批發產品；產品、類別、編號顯示如下：

1. 0896010 味精（麩胺酸鈉）（從事不具發酵生產製程事業者除外。）

2. 0896020 高級味精（從事不具發酵生產製程事業者除外。）

3. 0896090 其他胺基酸（從事不具發酵生產製程事業者除外。）

4. 0899210 酵母粉（含健素類）（僅從事摻配事業者除外。）

5. 1140 染整業（從事無水加工、定型、刷毛、剪毛、壓光、塗布、貼合等除外。）

6. 1301 皮革及毛皮整製業。

7. 1401 製材業（僅以製程包含木材乾燥、浸漬防腐等保存處理之事業為限。）

8. 1511 紙漿製造業。

9. 1700 石油及煤製品製造業（屬簡單加工之物理性製程，無化學反應者除外。）

10. 1810 化學原材料製造業。

11. 1830 肥料及氮化物製造業（從事以非化學方法、非發酵腐熟方式製造之摻配者除外。）

12. 1841 塑膠原料製造業（屬混合（compound）製程、押出造粒製程者除外。）

13. 1842 合成橡膠原料製造業（屬混合（compound）製程、押出造粒製程者除外。）

14. 1850 人造纖維製造業（從事酯粒抽絲生產之製程除外。）

15. 1910 農藥及環境用藥製造業（從事 1910045 生物性農藥之製造加工者除外。）

16. 1920 塗料、染料及顏料製造業。

17. 1990 未分類其他化學製品製造業（屬硬脂酸鹽安定劑製造業（含鎘、汞、鉛、砷、鉻、鎳重金屬），以融溶法製造者除外。）

18. 1990110 炸藥、煙火、火柴。

19. 2001 原料藥製造業。

20. 2101 輪胎製造業。

21. 2311010 平板玻璃（僅就玻璃以電熱爐加熱及吹風降溫，或從事玻璃切割、雕花或組裝事業除外。）

22. 2311110 強化玻璃（僅就玻璃以電熱爐加熱及吹風降溫，或從事玻璃切割、雕花或組裝事業除外。）

23. 2313 玻璃纖維製造業（從事玻璃纖維切割組裝事業除外。）

24. 2322 黏土建築材料製造業。

25. 2331 水泥製造業。

26. 2332 預拌混凝土製造業。

27. 2333 水泥及混凝土製品製造業（高壓混凝土磚、預力混凝土管、纖維水泥板及矽酸鈣板事業除外。）

28. 2399 未分類其他非金屬礦物製品製造業（僅限從事砂石碎解加工業者，但依法設置有廢水處理設施者除外。）

29. 2399210 石綿水泥瓦。

30. 2399290 其他石綿製品。

31. 2399940 瀝青混擬土。

32. 2411 鋼鐵冶鍊業。

33. 2412 鋼鐵鑄造業。

34. 2421 鍊鋁業。

35. 2422 鋁鑄造業。

36. 2431 鍊銅業。

37. 2432 銅鑄造業。

38. 2491 其他基本金屬鑄造業。

39. 2499 未分類其他基本金屬製造業（僅限鋅、鎘、鎳、鉛等金屬冶煉者。）

40. 2543 金屬熱處理業（一、非真空熱處理製程且符合下列 3 條件之一者除外：1.採用天然氣為熱源之熱處理爐，且燃料爐具備熱回收及廢氣處理再利用系統。2.加熱源為高效輻射、管式、噴流、板式器、熱管等熱交換器之熱處理設備。3.以水和空氣為淬火介質的非燃料熱源之熱處理設備。二、真空熱處理製程具備真空熱處理設備者除外。）

41. 2544 金屬表面處理業。

42. 2611 積體電路製造業。

43. 2612 分離式元件製造業。

44. 2620 被動電子元件製造業。

45. 2630 印刷電路板製造業。

46. 2641 液晶面板及其組件製造業。

47. 2649 其他光電材料及元件製造業。

48. 2691 印刷電路板組件製造業。

49. 2699210 工業用電子管（影像專用）。

50. 2820 電池製造業。

51. 2841 電燈泡及燈管製造業（從事 LED 照明燈泡、LED 照明燈條等事業除外。）

52. 非屬以上行業別，但製程含脫脂、酸洗、電鍍或陽極處理者。

53. 其他經直轄市、縣（市）主管機關審核增列者。

資料來源：經濟部工業局

(二)既有建物之事實

以空照圖為標準（或航照圖正本），其他包括水、電證明，都市計畫現況圖、禁建圖、使用執照、房屋稅單、建物登記證明（保存登記）、未實施建築管理地區建物完工證明書、建物之土地使用現況清冊、戶口遷入證明等等。

(三)擬定消防、環保、排水、廢水、汙水、結構、水土保持等各項改善計畫書並增加敏感區及山坡地水土保持查詢、增加準備審查資料。

依法停止供水、供電、拆除者，其原因包括如下：

1. 105 年 5 月 20 日後新增未登記工廠。

2. 不配合輔導轉型、依照輔導期限輔導者。

3. 未申請納管計畫或提出工廠改善計畫者。

具體而言：未提出、未在核定之日起兩年內完成工廠改善計畫，十年內（119 年 3 月 19 日前）未取得特定工廠登記者及完成工廠改善計畫，得提出依法停止供水、供電、拆除之動作。

(四)審查各項目之圖說、文字並會勘核准特定工廠登記證。前項特定工廠登記證取得以此證明此工廠非黑心廠。此際，外勞加入工會後亦可開始運作，以此了解工廠員工人數與年營業額。

(五)進入土地變更程序將回饋金轉為輔導金。土地變更程序乃將違章工廠用地變更為特定目的專用區（特定目的事業用地）或乙種工業區之際，並依國土計畫法分區分類劃設辦理，另以使用許可制規範之！

前項所示納管輔導金／營運管理金計算級距表如下顯示：

納管輔導金／營運管理金　計算級距表
(特定工廠登記辦法　第五條　第十七條)

項次	廠地面積級距 （平方公尺）	每年應繳納金額 納管輔導金（營運管理金）
1	300（含）以內	20,000
2	大於 300~400	25,000
3	大於 400~500	30,000
4	大於 500~600	35,000
5	大於 600~700	40,000
6	大於 700~800	45,000
7	大於 800~900	50,000
8	大於 900~1,000	55,000
9	大於 1,000~1,100	60,000
10	大於 1,100~1,200	65,000
11	大於 1,200~1,300	70,000
12	大於 1,300~1,400	75,000
13	大於 1,400~1,500	80,000
14	大於 1,500~1,600	85,000
15	大於 1,600~1,700	90,000
16	大於 1,700~1,800	95,000
17	大於 1,800	100,000

➢申請納管時應繳交納管輔導金
➢依廠地面積計算
➢第二年申請者，應一併繳交第一年納管輔導金
➢納管後於每年 3 月 19 日前繳交當年度納管輔導金，至取得特定工廠登記
➢取得特定工廠登記當年之納管期間不滿一年者，按實際納管日數占全年日數之比例計收納管輔導金

➢取得特定工廠登記後，於每年 3 月 19 日前繳交當年度營運管理金，至取得土地及建築物合法使用之證明文件，或特定工廠登記失效之日止

資料來源：經濟部工業局

問題：

在國土計畫法架構下變更土地應劃設何種分區？分類？應有明確之規範。前項違章工廠用地變更為特定目的專用區（似特定目的事業用地）或乙種工業區。變更之際；國土計畫法架構下農地變更為特定目的事業用地之（前）土地屬性乃為促進農業發展多元化條件，變更前農地應具有劃設為第二類農業發展區之屬性。（違章變更後）之非都市土地、都市土地應劃設為第三類城鄉發展區（儲備用土地）、與第 2-2 類城鄉發展區以維持公平空間發展似較為妥當，此論解不吝指正。

都市計畫農業區在考量因地制宜之情況下，（商業性行為或服務性設施）應可劃設第 2-3 類城鄉發展區（具現金流量模式開發與可行性評估）或違章工廠農地在保留原農地情況下具劃設為第三類農業發展區之屬性（即農

業生產環境受外在環境因素之干擾）。前者都市計畫農業區現階段政府部門已將其劃設為第五類農業發展區，後者農地基於外部性條件下，違章產生之汙染狀況基於農地分級下；應劃設為第三類農業發展區較為合理，而其變更後用地屬性應劃設為何種分區？何種分類？似沒有詮釋清楚其分區分類，如前所述；似可考量朝第三類城鄉發展區與第 2-2 類城鄉發展區為劃設目標。

↪ 審議與變更規模

1. 申請開發計畫社區達五十戶，土地面積在一公頃以上者，應變更為鄉村區。
2. 申請開發計畫為工業使用，土地面積在十公頃以上者，應變更為工業區。
3. 申請開發遊樂設施，土地面積在五公頃以上者，應變更為特定專用區。
4. 申請開發學校，土地面積在十公頃以上者，應變更為特定專用區。
5. 申請開發高爾夫球場，土地面積在十公頃以上者，應變更為特定專用區。
6. 申請開發公墓，土地面積在五公頃以上者，應變更為特定專用區。
7. 申請開發為其他特定目的事業使用，而禁止做工業區、鄉村區及風景區，土地面積達二公頃以上者，應變更為特定專用區。

　　目前，特定目的事業用地的調整乃未來趨勢，例如：農會的土地如作花卉、茶葉、木材等資材場用途時，可將農地調整成特定目的事業用地，此時建蔽率即由原來的 10% 變為 60%，價值頓時增加不少。

↪ 非都市土地開發許可主管機關

中央單位	基隆市	桃園市	新竹市	新竹縣
營建署	地政局	地政局	工務局	地政局
苗栗縣	彰化縣	南投縣	花蓮縣	臺東縣
工務旅遊局	建設局	地政局	地政局	地政局

↳ 各目的事業主管機關對口單位

1.安養院——社會。
2.宗教——民政。
3.醫院——衛生。
4.工業——工業課。
5.廢棄物資源回收場——環保。
6.停車場——交通。

　　未來國土計畫正式實施後，農地（都市計畫外）變更爲特定目的事業用地之機會或許將以農業發展區分類的方式取而代之，即容許使用的項目作爲開發土地的一種替代方式。

　　總而言之，基地條件分析包括以下四階段：

1.規劃。

2.審議。

3.開發。

4.建築。

　　對環境有重大影響，係指下列情形之一者：

1.與周圍之相關計畫，有顯著不利之衝突且不相容者。

2.對環境資源或環境特性，有顯著不利之影響者。

3.對保育類或珍貴稀有動植物之棲息生存，有顯著不利之影響者。

4.有使當地環境顯著逾越環境品質標準或超過當地環境涵容能力者。

5.對當地衆多居民之遷移、權益或少數民族之傳統生活方式，有顯著不利之影響者。

6.對國民健康或安全，有顯著不利之影響者。

7.對其他國家之環境，有顯著不利之影響者。

8.其他經主管機關認定者。

　　在國土保育地區劃設條件下，第一類國土保育區須符合以下條件：

1.活動斷層兩側一定範圍。

2.特定水土保持區。

3.河川區域。

4.洪汜區一級管制區及洪水平原一級管制區。

5.區域排水設施範圍。

6.一級海岸防護區（非屬海域範圍者）。

7.自然保留區。

8.野生動物保護區。

9.野生動物重要棲息環境。

10.自然保護區。

11.一級海岸保護區（非屬海域範圍者）。

12.國際級重要溼地。

13.古蹟保存區。

14.考古遺址。

15.重要聚落建築群。

16.重要文化景觀（水圳）。

17.重要史蹟。

18.飲用水水源水質保護區或飲用水取水口一定距離內之地區。

19.水庫集水區（供家用或併公共給水）。

20.水庫蓄水範圍。

21.國有林事業區、保安林。

22.依原區域計畫劃定之森林區。

23.大專院校實驗林地及林業試驗林地等。

24.溫泉露頭及其一定範圍。

　　前項設施零星土地一併計入。

　　第二類國土保育區須符合以下條件：

1.地質敏感區（活動斷層、山崩與地滑土石流）。

2.洪汜區二級管制區及洪水平原二級管制區。

3.嚴重地層下陷地區。

4.淹水潛勢。

5.山坡地。

6.土石流潛勢溪流。

7.二級海岸防護區（非屬海域範圍者）。

8.依莫拉克公告之特定區域。

9.二級海岸保護區（非屬海域範圍者）。

10.國家級重要溼地核心保育區。

11.歷史建築。

12.聚落建築群。

13.文化景觀。

14.紀念建築。

15.史蹟。

16.地質敏感區（地質遺跡）。

17.水庫集水區（非供家用或非供公共給水）。

18.自來水水質水量保護區。

19.礦區（場）、礦業保留區、地下礦坑分布地區。

20.地質敏感區（地下水補注）。

前項設施零星土地一併計入。

參考資料：參考營建署 106.01.17 國土功能分區繪製作業辦法及研商會議。
上述山坡地如為丙種建築用地之際，在過去的歷史中有所謂老丙建，即任何項目均可興建，包括
飯店、別墅等；其次有縣丙建，即承辦奉縣市首長交辦為都市及城鄉發展和政策實施以利交通興
建；再其次有所謂新丙建，即任何山坡地土地使用均依山坡地保育利用條例定之。

　　國土計畫之各類如下：

一、全國國土計畫。（管理國土保育區、海岸發展區）。

二、直轄市、縣（市）國土計畫。（管理城鄉發展區、農業發展區）。臺北
　　市、嘉義市土地使用分區管制暨國土計畫法土地使用作法似乎有別於工廠
　　管理輔導辦法變更之規範。

　　中央主管機關擬定全國國土計畫時，得會商有關機關就都會區域或特定區
域範圍研擬相關計畫內容；直轄市、縣（市）政府亦得就都會區域或特定區域
範圍，共同研擬相關計畫內容，報中央主管機關審議後，納入全國國土計畫。
直轄市、縣（市）國土計畫，應遵循全國國土計畫。

　　國家公園計畫、都市計畫及各目的事業主管機關擬定之部門計畫，應遵循

國土計畫。總之，縣市似無奈劃設分區，而第幾類分區似乎也無法因地制宜，即以各種土地之屬性來加以分類或劃設。（特定區域如特定專用區、保護區，尤其很難因地制宜）。

國土計畫之內容，應載明下列事項：（國土計畫法§9）

一、計畫範圍及計畫年期。

二、國土永續發展目標。

三、基本調查及發展預測。

四、國土空間發展及成長管理策略。

五、國土功能分區及其分類之劃設條件、劃設順序、土地使用指導事項。

六、部門空間發展策略。

七、國土防災策略及氣候變遷調適策略。

八、國土復育促進地區之劃定原則。

九、應辦事項及實施機關。

十、其他相關事項。

學者、專家、民間團體與國土計畫相關辦理事項，應包括舉辦座談會或以其他適當方法廣詢意見，作成記錄以及召開國土計畫審議會。

目前開發商與不動產從業人員對於國土計畫針對未來四大分區操作，可從實務面來推敲，並可實際分析如下：**即全國國土計畫乃過去都市計畫（主要計畫）的精神，直轄市國土計畫的審議重點在過去都市計畫（細部計畫）的精神，可見都市計畫的重要性。**

物件與國土計畫的關係

都市計畫內（城鄉發展區）與都市計畫外土地（禁止或限制使用區）

土地類別	都市計畫內	都市計畫外
容許使用	?	+ 變更編定
除作……不得作	通盤檢討	

「？」乃城鄉發展區的概念，未來在國土計畫體制下，不動產從業人員介

紹物件應以使用許可的觀點，說得明白一點，政府介紹物件應以遵循一級一審之方式建構多個法令之依據加以說明。例如：非都市土地制度下之甲、乙、丙、丁種建築用地似以城鄉發展區的概念操作，未來四大分區中國土保育地區、海洋資源地區權責歸中央主管機關，農業發展地區、城鄉發展地區權責歸直轄市、縣（市）主管機關。在國土功能分區中，非都市土地中之工業區、鄉村區及特定專用區均有第二類城鄉發展區的味道，前者乃以第二-1 類原則劃分，後者乃以第二-2 類原則劃分（特定專用區）。臺中航空站與桃園航空站是否為特定專用區，有無參考交通旅次、配置公共建設似乎有待商榷。臺中市烏日溪南違章工廠於農地上，政府或許可以配合國土計畫體系下，研擬出適當的分類區。具體的說，是以原有的都市計畫土地使用指導原則來看：人口密度低、數量少、不在交通樞紐、亦無緊鄰交通設施特性地區之建地（有建築執照），應朝向第二類城鄉發展區的概念做規劃較適宜。如以過去民國 70 年（西元 1981 年）前之農地目（建）來說，從第二種住宅區的角度視之，因都市化程度較高，似可視為第一類城鄉發展區；因為以實際都市計畫操作來看，其農地目（建）劃分似為第二種住宅區，此區劃分容積率介於 225%～245%之間（各縣市有所不同），可興建大樓，亦可興建透天，即所謂販厝，現況均以販厝為主，似應以從使用地類別容許項目的建構方向加以進行，建議中央單位應明確研議。從城鄉發展計畫實務的賣點視之，住 1 以規劃別墅為主，可能朝向第一類城鄉發展區檢討；商 1 以規劃傳統連棟店面為主，亦可能朝向第一類城鄉發展區檢討，因第一類城鄉發展區屬性仍以居住、產業或其他城鄉發展活動使用，如規劃為第二類城鄉發展區建構似有不合理之處。

　　唯住 1 人口數不足、亦無緊臨公共建設，也無交通樞紐之特色，如何劃分為第一類城鄉發展區也似有不合理之處。反之，供較高強度之居住，產業或其他城鄉發展活動使用乃以第一類城鄉發展區為目標之規劃。現況住 2 大樓未來規劃似僅能規劃二房為主力，乃拜人口少子化問題嚴重所勢。如今二房趨勢為主力，則住二房規劃朝第一類城鄉發展區分類與人口成長似有矛盾之處。唯從現行國土計畫施行細則的角度視之，都市計畫地區，公部門似均朝第一類城鄉發展區為目標規劃。唯都市計畫農業用地似可從都市計畫法臺灣省施行細則第29 條、29-1、29-2 的內涵視之，其性質似乎包括了可行性評估與財務計畫的

精神，因此其分類似可朝第二-三類分區為考量。未來房地產似可規劃如面寬八公尺以上別墅、不做人車分道之社區與大樓二房主力產品為趨勢，此亦代表了未來產品去化條件之依據。具體而言，城鄉發展區即是用原有都市計畫的角度來進行物件成交，不是以開發的角色，而是用人口成長、寧適和諧生活環境的角度來作物件介紹。總之，細部計畫即是城鄉發展區物件介紹下的依據，可見細部計畫在都市計畫制度上的重要性。細部計畫的內容包括：

1.計畫地區範圍。

2.居住密度及容納人口。

3.土地使用分區管制。

4.專業及財務計畫。

5.道路系統。

6.地區性之公共設施用地。

7.其他。

　　既然新的國土計畫制度實施之後，城鄉發展區內與都市計畫內的細部計畫有相當的關係。在建築開發的過程當中，當一條既成道路面臨指定建築線欲申請建築執照之際，即便道路供公眾通行達二十年，亦具備門牌二戶以上通行者，縱使條件均已具備，在無細部計畫實施的情況下，依然可以申請建築執照，唯不得進行開工申請之準備，可見都市計畫中細部計畫對土地開發的重要性。國土計畫實施之後，都市計畫使用分區容積率（強度）較高的似會朝向第一類城鄉發展區規劃；都市發展強度較差的地方，如非都市土地管制下之鄉村區、丁種建築用地及特定專用區等地區，似會朝向第二類城鄉發展區規劃，包括第二-1 與第二-2 類為主。唯實務上，丁種建築用地或工業區均屬供較高強度之產業或其他城鄉發展活動，容積率介於 210%～300% 之間，此應朝第一類城鄉發展區規劃才是；但在目前功能分區分類情況下，似均朝第二類城鄉發展區為目標，前後似有矛盾之處。總之，國土計畫中分類之開發即為使用許可制的精神，係以土地使用強度的精神作為臺灣地區國土計畫土地開發之建構。具體而言，城鄉發展區在分類的情況下，第一類係屬都市計畫土地以及在都市計畫土地或面積超過 50% 地區，唯如屬國土保育地區第一級劃設地區者，應予註記。第二類城鄉發展區乃屬區域計畫體系架構下鄉村區及其建築用地（實

務上應較屬甲建、乙建），面積需達五公頃以上者，唯離島地區者得視情況酌減之。同時，面積超過 50% 地區，唯如屬國土保育地區第一級劃設地區者，亦應予註記。第三類城鄉發展區係屬為因應原住民發展所預備之土地，或屬依區域計畫法劃設之鄉村區或達一定面積者之原住民保留地者。一般來說，如開發商所開發的土地為第二類城鄉發展區，比較屬於都市計畫新訂都市計畫或擴大都市計畫之屬性，如第二-3 類城鄉發展區從坪效的角度視之，可為人口、鄰近交通、公共建設與人口增加、防災與景觀之目的。因此，其劃設的類型較符合城鄉發展與住商、工商合一發展，規模至少須達五公頃，區位較符合高速公路、高速鐵路、國際機場、國際港口等一定行車距離範圍內，亦須符合當地環境之容受力。前項比較值得一提的是，產業發展如為工業區，其發展率至少達 80%；如為住宅區、商業區，其發展率至少亦達 80%。住商發展亦是如此，住宅區發展與商業區發展，其發展率一律須達 80%。另一方面，其整體開發模式較屬都市計畫中之主要計畫之內容，而其執行依據仍為細部計畫之內容。

參考資料：參考營建署 106.01.17 國土功能分區繪製作業辦法及研商會議。以上所述，可參考國土計畫法中第二十條內容了解之。

　　國土計畫之種類如下：

　　就您認為，都市計畫工業用地與丙種建築用地在國土計畫屬何分類？

　　答：都市計畫工業用地似係朝第一類城鄉發展區規劃，至於丙種建築用地似朝向國土保育區、城鄉發展區之間規劃。兩種分區似在因地制宜之間拉扯，實務上應劃設城鄉發展區較符合民意，環境敏感程度較高之地區，如河川區農牧用地、山坡地保育區農牧用地（現階段似劃設為農 3）、墳墓用地等等似朝向國土保育區才是。

　　越多類的城鄉發展區在實務上坪效越難抓，除非是第一類城鄉發展區土地使用強度強與早期老丙建可以蓋大樓的地區。簡單的說，原住民保留地如何抓坪效，實在有違地盡其利之目標（原民地興建民宿）。未來國土計畫將結合原住民族基本法諮詢、參與公民機制，透過特定區域計畫與土地使用管制規定（即容許使用項目），滿足原住民土地利用之需求。當原住民受都市計畫規範之際，應受上位國土計畫指導辦理。國土復育之際，原住民保留地受都市計畫之準則，亦應符合原住民環境生態與自然資源之保障，並強化使用強度。

　　第三類城鄉發展區（城三）係屬為因應原住民發展所預備之土地，或屬依區域計畫法劃設之鄉村區或達一定面積者之原住民保留地者。

　　依山坡地保育區丙種建築用地強度視之：其建蔽率 40%、容積率 120%，為因應未來朝城三劃設，可適度提高建蔽率、降低容積率調整修正，解決原民地產權不一問題。

　　再則，開發業者怎可能購買原住民土地，因身分不同無從購買，在國土計畫分區劃設下似僅能朝城鄉發展區或農業發展區性質劃設，讀者可分析桃園市石門地區原住民保留地商業區劃設歷史背景，不難看出過去 1960 年代臺灣的都市計畫體制可說乃中央集權制度，與政治關係較為緊密，也有順應民情的味道。

　　土地開發所謂研議的精神，如從土地屬性來看，視為生地。所謂審議的精神，視為熟地。從都市計畫法第四十條的精神來看，應有建築法規的依據，視為建地，這部分希望國土計畫法研議納入考量。

　　在圖說上面，新的國土計畫體系產生後，未來將以平臺的模式產出，同時以電子圖的方式取代地籍圖顯示，地政單位權責將以都發或城鄉單位顯示。並加了一個公聽會的程序，此內涵隱含了說明會的精神。繪製辦法分成兩個審議級制，一乃縣市級國土審議會審議，一乃內政部國土計畫審議會。同時在資訊圖面上一律公告期間三十日，而公開展覽期間為三十日。其界線的指定包括宗地界線、使用範圍界線、公告範圍界線、分類分級成果界線及道路或其他線型範圍為界線者作為界線認定的標準（即地界），即作為國土功能分區分類的界線。

　　國土計畫正式實施後，農地（都市計畫外）變更為特定目的事業用地之機會或許將以農業發展區分類的方式（農地變更為特定目的事業用地之前土地屬性乃為促進農業發展多元化條件，應具劃設為第二類農業發展區之屬性）取而代之，即容許使用的項目作為開發土地的一種替代方式。（農地變更為特定目的事業用地之後土地屬性應具劃設為第三類城鄉發展區（儲備用土地）之屬性，在此後續一併具體詮釋之。

　　國土計畫之規劃針對地方縣市對農業發展區、城鄉發展區劃設基本原則在農業發展地區應以確保糧食安全為原則，積極保護重要農業生產環境及基礎設施，並應避免零星發展（此即展現了農地禁止分割的概念，繼承不在此限）。

農委會初期建構國土計畫農地分類分級係依據全臺灣農地資源分類分級成果來區隔劃分等級珍貴的農地資源，例如：第四種農業用地範圍（農三）係指受汙染或接近交通要道、科學園區、工業園區等破碎農地及山坡地農業生產環境之地區；如山坡地保育區農牧用地無國土保安之虞者，似將劃分為第三類農業發展區。基本上優良農業生產環境之地區如特定農業區農牧用地，將劃分為第一類農業發展區，國土計畫實施後，第一類農業發展區均以耕種為目的，即不以興建農舍為目的。總之，具優良農業生產環境為維持糧食安全功能或曾經投資建設重大農業改良設施之地區，劃設為第一類農業發展區。具良好農業生產環境之地區如一般農業區農牧用地為維持良好糧食生產功能，促進農業發展多元化之地區（係指過去依區域計畫法相關法規變更編定特定目的事業用地者）；經農委會劃分分類分級為第二種農業用地範圍者，本文顯示：似可將劃分為第二類之 1 農業發展區。為維持良好糧食生產功能，促進農業發展多元化之地區（寺廟、納骨塔等用地者），經農委會劃分分類分級為第三種農業用地範圍者，似將劃分為第二類之 2 農業發展區。如為農村再生計畫；即農村主要人口集居之地區，且與農業生產、生活、生態之關係密不可分之農村聚落者，將劃分為第四類農業發展區。

城鄉發展地區應以集約發展、成長管理為原則，創造寧適和諧之生活環境及有效率之生產環境確保完整之配套公共設施（此即展現了市地重劃開發的概念）。

城 1：係指都市計畫土地（人口密度高、人口數量多之地區）；唯扣除農發 5 的劃設。城 2-1：原區劃設工業區（丁種建築用地）與鄉村區（甲、乙種建築用地）；係指非都市土地管制下之鄉村區、丁種建築用地及特定專用區或人口發展率超過 80% 之地區等。另城第 2-2 不管國土功能分區如何劃設，係指特定專用區及農村社區重劃或經行政院專案核定之案件。另一方面；城第 2-2 亦有土地容許許可的味道，如山坡地保育區丙種建築用地，其建蔽率、容積率為 40%、120%，其為住宅用地，在此等建築法規強度下，政府應可考慮規範為第 2-2 類城鄉發展區。城 2-3：係指核定重大建設或城鄉發展需求或具可行性評估、符合財務計畫之地方建設計畫之地區，且 5 年內具體發展計畫或需求。前項所稱城鄉發展需求之地區可從坪效的角度視之，即從新訂都市計畫

或擴大都市計畫目的向下延伸探討，同時；亦以位屬城鄉發展地區者爲限。

城 3：類似原住民用地發展的味道，即依區域計畫法所劃設之鄉村區。總而言之；城鄉發展地區依據都市化程度及發展需求加以劃設，並按發展程度，予以分類。

第一類：都市化程度較高，其住宅或產業活動高度集中之地區。

第二類：都市化程度較低，其住宅或產業活動具有一定規模以上之地區。

第三類：其他地區。

朝野 2020 年 4 月同意縣市國土計畫延長一年，從原本的二年延長爲三年，縣市國土功能分區圖由二年延長至四年，讓地方政府有時間協調。

立法院會今在處理討論事項時，在無異議情況下，三讀通過直轄市、縣市主管機關應於全國國土計畫公告實施後三年內，公告實施直轄市、縣市國土計畫。此外，直轄市、縣市國土計畫公告實施後四年內，則應一併公告國土功能分區圖。

備受爭議的「國土計畫法」修法，在排除「行政院核定國家重大建設計畫」作爲變更國土計畫事由後，僅延長國土規劃期程，今在立法院三讀通過，明定縣市國土計畫的擬訂及審議作業延一年、國土功能分區圖劃設作業延二年。

由於現行國土法規定，各縣市須訂出國土計畫的期限，至 2020 年 4 月 30 日到期，但仍有多個縣市未完成訂定相關計畫。行政院日前通過修法草案，除了無限期延長各縣市通盤檢討期限，也在國土計畫法第 15 條中將「行政院核定之國家重大建設計畫」納入不受通盤檢討的限制，可適時檢討變更。係根據最新修法結果，《國土計畫法》施行後二年內應公告實施全國國土計畫（即 2018/4/30）、再三年後公告實施縣市國土計畫（即 2021/4/30）、再四年後公告國土功能分區圖（2025/4/30）。（公告實施日期或許視實際狀況調整）

參考來源：陳熙文，〈立院三讀國土法修法 縣市國土計畫期限延長〉，《聯合報》，2020 年 4 月 17 日。

國土計畫法

第一章　總則

第 1 條

為因應氣候變遷，確保國土安全，保育自然環境與人文資產，促進資源與產業合理配置，強化國土整合管理機制，並復育環境敏感與國土破壞地區，追求國家永續發展，特制定本法。

第 2 條

本法所稱主管機關：在中央為內政部；在直轄市為直轄市政府；在縣（市）為縣（市）政府。

第 3 條

本法用詞，定義如下：

一、國土計畫：指針對我國管轄之陸域及海域，為達成國土永續發展，所訂定引導國土資源保育及利用之空間發展計畫。

二、全國國土計畫：指以全國國土為範圍，所訂定目標性、政策性及整體性之國土計畫。

三、直轄市、縣（市）國土計畫：指以直轄市、縣（市）行政轄區及其海域管轄範圍，所訂定實質發展及管制之國土計畫。

四、都會區域：指由一個以上之中心都市為核心，及與中心都市在社會、經濟上具有高度關聯之直轄市、縣（市）或鄉（鎮、市、區）所共同組成之範圍。

五、特定區域：指具有特殊自然、經濟、文化或其他性質，經中央主管機關指定之範圍。

六、部門空間發展策略：指主管機關會商各目的事業主管機關，就其部門發展所需涉及空間政策或區位適宜性，綜合評估後，所訂定之發展策略。

七、國土功能分區：指基於保育利用及管理之需要，依土地資源特性，所劃分之國土保育地區、海洋資源地區、農業發展地區及城鄉發展地區。

八、成長管理：指為確保國家永續發展、提升環境品質、促進經濟發展及維護社會公義之目標，考量自然環境容受力，公共設施服務水準與財務成本。

所謂確保國家永續發展、提升環境品質係走擴大都市計畫路線才是，因為可以解決市容不瞻、防災、汙水、排水問題，所謂促進經濟發展依照都市計畫法第 27 條都市計畫經發布實施，遇有左列情事之一時，當地直轄市、縣（市）（局）政府或鄉、鎮、縣轄市公所，應視實際情況迅行變更：

一、因戰爭、地震、水災、風災、火災或其他重大事變遭受損壞時。

二、為避免重大災害之發生時。

三、為適應國防或經濟發展之需要時。

四、為配合中央、直轄市或縣（市）興建之重大設施時。

前項都市計畫之變更，內政部或縣（市）（局）政府得指定各該原擬定之機關限期為之，必要時，並得逕為變更。

此乃個案變更方式，其理由在於個案變更方式速度較通盤檢討為快。所謂公共設施服務水準係指使用分區例如商業區中公共設施是否能達都市計畫範圍內法定比例 10% 之要求。

第 4 條

中央主管機關應辦理下列事項：

一、全國國土計畫之擬定，公告、變更及實施。

二、對直轄市、縣（市）政府推動國土計畫之核定及監督。

三、國土功能分區劃設順序、劃設原則之規劃。

四、使用許可制度及全國性土地使用管制之擬定。

五、國土保育地區或海洋資源地區之使用許可、許可變更及廢止之核定。

六、其他全國性國土計畫之策劃及督導。

直轄市、縣（市）主管機關應辦理下列事項：

一、直轄市、縣（市）國土計畫之擬定、公告、變更及執行。

二、國土功能分區之劃設。

三、全國性土地使用管制之執行及直轄市、縣（市）特殊性土地使用管制之擬定、執行。

四、農業發展地區及城鄉發展地區之使用許可，許可變更及廢止之核定。

五、其他直轄市、縣（市）國土計畫之執行。

第 5 條

中央主管機關應定期公布國土白皮書，並透過網際網路或其他適當方式公開。

第 6 條

國土計畫之規劃基本原則如下：

一、國土規劃應配合國際公約及相關國際性規範，共同促進國土之永續發展。

二、國土規劃應考量自然條件及水資源供應能力，並因應氣候變遷，確保國土
防災及應變能力。

三、國土保育地區應以保育及保安為原則，並得禁止或限制使用。

四、海洋資源地區應以資源永續利用為原則，整合多元需求，建立使用秩序。

五、農業發展地區應以確保糧食安全為原則，積極保護重要農業生產環境及基
礎設施，並應避免零星發展。

六、城鄉發展地區應以集約發展、成長管理為原則，創造寧適和諧之生活環境
及有效率之生產環境確保完整之配套公共設施。

七、都會區域應配合區域特色與整體發展需要，加強跨域整合，達成資源互
補、強化區域機能提升競爭力。

八、特定區域應考量重要自然地形、地貌、地物、文化特色及其他法令所定之
條件，實施整體規劃。

九、國土規劃涉及原住民族之土地，應尊重及保存其傳統文化、領域及智慧，
並建立互利共榮機制。

十、國土規劃應力求民眾參與多元化及資訊公開化。

十一、土地使用應兼顧環境保育原則，建立公平及有效率之管制機制。

第 7 條

行政院應遴聘（派）學者、專家、民間團體及有關機關代表，召開國土計畫審
議會，以合議方式辦理下列事項：

一、全國國土計畫核定之審議。

二、部門計畫與國土計畫競合之協調、決定。

中央主管機關應遴聘（派）學者、專家、民間團體及有關機關代表，召開國土
計畫審議會，以合議方式辦理下列事項：

一、全國國土計畫擬定或變更之審議。

二、直轄市、縣（市）國土計畫核定之審議。

三、直轄市、縣（市）國土計畫之復議。

四、國土保育地區及海洋資源地區之使用許可、許可變更及廢止之審議。

直轄市、縣（市）主管機關應遴聘（派）學者、專家、民間團體及有關機關代表，召開國土計畫審議會，以合議方式辦理下列事項：

一、直轄市、縣（市）國土計畫擬定或變更之審議。

二、農業發展地區及城鄉發展地區之使用許可、許可變更及廢止之審議。

第二章　國土計畫之種類及內容

第 8 條
國土計畫之種類如下：

一、全國國土計畫。

二、直轄市、縣（市）國土計畫。

中央主管機關擬定全國國土計畫時，得會商有關機關就都會區域或特定區域範圍研擬相關計畫內容；直轄市、縣（市）政府亦得就都會區域或特定區域範圍，共同研擬相關計畫內容，報中央主管機關審議後，納入全國國土計畫。

直轄市、縣（市）國土計畫，應遵循全國國土計畫。

國家公園計畫、都市計畫及各目的事業主管機關擬定之部門計畫，應遵循國土計畫。

第 9 條
全國國土計畫之內容，應載明下列事項：

一、計畫範圍及計畫年期。

二、國土永續發展目標。

三、基本調查及發展預測。

四、國土空間發展及成長管理策略。

五、國土功能分區及其分類之劃設條件、劃設順序、土地使用指導事項。

六、部門空間發展策略。

七、國土防災策略及氣候變遷調適策略。

八、國土復育促進地區之劃定原則。

九、應辦事項及實施機關。

十、其他相關事項。

全國國土計畫中涉有依前條第二項擬定之都會區域或特定區域範圍相關計畫內容，得另以附冊方式定之。

第 10 條
直轄市、縣（市）國土計畫之內容，應載明下列事項：

一、計畫範圍及計畫年期。

二、全國國土計畫之指示事項。

三、直轄市、縣（市）之發展目標。

四、基本調查及發展預測。

五、直轄市、縣（市）空間發展及成長管理計畫。

六、國土功能分區及其分類之劃設、調整、土地使用管制原則。

七、部門空間發展計畫。

八、氣候變遷調適計畫。

九、國土復育促進地區之建議事項。

十、應辦事項及實施機關。

十一、其他相關事項。

第三章　國土計畫之擬定、公告、變更及實施

第 11 條
國土計畫之擬定、審議及核定機關如下：

一、全國國土計畫：由中央主管機關擬定、審議，報請行政院核定。

二、直轄市、縣（市）國土計畫：由直轄市、縣（市）主管機關擬定、審議，報請中央主管機關核定。

前項全國國土計畫中特定區域之內容，如涉及原住民族土地及海域者，應依原住民族基本法第二十一條規定辦理，並由中央主管機關會同中央原住民族主管機關擬定。

第 12 條
國土計畫之擬定，應邀集學者、專家、民間團體等舉辦座談會或以其他適當方

法廣詢意見，作成記錄，以為擬定計畫之參考。

國土計畫擬定後送審議前，應公開展覽三十日及舉行公聽會；公開展覽及公聽會之日期及地點應登載於政府公報、新聞紙，並以網際網路或其他適當方法廣泛周知。人民或團體得於公開展覽期間內，以書面載明姓名或名稱及地址，向該管主管機關提出意見，由該管機關參考審議，併同審議結果及計畫，分別報請行政院或中央主管機關核定。

前項審議之進度、結果、陳情意見參採情形及其他有關資訊，應以網際網路或登載於政府公報等其他適當方法廣泛周知。

第 13 條

國土計畫經核定後，擬定機關應於接到核定公文之日起三十日內公告實施，並將計畫函送各有關直轄市、縣（市）政府及鄉（鎮、市、區）公所分別公開展覽；其展覽期間，不得少於九十日；計畫內容重點應登載於政府公報、新聞紙，並以網際網路或其他適當方法廣泛周知。

直轄市、縣（市）國土計畫未依規定公告者，中央主管機關得逕為公告及公開展覽。

第 14 條

直轄市、縣（市）國土計畫擬定機關對於核定之國土計畫申請復議時，應於前條第一項規定公告實施前提出，並以一次為限。經復議決定維持原核定計畫時，應即依規定公告實施。

第 15 條

全國國土計畫公告實施後，直轄市、縣（市）主管機關應依中央主管機關規定期限，辦理直轄市、縣（市）國土計畫之擬定或變更。但其全部行政轄區均已發布實施都市計畫或國家公園計畫者，得免擬定直轄市、縣（市）國土計畫。

直轄市、縣（市）主管機關未依前項規定期限辦理直轄市、縣（市）國土計畫之擬定或變更者，中央主管機關得逕為擬定或變更，並準用第十一條至第十三條規定程序辦理。

國土計畫公告實施後，擬定計畫之機關應視實際發展情況，全國國土計畫每十年通盤檢討一次，直轄市、縣（市）國土計畫每五年通盤檢討一次，並作必要之變更，但有下列情事之一者，得適時檢討變更之：

一、因戰爭、地震、水災、風災、火災或其他重大事變遭受損壞。

二、為加強資源保育或避免重大災害之發生。

三、政府興辦國防、重大之公共設施或公用事業計畫。

四、其屬全國國土計畫者，為擬定、變更都會區域或特定區域之計畫內容。

五、其屬直轄市、縣（市）國土計畫者，為配合全國國土計畫之指示事項。

前項第一款、第二款及第三款適時檢討變更之計畫內容及辦理程序得予以簡化；其簡化之辦法，由中央主管機關定之。

第 16 條

直轄市、縣（市）國土計畫公告實施後，應由直轄市、縣（市）主管機關通知當地都市計畫主管機關按國土計畫之指導，辦理都市計畫之擬定或變更。

前項都市計畫之擬定或變更，中央主管機關或直轄市、縣（市）主管機關得指定各該擬定機關限期為之，必要時並得逕為擬定或變更。

第 17 條

各目的事業主管機關興辦性質重要且在一定規模以上部門計畫時，除應遵循國土計畫之指導外，並應於先期規劃階段，徵詢同級主管機關之意見。

中央目的事業主管機關興辦部門計畫與各級國土計畫所定部門空間發展策略或計畫產生競合時，應報由中央主管機關協調；協調不成時，得報請行政院決定之。

第一項性質重要且在一定規模以上部門計畫之認定標準，由中央主管機關定之。

第 18 條

各級主管機關因擬定或變更國土計畫須派員進入公、私有土地或建築物調查或勘測時，其所有人、占有人、管理人或使用人不得拒絕。但進入國防設施用地，應經該國防設施用地主管機關同意。

前項調查或勘測人員進入公、私有土地或建築物調查或勘測時，應出示執行職務有關之證明文件或顯示足資辨別之標誌；於進入建築物或設有圍障之土地調查或勘測前，應於七日前通知其所有人、占有人、管理人或使用人。

為實施前項調查或勘測，須遷移或拆除地上障礙物，致所有人或使用人遭受之

損失，應先予適當之補償，其補償價額以協議為之。

第 19 條

為擬定國土計畫，主管機關應蒐集、協調及整合國土規劃基礎資訊與環境敏感地區等相關資料，各有關機關應配合提供；中央主管機關並應定期從事國土利用現況調查及土地利用監測。

前項國土利用現況調查及土地利用監測之辦法，由中央主管機關定之。

第一項資訊之公開，依政府資訊公開法之規定辦理。

第四章　國土功能分區之劃設及土地使用管制

第 20 條

各國土功能分區及其分類之劃設原則如下：

一、國土保育地區：依據天然資源、自然生態或景觀、災害及其防治設施分布情形加以劃設，並按環境敏感程度，予以分類：

　　（一）第一類：具豐富資源、重要生態、珍貴景觀或易致災條件，其環境敏感程度較高之地區。

　　（二）第二類：具豐富資源、重要生態、珍貴景觀或易致災條件，其環境敏感程度較低之地區。

　　（三）其他必要之分類。

二、海洋資源地區：依據內水與領海之現況及未來發展需要，就海洋資源保育利用、原住民族傳統使用、特殊用途及其他使用等加以劃設，並按用海需求，予以分類：

　　臺中高美濕地屬休閒專用區，係照都市計畫法規相關事項規定，既為都市計畫，應為城鄉發展區才是較為妥當，唯仍須在國土保育區下規範。

　　（一）第一類：使用性質具排他性之地區。

　　（二）第二類：使用性質具相容性之地區。

　　（三）其他必要之分類。

三、農業發展地區：依據農業生產環境、維持糧食安全功能及曾經投資建設重大農業改良設施之情形加以劃設，並按農地生產資源條件，予以分類：

（一）第一類：具優良農業生產環境、維持糧食安全功能或曾經投資建設重大農業改良設施之地區。

（二）第二類：具良好農業生產環境、糧食生產功能，為促進農業發展多元化之地區。

（三）其他必要之分類。

四、城鄉發展地區：依據都市化程度及發展需求加以劃設，並按發展程度，予以分類：

（一）第一類：都市化程度較高，其住宅或產業活動高度集中之地區。

（二）第二類：都市化程度較低，其住宅或產業活動具有一定規模以上之地區。

（三）其他必要之分類。

新訂或擴大都市計畫案件，應以位屬城鄉發展地區者為限。

第 21 條

國土功能分區及其分類之土地使用原則如下：

一、國土保育地區：

（一）第一類：維護自然環境狀態，並禁止或限制其他使用。

（二）第二類：盡量維護自然環境狀態，允許有條件使用。

（三）其他必要之分類：按環境資源特性給予不同程度之使用管制。

二、海洋資源地區：

（一）第一類：供維護海域公共安全及公共福祉，或符合海域管理之有條件排他性使用，並禁止或限制其他使用。

（二）第二類：供海域公共通行或公共水域使用之相容使用。

（三）其他必要之分類：其他尚未規劃或使用者，按海洋資源條件，給予不同程度之使用管制。

三、農業發展地區：

（一）第一類：供農業生產及其必要之產銷設施使用，並禁止或限制其他使用。

（二）第二類：供農業生產及其產業價值鏈發展所需設施使用，並依其產

業特性給予不同程度之使用管制、禁止或限制其他使用。

（三）其他必要之分類：按農業資源條件給予不同程度之使用管制。

四、城鄉發展地區：

（一）第一類：供較高強度之居住、產業或其他城鄉發展活動使用。

（二）第二類：供較低強度之居住、產業或其他城鄉發展活動使用。

（三）其他必要之分類：按城鄉發展情形給予不同程度之使用管制。

第 22 條

直轄市、縣（市）國土計畫公告實施後，應由各該主管機關依各級國土計畫國土功能分區之劃設內容，製作國土功能分區圖及編定適當使用地，報經中央主管機關核定後公告，並實施管制。

前項國土功能分區圖，除為加強國土保育者，得隨時辦理外，應於國土計畫所定之一定期限內完成。

前二項國土功能分區圖繪製之辦理機關、製定方法、比例尺、辦理、檢討變更程序及公告等之作業辦法，由中央主管機關定之。

第 23 條

國土保育地區以外之其他國土功能分區，如有符合國土保育地區之劃設原則者，除應依據各該國土功能分區之使用原則進行管制外，並應按其資源、生態、景觀或災害特性及程度，予以禁止或限制使用。

國土功能分區及其分類之使用地類別編定、變更、規模、可建築用地及其強度、應經申請同意使用項目、條件、程序、免經申請同意使用項目、禁止或限制使用及其他應遵行之土地使用管制事項之規則，由中央主管機關定之。但屬實施都市計畫或國家公園計畫者，仍依都市計畫法、國家公園法及其相關法規實施管制。

前項規則中涉及原住民族土地及海域之使用管制者，應依原住民族基本法第二十一條規定辦理，並由中央主管機關會同中央原住民族主管機關訂定。

直轄市、縣（市）主管機關得視地方實際需要，依全國國土計畫土地使用指導事項，由該管主管機關另訂管制規則，並報請中央主管機關核定。

國防、重大之公共設施或公用事業計畫，得於各國土功能分區申請使用。

第 24 條

於符合第二十一條國土功能分區及其分類之使用原則下，從事一定規模以上或性質特殊之土地使用，應由申請人檢具第二十六條規定之書圖文件申請使用許可；其一定規模以上或性質特殊之土地使用，其認定標準，由中央主管機關定之。

前項使用許可不得變更國土功能分區、分類，且填海造地案件限於城鄉發展地區申請，並符合海岸及海域之規劃。

第一項使用許可之申請，由直轄市、縣（市）主管機關受理。申請使用許可範圍屬國土保育地區或海洋資源地區者，由直轄市、縣（市）主管機關核轉中央主管機關審議外，其餘申請使用許可範圍由直轄市、縣（市）主管機關審議。但申請使用範圍跨二個直轄市、縣（市）行政區以上、興辦前條第五項國防、重大之公共設施或公用事業計畫跨二個國土功能分區以上致審議之主管機關不同或填海造地案件者，由中央主管機關審議。

變更經主管機關許可之使用計畫，應依第一項及第三項規定程序辦理。但變更內容性質單純者，其程序得予以簡化。

各級主管機關應依第七條規定辦理審議，並應收取審查費；其收費辦法，由中央主管機關定之。

申請人取得主管機關之許可後，除申請填海造地使用許可案件依第三十條規定辦理外，應於規定期限內進行使用；逾規定期限者，其許可失其效力。未依經許可之使用計畫使用或違反其他相關法規規定，經限期改善而未改善或經目的事業、水土保持、環境保護等主管機關廢止有關計畫者，廢止其使用許可。

第一項及第三項至第六項有關使用許可之辦理程序、受理要件、審議方式與期限，已許可使用計畫應辦理變更之情形與辦理程序、許可之失效、廢止及其他相關事項之辦法，由中央主管機關定之。

第 25 條

直轄市、縣（市）主管機關受理使用許可之申請後，經審查符合受理要件者，應於審議前將其書圖文件於申請使用案件所在地鄉（鎮、市、區）公所公開展覽三十日及舉行公聽會。但依前條第三項規定由中央主管機關審議者，於直轄

市、縣（市）主管機關受理審查符合受理要件核轉後，於審議前公開展覽三十日及舉行公聽會。

前項舉行公聽會之時間、地點、辦理方式等事項，除應以網際網路方式公開外，並得登載於政府公報、新聞紙或其他適當方法廣泛周知，另應以書面送達申請使用範圍內之土地所有權人。但已依其他法規舉行公聽會，且踐行以網際網路周知及書面送達土地所有權人者，不在此限。

公開展覽期間內，人民或團體得以書面載明姓名或名稱及地址，向主管機關提出意見。主管機關應於公開展覽期滿之日起三十日內彙整人民或團體意見，併同申請使用許可書圖文件報請審議。

前三項有關使用許可之公開展覽與公聽會之辦理方式及人民陳述意見處理之辦法，由中央主管機關定之。

第 26 條
依第二十四條規定申請使用許可之案件，應檢具下列書圖文件：

一、申請書及使用計畫。

二、使用計畫範圍內土地與建築物所有權人同意證明文件。但申請使用許可之事業依法得為徵收或依農村社區土地重劃條例得申請重劃者，免附。

三、依其他相關法令規定應先經各該主管機關同意之文件。

四、興辦事業計畫已依各目的事業主管法令同意之文件。

五、其他必要之文件。

主管機關審議申請使用許可案件，應考量土地使用適宜性、交通與公共設施服務水準、自然環境及人為設施容受力。依各國土功能分區之特性，經審議符合下列條件者，得許可使用：

一、國土保育地區及海洋資源地區：就環境保護、自然保育及災害防止，為妥適之規劃，並針對該使用所造成生態環境損失，採取彌補或復育之有效措施。

二、農業發展地區：維護農業生產環境及水資源供應之完整性，避免零星使用或影響其他農業生產環境之使用；其有興建必要之農業相關設施，應以與當地農業生產經營有關者為限。

三、城鄉發展地區：都市成長管理、發展趨勢之關聯影響、公共建設計畫時
　　程、水資源供應及電力、瓦斯、電信等維生系統完備性。

前二項使用許可審議應檢附之書圖文件內容、格式、許可條件具體規定等相關
事項之審議規則，由中央主管機關定之。

第 27 條

申請使用許可案件經依前條規定審議通過後，由主管機關核發使用許可，並將
經許可之使用計畫書圖、文件，於各有關直轄市、縣（市）政府及鄉（鎮、
市、區）公所分別公開展覽；其展覽期間，不得少於三十日，並得視實際需
要，將計畫內容重點登載於政府公報、新聞紙、網際網路或其他適當方法廣泛
周知。

前項許可使用計畫之使用地類別、使用配置、項目、強度，應作為範圍內土地
使用管制之依據。

第 28 條

經主管機關核發使用許可案件，中央主管機關應向申請人收取國土保育費作為
辦理國土保育有關事項之用；直轄市、縣（市）主管機關應向申請人收取影響
費，作為改善或增建相關公共設施之用，影響費得以使用許可範圍內可建築土
地抵充之。

直轄市、縣（市）主管機關收取前項影響費後，應於一定期限內按前項用途使
用；未依期限或用途使用者，申請人得要求直轄市、縣（市）主管機關返還已
繳納之影響費。

第一項影響費如係配合整體國土計畫之推動、指導等性質，或其他法律定有同
性質費用之收取者，得予減免。

前三項國土保育費及影響費之收費方武、費額（率）、應使用之一定期限、用
途、影響費之減免與返還、可建築土地抵充之範圍及其他相關事項之辦法，由
中央主管機關定之。

第一項影響費得成立基金，其保管及運用之規定，由直轄市、縣（市）主管機
關定之。

第 29 條

申請人於主管機關核發使用許可後，應先完成下列事項，始得依經許可之使用計畫進行後續使用：

一、將使用計畫範圍內應登記為直轄市、縣（市）或鄉（鎮、市）管有之公共設施用地完成分割、移轉登記為各該直轄市、縣（市）或鄉（鎮、市）有。

二、分別向中央主管機關繳交國土保育費及直轄市、縣（市）主管機關繳交影響費。

三、使用地依使用計畫內容申請變更。

前項公共設施用地上需興建之設施，應由申請人依使用計畫分期興建完竣勘驗合格，領得使用執照並將所有權移轉登記為直轄市、縣（市）或鄉（鎮、市）有後，其餘非公共設施用地上建築物始得核發使用執照。但經申請人提出各分期應興建完竣設施完成前之服務功能替代方案，並經直轄市、縣（市）或特設主管建築機關同意者，不在此限。

申請人於前項公共設施用地上興建公共設施時，不適用土地法第二十五條規定。

第一項及第二項許可使用後之程序、作業方式、負擔、公共設施項目及其他相關事項之辦法，由中央主管機關定之。

第一項及第二項之公共設施用地及設施，其所有權移轉登記承受人依其他法律另有規定者，從其規定；申請移轉登記為直轄市、縣（市）或鄉（鎮、市）有時，得由申請人憑第二十七條第一項規定許可文件單獨申請登記；登記機關辦理該移轉登記時，免繕發權利書狀，登記完畢後，應通知該直轄市、縣（市）政府或鄉（鎮、市）公所。

第 30 條

申請填海造地案件依第二十四條規定取得使用許可後，申請人應於規定期限內提出造地施工計畫，繳交開發保證金；經直轄市、縣（市）主管機關許可並依計畫填築完成後，始得依前條第一項規定辦理相關事宜。

前項造地施工計畫，涉及國防或經中央主管機關認定其公共安全影響範圍跨直

轄市、縣（市），由中央主管機關許可。

第一項造地施工計畫屆期未申請許可者，其依第二十四條規定取得之許可失其效力；造地施工計畫經審議駁回或不予許可者，審議機關應送請中央主管機關廢止其依第二十四條規定取得之許可。

第一項造地施工計畫內容及書圖格式、申請期限、展延、保證金計算、減免、繳交、動支、退還、造地施工管理及其他相關事項之辦法，由中央主管機關定之。

第一項造地施工計畫之許可，其他法規另有規定者，從其規定。但其他法規未規定申請期限，仍應依第一項申請期限辦理之。

第 31 條
使用許可內容涉及依法核定為國家機密或其他法律、法規命令規定應祕密之事項或限制、禁止公開者，不適用第二十五條及第二十七條有關公開展覽、公聽會及計畫內容公告周知之規定。

第 32 條
直轄市、縣（市）主管機關公告國土功能分區圖後，應按本法規定進行管制。

區域計畫實施前或原合法之建築物、設施與第二十三條第二項或第四項所定土地使用管制內容不符者，除准修繕外，不得增建或改建。當地直轄市、縣（市）主管機關認有必要時，得斟酌地方情形限期令其變更使用或遷移，其因遷移所受之損害，應予適當之補償；在直轄市、縣（市）主管機關令其變更使用、遷移前，得為區域計畫實施前之使用、原來之合法使用或改為妨礙目的較輕之使用。

直轄市、縣（市）主管機關對於既有合法可建築用地經依直轄市、縣（市）國土計畫變更為非可建築用地時，其所受之損失，應予適當補償。

前二項補償方式及其他相關事項之辦法，由中央主管機關定之。

第 33 條
政府為國土保安及生態保育之緊急需要，有取得土地、建築物或設施之必要者，應由各目的事業主管機關依法價購、徵收或辦理撥用。

第 34 條
申請人申請使用許可違反本法或依本法授權訂定之相關命令而主管機關疏於執

行時，受害人民或公益團體得敘明疏於執行之具體內容，以書面告知主管機關。主管機關於書面告知送達之日起六十日內仍未依法執行者，人民或公益團體得以該主管機關為被告，對其怠於執行職務之行為，直接向行政法院提起訴訟，請求判令其執行。

行政法院為前項判決時，得依職權判令被告機關支付適當律師費用、偵測鑑定費用或其他訴訟費用予原告。

第一項之書面告知格式，由中央主管機關定之。

第五章　國土復育

第 35 條

下列地區得由目的事業主管機關劃定為國土復育促進地區，進行復育工作：

一、土石流高潛勢地區。

二、嚴重山崩、地滑地區。

三、嚴重地層下陷地區。

四、流域有生態環境劣化或安全之虞地區。

五、生態環境已嚴重破壞退化地區。

六、其他地質敏感或對國土保育有嚴重影響之地區。

前項國土復育促進地區之劃定、公告及廢止之辦法，由主管機關會商有關中央目的事業主管機關定之。

國土復育促進地區之劃定機關，由中央主管機關協調有關機關決定，協調不成，報行政院決定之。

第 36 條

國土復育促進地區經劃定者，應以保育和禁止開發行為及設施之設置為原則，並由劃定機關擬定復育計畫，報請中央目的事業主管機關核定後實施。如涉及原住民族土地，劃定機關應邀請原住民族部落參與計畫之擬定、執行與管理。

前項復育計畫，每五年應通盤檢討一次，並得視需要，隨時報請行政院核准變更；復育計畫之標的、內容、合於變更要件，及禁止、相容與限制事項，由中央主管機關定之。

各目的事業主管機關為執行第一項復育計畫，必要時，得依法價購、徵收區內私有土地及合法土地改良物。

第 37 條

國土復育促進地區內已有之聚落或建築設施，經中央目的事業主管機關或直轄市、縣（市）政府評估安全堪虞者，除有立即明顯之危害，不得限制居住或強制遷居。

前項經評估有安全堪虞之地區，中央目的事業主管機關或直轄市、縣（市）政府應研擬完善安置及配套計畫，並徵得居民同意後，於安全、適宜之土地，整體規劃合乎永續生態原則之聚落，予以安置，並協助居住、就業、就學、就養及保存其傳統文化；必要時，由行政院協調整合辦理。

第六章　罰則

第 38 條

從事未符合國土功能分區及其分類使用原則之一定規模以上或性質特殊之土地使用者，由該管直轄市、縣（市）主管機關處行為人新臺幣一百萬元以上五百萬元以下罰鍰。

有下列情形之一者，由該管直轄市、縣（市）主管機關處行為人新臺幣三十萬元以上一百五十萬元以下罰鍰：

一、未經使用許可而從事符合國土功能分區及其分類使用原則之一定規模以上或性質特殊之土地使用。

二、未依許可使用計畫之使用地類別，使用配置、項目、強度進行使用。

違反第二十三條第二項或第四項之管制使用土地者，由該管直轄市、縣（市）主管機關處行為人新臺幣六萬元以上三十萬元以下罰鍰。

依前三項規定處罰者，該管直轄市、縣（市）主管機關得限期令其變更使用、停止使用或拆除其地上物恢復原狀；於管制使用土地上經營業務者，必要時得勒令歇業，並通知該管主管機關廢止其全部或一部登記。

前項情形經限期變更使用、停止使用、拆除地上物恢復原狀或勒令歇業而不遵從者，得按次依第一項至第三項規定處罰，並得依行政執行法規定停止供水、

供電、封閉、強制拆除或採取其他恢復原狀之措施，其費用由行為人負擔。

有第一項、第二項第一款或第三項情形無法發現行為人時，直轄市、縣（市）主管機關應依序命土地或地上物使用人、管理人或所有人限期停止使用或恢復原狀；屆期不履行，直轄市、縣（市）主管機關得依行政執行法規定辦理。

前項土地或地上物屬公有者，管理人於收受限期恢復原狀之通知後，得於期限屆滿前擬定改善計畫送主管機關核備，不受前項限期恢復原狀規定之限制。但有立即影響公共安全之情事時，應迅即恢復原狀或予以改善。

第 39 條

有前條第一項、第二項或第三項情形致釀成災害者，處七年以下有期徒刑，得併科新臺幣五百萬元以下罰金；因而致人於死者，處五年以上十二年以下有期徒刑，得併科新臺幣一千萬元以下罰金；致重傷者，處三年以上十年以下有期徒刑，得併科新臺幣七百萬元以下罰金。

犯前項之罪者，其墾殖物、工作物、施工材料及所使用之機具，不論屬於犯罪行為人與否，沒收之。

第 40 條

直轄市、縣（市）主管機關對土地違規使用應加強稽查，並由依第三十八條規定所處罰鍰中提撥一定比率，供民眾檢舉獎勵使用。

前項檢舉土地違規使用獎勵之對象、基準、範圍及其他相關事項之辦法，由中央主管機關定之。

第七章　附則

第 41 條

直轄市、縣（市）主管機關之海域管轄範圍，得由中央主管機關會商有關機關劃定。

各級主管機關為執行海域內違反本法之取締、蒐證、移送等事項，由海岸巡防機關協助提供載具及安全戒護。

第 42 條

第十五條第三項第三款及第二十三條第五項所定重大之公共設施或公用事業計

畫，其認定標準，由中央主管機關定之。

第 43 條

政府應整合現有國土資源相關研究機構，推動國土規劃研究；必要時，得經整合後指定國家級國土規劃研究專責之法人或機構。

第 44 條

中央主管機關應設置國土永續發展基金；其基金來源如下：

一、使用許可案件所收取之國土保育費。

二、政府循預算程序之撥款。

三、自來水事業機構附徵之一定比率費用。

四、電力事業機構附徵之一定比率費用。

五、違反本法罰鍰之一定比率提撥。

六、民間捐贈。

七、本基金孳息收入。

八、其他收入。

前項第二款政府之撥款，自本法施行之日起，中央主管機關應視國土計畫檢討變更情形逐年編列預算移撥，於本法施行後十年，移撥總額不得低於新臺幣五百億元。第三款及第四款來源，自本法施行後第十一年起適用。

第一項第三款至第五款，其附徵項目、一定比率之計算方式、繳交時間、期限與程序及其他相關事項之辦法，由中央主管機關定之。

國土永續發展基金之用途如下：

一、依本法規定辦理之補償所需支出。

二、國土之規劃研究、調查及土地利用之監測。

三、依第一項第五款來源補助直轄市、縣（市）主管機關辦理違規查處及支應民眾檢舉獎勵。

四、其他國土保育事項。

第 45 條

中央主管機關應於本法施行後二年內，公告實施全國國土計畫。

直轄市、縣（市）主管機關應於全國國土計畫公告實施後二年內，依中央主管

機關指定之日期，一併公告實施直轄市、縣（市）國土計畫；並於直轄市、縣（市）國土計畫公告實施後二年內，依中央主管機關指定之日期，一併公告國土功能分區圖。

直轄市、縣（市）主管機關依前項公告國土功能分區圖之日起，區域計畫法不再適用。

第 46 條
本法施行細則，由中央主管機關定之。

第 47 條
本法施行日期，由行政院於本法公布後一年內定之。

↪ 農業用地興建農舍辦法

唯集村農舍興建現因 90% 容積移轉（配地）至山坡地保育區須作農業使用成效不彰，今政策似已停擺。

最新修正十七條，104/9/4

中華民國一百零四年九月四日內政部臺內營字第 1040813558 號令、行政院農業委員會農水保字第 1041816006 號令會銜修正第二條、第三條之一條文

第 1 條
本辦法依農業發展條例（以下簡稱本條例）第十八條第五項規定訂定之。

第 2 條
依本條例第十八條第一項規定申請興建農舍之申請人應為農民，且其資格應符合下列條件，並經直轄市、縣（市）主管機關核定：

一、年滿二十歲或未滿二十歲已結婚者。

二、申請人之戶籍所在地及其農業用地，須在同一直轄市、縣（市）內，且其土地取得及戶籍登記均應滿二年者。但參加興建集村農舍建築物坐落之農業用地，不受土地取得應滿二年之限制。

三、申請興建農舍之該筆農業用地面積不得小於零點二五公頃。但參加興建集村農舍及於離島地區興建農舍者，不在此限。

四、申請人無自用農舍者。申請人已領有個別農舍或集村農舍建造執照者，

　　　　視為已有自用農舍。但該建造執照屬尚未開工且已撤銷或原申請案件重
　　　　新申請者，不在此限。

　　五、申請人為該農業用地之所有權人，且該農業用地應確供農業使用及屬未
　　　　經申請興建農舍者；該農舍之興建並不得影響農業生產環境及農村發展。

前項第五款規定確供農業使用與不影響農業生產環境及農村發展之認定，由申
請人檢附依中央主管機關訂定之經營計畫書格式，載明該筆農業用地農業經營
現況、農業用地整體配置及其他事項，送請直轄市、縣（市）主管機關審查。

直轄市、縣（市）主管機關為辦理第一項申請興建農舍之核定作業，得由農業
單位邀集環境保護、建築管理、地政、都市計畫等單位組成審查小組，審查前
二項、第三條、第四條至第六條規定事項。

第 3 條

依本條例第十八條第三項規定申請興建農舍之申請人應為農民，且其資格應
符合前條第一項第四款及第五款規定，其申請興建農舍，得依都市計畫法第
八十五條授權訂定之施行細則與自治法規、實施區域計畫地區建築管理辦法、
建築法、國家公園法及其他相關法令規定辦理。

第 3 條之 1

農民之認定，由農民於申請興建農舍時，檢附農業生產相關佐證資料，經直轄
市、縣（市）主管機關會同專家、學者會勘後認定之。但屬農民健康保險被保
險人或全民健康保險第三類被保險人者，不在此限。

第 4 條

本條例中華民國八十九年一月二十八日修正施行前取得之農業用地，有下列情
形之一者，得準用前條規定申請興建農舍：

　　一、依法被徵收之農業用地。但經核准全部或部分發給抵價地者，不適用之。

　　二、依法為得徵收之土地，經土地所有權人自願以協議價購方式讓售與需地
　　　　機關。

前項土地所有權人申請興建農舍，以自完成徵收所有權登記後三十日起或完成
讓售移轉登記之日起三年內，於同一直轄市、縣（市）內取得農業用地並提出
申請者為限，其申請面積並不得超過原被徵收或讓售土地之面積。

本辦法九十二年一月三日修正施行後至一百零二年七月一日修正施行前，屬本條第一項適用案件且已於公告徵收或完成讓售移轉登記之日起一年內，於同一直轄市、縣（市）內重新購置農業用地者，得自一百零二年七月一日修正施行後二年內申請興建農舍。

第 5 條
申請興建農舍之農業用地，有下列情形之一者，不得依本辦法申請興建農舍：

一、非都市土地工業區或河川區。

二、前款以外其他使用分區之水利用地、生態保護用地、國土保安用地或林業用地。

三、非都市土地森林區養殖用地。

四、其他違反土地使用管制規定者。

申請興建農舍之農業用地，有下列情形之一者，不得依本辦法申請興建集村農舍：

一、非都市土地特定農業區。

二、非都市土地森林區農牧用地。

三、都市計畫保護區。

第 6 條
申請興建農舍之申請人五年內曾取得個別農舍，且無下列情形之一者，直轄市、縣（市）主管機關或其他主管機關應認不符農業發展條例第十八條第一項、第三項所定需興建要件而不予許可興建農舍：

一、建造執照已撤銷或失效。

二、所興建農舍因天然災害致全倒、或自行拆除、或滅失。

第 7 條
申請興建集村農舍之農業用地如屬經濟部公告之嚴重地層下陷地區，應先依水利法施行細則第四十六條第一項由水利主管機關審查同意用水計畫書或取得合法水源證明文件。

第 8 條
起造人申請興建農舍，除應依建築法規定辦理外，應備具下列書圖文件，向直轄市、縣（市）主管建築機關申請建造執照：

一、申請書：應載明申請人之姓名、年齡、住址、申請地號、申請興建農舍之農業用地面積、農舍用地面積、農舍建築面積、樓層數及建築物高度、總樓地板面積、建築物用途、建築期限、工程概算等。申請興建集村農舍者，並應載明建蔽率及容積率。

二、相關主管機關依第二條與第三條規定核定之文件、第九條第二項第五款放流水相關同意文件及第六款興建小面積農舍同意文件。

三、地籍圖謄本。

四、土地權利證明文件。

五、土地使用分區證明。

六、工程圖樣：包括農舍平面圖、立面圖、剖面圖，其比例尺不小於百分之一。

七、申請興建農舍之農業用地配置圖，包括農舍用地面積檢討、農業經營用地面積檢討、排水方式說明，其比例尺不小於一千二百分之一。

申請興建農舍變更起造人時，除為繼承且在施工中者外，應依第二條第一項規定辦理；施工中因法院拍賣者，其變更起造人申請面積依法院拍賣面積者，不受第二條第一項第二款有關取得土地應滿二年與第三款最小面積規定限制。

本辦法所定農舍建築面積為第三條、第十條與第十一條第一項第三款相關法規所稱之基層建築面積；農舍用地面積為法定基層建築面積，且為農舍與農舍附屬設施之水平投影面積用地總和；農業經營用地面積為申請興建農舍之農業用地扣除農舍用地之面積。

第 9 條

興建農舍起造人應為該農舍坐落土地之所有權人。

興建農舍應符合下列規定：

一、農舍興建圍牆，以不超過農舍用地面積範圍為限。

二、地下層每層興建面積，不得超過農舍建築面積，其面積應列入總樓地板面積計算。但依都市計畫法令或建築技術規則規定設置之法定停車空間，得免列入總樓地板面積計算。

三、申請興建農舍之農業用地，其農舍用地面積不得超過該農業用地面積百分之十，扣除農舍用地面積後，供農業生產使用部分之農業經營用地應

　為完整區塊，且其面積不得低於該農業用地面積百分之九十。但於離島
　地區，以下列原因，於本條例中華民國八十九年一月二十八日修正生效
　後，取得被繼承人或贈與人於上開日期前所有之農業用地，申請興建農
　舍者，不在此限：
　（一）繼承。
　（二）為民法第一千一百三十八條所定遺產繼承人於繼承開始前因被繼
　　　　承人之贈與。

四、興建之農舍，應依建築技術規則之規定，設置建築物污水處理設施。其
　　為預鑄式建築物污水處理設施者，應於申報開工時檢附該設施依預鑄式
　　建築物污水處理設施管理辦法取得之審定登記文件影本，並於安裝時，
　　作成現場安裝記錄。

五、農舍之放流水應符合放流水標準，並排入排水溝渠。放流水流經屬灌排
　　系統或私有水體者，並應符合下列規定：
　（一）排入灌排系統者，應經該管理機關（構）同意及水利主管機關核准。
　（二）排入私有水體者，應經所有人同意。

六、同一筆農業用地僅能申請興建一棟農舍，採分期興建方式辦理者，申請
　　人除原申請人外，均須符合第二條第一項資格，且農舍建築面積應超過
　　四十五平方公尺。但經直轄市、縣（市）農業單位或其他主管機關同意
　　者，不在此限。

第 10 條
個別興建農舍之興建方式、最高樓地板面積、農舍建築面積、樓層數、建築物
高度及許可條件，應依都市計畫法第八十五條授權訂定之施行細則與自治法
規、實施區域計畫地區建築管理辦法、建築法、國家公園法及其他相關法令規
定辦理。

第 12 條
直轄市、縣（市）主管建築機關於核發建造執照後，應造冊列管，同時將農舍
坐落之地號及提供興建農舍之所有地號之清冊，送地政機關於土地登記簿上註
記，並副知該府農業單位建檔列管。

已申請興建農舍之農業用地，直轄市、縣（市）主管建築機關應於地籍套繪圖上，將已興建及未興建農舍之農業用地分別著色標示，未經解除套繪管制不得辦理分割。

已申請興建農舍領有使用執照之農業用地經套繪管制，除符合下列情形之一者外，不得解除：

　　一、農舍坐落之農業用地已變更為非農業用地。

　　二、非屬農舍坐落之農業用地已變更為非農業用地。

　　三、農舍用地面積與農業用地面積比例符合法令規定，經依變更使用執照程序申請解除套繪管制後，該農業用地面積仍達零點二五公頃以上。

前項第三款農舍坐落該筆農業用地面積大於零點二五公頃，且二者面積比例符合法令規定，其餘超出規定比例部分之農業用地得免經其他土地所有權人之同意，逕依變更使用執照程序解除套繪管制。

第三項農業用地經解除套繪管制，或原領得之農舍建造執照已逾期失其效力經申請解除套繪管制者，直轄市、縣（市）主管建築機關應將農舍坐落之地號、提供興建農舍之所有地號及解除套繪管制之所有地號清冊，囑託地政機關塗銷第一項之註記登記。

第 13 條

起造人提出申請興建農舍之資料不實者，直轄市、縣（市）主管機關應撤銷其核定，並由主管建築機關撤銷其建築許可。

經撤銷建築許可案件，其建築物依相關土地使用管制及建築法規定。

第 14 條

直轄市、縣（市）主管建築機關得依本辦法規定，訂定符合城鄉風貌及建築景觀之農舍標準圖樣。

採用農舍標準圖樣興建農舍者，得免由建築師設計。

第 15 條

依本辦法申請興建農舍之該農業用地應維持作農業使用，直轄市、縣（市）主管機關應將農舍及其農業用地造冊列管。

直轄市、縣（市）政府或其他主管機關為加強興建農舍之農業用地稽查及取

締，應邀集農業、建築管理、地政、都市計畫及相關單位等與農業專家組成稽查小組定期檢查；經檢查農業用地與農舍未依規定使用者，由原核定機關通知主管建築機關及區域計畫、都市計畫或國家公園主管機關依相關規定處理，並通知其限期改正，屆期不改正者，得廢止其許可。

直轄市、縣（市）政府或其他主管機關應將前二項辦理情形，於次年度二月前函報中央主管機關備查。中央主管機關並得不定期至直轄市、縣（市）政府或其他主管機關稽查辦理情形。

第 16 條

中華民國一百零一年十二月十四日前取得直轄市、縣（市）主管機關或其他主管機關依第二條或第三條核定文件之申請興建農舍案件，於向直轄市、縣（市）主管建築機關申請建造執照時，得適用中華民國一百零二年七月一日修正施行前規定辦理。

第 17 條

本辦法自發布日施行。

附表

戶數	公共設施項目及設置基準
十棟以上未滿三十棟	一、每戶至少一個停車位。 二、基地內通路。 三、社區公共停車場：二十棟以下應至少設置二個車位。超過二十棟未滿三十棟時，應至少設置三個停車位。 四、公園綠地：以每棟六平方公尺計算。
三十棟以上未滿五十棟	一、每戶至少一個停車位。 二、基地內通路。 三、社區公共停車場：三十棟以上未滿四十棟時，應至少設置四個車位。四十棟以上未滿五十棟時，應至少設置五個車位。 四、公園綠地：以每棟六平方公尺計算。 五、廣場：以每棟九平方公尺計算。

補充條文（農地指定建築線相關法令）

都市計畫法臺灣省施行細則

發布日期：105 年 4 月 25 日臺內營字第 1050410137 號令修正

第 29 條

農業區為保持農業生產而劃定，除保持農業生產外，僅得申請興建農舍、農業產銷必要設施、休閒農業設施、自然保育設施、綠能設施及農村再生相關公共設施。但第二十九條之一、第二十九條之二及第三十條所規定者，不在此限。

申請興建農舍須符合下列規定：

一、興建農舍之申請人必須具備農民身分，並應在該農業區內有農業用地或農場。

二、農舍之高度不得超過四層或十四公尺，建築面積不得超過申請興建農舍之該宗農業用地面積百分之十，建築總樓地板面積不得超過六百六十平方公尺，與都市計畫道路境界之距離，除合法農舍申請立體增建外，不得小於八公尺。

三、都市計畫農業區內之農業用地，其已申請建築者（包括百分之十農舍面積及百分之九十之農業用地），主管建築機關應於都市計畫及地籍套繪圖上著色標示之，嗣後不論該百分之九十農業用地是否分割，均不得再行申請興建農舍。

四、農舍不得擅自變更使用。

第一項所定農業產銷必要設施、休閒農業設施、自然保育設施、綠能設施及農村再生相關公共設施之項目由農業主管機關認定，並依目的事業主管機關所定相關法令規定辦理，且不得擅自變更使用；農業產銷必要設施之建蔽率不得超過百分之六十、休閒農業設施之建蔽率不得超過百分之二十、自然保育設施之建蔽率不得超過百分之四十。

前項農業產銷必要設施，不得供為居室、工廠及其他非農業產銷必要設施使用。

第一項農業用地內之農舍、農業產銷必要設施、休閒農業設施及自然保育設施，其建蔽率應一併計算，合計不得超過百分之六十。

第 29-1 條

農業區經縣（市）政府審查核准，得設置公用事業設施、土石方資源堆置處理、廢棄物資源回收、貯存場、汽車運輸業停車場（站）、客（貨）運站與其附屬設施、汽車駕駛訓練場、社會福利事業設施、幼兒園、兒童課後照顧服務中心、加油（氣）站（含汽車定期檢驗設施）、面積零點三公頃以下之戶外球類運動場及運動訓練設施、政府重大建設計畫所需之臨時性設施。核准設置之各項設施，不得擅自變更使用，並應依農業發展條例第十二條繳交回饋金之規定辦理。

前項所定經縣（市）政府審查核准之社會福利事業設施、幼兒園、兒童課後照顧服務中心、加油（氣）站及運動訓練設施，其建蔽率不得超過百分之四十。

縣（市）政府得視農業區之發展需求，於都市計畫書中調整第一項所定之各項設施，並得依地方實際需求，於都市計畫書中增列經審查核准設置之其他必要設施。

縣（市）政府於辦理第一項及前項設施之申請審查時，應依據地方實際情況，對於其使用面積、使用條件及有關管理維護事項，作必要之規定。

第 29-2 條

毗鄰農業區之建築基地，為建築需要依其建築使用條件無法以其他相鄰土地作為私設通路連接建築線者，得經縣（市）政府審查核准後，以農業區土地興闢作為連接建築線之私設通路使用。

前項私設通路長度、寬度及使用條件等相關事項，由縣（市）政府定之。

　　實務上，指定建築線臨路狀況，可以空照圖查之。

農業用地興建農舍辦法修正草案補充說明

一、依本條例第十八條第一項規定申請興建農舍之申請人應為農民且須有自耕
農身分，且其資格應符合下列條件，並經直轄市、縣（市）主管機關核
定：

　　1.年滿二十歲或未滿二十歲已結婚者。

　　2.申請人之戶籍所在地及其農業用地，須在同一直轄市、縣（市）內，且
　　　其土地取得及戶籍登記均應滿二年者。但參加興建集村農舍建築物坐落
　　　之農舍用地，不在此限。

　　3.申請興建農舍之該筆農業用地面積不得小於零點二五公頃。但參加興建
　　　集村農舍及於離島地區興建農舍者，不在此限。

　　4.申請人無自用農舍者。至申請人已領有個別農舍或集村農舍建造執照
　　　者，視為已有自用農舍。但該建造執照屬尚未開工且已撤銷執照者與原
　　　申請案件重新申請者，不在此限。

　　5.申請人為該農業用地之所有權人，且該農業用地應確供農業使用，並屬
　　　未經申請興建農舍之農業用地。

　　直轄市、縣（市）政府為辦理申請興建農舍之核定作業，得由農業單位邀
　　集環境保護、建築管理、地政、都市計畫等單位組成審查小組，審查第二
　　條、本條第一項、第五條及第六條規定。

二、本條例中華民國八十九年一月二十八日修正生效前取得之農業用地，有下
　　列情形之一者，得申請興建農舍：

　　1.依法被徵收。

　　2.依法為得徵收之土地，經土地所有權人自願以協議價購方式讓售與需地
　　　機關。

　　前項土地所有權人申請興建農舍，以自公告徵收或完成讓售移轉登記之日
　　起三年內，於同一直轄市、縣（市）內取得農業用地並提出申請者為限，
　　其申請面積並不得超過原被徵收或讓售土地之面積。

三、申請興建農舍之申請人五年內曾取得個別農舍或集村農舍建造執照者，直
　　轄市、縣（市）主管機關或其他主管機關得認不符農業發展條例第十八條

第一項、第三項所定需興建要件而不予許可興建農舍。

四、申請興建農舍之農業用地，有下列情形之一者，不得依本辦法申請興建個別農舍或集村農舍：

　　1.非都市土地工業區、河川區。

　　2.前款以外其他使用分區之水利用地、生態保護用地、國土保安用地、林業用地。

　　3.非都市土地森林區養殖用地。

　　4.非都市土地特定農業區申請興建集村農舍。

　　5.非都市土地森林區農牧用地申請興建集村農舍。

　　6.都市計畫保護區申請興建集村農舍。

　　7.其他法令有禁止規定者。

五、起造人申請興建農舍，除依建築法之規定辦理外，應備具下列書圖文件，向直轄市、縣（市）主管建築機關申請建造執照：

　　1.申請書：應載明申請人之姓名、年齡、住址、申請地號、申請興建農舍之農業用地面積、農舍用地面積、農舍建築面積、樓層數及建築物高度、總樓地板面積、建築物用途、建築期限、工程概算等。申請興建集村農舍者應載明建蔽率與容積率。

　　2.主管機關依規定核定之文件。

　　3.地籍圖謄本。

　　4.土地權利證明文件。

　　5.土地使用分區證明。

　　6.工程圖樣：包括農舍平面圖、立面圖、剖面圖，其比例尺不小於百分之一；及申請興建農舍之農業用地配置圖、農舍用地面積檢討圖，其比例尺不小於一千二百分之一。

　　7.農業經營用地面積檢討圖，其比例尺不小於一千二百分之一。

　　8.排水設計檢討圖，其比例尺不得小於一千二百分之一。

　　9.山坡地範圍內之農業用地，應檢附參照建築技術規則規定檢討之農業用地坵塊平均坡度分析圖。

申請興建農舍之申請人如變更起造人應依規定辦理。但屬繼承且在施工中

者不在此限。如屬施工中因法院拍賣者，其變更起造人申請面積依法拍面積者，則不受第三條第一項第三款規定限制。

本辦法所稱農舍建築面積為相關法規所稱之基層建築面積，農舍用地面積為法定基層建築面積，農業經營用地面積為申請興建農舍之農業用地面積扣除農舍用地面積。

六、興建農舍起造人應為該農舍坐落土地之所有權人。

興建農舍應注意事項如下：

1.農舍興建圍牆，以不超過農舍用地面積範圍為限。

2.地下層每層興建面積，不得超過農舍建築面積，其面積應列入總樓地板面積計算。但依都市計畫法令或建築技術規則規定設置之法定停車空間，得免列入總樓地板面積計算。

3.申請興建農舍之農業用地，其農舍用地面積不得超過該農業用地面積百分之十，扣除農舍用地面積後，供農業生產使用部分之農業經營用地應為完整區塊，且其面積不得低於該農業用地面積百分之九十。但於離島地區，以下列原因，於本條例中華民國八十九年一月二十八日修正生效後，取得被繼承人或贈與人於上開日期前所有之農業用地，申請興建農舍者，不在此限：(1)繼承。(2)為民法第一千一百三十八條所定遺產繼承人於繼承開始前因被繼承人之贈與。

4.興建之農舍，應依建築技術規則之規定，設置建築物汙水處理設施。其為預鑄式汙水處理設施者，應檢附該設施依預鑄式建築物汙水處理設施管理辦法取得之審定登記文件影本，於申報開工及使用執照時併案送審。

5.農舍之放流水應符合放流水標準，且排入排水溝渠。放流水流經屬灌排系統或私有水體者，並應分別符合下列規定：

(1) 排入灌排系統者，應經該管理機關（構）同意及水利主管機關核准。

(2) 排入私有水體者，應經所有人同意。

6.申請興建農舍之農業用地，應指示（定）建築線或臨接通道。但情況特殊，經直轄市、縣（市）主管機關或其他主管機關同意者，不在此限。

7. 農業用地屬山坡地，各坵塊平均坡度超過百分之三十者，不得計入興建農舍用地面積計算；其平均坡度計算方式參照建築技術規則建築設計施工編第二百六十二條規定辦理。

8. 同一筆農業用地僅能申請興建一棟農舍，採分期興建方式辦理者，申請人除原申請人外，均須符合第三條第一項資格，**且農舍建築面積應超過四十五平方公尺**。但農業用地面積在四百五十平方公尺以下因農業經營需要經直轄市、縣（市）農業單位或其他主管機關同意者，不在此限。

七、個別農舍之興建方式、最高樓地板面積、農舍建築面積、樓層數、建築物高度及許可條件，應依都市計畫法省（市）施行細則、臺北市都市計畫施行自治條例及臺北市土地使用分區管制自治條例、實施區域計畫地區建築管理辦法、建築法、國家公園法及其他相關法令規定辦理。

八、直轄市、縣（市）主管建築機關於核發建造執照後，應造冊列管，同時副知該府農業單位建檔列管，作為申請人申請興建農舍資格條件審查時准駁之依據。都市計畫地區之農業用地，直轄市、縣（市）主管建築機關應於都市計畫及地籍套繪圖上，將已興建及未興建農舍之農業用地分別著色標示。

前二項已申請興建農舍之農業用地，直轄市、縣（市）主管建築機關於核發建造執照後，應同時將農舍坐落之地號及提供興建農舍之所有地號之清冊，送地政機關於土地登記簿上註記。

已申請興建農舍領有使用執照之農業用地經套繪管制，除符合下列情形之一者外，不論其農業用地是否分割，不得解除套繪。

1. 農舍坐落之農業用地已變更為非農業用地，且農舍已依法變更使用用途者。

2. 非屬農舍坐落之農業用地已變更為非農業用地者。

3. 農舍用地面積與農業經營用地面積符合法令規定比例，經依變更使用執照程序申請解除套繪後該農業用地面積仍達零點二五公頃以上者。但農舍坐落該筆農業用地面積大於零點二五公頃，且其面積比例符合法令規定，其餘農業經營用地得免經其他土地所有權人之同意，逕依變更使用執照程序解除套繪管制。

前項農業用地經解除套繪管制，或原領得之農舍建造執照已逾期失其效力

經申請解除套繪管制後，直轄市、縣（市）主管建築機關應將農舍坐落之地號、提供興建農舍之所有地號及解除套繪管制之所有地號清冊，囑託地政機關塗銷第三項之註記登記。

九、起造人提出申請興建農舍之資料不實者，直轄市、縣（市）主管機關得撤銷其核定，主管建築機關得撤銷其建築許可。

經撤銷建築許可案件，其建築物依相關土地使用管制及建築法規定處理。

十、直轄市、縣（市）主管建築機關得依本辦法規定，訂定符合城鄉風貌及建築景觀之農舍標準圖樣。

採用農舍標準圖樣興建農舍者，得免由建築師設計。

十一、依本辦法申請興建農舍者，該農業用地應維持作農業使用，直轄市、縣（市）主管機關應將農舍及其農業用地造冊列管。

直轄市、縣（市）政府或其他主管機關為加強興建農舍之農業用地稽查及取締，應邀集農業、建管、地政、都計及相關單位等與農業專家組成稽查小組定期檢查；經檢查農業用地與農舍未依規定使用者，由原核定機關通知主管建築機關及區域計畫或都市計畫主管機關依相關規定處理，並通知其限期改正，屆期不改正者，得廢止其許可。

直轄市、縣（市）政府或其他主管機關應將前二項辦理情形，於次年度二月前函報中央主管機關備查。

十二、本辦法自發布日施行。

本辦法中華民國○○○年○○月○○日修正發布生效前，業經主管機關受理審查中之申請興建農舍案件，得適用修正前規定至審查程序終結。

✿ 山坡地法令與分析 ≃ 以 16.7 坡度為準則

(一)係針對土地坡度超過 5%，高度超過一百公尺土地加以勘估者，稱山坡地估價，基本上以成本法的觀點作為勘估標準，但必須作變化。

↳ 價值方法

1.預期開發法（求開發前地價）

與宅地預備地相對應，係山坡地可運用到住宅用地準備之土地。

公式：

$$V = A \times G - [(a+b)(1+np)+f] \times \frac{1}{1+n'p} \times \frac{1}{(1+r)^n} \times J$$

V：開發前地價

A：開發後地價

G：宅地化比率（百分比值）

a：開發費用（包括直接、間接費用）

b：公共設施回饋金

n：開發期間÷2（工程費用乃按進度投入，不是一次全部投入）

p：利率（單利）

f：管銷費用

n'：開發期間（土地成本利息負擔月數）

$\dfrac{1}{(1+r)^n}$：成熟度還原率

J：作個別因素比較

2.說明

一般來說，宅地化比率係可供建築面積÷基地總面積−公設面積，是以可建築的面積作考量。

(1)調查案例：調查開發完成後之山坡地社區加以比較。

(2)區域因素比較：一為開發完成後地區，一為開發地區中之土地。

(3)以百分比表示宅地化比率：實際建築面積大部分為 70%～80% 左右。

(4)開發費用計算：包括直接費用、間接費用。前者係指工程整地、修路、溝渠、開挖費用，後者係指一般管理費。

基礎：直接費用 + 間接費用 + 利息 + 公設費用

(5)計算投入資本收益：乃資本利息。

(6)計算素地地價：係指購買土地之本金加利息，經還原後之價格。

(7)求試算價格：係指成熟後社區的價格。

(8)個別修正：係指勘估標的本身優劣條件與開發完成後實例比較加以修正。

3.開發成本法：求開發後價格

(1)係針對才開發完成之宅地加以勘估價格，則須用開發成本法加以評估。

(2)基本概念

　①土地成本、利息。

　②開發成本、利息。

　③管銷費用。

　④公共設施分攤金額（公設費用）。

　　公式：

$$A = \frac{100}{G} \times \frac{1}{1 - \beta} [(1 + n'p) L + a (1 + np)]$$

A：開發後土地價格

G：宅地化比率

β：管銷費用

n'：土地成本利息負擔月數

p：利率（利息），乃單利

L：開發前素地取得價格

a：開發費用，即每坪開發面積所需開發費用。

n：開發費用利息負擔月數，通常必須以開發期間除以二為依據。

(3)開發成本法與土地開發分析不同

　①一為估素地、山坡地之運用；一為估建地之運用。

　②開發成本法乃估開發後土地價格，由開發前地價加計整地費用及合理利潤得之。

　③而土地開發分析法所分析乃估土地成本及合理利潤為何？由總銷費用減去營造成本、管銷費用、稅賦、利潤得之。

山坡地論壇（水土保持課題）

　　山坡地有所謂 30～40% 坡度介於可建與超限之間，30% 相當於十六點七坡度，從開發商的角度來看，此坡度視為產業道路，編定為國土保安用地，並一併由消費者吸收。未來國土計畫體制下，山坡地丙建似可容許使用為第三類城鄉發展區。但如山坡地陡峭，則可列為國土保育區，前者似尚包括風景區。

　　山坡地可利用限度，分類標準級別如下：一級坡乃坡度 5% 以下、二級坡乃坡度 5～15% 以下、三級坡乃坡度 15～30% 之間、四級坡乃坡度 30～40% 之間（此坡度乃介於容許開發與不容許開發之間）。由上所述，乃丙種建築用地，經編定為國土保安用地。此外，五、六級坡乃指坡度在 40～50% 之間與 55% 以上，係指超限禁止開發之範圍。

　　國家因應經濟成長，近年來為實施土地使用計畫改革，於政府及非政府部門均有探討國土綜合開發計畫法令設立會議暨相關討論：非政府部門，尤以工程顧問、建築開發等公司為甚，政府相關部門亦為提升國家競爭力成立相關審議水土保持組織。多年來，臺灣經濟發展均以土地為開發重點，所謂有土斯有財，土地資產為一國家重要資產，但各級政府相關組織在規劃土地政策之際，對於土地相關的處分與使用始終一籌莫展，尤其在必須重視水土保持的山坡地上。臺灣地區山坡地與高山地區土地面積占四分之三強，若水土保持未能妥善運用，則永續發展將大打折扣，所造成的生態破壞將不計其數。過去五十年來，臺灣所逐漸形成的土地利用計畫體系均以日本殖民式為主，唯計畫文書較為藍圖式。土地分都市土地與非都市土地，前者乃營建署管轄，後者歸地政司管轄，但均隸屬於內政部。造成雙頭式馬車的土地利用管理，此現象將嚴重影響水土保持政策之推動，即目前的水土保持空間似乎只有水保技術專業，但缺乏水保政策專業（參考圖 5-1）。因為土地開發如果從管理的單元來看，水土保持應強化公共政策方向，而不是計畫方案的思維；換句話說，政府的各種土地政策，對於水資源的使用有著深厚的影響。政策層次應是制度面、組織面運作，因為關係到整個社會永續的福祉，制度面即為法令規章的制定與創新（參考圖 5-2）。

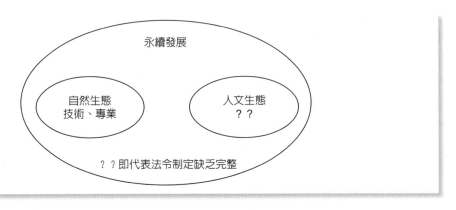

圖 5-1　水保技術與政策示意圖

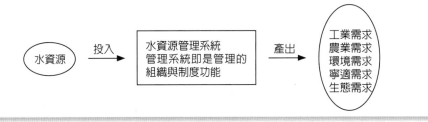

圖 5-2　水資源管理概念圖

　　臺灣近四十年來經濟突飛猛進，在國際上創造了經濟奇蹟，由於追求都市化、工業化的結果，使得臺灣地區的各種土地使用計畫均以經濟發展為重。以工業用地為考量的主管機關，由於土地使用變更、工業用地毗鄰農地變更計畫均須工業局相關單位審議，似產生強勢部會的現象；此現象就土地開發所造成的永續發展來看，民間部門與政府部門的角度似乎不一，即產生了爭議與衝突。

　　從土地開發計畫的申請，涉及到水土保持、河川整治的部分，往往討論的空間均以土地開發不淹水就好，但缺乏整體土地開發周邊的土地利用影響，所謂「地盡其利、地利共享」的觀念，因為一個土地開發政策，應從建構環境生態來看，如此，國土空間才能永續經營、永續發展。

　　另外，臺灣地區土地開發計畫的演變，至目前為止，整個國土只有非都市土地的區域計畫以及都市土地的都市計畫兩個層面在運作。都市計畫的執行依據為土地使用分區管制，區域計畫的執行依據為非都市土地分區使用管制規

則：兩者部門不一，那麼有關土地開發計畫的水土保持計畫到底應以營建署爲依歸，抑或以地政司爲依歸？如此一來，一塊土地開發計畫兩套法令版本，因此建構永續發展生態保護的目標自然整合不易，其關鍵點就在整個臺灣地區缺乏一個空間永續發展的法令機制。

就大里溪整治政策來說，邢進文（作者）認爲大里溪是整治大里至烏日這一段？抑或整治至彰化各鄉鎮市？又上游、下游如何清楚界定，上游的責任大還是下游的責任大？如全部納入整治，對整個臺灣地區空間來說，永續發展與生態保護的目標即能達到？因此從某個層面來看，臺灣地區的空間計畫永續發展的精神實難以完成。而目前土地主管機關的紛亂，地主各行其是，亦是目前整合不易最大的問題，各目的事業主管機關所審議或審核的各種型態土地開發水土保持計畫角度亦是不一。在各相關中央單位中，國防部管軍事用地，財政部管國有土地，經濟部管水利、工業用地，交通部管交通用地，農委會管農地，教育部管學校用地、高爾夫球場。如此繁多的目的事業主管機關，所依據的土地開發準則與水土保持規範的觀念與構思較難一致，不在話下。

如上所述，作者希望臺灣地區的土地使用計畫如國土計畫法令的制定，應從永續利用的角度來思考。從財產權的角度視之，憲法保障人民有財產權，土地開發創造經濟利益無所避免，但如能在開發之下考量永續生態的精神，土地才能生生不息，利益才能永續（參考圖 5-3）。作者盼能探討國土計畫法令制定應從永續開始，並以山坡地開發土地利用管理法令之研究加以探討相關法令，作爲政府擬定國土計畫法令參考之依據。

$$V = \frac{a1}{(1+r)^1} + \frac{a2}{(1+r)^2} + \cdots\cdots + \frac{an}{(1+r)^n}$$

$\longrightarrow$ 永續之後

$$V = \frac{a}{r}$$

圖 5-3　收益永續因子圖

an：即表示一土地，管理越佳、效用越強，價值越能提升，則土地才能生生不息、永續發展。
V：價值
r：折現率因子

參考文獻（山坡地論壇）

1. 邢進文，臺灣地區土地使用計畫行政組織再造與計畫體系調整之研究，中興大學公共政策研究所碩士論文，民 86。

2. 行政院經濟建設委員會，國土綜合開發計畫法之訂定，民 84。

3. 行政院經濟建設委員會，國土綜合開發計畫法簡介，民 84。

4. 行政院經濟建設委員會，國土綜合開發計畫法草案，民 84。

5. 吳清輝，土地使用變更面面觀，臺北，行政院經建會，民 86。

6. 陳明燦，落實國土綜合開發計畫之行政層面研究，臺北，臺北大學地政系，民 85。

7. 大里市公所，大里溪整治計畫之會議，臺中縣大里市，民 95。

8. 韓乾，土地資源經濟學專書，滄海書局，民 94。

9. 邢進文，不動產投資經營與估價分析專書，五南圖書，民 94。

10. Lyle E. Craine (1969). *Water Management Innovations in England, Resources for the Future*, The Johns Hopkins Press, p. 6.

水庫集水區問題

1.環境問題

(1)氣候變遷。

(2)降雨：持續不下雨，水庫乾了怎麼辦？

(3)地質條件差。

(4)天然災害。

2.管理問題

(1)主管機關權責劃分不清。

(2)超限利用問題嚴重，土地分級管理不明。

(3)農肥料汙染嚴重。

(4)私有地補償機制不公，引起民怨。

3.治理問題

(1)保育方法不科學，見仁見智。

(2)道路過度開發嚴重。

(3)治理方法角度不一，過度仰賴生態方法反而造成生態汙染。

　　名詞解釋：

滯洪地：由於人類過度開發山坡地，以致土壤嚴重變化，下雨後堆積成類似水庫之蓄水池。

　　從管理層面來看，必須具備：

1.管理應具彈性化

　　讓土地的需求，隨時反映各類土地使用的需要而變化。

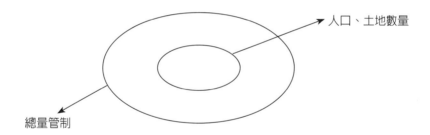

人口、土地數量

總量管制

2.管理應具效率化

　　能夠預測土地利用及管理情形與土地使用方式後的反應，現有的水利地土地利用現況似乎缺乏地價、區段的觀念，是一個網格的觀念。

⇨ 小結

1.上下能落實推動、反映需求。

2.國土計畫應與國土復育整合。

3.國土管理應與國土安全整合。

4.由下而上整合為治理、規劃、整治、經營與管理。

相關法條

山坡地開發

第二章　相關法令分析

影響與山坡地開發之法令條文，有區域計畫法、區域計畫法施行細則、非都市土地使用管制規則、實施區域計畫地區建築管理辦法等（本研究將其整理出直接影響開發行為之法律規範如下），並未將全文條文列出。

一、非都市土地使用管制規則（中華民國 105 年 11 月 28 日修正）

第 6 條

非都市土地經劃定使用分區並編定使用地類別，應依其容許使用之項目及許可使用細目使用。但中央目的事業主管機關認定為重大建設計畫所需之臨時性設施，經徵得使用地之中央主管機關及有關機關同意後，得核准為臨時使用。中央目的事業主管機關於核准時，應函請直轄市或縣（市）政府通知土地登記機關於土地登記簿標示部加註臨時使用用途及期限。中央目的事業主管機關及直轄市、縣（市）政府應負責監督確實依核定計畫使用及依限拆除恢復原狀。

前項容許使用及臨時性設施，其他法律或依本法公告實施之區域計畫有禁止或限制使用之規定者，依其規定。

海域用地之外之各種使用地容許使用項目、許可使用細目及其附帶條件如附表一；海域用地容許使用項目及區位許可使用細目如附表一之一。

非都市土地容許使用執行要點，由內政部定之。

目的事業主管機關為辦理容許使用案件，得視實際需要，訂定審查作業要點。

第 6-1 條

依前條第三項附表一規定應申請許可使用者，應檢附下列文件，向目的事業主管機關申請核准：

　一、非都市土地許可使用申請書如附表五。

　二、使用計畫書。

　三、土地登記（簿）謄本及地籍圖謄本。

四、申請許可使用同意書。

五、土地使用配置圖及位置示意圖。

六、其他有關文件。

前項第三款之文件能以電腦處理者，免予檢附。申請人為土地所有權人者，免附第一項第四款規定之文件。第一項第一款申請書格式，目的事業主管機關另有規定者，得依其規定辦理。

第 7 條

山坡地範圍內森林區、山坡地保育區及風景區之土地，在未編定使用地之類別前，適用林業用地之管制。

第 8 條

土地使用編定後，其原有使用或原有建築物不合土地使用分區規定者，在政府令其變更使用或拆除建築物前，得為從來之使用。原有建築物除准修繕外，不得增建或改建。

前項土地或建築物，對公眾安全、衛生及福利有重大妨礙者，該管直轄市或縣（市）政府應限期令其變更或停止使用、遷移、拆除或改建，所受損害應予適當補償。

第 9 條

下列非都市土地建蔽率及容積率不得超過下列規定。但直轄市或縣（市）主管機關得視實際需要酌予調降，並報請中央主管機關備查：

一、甲種建築用地：建蔽率百分之六十。容積率百分之二百四十。

二、乙種建築用地：建蔽率百分之六十。容積率百分之二百四十。

三、丙種建築用地：建蔽率百分之四十。容積率百分之一百二十。

四、丁種建築用地：建蔽率百分之七十。容積率百分之三百。

五、窯業用地：建蔽率百分之六十。容積率百分之一百二十。

六、交通用地：建蔽率百分之四十。容積率百分之一百二十。

七、遊憩用地：建蔽率百分之四十。容積率百分之一百二十。

八、殯葬用地：建蔽率百分之四十。容積率百分之一百二十。

九、特定目的事業用地：建蔽率百分之六十。容積率百分之一百八十。

經依區域計畫擬定機關核定之工商綜合區土地使用計畫而規劃之特定專用區，區內可建築基地經編定為特定目的事業用地者，其建蔽率及容積率依核定計畫管制，不受前項第九款規定之限制。

經主管機關核定之土地使用計畫，其建蔽率及容積率低於第一項之規定者，依核定計畫管制之。

第一項以外使用地之建蔽率及容積率，由下列使用地之中央主管機關會同建築管理、地政機關訂定：

一、農牧、林業、生態保護、國土保安用地之中央主管機關：行政院農業委員會。

二、養殖用地之中央主管機關：行政院農業委員會漁業署。

三、鹽業、礦業、水利用地之中央主管機關：經濟部。

四、古蹟保存用地之中央主管機關：文化部。

第三章　土地使用分區變更

第 10 條

非都市土地經劃定使用分區後，因申請開發，依區域計畫之規定需辦理土地使用分區變更者，應依本規則之規定辦理。

第 11 條

非都市土地申請開發達下列規模者，應辦理土地使用分區變更：

一、申請開發社區之計畫達五十戶或土地面積在一公頃以上，應變更為鄉村區。

二、申請開發為工業使用之土地面積達十公頃以上或依產業創新條例申請開發為工業使用之土地面積達五公頃以上，應變更為工業區。

三、申請開發遊憩設施之土地面積達五公頃以上，應變更為特定專用區。

四、申請設立學校之土地面積達十公頃以上，應變更為特定專用區。

五、申請開發高爾夫球場之土地面積達十公頃以上，應變更為特定專用區。

六、申請開發公墓之土地面積達五公頃以上或其他殯葬設施之土地面積達二公頃以上，應變更為特定專用區。

七、前六款以外開發之土地面積達二公頃以上，應變更為特定專用區。

前項辦理土地使用分區變更案件，申請開發涉及其他法令規定開發所需最小規模者，並應符合各該法令之規定。

申請開發涉及填海造地者，應按其開發性質辦理變更為適當土地使用分區，不受第一項規定規模之限制。

中華民國七十七年七月一日本規則修正生效後，同一或不同申請人向目的事業主管機關提出二個以上興辦事業計畫申請之開發案件，其申請開發範圍毗鄰，且經目的事業主管機關審認屬同一興辦事業計畫，應累計其面積，累計開發面積達第一項規模者，應一併辦理土地使用分區變更。

第 13 條

非都市土地開發需辦理土地使用分區變更者，其申請人應依相關審議作業規範之規定製作開發計畫書圖及檢具有關文件，並依下列程序，向直轄市或縣（市）政府申請辦理：

一、申請開發許可。

二、相關公共設施用地完成土地使用分區及使用地之異動登記，並移轉登記為該管直轄市、縣（市）有或鄉（鎮、市）有。但其他法律就移轉對象另有規定者，從其規定。

三、申請公共設施用地以外土地之土地使用分區及使用地之異動登記。

四、山坡地範圍，依水土保持法相關規定應擬具水土保持計畫者，應取得水土保持完工證明書；非山坡地範圍，應取得整地排水完工證明書。但申請開發範圍包括山坡地及非山坡地範圍，非山坡地範圍經水土保持主管機關同意納入水土保持計畫範圍者，得免取得整地排水完工證明書。

填海造地及非山坡地範圍農村社區土地重劃案件，免依前項第四款規定取得整地排水完工證明書。

第一項第二款相關公共設施用地按核定開發計畫之公共設施分期計畫異動登記及移轉者，第一項第三款土地之異動登記，應按該分期計畫申請辦理變更為許可之使用分區及使用地。

第 15 條

非都市土地開發需辦理土地使用分區變更者，申請人於申請開發許可時，得依

相關審議作業規範規定，檢具開發計畫申請許可，或僅先就開發計畫之土地使用分區變更計畫申請同意，並於區域計畫擬定機關核准期限內，再檢具使用地變更編定計畫申請許可。

申請開發殯葬、廢棄物衛生掩埋場、廢棄物封閉掩埋場、廢棄物焚化處理廠、營建剩餘土石方資源處理場及土石採取場等設施，應先就開發計畫之土地使用分區變更計畫申請同意，並於區域計畫擬定機關核准期限內，檢具使用地變更編定計畫申請許可。

第 17 條

申請土地開發者於目的事業法規另有規定，或依法需辦理環境影響評估、實施水土保持之處理及維護或涉及農業用地變更者，應依各目的事業、環境影響評估、水土保持或農業發展條例有關法規規定辦理。

前項環境影響評估、水土保持或區域計畫擬定等主管機關之審查作業，得採併行方式辦理，其審議程序如附表二及附表二之一。

附表二：使用分區及使用地變更計畫一併申請案件之審議流程圖

附表二之一：先辦理使用分區再辦理使用地變更計畫許可案件之審議流程圖

第 21 條

申請人有下列情形之一者，直轄市或縣（市）政府應報經區域計畫擬定機關廢止原開發許可或開發同意：

　　一、違反核定之土地使用計畫、目的事業或環境影響評估等相關法規，經該
　　　　管主管機關提出要求處分並經限期改善而未改善。

　　二、興辦事業計畫經目的事業主管機關廢止或依法失其效力、整地排水計畫
　　　　之核准經直轄市或縣（市）政府廢止或水土保持計畫之核准經水土保持
　　　　主管機關廢止或依法失其效力。

　　三、申請人自行申請廢止。

屬區域計畫擬定機關委辦直轄市或縣（市）政府審議許可案件，由直轄市或縣（市）政府廢止原開發許可，並副知區域計畫擬定機關。

屬中華民國九十二年三月二十八日本規則修正生效前免經區域計畫擬定機關審議，並達第十一條規定規模之山坡地開發許可案件，中央主管機關得委辦直轄市、縣（市）政府依前項規定辦理。

第 22 條

區域計畫擬定機關核發開發許可或開發同意後，申請人有下列各款情形之一，經目的事業主管機關認定未變更原核准興辦事業計畫之性質者，應依第十三條至第二十條規定之程序申請變更開發計畫：

一、增、減原經核准之開發計畫土地涵蓋範圍。

二、增加全區土地使用強度或建築高度。

三、變更原開發計畫核准之主要公共設施、公用設備或必要性服務設施。

四、原核准開發計畫土地使用配置變更之面積已達原核准開發面積二分之一或大於二公頃。

五、增加使用項目與原核准開發計畫之主要使用項目顯有差異，影響開發範圍內其他使用之相容性或品質。

六、變更原開發許可或開發同意函之附款。

七、變更開發計畫內容，依相關審議作業規範規定，屬情況特殊或規定之例外情形應由區域計畫委員會審議。

前項以外之變更事項，申請人應製作變更內容對照表送請直轄市或縣（市）政府，經目的事業主管機關認定未變更原核准興辦事業計畫之性質，由直轄市或縣（市）政府予以備查後通知申請人，並副知目的事業主管機關及區域計畫擬定機關。但經直轄市、縣（市）政府認定有前項各款情形之一或經目的事業主管機關認定變更原核准興辦事業計畫之性質者，直轄市或縣（市）政府應通知申請人依前項或第二十二條之二規定辦理。

因政府依法徵收、撥用或協議價購土地，致減少原經核准之開發計畫土地涵蓋範圍，而有第一項第三款所列情形，於不影響基地開發之保育、保安、防災並經專業技師簽證及不妨礙原核准開發許可或開發同意之主要公共設施、公用設備或必要性服務設施之正常功能，得準用前項規定辦理。

依原獎勵投資條例編定之工業區，申請人變更原核准計畫，未涉及原工業區興辦目的性質之變更者，由工業主管機關辦理審查，免徵得區域計畫擬定機關同意。

依第一項及第三項規定應申請變更開發計畫或製作變更內容對照表備查之認定原則如附表二之二。

第 23 條

申請人於獲准開發許可後，應依下列規定辦理；逾期未辦理者，區域計畫擬定機關原許可失其效力：

一、於收受開發許可通知之日起一年內，取得第十三條第一項第二款、第三款土地使用分區及使用地之異動登記及公共設施用地移轉之文件，並擬具水土保持計畫或整地排水計畫送請水土保持主管機關或直轄市、縣（市）政府審核。但開發案件因故未能於期限內完成土地使用分區及使用地之異動登記、公共設施用地移轉及申請水土保持計畫或整地排水計畫審核者，得於期限屆滿前敘明理由向直轄市、縣（市）政府申請展期；展期期間每次不得超過一年，並以二次為限。

二、於收受開發許可通知之日起十年內，取得公共設施用地以外可建築用地使用執照或目的事業主管機關核准營運（業）之文件。但開發案件因故未能於期限內取得者，得於期限屆滿前提出展期計畫向直轄市、縣（市）政府申請核准後，於核准展期期限內取得之；展期計畫之期間不得超過五年，並以一次為限。

前項屬非山坡地範圍案件整地排水計畫之審查項目、變更、施工管理及相關申請書圖文件，由內政部定之。

申請人依第十三條第一項或第三項規定，將相關公共設施用地移轉登記為該管直轄市、縣（市）有或鄉（鎮、市）有後，應依核定開發計畫所訂之公共設施分期計畫，於申請建築物之使用執照前完成公共設施興建，並經直轄市或縣（市）政府查驗合格，移轉予該管直轄市、縣（市）有或鄉（鎮、市）有。但公共設施之捐贈及完成時間，其他法令另有規定者，從其規定。

前項應移轉登記為鄉（鎮、市）有之公共設施，鄉（鎮、市）公所應派員會同查驗。

第 26 條

申請人於非都市土地開發依相關規定應繳交開發影響費、捐贈土地或繳交回饋金時，應先完成捐贈之土地及公共設施用地之分割、移轉登記，並繳交開發影響費或回饋金後，由直轄市或縣（市）政府辦理土地使用分區及使用地變更編

定異動登記，並函請土地登記機關於土地登記簿標示部加註核定事業計畫使用項目。

第四章　使用地變更編定

第 27 條

土地使用分區內各種使用地，除依第三章規定辦理使用分區及使用地變更者外，應在原使用分區範圍內申請變更編定。

前項使用分區內各種使用地之變更編定原則，除本規則另有規定外，應依使用分區內各種使用地變更編定原則表如附表三辦理。

非都市土地變更編定執行要點，由內政部定之。

第 28 條

申請使用地變更編定，應檢附下列文件，向土地所在地直轄市或縣（市）政府申請核准，並依規定繳納規費：

　　一、非都市土地變更編定申請書如附表四。

　　二、興辦事業計畫核准文件。

　　三、申請變更編定同意書。

　　四、土地使用計畫配置圖及位置圖。

　　五、其他有關文件。

下列申請案件免附前項第二款及第四款規定文件：

　　一、符合第三十五條、第三十五條之一第一項第一款、第二款、第四款或第
　　　　五款規定之零星或狹小土地。

　　二、依第四十條規定已檢附需地機關核發之拆除通知書。

　　三、鄉村區土地變更編定為乙種建築用地。

　　四、變更編定為農牧、林業、國土保安或生態保護用地。

申請案件符合第三十五條之一第一項第三款者，免附第一項第二款規定文件。

申請人為土地所有權人者，免附第一項第三款規定之文件。

興辦事業計畫有第三十條第二項及第三項規定情形者，應檢附區域計畫擬定機關核發許可文件。其屬山坡地範圍內土地申請興辦事業計畫面積未達十公頃

者，應檢附興辦事業計畫面積免受限制文件。

第 29 條

申請人依法律規定應繳交回饋金者，直轄市或縣（市）政府應於核准變更編定時，通知申請人繳交；直轄市或縣（市）政府應於申請人繳交後，函請土地登記機關辦理變更編定異動登記。

第 30 條

辦理非都市土地變更編定時，申請人應擬具興辦事業計畫。

前項興辦事業計畫如有第十一條或第十二條需辦理使用分區變更之情形者，應依第三章規定之程序及審議結果辦理。

第一項興辦事業計畫於原使用分區內申請使用地變更編定，或因變更原經目的事業主管機關核准之興辦事業計畫性質，達第十一條規定規模，準用第三章有關土地使用分區變更規定程序辦理。

第一項興辦事業計畫除有前二項規定情形外，應報經直轄市或縣（市）目的事業主管機關之核准。直轄市或縣（市）目的事業主管機關於核准前，應先徵得變更前直轄市或縣（市）目的事業主管機關及有關機關同意。但依規定需向中央目的事業主管機關申請或徵得其同意者，應從其規定辦理。變更後目的事業主管機關為審查興辦事業計畫，得視實際需要，訂定審查作業要點。

申請人以前項經目的事業主管機關核准興辦事業計畫辦理使用地變更編定者，直轄市或縣（市）政府於核准變更編定時，應函請土地登記機關辦理異動登記並於土地登記簿標示部加註核定事業計畫使用項目。

依第四項規定申請變更編定之土地，其使用管制及開發建築，應依目的事業主管機關核准之興辦事業計畫辦理，申請人不得逕依第六條附表一作為興辦事業計畫以外之其他容許使用項目或許可使用細目使用。

第 30-4 條

依第三十條擬具之興辦事業計畫位屬原住民保留地者，在不妨礙國土保安、環境資源保育、原住民生計及原住民行政之原則下，得為觀光遊憩、加油站、農產品集貨場倉儲設施、原住民文化保存、社會福利及其他經中央原住民族主管機關同意興辦之事業，不受第三十條之一規定之限制。

第 31 條

工業區以外之丁種建築用地或都市計畫工業區土地有下列情形之一而原使用地或都市計畫工業區內土地確已不敷使用，經依產業創新條例第六十五條規定，取得直轄市或縣（市）工業主管機關核定發給之工業用地證明書者，得在其需用面積限度內以其毗連非都市土地申請變更編定為丁種建築用地：

一、設置汙染防治設備。

二、直轄市或縣（市）工業主管機關認定之低汙染事業有擴展工業需要。

前項第二款情形，興辦工業人應規劃變更土地總面積百分之十之土地作為綠地，辦理變更編定為國土保安用地，並依產業創新條例、農業發展條例相關規定繳交回饋金後，其餘土地始可變更編定為丁種建築用地。

依原促進產業升級條例第五十三條規定，已取得工業主管機關核定發給之工業用地證明書者，或依同條例第七十條之二第五項規定，取得經濟部核定發給之證明文件者，得在其需用面積限度內以其毗連非都市土地申請變更編定為丁種建築用地。

都市計畫工業區土地確已不敷使用，依第一項申請毗連非都市土地變更編定者，其建蔽率及容積率，不得高於該都市計畫工業區土地之建蔽率及容積率。

直轄市或縣（市）工業主管機關應依第五十四條檢查是否依原核定計畫使用；如有違反使用，經直轄市或縣（市）工業主管機關廢止其擴展計畫之核定者，直轄市或縣（市）政府應函請土地登記機關恢復原編定，並通知土地所有權人。

第 31-1 條

位於依工廠管理輔導法第三十三條第三項公告未達五公頃之特定地區內已補辦臨時工廠登記之低汙染事業興辦產業人，經取得中央工業主管機關核准之整體規劃興辦事業計畫文件者，得於特定農業區以外之土地申請變更編定為丁種建築用地及適當使用地。

興辦產業人依前項規定擬具之興辦事業計畫，應規劃百分之二十以上之土地作為公共設施，辦理變更編定為適當使用地，並由興辦產業人管理維護；其餘土地於公共設施興建完竣經勘驗合格後，依核定之土地使用計畫變更編定為丁種

建築用地。

興辦產業人依前項規定，於區內規劃配置之公共設施無法與區外隔離者，得敘明理由，以區外之毗連土地，依農業發展條例相關規定，配置適當隔離綠帶，併同納入第一項之興辦事業計畫範圍，申請變更編定為國土保安用地。

第一項特定地區外已補辦臨時工廠登記或列管之低汙染事業興辦產業人，經取得直轄市或縣（市）工業主管機關輔導進駐核准文件，得併同納入第一項興辦事業計畫範圍，申請使用地變更編定。

直轄市或縣（市）主管機關受理變更編定案件，除位屬山坡地範圍者依第四十九條之一規定辦理外，應組專案小組審查下列事項後予以准駁：

一、符合第三十條之一至第三十條之三規定。

二、依非都市土地變更編定執行要點規定所定查詢項目之查詢結果。

三、依非都市土地變更編定執行要點規定辦理審查後，各單位意見有爭議部分。

四、農業用地經農業主管機關同意變更使用。

五、水汙染防治措施經環境保護主管機關許可。

六、符合環境影響評估相關法令規定。

七、不妨礙周邊自然景觀。

依第一項規定申請使用地變更編定者，就第一項特定地區外之土地，不得再依前條規定申請變更編定。

第 31-2 條

位於依工廠管理輔導法第三十三條第三項公告未達五公頃之特定地區內已補辦臨時工廠登記之低汙染事業興辦產業人，經中央工業主管機關審認無法依前條規定辦理整體規劃，並取得直轄市或縣（市）工業主管機關核准興辦事業計畫文件者，得於特定農業區以外之土地申請變更編定為丁種建築用地及適當使用地。

興辦產業人依前項規定申請變更編定者，應規劃百分之三十以上之土地作為隔離綠帶或設施，其中百分之十之土地作為綠地，變更編定為國土保安用地，並由興辦產業人管理維護；其餘土地依核定之土地使用計畫變更編定為丁種建築

用地。

興辦產業人無法依前項規定，於區內規劃配置隔離綠帶或設施者，得敘明理由，以區外之毗連土地，依農業發展條例相關規定，配置適當隔離綠帶，併同納入第一項興辦事業計畫範圍，申請變更編定為國土保安用地。

第一項特定地區外經已補辦臨時工廠登記之低汙染事業興辦產業人，經取得直轄市或縣（市）工業主管機關輔導進駐核准文件及直轄市或縣（市）工業主管機關核准之興辦事業計畫文件者，得申請使用地變更編定。

直轄市或縣（市）主管機關受理變更編定案件，準用前條第五項規定辦理審查。

依第一項規定申請使用地變更編定者，就第一項特定地區外之土地，不得再依第三十一條規定申請變更編定。

第 35 條

毗鄰甲種、丙種建築用地或已作國民住宅、勞工住宅、政府專案計畫興建住宅特定目的事業用地之零星或狹小土地，合於下列各款規定之一者，得按其毗鄰土地申請變更編定為甲種、丙種建築用地：

一、為各種建築用地、建築使用之特定目的事業用地或都市計畫住宅區、商業區、工業區所包圍，且其面積未超過○‧一二公頃。

二、道路、水溝所包圍或為道路、水溝及各種建築用地、建築使用之特定目的事業用地所包圍，且其面積未超過○‧一二公頃。

三、凹入各種建築用地或建築使用之特定目的事業用地，其面積未超過○‧一二公頃，且缺口寬度未超過二十公尺。

四、對邊為各種建築用地、作建築使用之特定目的事業用地、都市計畫住宅區、商業區、工業區或道路、水溝等，所夾狹長之土地，其平均寬度未超過十公尺，於變更後不致妨礙鄰近農業生產環境。

五、面積未超過○‧○一二公頃，且鄰接無相同使用地類別。

前項第一款至第三款、第五款土地面積因地形坵塊完整需要，得為百分之十以內之增加。

第一項道路或水溝之平均寬度應為四公尺以上，道路、水溝相毗鄰者，得合併

計算其寬度。但有下列情形之一，經直轄市或縣（市）政府認定已達隔絕效果者，其寬度不受限制：

一、道路、水溝之一與建築用地或建築使用之特定目的事業用地相毗鄰。

二、道路、水溝相毗鄰後，再毗鄰建築用地或建築使用之特定目的事業用地。

三、道路、水溝之一或道路、水溝相毗鄰後，與再毗鄰土地間因自然地勢有明顯落差，無法合併整體利用，且於變更後不致妨礙鄰近農業生產環境。

第一項及前項道路、水溝及各種建築用地或建築使用之特定目的事業用地，指於中華民國七十八年四月三日臺灣省非都市零星地變更編定認定基準頒行前，經編定或變更編定為交通用地、水利用地及各該種建築用地、特定目的事業用地，或實際已作道路、水溝之未登記土地者。但政府規劃興建之道路、水溝或建築使用之特定目的事業用地不受前段時間之限制。

符合第一項各款規定有數筆土地者，土地所有權人個別申請變更編定時，應檢附周圍相關土地地籍圖簿資料，直轄市或縣（市）政府應就整體加以認定後核准之。

第一項建築使用之特定目的事業用地，限於作非農業使用之特定目的事業用地，經直轄市或縣（市）政府認定可核發建照者。

第一項土地於山坡地範圍外之農業區者，變更編定為甲種建築用地；於山坡地保育區、風景區及山坡地範圍內之農業區者，變更編定為丙種建築用地。

第 35-1 條

非都市土地鄉村區邊緣畸零不整且未依法禁、限建，並經直轄市或縣（市）政府認定非作為隔離必要之土地，合於下列各款規定之一者，得在原使用分區內申請變更編定為建築用地：

一、毗鄰鄉村區之土地，外圍有道路、水溝或各種建築用地、作建築使用之特定目的事業用地、都市計畫住宅區、商業區、工業區等隔絕，面積在○‧一二公頃以下。

二、凹入鄉村區之土地，三面連接鄉村區，面積在○‧一二公頃以下。

三、凹入鄉村區之土地，外圍有道路、水溝、機關、學校、軍事等用地隔絕，或其他經直轄市或縣（市）政府認定具明顯隔絕之自然界線，面積

在○‧五公頃以下。

四、毗鄰鄉村區之土地，對邊為各種建築用地、作建築使用之特定目的事業用地、都市計畫住宅區、商業區、工業區或道路、水溝等，所夾狹長之土地，其平均寬度未超過十公尺，於變更後不致妨礙鄰近農業生產環境。

五、面積未超過○‧○一二公頃，且鄰接無相同使用地類別。

前項第一款、第二款及第五款土地面積因地形坵塊完整需要，得為百分之十以內之增加。

第一項道路、水溝及其寬度、各種建築用地、作建築使用之特定目的事業用地之認定依前條第三項、第四項及第六項規定辦理。

符合第一項各款規定有數筆土地者，土地所有權人個別申請變更編定時，依前條第五項規定辦理。

直轄市或縣（市）政府於審查第一項各款規定時，得提報該直轄市或縣（市）非都市土地使用編定審議小組審議後予以准駁。

第一項土地於山坡地範圍外之農業區者，變更編定為甲種建築用地；於山坡地保育區、風景區及山坡地範圍內之農業區者，變更編定為丙種建築用地。

第 36 條

特定農業區內土地供道路使用者，得申請變更編定為交通用地。

第 46 條

原住民保留地地區住宅興建計畫，由鄉（鎮、市、區）公所整體規劃，經直轄市或縣（市）政府依第三十條核准者，得依其核定計畫內容之土地使用性質，申請變更編定為適當使用地。於山坡地範圍外之農業區者，變更編定為甲種建築用地；於森林區、山坡地保育區、風景區及山坡地範圍內之農業區者，變更編定為丙種建築用地。

第 48 條

山坡地範圍內各使用分區土地申請變更編定，屬依水土保持法相關規定應擬具水土保持計畫者，應檢附水土保持機關核發之水土保持完工證明書，並依其開發計畫之土地使用性質，申請變更編定為允許之使用地。但有下列情形之一

者，不在此限：

一、甲種、乙種、丙種、丁種建築用地依本規則申請變更編定為其他種建築
用地。

二、徵收、撥用或依土地徵收條例第三條規定得徵收之事業，以協議價購或
其他方式取得，一併辦理變更編定。

三、國營公用事業報經目的事業主管機關許可興辦之事業，以協議價購、專
案讓售或其他方式取得。

四、經直轄市或縣（市）政府認定水土保持計畫工程需與建築物一併施工。

五、經水土保持主管機關認定無法於申請變更編定時核發。

依前項但書規定辦理變更編定者，應於開發建設時，依核定水土保持計畫內容
完成必要之水土保持處理及維護。

第 52-1 條

申請人擬具之興辦事業計畫土地位屬山坡地範圍內者，其面積不得少於十公
頃。但有下列情形之一者，不在此限：

一、依第六條規定容許使用。

二、依第三十一條至第三十五條之一、第四十條、第四十二條之一、第
四十五條及第四十六條規定辦理。

三、興闢公共設施、公用事業、慈善、社會福利、醫療保健、教育文化事業
或其他公共建設所必要之設施，經依中央目的事業主管機關訂定之審議
規範核准。

四、屬地方需要並經中央農業主管機關專案輔導設置之政策性或公用性農業產銷
設施。

五、申請開發遊憩設施之土地面積達五公頃以上。

六、風景區內土地供遊憩設施使用，經中央目的事業主管機關基於觀光產業
發展需要，會商有關機關研擬方案報奉行政院核定。

七、辦理農村社區土地重劃。

八、國防設施。

九、依其他法律規定得為建築使用。

第 53 條

非都市土地之建築管理，應依實施區域計畫地區建築管理辦法及相關法規之規定為之；其在山坡地範圍內者，並應依山坡地建築管理辦法之規定為之。

二、山坡地保育利用條例（民國 105 年 11 月 30 日修正）

第 3 條

本條例所稱山坡地，係指國有林事業區、試驗用林地及保安林地以外，經中央或直轄市主管機關參照自然形勢、行政區域或保育、利用之需要，就合於下列情形之一者劃定範圍，報請行政院核定公告之公、私有土地：

　一、標高在一百公尺以上者。

　二、標高未滿一百公尺，而其平均坡度在百分之五以上者。

第 6 條

山坡地應按土地自然形勢、地質條件、植生狀況、生態及資源保育、可利用限度及其他有關因素，依照區域計畫法或都市計畫法有關規定，分別劃定各種使用區或編定各種使用地。

前項各種使用區或使用地，其水土保持計畫由直轄市或縣（市）主管機關視需要分期擬定，報請中央主管機關核定後公告實施；其變更時，亦同。

第 9 條

在山坡地為下列經營或使用，其土地之經營人、使用人或所有人，於其經營或使用範圍內，應實施水土保持之處理與維護：

　一、宜農、牧地之經營或使用。

　二、宜林地之經營、使用或採伐。

　三、水庫或道路之修建或養護。

　四、探礦、採礦、採取土石、堆積土石或設置有關附屬設施。

　五、建築用地之開發。

　六、公園、森林遊樂區、遊憩用地、運動場地或軍事訓練場之開發或經營。

　七、墳墓用地之開發或經營。

　八、廢棄物之處理。

九、其他山坡地之開發或利用。

第 12 條

山坡地之經營人、使用人或所有人應依主管機關規定之水土保持技術規範及期限，實施水土保持之處理與維護。

前項實施水土保持之處理與維護，其期限最長不得超過三年；已完成水土保持處理後，應經常加以維護，保持良好之效果，如有損壞，應即搶修或重建。

主管機關對前二項水土保持之處理與維護，應隨時稽查。

第 15 條

山坡地之開發、利用，致有發生災害或危害公共設施之虞者，主管機關應予限制，並得緊急處理；所需費用，由經營人、使用人或所有人負擔。

前項所造成之災害或危害，經營人、使用人或所有人應負損害賠償責任。

第 16 條

山坡地供農業使用者，應實施土地可利用限度分類，並由中央或直轄市主管機關完成宜農、牧地、宜林地、加強保育地查定。土地經營人或使用人，不得超限利用。

前項查定結果，應由直轄市、縣（市）主管機關於所在地鄉（鎮、市、區）公所公告之；公告期間不得少於三十日。

第一項土地可利用限度分類標準，由中央主管機關定之。

經中央或直轄市主管機關查定之宜林地，其已墾殖者，仍應實施造林及必要之水土保持處理與維護。

三、山坡地建築管理辦法（民國 92 年 3 月 26 日）

第 1 條

本辦法依建築法第九十七條之一規定訂定之。

第 2 條

本辦法以建築法第三條第一項各款所列地區之山坡地為適用範圍。

前項所稱山坡地，指依山坡地保育利用條例第三條規定劃定，報請行政院核定公告之公、私有土地。

第 3 條

從事山坡地建築，應向直轄市、縣（市）主管建築機關依下列順序申請辦理：

　　一、申請雜項執照。

　　二、申請建造執照。

前項建築農舍及其他經直轄市、縣（市）政府認定雜項工程必需與建築物一併施工者，其雜項執照得併同於建造執照中申請之。

第 4 條

起造人申請雜項執照，應檢附下列文件：

　　一、申請書。

　　二、土地權利證明文件。

　　三、工程圖樣及說明書。

　　四、水土保持計畫核定證明文件或免擬具水土保持計畫之證明文件。

　　五、依環境影響評估法相關規定應實施環境影響評估者，檢附審查通過之文件。

第 5 條

起造人應會同承造人及監造人於雜項工程開工前，檢附下列證件，併同施工計畫，申請直轄市、縣（市）主管建築機關備查後，始得動工：

　　一、承造人部分：

　　　　(一)承造人姓名、住址、證書字號。

　　　　(二)技師姓名、住址、證書字號。

　　　　(三)常駐工地負責人姓名、住址、學經歷證明文件。

　　二、監造人部分：

　　　　(一)監造人姓名、住址、證書字號。

　　　　(二)常駐工地代表姓名、住址、學經歷證明文件。

前項常駐工地負責人及常駐工地代表，應以高級中等以上學校修習相關工程科系畢業，並具工程經驗五年以上人員或相關之技術士為之。

第 6 條

雜項工程在施工期間，監造人或常駐工地代表應常駐工地，監督工程之進行；承

造人之常駐工地負責人應駐守工地，負責工程施工及安全維護管理。承造人並應會同監造人依施工進度，分期分區記錄並拍照備查，於申報完工時一併送審。

直轄市、縣（市）主管建築機關應會同有關機關隨時抽查，發現有不合格或有危害公共安全、衛生、交通之虞者，應限期令其改善。必要時，得令其停工，俟該部分勘驗合格後，始得繼續施工。

第 7 條

雜項工程進行時，應為下列之安全防護措施：

一、毗鄰土地及改良物之安全維護。

二、施工場所之防護圍籬、擋土設備、施工架、工作臺、防洪、防火等安全防護措施。

三、危石、險坡、坍方、落盤、倒樹、毒蛇、落塵等防範。

四、挖土、填土或裸地表部分臨時坡面之防止沖刷設施。

五、使用炸藥作業時，應依有關規定辦理申請手續，並妥擬安全措施。

六、颱風、豪雨等天然災害來臨前之必要防護措施。

第 8 條

雜項工程施工中，發現地形、地質與實際工程設計不符時，起造人應會同承造人及監造人依法變更設計後，始得繼續施工。其有危害安全之虞者，主管建築機關得令其停工，並為緊急處理。

第 9 條

山坡地應於雜項工程完工查驗合格後，領得雜項工程使用執照，始得申請建造執照。

申請建造執照，應檢附建築法第三十條規定之文件圖說及雜項工程使用執照。但依第三條第二項規定雜項執照併同於建造執照中申請者，免檢附雜項工程使用執照。建造期間之施工管理，依建築法有關規定辦理。

山坡地水土保持須知

↳ 破壞山坡地所造成的影響

1. 環境品質及居民住的安全：山坡地在欠缺總量管制之情形下，開發業者針對非都市土地山坡地進行規劃，僅為該計畫所屬坡地稜線範圍之局部，欠缺整體考量，無法有效予以統合循序開發，難免帶來負面之影響。

2. 不當的開發包括農業和非農業的土地利用。就農業方面，部分山區的高山茶、高山蔬菜、溫帶水果及檳榔等，對於水土保持及水庫水質造成負面的影響。在非農業方面，如濫建、濫葬、違規棄土、擅闢道路、擅自探採礦等，更對山坡地環境造成劇烈的破壞。山坡地的不當開發不僅造成所在地的潛在災害，也增加下游地區洪汜的規模和頻率。

3. 人類活動由食、衣、住、行以至於育、樂，都需要使用到自然資源。在資源取用之際，即不免對自然環境產生或輕或重的干擾與改變情形，更不斷得改變著原有的地形地貌。

4. 山區的伐木行為，不但嚴重影響水源的涵蓋及表土的保護，也直接減少野生動物的棲息環境。農業屯墾，部分在陡峭的山區，也不斷破壞水土保持，減少水庫壽命。

5. 山坡地的開發，如溪畔的農業耕作因施肥、施用農藥等，造成溪流水質的優養化；或工業廢水的排放，嚴重汙染水質，不僅影響水中生物的群聚結構，更會影響飲用水的安全，並改變溪流生物的棲地，而且造成水質汙濁，嚴重影響溪流環境以及水生生物的生存，同時對於溪流環境的整體景觀也造成不可磨滅的傷害，影響到溪流生態系的面貌。

6. 山坡地的開發，容易使土地表土流失、山坡坍方等，地表水的水流若無密集的植生與土壤在地表面，則無法遲緩水流的速度。

7. 除造成土壤流失，還會造成水庫的泥沙淤塞致使水庫壽命減短，也可能會造成土石流或是土壤沖蝕、山崩、落石、坍方、下陷、土石滑動等原因。

8. 植物來不及調節氣候以致氣溫升高，而造成嚴重的「溫室效應」。

9.使自然界物種快速滅絕，無論是鳥類、昆蟲、魚類、蛙類、哺乳類或原生植物。

10.影響或破壞現有交通及人文等資產。

☟山坡地開發注意事項

避免觸法又傷財

依據水土保持法規定，民眾於山坡地從事下列行為時，應先申請水土保持計畫或簡易水土保持申報書，並經核准後始可施工，違者罰鍰新臺幣6～30萬元。

・農林漁牧地之開發利用：包含整坡施作階段平臺、開挖整地、挖掘水溝、開闢或拓寬農路等改變地形行為。

・為鑑界、測量、清除地表植生林木等所需施作之施工便道。

・永久或臨時性堆積土石。

・開發建築用地：包含建築物、農舍、需建照之農業設施等。

・其他開挖整地：包含水溝、擋土牆、無需建照之農業設施等。

☟簡易水土保持申報書所需書件

申報書	簡易水土保持申報書、水土保持處理項目及數量明細表（市府水利局網站→下載專區下載）
合法土地使用文件	土地登記簿謄本 地籍圖謄本 申請人身分證件影本 非申請人之土地，須土地使用同意書或租賃契約影本
詳細圖說資料	實施地點位置圖 平面配置圖（含水土保持設施） 建造物斷面圖
道路圖說	修建或改善道路之平面配置圖、各路段改善內容、數量等
相關機關證明文件	申請開發基地內土地是否有違規開發？ 是否坐落於特定水土保持區？ 是否坐落於國家公園範圍內？ 是否坐落於水庫集水區範圍內？ 是否坐落於地質敏感區？
備註	申報書含附件皆須1式6份（影印本請加蓋私章）

⤷ 簡易水土保持申報書申請流程

· 向目的事業單位掛件申請，由目的事業單位轉送市府水利局。

· 市府水利局審查後，由市府農業局通知繳交山坡地開發利用回饋金。

· 於收到市府核定公文及核定申報書後，始可開工，並請申報開工。

參考來源：行政院農業委員會水土保持局及臺中市政府水利局。

✸ 高等環境規劃與土地開發

⤷ 引言與介紹

　　環境規劃中的規劃者係乃包括一般性規劃過程與多元的角色，亦摻雜了諸多學科的定位。什麼是環境規劃？規劃者想的是什麼？簡單的說，就是想做什麼？與如何做它？這個過程獲得及分析資訊與解決問題是重要的；再其次，簡單的說，規劃包括了設定目標、獲得及分析資訊、規劃及評估替選方案，以及對目標的設計。

⤷ 十九至二十一世紀的規劃在忙些什麼？

1.設計者無非就是要創造偉大的城市。

2.1920～40 年代，分區管制盛行，都市規劃變得較具規範，因而有都市計畫法令的制定。在 1930 年代初期，聯邦政府的都市計畫顯得較具官僚，同時，科學與經濟的研究比較偏重於事實的發現。1950～60 年代，都市發展有了更進一步的挑戰，60 年代帶來了諸多政治問題，政治行為影響決策，直到 70 年代公眾參與盛行，80 年代強調溝通主義，90 年代既得利益者為利益與規劃者結合有了合理的解釋。直到二十世紀，都市規劃者強調未來取向，到了二十一世紀，都市的規劃漸漸強調技術與政策分析之結合，以及政治溝通的過程。

✎ 環境規劃著重的重點

集水區土地不得變更編定（作低汙染不須環評），提供農業用水的水庫是走計畫管制，抑或容許使用應有合理的評估依據。

1.環境保護與問題解決。

2.亦包含了人文與環境交互作用所產生的自然資源使用、自然危害、健康、生產與生態系統。

環境問題包括垃圾、廢棄物等，如何強化環境的品質來達到環境保護的目標，可結合環境與社會因子，並加以分析，不只以最少的成本來分析，尚須以最有效的方法來考量環境因子。

✎ 環境規劃者須強調科際整合

將不同的專長整合：

1.土地使用與開發。

2.空氣汙染品質。

3.水資源品質。

4.集水區管理。（不得辦理變更編定）

5.動物保護。

6.森林保護。

✎ 規劃的過程與方法

規劃者要做什麼？如何去做規劃？

透過學者、專家不斷的爭論、文獻創造出不同的環境規劃方法，慢慢的探討出社會需求的建構。

規劃過程中，有四個基本的方法：

1.理性全盤式規劃（從官僚的角度）

規劃是否有全盤的考量。規劃的過程是一種系統化的過程，有五個基本的目標：

(1)主要議題與目標的確認。

(2)分析規劃的狀況。

(3)甄選替代方案。

(4)評估的影響分析。

(5)評價的影響分析。

即是說，方案可以一步一步被找出來，資料、資訊被蒐集後，開始做分析、預測、評估，直到被考慮、被研擬、被擬定。偏向單一價值觀，並非社會的多元面向，只追求單一層面的公共利益，無法反映社會多元。理性主義包括兩種，一為理性全盤式規劃：強調工具主義，受新科學主義影響，不考慮政治、經濟、文化等問題，以求最佳方案。一為程序理性式規劃：進一步以系統方法進行論述，著重公共行政管理問題，期望建構理性決策模式。包括以下步驟：

(1)資訊。

(2)替選方案的準備。

(3)衝擊評估。

(4)評估。

(5)達到目標、系統化、最佳化，此乃理性三大因子。

2.程序理性式規劃（從市場的角度）

程序理性式規劃認為，規劃應交由一理性經理人執行。總之，理性規劃的基本條件係內容依據科學法則進行，客觀、中立無模糊地帶。這個科學法則如透過計量或統計學的了解或實際應用，是一種以實證方法為基礎的規劃方式。

3.漸進主義式規劃（林布隆 1959 年提出）

規劃過程中似乎有著得過且過的味道（muddling through），人類的知識與了解是有限的，所以目標會受到限制，因此目標僅著重在短期與小範圍的替選方案。總之，人類的大腦容量有限，規劃的決策時間亦有限，所以整個作決策的範圍被限縮，建構在一個小的政策或方案衍生。（short-term goals and objective and small sequential actions...）

俗話說應是小的改變，而不是戲劇性大量的改變，有如前日蘇花高議題，在改變的過程當中，會有戰略與戰術，與現實問題會有小小的不同，這種基本

的改變因而影響了漸進決策者。

參與式的方法

在制定決策過程中，規劃者與既得利益者的結合是有必要的，如此政策價值才能顯現，即所謂公開式的規劃。（Diverse stakeholder and conflicting values.）

4.倡導式規劃（辯護式規劃）（advocacy approach）

經由民主的參與才可以促進理性目標的達成，以此來解決不同的價值觀與意識形態，由大衛妥夫（Davidoff）於 1965 年所提出，這是一種妥當的規劃，在評估過程中必須求快。advocacy 係倡導式規劃，此不是線性，乃不斷調整，過程是螺旋不斷反覆。

環境規劃是一個不斷連續的過程，所有的過程均強調一個同時性，因為他要獲取新的資訊（open to new information, tools），在過程中包括參與、協商、評估與評價均會被討論。

它同時也強調：

(1)多元主義。

(2)幫弱勢團體尋找一個新的工作機會。

(3)規劃的過程取向偏向民主辯護取向。

(4)民眾參與程度多。

(5)規劃的結果乃最適解。

▷ 環境規劃的過程

1.既得利益者議題

確認基本議題、衝突解決，並且需要資料分析作為擬定相關草案的重要性。

2.確認議題的目標與準則

包括不確定性。

3.規劃狀況的分析

資料的受限、參與式的工具、衝突的解決方式、協商的工具等。

4.替選方案的規劃

周全式的規劃。

5.評估的衝擊

包括對經濟環境與社會需求的影響。評估的範圍與規劃是否周全有關，規劃的工具包括成本利益分析、環境影響評估、社會衝擊、參與式的規劃等。

6.評估與選擇計畫

包括講習、審查並提出意見、調查，藉此了解到規劃過程中，衝突解決與協商工具的重要性。

7.執行、監測、評估與修改

監測的範圍與時間，藉由不確定的標準與控制的程度，了解到參與式的規劃（公民監測、講習會、年會等）。

規劃的簡化過程

1.我們能做什麼？
2.我們的問題是什麼？
3.目標是什麼？
4.我們應該做什麼？

環境規劃與管理的跨領域治理

由於環境問題非常複雜需要跨領域解決，也需要多樣的反覆訓練及多方的訓練才行，涉及的層面包括自然科學、工程、經濟、法律、政治、政策、正義等層面。有此一說，環境規劃與管理乃基於科學與工程訓練而來，管控人與環境的互動，提升人類健康與環境的品質、技術層面與非技術層面。（Based on scientific and engineering principles.）

　　針對土地使用的管理與利用，土壤侵蝕控制是需要的，其方法包括了解土壤力學的概念、土壤的各項資訊以及可蝕性分析等。以上種種都在在減少了土地土壤侵蝕的可能，亦是環境規劃最需要的操作方式與方法。

環境與經濟議題

　　福利經濟學的觀念已在公共政策中提倡，乃指經濟效益，它的特性在於自由市場資源做有效的分配，社會總收益必須大於社會總成本。唯不免有外部性產生，從市場到個人，正效益與負效益相減之淨流量，即為市場活動影響。又外部性的產生使得市場失靈。在公共政策制定的過程當中，如自然資源的使用與汙染的控制，已漸漸受依靠並支配了整個自由市場。亦就是說，這兩項政策已著重在市場機制分析，因為外部性的研究已油然而生。

　　成本效益分析已是衡量或評估價值的一個最佳代名詞，成本與效益的界定可說是規劃者的資源，但聯邦式的政策與計畫還是以淨值為衡量效益的依據。成本效益分析建構出一種概念，唯對於基本的問題似乎較為困擾，因為有的規劃者關心公平，有的規劃者關心成本與效益的分配。

　　在成本效益的分析上，有幾點是要注意的事項：

1.誰有利益、誰有成本，為何人所有？
2.許多成本與利益，應考量風險與不確定性。
3.是否應考量貨幣的時間價值？
4.有沒有考量折現的問題，即今天的價值是昨天的多少價值觀念？是未來的多少錢？
5.棲息地的破壞有沒有辦法用價值的內容呈現？最近幾年，生態經濟學中所探討環境資源的經濟價值，已被開始探討。即環境資源已經以成本效益分析的方式，來衡量使用與選擇的價值。

在環境資源中使用、選擇、存在的價值為何？

1.使用與選擇的價值。
2.存在的價值。

3.遺產價值。

4.保險的價值（未來）。

　　有些量化的研究方法在環境規劃的分析上有所限制，許多經濟學家認為社會價值在經濟體系的架構中無法被融入。

環境規劃中其他經濟議題

　　包括：(1)以市場機能來保護環境災害。(2)以成本效益分析環境保護的規劃。(3)環境規劃方案制定的財務動態為何？就決定因素而言，經濟市場是消費者與生產者最在乎的重要角色。亦即是說，環境的規劃與保護雖以市場機能為手段，不過還是需透過法令與規範來操作。

如何去支付環境規劃的政策

　　私人產業與土地的開發必須要獲得私人及民間部門財務的奧援，以地方政府來說，財務計畫需要的是稅收或以收益式的租金收入。另外，包括發展權的移轉與信託籌措資金的方式，已越來越普遍在環境規劃與政策中。

信託與發展權乃土地使用追求創新的二大課題

　　創新是很重要的，包括財務計畫籌措資金的方式或者開發的財務計畫。

　　如何設計系統和技術可以減少這些負面影響的相互作用以提高環境質量，例如：土壤侵蝕控制。

　　由於分析的限制，經濟學本身無法提供決策的依據；更重要的是，失敗的經濟評估，如美國金融風暴。

　　部分技術目的，是確定質的相對重要性或環境價值的一個具體部分，其目的是全面的技術評估，範圍廣泛包括經濟、文化和環境影響的互相比較和選擇，並常常將它們結合起來作為彼此替代品的排名。

　　部分技術可用於評估在特定環境條件的變化，系統會發揮，因而可以用來比較的影響，在這個特殊因素下被替代之；環境因子有其特定環境，比如說暴雨、地勢、土壤性質。

選擇一個數字視爲相關因素的評估，在測量的變數下給一個共同的衡量尺度，環境構面各因素權重分配的基礎上之相對重要性，並結合產品的價值和重要因素產生的最終得分。

全面技術，意旨在指導和決策中使用的關鍵，更甚於部分技術。

公眾論壇中提到的最後一句話，就是政治過程（協商）。在公共政策制定的過程當中，制定環境政策之際，許多的案例分析中，有三個主要的成功因素，它們分別是一個好的技術資訊、政治人物爲了選區醞釀一個強有力的辯護式團體，以及領導者提供一個好的行政官僚。

作法爲參與、合作、衝突的解決

透過公眾參與的機制，民主的政治進程，乃表現在規劃過程。透過什麼手段來控制汙染於一個水準，其中設施是如何規劃，什麼樣的設施風險是可以接受的水準等。

協同決策和公私（政府與公民）夥伴關係

公共政策的制定過程當中，公民的參與與不被操縱的態度下，大多數環境規劃個案，在公民的參與過程中，被要求更高層次的需求，即更好的政策品質。唯有如此，公共接受度才更容易。

過去三十年來，參與的本性已經改變了整個政策制定過程的生態，有一個最大的特色，告訴政府你要什麼？以及你如何做決定？這是政策制定的新生態。

規劃者扮演什麼樣的角色

1.如研究者乃企管背景（包山包海）。
2.跨領域學科或跨領域治理。
3.需要建立一套私部門、公部門與公民社會的規劃機制。

就政府部門來說（公部門）

專業的環境規劃者常常依附在聯邦、州、區域以及地區部門當中，許許多

多的規劃師已慢慢在私人部門從事產業開發與顧問的工作。

生態、公平與永續

環境資源的公共價值與民主過程，已漸漸著重在生態、公平與永續的發展上。

環境規劃的資料數量與品質，已經有所謂的資訊革命時代即將來臨，資訊網路的發達已漸漸彌補先前資訊與資料蒐集及分析的缺乏。另外，先進的技術亦加強了環境規劃分析的能力。比如說，所謂的地理資訊系統更強化了資訊媒介介紹與溝通的能力。同時也包括：(1)可視性：資訊的識別速度與能力。(2)情境：替選方案或政策情境的識別分析力。所以說，好的資訊並非只是提供一個直接的決策，亦包括公民的問題在哪裡，進而推動政策的決定，如同社區意識的支持與運作。

規劃師是調解公眾參與的重要角色，是社區建設者的支持者，亦是公民權力的領導者，雖然技術與經濟資訊的蒐集對規劃者很重要，不過，從環境規劃的角度來看政治、市場機能、強大的發展利益，已是環境發展最重要的課題。

環境規劃的合作機制

環境規劃必須謀取公民參與、促進公民權利的過程，並從合作機制中來約定公民與既得利益者的利益。

規劃者的規範與原則

政府花了很多時間制定一些規範，它是有一些過程的，包括允許、改善、協商與否決發展計畫。在此同時，部長把關的成分居大，尚且規劃師較注重一個計畫的容許發展，較不注重一個計畫的管理層次。

1.規劃師是一個協商者、一個中立者

辯護式計畫與開發計畫，尤其需要藉由中立者的角色來解決衝突。協商與中立是規劃者尋求最佳替選方案最需要的技術，特別是公共資源是有限的，公共利益沒有單一性，它強調的是公共福利，公共資源必須決定如何適當的分配。

2.規劃者就像是一個顧問家、政治家、有遠見的設計者

　　爭議、建議、開放已經漸漸增加在環境規劃的議題上，規劃者是一個有權力的專家，自己要多方了解，否則將變得無能為力，重視規劃的過程，他們將會改善資料分析的品質以及被賦予社區溝通與協調的能力。

　　規劃師除了沿襲過去傳統烏托邦式的規劃理念，對於日常生活式的活動計畫，亦必須要有維持下去的動力，一日又一日。

　　規劃者必須要有一套設計的規劃理念，諸多的大城市必須如此，好比理性的科學、民眾對政策的參與度，以創造永續的環境。

　　規劃者需要有設計的能力、複製傳統思維的能力、探究社區願景的能力，到最後透過周全的設計理念，將願景展示出來，表現社區的價值。

3.規劃者如同政策提倡者

　　規劃者如同改變的代理人，他們透過民主的挑戰、公民的參與來改善這個社會。

　　規劃者如同資訊的保護者、政治與協商的顧問，誠如前述，他也如同一個設計師，在提倡他自己的既有計畫以及發展與非發展的模式願景。

✎ 二十一世紀的環境規劃何去何從

　　二十一世紀的環境規劃應朝向合作與自我調整的樣態，並以科學的方法來加以學習。

　　過去規劃者常習慣將思考轉為知識，現在則不然，已知道要在規劃中學習，即在做規劃的時候：

1.保留問題的複雜度。
2.延長議題的爭端。
3.限制政府的預算。
4.法令的鬆綁。
5.財產權的保護。

　　即在擬定環境規劃與政策時，希望能更有效率，更能讓大眾接受。

　　環境權的保護有賴於公民環境主義者與資源管理的整合，可稱作生態管理與環境的保護，尚包括水資源管理、協商協同……。

☝ 各年代環境規劃扮演的角色

1. 1970 年代

在規劃的過程中，是為過度的管制、理性全盤式的規劃以及以成本為考量的聯邦計畫。

思考一下：理性全盤式的規劃過程，它強調的是什麼？

(1)追求目標嗎？

(2)規劃過程有系統化嗎？

(3)規劃過程有最佳化嗎？

2. 1980 年代

規劃漸漸變為：

(1)自由市場。

(2)削減聯邦預算。

(3)法令的鬆綁。

(4)私人財產權的保護。

同時，廢除了諸多環境保護、不合時宜的法律，但終究失敗。因為：

(1)太強調生態經濟學的概念。

(2)認為經濟效率、生態有其權利與價格、減少外部性、強調包裹決策是必要的。

因此人們經常不快樂，對於以環境保護的限制與約束、理性規劃以及運用經濟理論的方法，來治理環保政策的能力是有限的。

3. 1990 年代

因為我們沒有足夠的知識，所以似乎什麼都不會。似乎沒有辦法解決我們的環境問題與議題，雖說衡量價值的方法是一門科學，唯科學方法與經濟分析亦似乎沒有辦法捉取我們要的價值。

✎ 經濟價值等於環境規劃的價值嗎？

1.實驗的。

2.基層工作。大部分的環保活動都是注重實驗的成果，沒有明確的方向，諸多都是基層（基礎）的工作，就像是區域水資源分配的政策或議題，基本的回應包括如下：

(1)我們不懂的太多，所以需要從實驗中做中學。

(2)政府的法規與稅收不足以改善我們的環保政策，所以我們必須嘗試將社區（community）意識轉化成分散的行動。

✎ 理性主義

1.資源的分配。

2.理性的經營策略，即合作。

　　上述是理性主義中最重要的成分與概念，唯資源與資訊是有限的。因為政策目標會受到時間、金錢或預算、資源的限制。決策者亦然。科學與經濟學家並不能代表所有的議題與價值，唯有資源是有限；因此結合既得利益者透過參與、共識與合作的建構，承上所述，才會有一個嶄新的方法，這才是最重要的。參與、共識、既得利益者參與及合作的建構，才會有一個嶄新的方法。

✎ 組成要件的途徑

　　組成要件：

1.理性的全盤式規劃是不夠的，規劃並非只是在談研究與做，做規劃要能自我調整，因為它是一個動態的過程，即是做中學，尚包括：

(1)規劃。

(2)行動。

(3)監測。

(4)評估。

　　在公共行政的領域中，就如同政策分析、政策規劃、政策執行與政策評估或是政策監測所談的科學。

2. 協作式規劃是環境規劃建構一個協作模式，它包括衝突的解決、一致性的建
　構、合作式的學習與公民參與度的社群網路……，這均是規劃者所需考量的
　永續目標。

§ 都市設計從利益層面來看，此乃公共利益；從制度層面來看，此乃由下而上
　抑或由上而下視之；從民眾層面來看，乃落實民眾參與；承上，由此說明都
　市設計即是公共行政。

相關法條

一、環境影響評估法（民國 92 年 1 月 8 日）

第 5 條
下列開發行為對環境有不良影響之虞者，應實施環境影響評估：

　　一、工廠之設立及工業區之開發。

　　二、道路、鐵路、大眾捷運系統、港灣及機場之開發。

　　三、土石採取及探礦、採礦。

　　四、蓄水、供水、防洪排水工程之開發。

　　五、農、林、漁、牧地之開發利用。

　　六、遊樂、風景區、高爾夫球場及運動場地之開發。

　　七、文教、醫療建設之開發。

　　八、新市區建設及高樓建築或舊市區更新。

　　九、環境保護工程之興建。

　　十、核能及其他能源之開發及放射性核廢料儲存或處理場所之興建。

　　十一、其他經中央主管機關公告者。

前項開發行為應實施環境影響評估者，其認定標準、細目及環境影響評估作業準
則，由中央主管機關會商有關機關於本法公布施行後一年內定之，送立法院備查。

依特定工廠登記辦法草案第十條至第十六條程序視之，如無法進行者，違章工
廠應即拆除，即合法化應予廢止。

1.環保機關沒有併行各機關（消防、水利……）即現場會勘。

2.沒有完成改善；包括（環境影響評估、水汙染防治、空汙防治、廢棄物清
理、毒性及關注化學物質管理法、土壤及地下水汙染整治法或其他環保法令
管制之類別，分別檢附環境保護主管機關出具之各項核准或許可證明文件。

依環境影響評估法第五條一至十一顯示；休閒農場似不在其列，唯農地開發利
用在其列，且容許使用項目涵蓋了休閒農業設施，在國土計畫的新架構下，如
休閒農場走向生態式規劃，是否又與農村再生計畫（第四類農業發展區）息息
相關，值得各界專家學者先進探究。

二、水土保持法（民國 105 年 11 月 30 日）

第 3 條

本法專用名詞定義如下：

一、水土保持之處理與維護：係指應用工程、農藝或植生方法，以保育水土
資源、維護自然生態景觀及防治沖蝕、崩塌、地滑、土石流等災害之措
施。

二、水土保持計畫：係指為實施水土保持之處理與維護所訂之計畫。

三、山坡地：係指國有林事業區、試驗用林地、保安林地，及經中央或直轄
市主管機關參照自然形勢、行政區域或保育、利用之需要，就合於下列
情形之一者劃定範圍，報請行政院核定公告之公、私有土地：

(一)標高在一百公尺以上者。

(二)標高未滿一百公尺，而其平均坡度在百分之五以上者。

四、集水區：係指溪流一定地點以上天然排水所匯集地區。

五、特定水土保持區：係指經中央或直轄市主管機關劃定亟需加強實施水土
保持之處理與維護之地區。

六、水庫集水區：係指水庫大壩（含離槽水庫引水口）全流域稜線以內所涵
蓋之地區。

七、保護帶：係指特定水土保持區內應依法定林木造林或維持自然林木或植
生覆蓋而不宜農耕之土地。

八、保安林：係指森林法所稱之保安林。

第 5 條

對於興建水庫、開發社區或其他重大工程水土保持之處理與維護，中央或直轄市主管機關於必要時，得指定有關之目的事業主管機關、公營事業機構或公法人監督管理之。

第 8 條

下列地區之治理或經營、使用行為，應經調查規劃，依水土保持技術規範實施水土保持之處理與維護：

　　一、集水區之治理。

　　二、農、林、漁、牧地之開發利用。

　　三、探礦、採礦、鑿井、採取土石或設置有關附屬設施。

　　四、修建鐵路、公路、其他道路或溝渠等。

　　五、於山坡地或森林區內開發建築用地，或設置公園、墳墓、遊憩用地、運動場地或軍事訓練場、堆積土石、處理廢棄物或其他開挖整地。

　　六、防止海岸、湖泊及水庫沿岸或水道兩岸之侵蝕或崩塌。

　　七、沙漠、沙灘、沙丘地或風衝地帶之防風定砂及災害防護。

　　八、都市計畫範圍內保護區之治理。

　　九、其他因土地開發利用，為維護水土資源及其品質，或防治災害需實施之水土保持處理與維護。

前項水土保持技術規範，由中央主管機關公告之。

（水土保持義務人）

第 12 條（水能流、土能保、土裡面的源水可以植栽、綠帶，可處理掉水土保持問題）

水土保持義務人於山坡地或森林區內從事下列行為，應先擬具水土保持計畫，送請主管機關核定，如屬依法應進行環境影響評估者，並應檢附環境影響評估審查結果一併送核：

　　一、從事農、林、漁、牧地之開發利用所需之修築農路或整坡作業。

　　二、探礦、採礦、鑿井、採取土石或設置有關附屬設施。

　　三、修建鐵路、公路、其他道路或溝渠等。

四、開發建築用地、設置公園、墳墓、遊憩用地、運動場地或軍事訓練場、
堆積土石、處理廢棄物或其他開挖整地。

前項水土保持計畫未經主管機關核定前，各目的事業主管機關不得逕行核發開
發或利用之許可。

第一項各款行為申請案依區域計畫相關法令規定，應先報請各區域計畫擬定機
關審議者，應先擬具水土保持規劃書，申請目的事業主管機關送該區域計畫擬
定機關同級之主管機關審核。水土保持規劃書得與環境影響評估平行審查。

第一項各款行為，屬中央主管機關指定之種類，且其規模未達中央主管機關所
定者，其水土保持計畫得以簡易水土保持申報書代替之；其種類及規模，由中
央主管機關定之。

第 15 條

宜農、宜牧山坡地水土保持義務人非土地所有人時，應依照主管機關規定，就
其使用地實施水土保持之處理與維護。經檢查合於水土保持技術規範者，得以
書面將處理費用及政府補助與水土保持義務人所付之比率通知所有人；於返還
土地時，由所有人就現存價值比率扣除政府補助部分補償之。但水土保持處理
與維護費用，法律另有規定或所有人與水土保持義務人間另有約定者，不在此
限。

對於前項處理費用及現存價值有爭議時，由直轄市、縣（市）主管機關調處之。

第 16 條

下列地區，應劃定為特定水土保持區：

一、水庫集水區。

二、主要河川上游之集水區須特別保護者。

三、海岸、湖泊沿岸、水道兩岸須特別保護者。

四、沙丘地、沙灘等風蝕嚴重者。

五、山坡地坡度陡峭，具危害公共安全之虞者。

六、其他對水土保育有嚴重影響者。

前項特定水土保持區，應由中央或直轄市主管機關設置或指定管理機關管理之。

🜨 非都市土地投資開發探討——松鶴部落案例

（本文受都市計畫系所賴美蓉教授指導）

✎ 緒論

1.區位介紹

　　大甲溪，位於臺灣本島中部（大約北緯 24°9'20" 至 24°24'4" 之間），發源於雪山山脈之雪山（海拔 3,886 公尺）及中央山脈之南湖大山（3,740 公尺）等群嶽。大甲溪全流域北鄰大安溪，南倚烏溪，由東往西橫貫原臺中縣境，於大甲與清水間注入臺灣海峽。大甲溪主流全長 140.21 公里，為本省第四長河；流域面積約 1,235.73 平方公里，占全原臺中縣總面積 62%，為全省第八大流域。在大甲溪流經的行政區域上，除了合歡溪上游流經南投縣仁愛鄉、有勝溪上游流經宜蘭縣大同鄉外，皆屬於原臺中縣境內。大甲溪流域方向除新社區境內由南向北外，概由東往西，橫貫原臺中縣境內，經和平區、新社區、東勢區、石岡區、豐原區、后里區、神岡區、外埔區、大甲區、大安區與清水區等十一個區後，於南埔（大安區）和北投厝（清水區）附近注入臺灣海峽。大甲溪流域的地質地形饒富變化，在上游的源流地區，群峰環繞，山巒起伏，河谷峭立。自發源地至平等村一帶，為河床最陡的一段；此間可見沖積扇、河階、角階、通谷與環流丘等地形。大甲溪上游區，河岸的稜線上，時常會出現肩狀平坦稜（ledge），高度約 2,000 公尺左右，一般都位於臨河的短稜群上，是地盤隆起前的低地地形；由於平坦部的表面狹隘，故稱「稜」而不稱「面」，在良屏峽右岸、登仙峽、達班橋附近皆可發現此種地形，觀察平坦稜的變化可知，過去的大甲溪為順向河谷地並具有寬廣的流路。

2.前言

　　臺灣在氣候上，每年 5～6 月間會有梅雨，7～10 月間則常遭颱風侵襲，並常帶來豪雨，加上地形陡峻、河流短促，經常引發嚴重之水土災害，使得溪水暴漲、土石流流竄以及各級道路損壞等，以致使土地一片雜亂，進而導致人民之生命與財產飽受威脅。

　　臺灣地區地狹人稠，在平地資源已被高度開發之下，民眾的活動與居住等空間逐漸往山坡地等易致災敏感區發展。此舉不但破壞了原有的地形地勢，也導致了土石流災害之頻率與災情有逐漸增加與擴大的趨勢。

　　臺灣地區自九二一大地震後，因土石鬆軟、地質愈形脆弱。每逢颱風豪雨之際，土石流潛勢區域內的民眾，莫不飽受生命與財產的威脅，疏散避難已成為常態。而松鶴部落地區自九二一地震以後，地質脆弱，山坡地土沙災害層出不窮，加上全球氣候的變遷，使得山坡地產業的經濟發展受到限制，更毋說觀光、休閒產業的發展。從風險的觀點來看，地震、豪雨確實是會影響土地的利用，具體的說，進而影響到土地的開發與保育，當然亦會影響到溪流周邊農業生產用地的環境汙染。

3.現況

　　近年來，松鶴地區多處地區土石鬆動、地質愈形脆弱，土石流潛在危機亦愈加嚴重即是如此。每逢颱風或豪雨季節，土石流災害更是頻頻發生，對於民眾生命財產的安全，造成莫大的威脅。

　　大甲溪流域人為開發破壞始於民國 40 年代中橫興建，之後興建水庫及電廠時達於高峰，所有嚴重的問題迄至九二一地震時或之後才一一出現，時間之落差長達四十餘年。每一塊土地、每一條河川、每一條公路，如山路、私設巷道、道路預定地、縣道、省道、穿插之國道等，皆有可能因為沿線道路設計不良，再加上天然災害，使得道路損壞因而影響整個環境生態，進而危害人民之福祉。今將現況分述如下：

(1)土地類別介紹

　　目前大甲溪上、中游土地利用狀況以和平區、東勢區來說，乃以直接生產用地、建築用地、交通水利用地等為主，其中又以直接生產用地占大多數，約占 81%，而建築用地以甲、乙、丙等建築用地為居多，其中又以山坡地為多數，直接生產用地中乃以農牧用地為居多數，另外包括一些宜林用地、水利地與遊憩用地，唯其面積不大，而有些用地之考量，如從公、私有土地來看，公有土地居多是一個事實。簡單的說，大甲溪松鶴部落沿岸土地權以屬公有土地為主，就非都市土地分區來看是以山坡地保育區為主，土地類別以農牧用地與

林業用地爲最大宗。

(2)山坡地介紹與特性

　　大甲溪流域非都市土地的現況均有一個共通的特點：「土質脆弱」，由於這個因素致使一些非都市土地的山坡地，實無法建立一套良好的管理與決策系統。以山坡地來說，松鶴部落山坡地居多，地形、地勢極具顛簸，穩定度不足，土地超限的情況較爲嚴重，而造成嚴重的原因：其一，乃道路、交通用地不斷開發所致；其二，乃原住民用地採用養殖用地用途，形成土地不當利用或誤用、濫用，進而對山坡地開發造成不必要的破壞。

(3)土地使用與工程規劃

　　另外一項最重要的現況，乃是土地類別有不同的工程設計與施工狀況，例如：農地蓋農舍、交通用地建道路用地、原民地建文化資產保存館等硬體設施，在施工的過程當中，自然而然對於鄰近土地造成地質的傷害，一遇重大自然災害，即造成山崩地裂，對於鄰近居民生命財產將產生嚴重傷害。同時本文研究在實地調查時發現，日據時代臺灣省農林廳宿舍排水設施十分健全，有所謂治山防洪效果，不過在權責劃分基礎下，排水屬縣市政府管轄，而如站在治山防洪的角度來看，其管轄權責似落到了水保局及水利署身上。從此次探勘來看，此地下排水工程到底爲哪一管轄機關管轄？似乎應做一個明確的解釋。

(4)土地法規介紹

　　目前松鶴部落及其大甲溪沿岸所有土地類別，均有一個至多個不同的法令在規範，亦有其適用範圍，包括：

- 地政類法規：名稱有土地法、土地法施行法、農村社區土地重劃條例及其非都市土地使用管制規則與原住民保留地開發管理辦法等。
- 營建類法規：名稱有都市計畫法、區域計畫法、建築技術規則、建築法及其區域計畫法施行細則等。
- 消防類法規：名稱有消防法、消防法施行細則等。
- 民法類法規：名稱有原住民身分法、原住民族基本法等。
- 水土保持類法規：名稱有水土保持法、水土保持法施行細則、山坡地保育利用條例及其施行細則等。
- 環評類法規：名稱有環境影響評估法及其施行細則等。

．教育文化類法規：名稱有文化資產保存法及其施行細則、古蹟及其文化
相關辦法等。

就現況來說，土地利用只能依照相關的法令制度來規範。所謂依法行政，
或從就業發展的角度來看，配合政府發展觀光與休閒產業，將一些大甲溪沿岸
比較偏遠之非都市土地，發展成休閒農場、集村農舍、遊憩用地等，甚而條件
式的開發民宿。

這樣多的法規與細則及辦法重疊交錯，互相牽扯，實在很難整合出一個與
土地跨領域的綜合標準法，雖說目前政府極力提倡國土計畫法與國土復育條例
來整合所有土地類別之法規，但土地類別管理組織卻似乎難以整合。從整個土
地利用計畫架構來看，本文所探討之松鶴部落範圍均屬非都市土地，包括山坡
地保育區、特定農業區、一般農業區、鄉村區及其河川區，其中山坡地保育區
居多是一個事實。以公有土地來說，松鶴部落公有土地管理機關以國產署、原
民會、原臺中縣政府居多，私有土地以從事農業種植與休閒產業一般民眾為居
多。不過近年有著重大的改變，養殖漁業的興起是目前松鶴部落居民另一興起
的產業，它結合了餐廳、飲食活動，松鶴部落大甲溪沿岸土地發展養殖漁業，
土地是否為合理之運用，將在後續問題與改善策略論述中作一探討。

(5)土地利用與產業發展

近年來政府為發展松鶴部落及其大甲溪上、中游沿岸觀光產業，促進經濟
發展，創造偏遠地區就業機會，不斷加速山坡地開發。有開發便有破壞，特別
是土地的過度開發與不當開發，均會造成人民生命財產安全的損失。松鶴部落
歷經多次颱風、地震等重大自然災害，土石鬆軟越來越嚴重，再加上人為不當
的開發，自然會造成整體大甲溪沿岸土地誤用、濫用的情況，喪失了諸多土地
開發使用的先機。

(6)土地利用與組織管理

整條大甲溪流從上游、中游至下游經歷土地面積甚大，跨越了原臺中縣諸
多鄉鎮，亦涵蓋了諸多都市土地與非都市土地，行政機關不一是否造成本位主
義加重，相信是影響土地利用一個非常大的問題。從土地資源的角度來看，土
地利用是在發展產業？抑或在發展土地開發？土地包括建地、農地、山坡地、
水利地，如不以分區或編定的角度來看，整條大甲溪流沿岸，甚至包含了私人

開發商或民宿、政府機關之公有土地、軍事用地、一般道路，甚而農路、水路用地；承上述，土地主管單位及其組織繁多，包括水保局、水利署、林務局、國產署、原民會、原臺中縣政府、農田水利會、農委會、內政部、教育部、國防部等單位與機構及其附屬鄉鎮公所。

(7)區分地上權時而顯見

松鶴部落及其大甲溪沿岸地區周邊土地，許多位在電塔與橋梁下，不論是公有土地或私有土地，其勢必影響土地利用，更毋談有效利用適合法規的土地利用。

(8)土地利用與交通管制

大甲溪中游沿岸地區所經交通要道均為直線軸方向，簡單的說，道路寬度寬直居多，似乎受主要道路設計必要性影響。當然在松鶴部落地區道路有屬山路、有屬小徑情況，不過從非都市土地特性的角度來看，為顧及生態景觀及田野中所謂花園城市，由於人口的稀少，大甲溪中游流域所歷經之交通要道似乎車流量不多。

⤷ 附件

國土發展特論（邢進文）

民國 97 年年底，立法院一讀通過農村再生條例，事隔不到一年，行政院加快腳步，希望能在民國 98 年通過農村再生條例，完成富麗新農村之農業政策。農村再生的政策目標及理念為：在目標上，照顧農漁村村民生活，恢復美麗農村景色，提升農村居住環境品質，最後找回農村居民尊嚴；在理念上，立基在整個農村整體發展之需要，強化由下而上的地方參與制度，推動農村再生計畫。

針對此農村再生計畫，後學提出許多見解與看法，盼能與諸多前輩學者專家互相討論、分析，得到指點與指導，茲分述如下。

第一、前法令補充解釋都市計畫法臺灣省施行細則發布日期：105 年 4 月 25 日臺內營字第 1050410137 號令修正第 29 條農業區為保持農業生產而劃定，除保持農業生產外，僅得申請興建農舍、農業產銷必要設施、休閒

　　　　　農業設施、自然保育設施、綠能設施及（農村再生相關公共設施）。

第二、目前臺灣的整個法令有關農地變更的部分，區分為非都市土地體系下的
　　　　區域計畫法、非都市土地分區使用管制規則與都市計畫體系下的土地使
　　　　用分區管制規則。另一方面，農業發展條例的制定，也規範了臺灣農地
　　　　諸多限制與開發，如今農村再生條例的制定，已歷經立法三次公讀，因
　　　　此一塊農地中似乎有三至四套的農地法令在規範，整個農村再生條例的
　　　　制定，後學之見解是：現行規定與另行規範是否相同？耐人尋味。同
　　　　時，農村再生條例是否為彌補農業發展條例之不足？有無欠缺公共行政
　　　　理論與行政法探究，因為在其位階層次上兩者乃相同，如為彌補農發條
　　　　例之不足，位階上為何有其相同意義？

第三、由於農村地處偏遠，農地可分山坡地與一般平地，經過農村再生之實施
　　　　後，其效益如何認定亦是應該考量之處。

第四、由於農村再生在地民主採多數決，其過程沿襲了地政區段徵收與土地重
　　　　劃的精神，農地的範疇又有農地重劃之手段，雖說主管機關農地工程執
　　　　行認定可各做各的，為何多此一舉不以原有機制操作？亦耐人尋味，依
　　　　後學見解，原有地政與都計主管機關本位主義濃厚，似乎是形成另一農
　　　　村再生主管機關執行的最大原因。

第五、農村再生強調由下而上的機制，有落實地方自治的味道，其位階可為村里
　　　　辦公處所，如真為村里辦公處所提出計畫或企劃，那麼就有公辦的味道。
　　　　對於這點，農村再生是自辦機制抑或公辦機制，恐是諸多地方民意代表
　　　　與民眾急欲確定的一項議題，因為這關係著整個農村再生的操作模式。

第六、農村再生強調富麗農村，無非就是希望農村中的農漁民能夠藉由農村硬
　　　　體建設而提高所得，進而提高生活品質。從經濟發展的角度來看，要提
　　　　高一個地區的所得，必須是藉由產業的投入與進入才能提升。就台塑在
　　　　雲林麥寮地區設廠案例來看，麥寮地區人民的所得已大幅提升，是否還
　　　　需要農村再生機制的設立來提升農漁民所得？如同現今宜蘭地區量販店
　　　　產業進駐情形。

第七、如同上所述，農地變更在非都市土地上有關水土保持與環境影響評估的
　　　　部分，在農村再生條例中有關水土保持與環評的部分，是否與非都市土

地中農地變更思維相同。

作者將農村再生施政項目感受之滿意度以下頁表、圖做一補充說明，可看出農作物產銷設施之重要性及農村再生生產、生活、生態之不同施政項目及感受滿意度之具體內容，以利分析。

農村再生類別指標項目與實際感受之滿意度內容表

類別指標	施政項目	實際感受之滿意度	滿意度具體內容	評量方式
生產	農作使用	農村生產產業	農機具、堆肥場、農路灌溉排水系統、灌溉排水系統、魚塭場、市集或轉運站、堆肥場、牧禽場、牧場、資材室、育苗室、牛車建置、果菜、肉品市場、批發轉運站建置。	李克特五點量表
	農作產銷設施	農村自製自銷		
	水產養殖設施	農村產業長遠之發展		
	畜牧設施	農村產業之附加價值		
	農產品集散批發運銷設施	農村市集		
生活	農村再生設施建設	農村產業發展	農路、水溝、步道設施、農路順暢度、民宿、老人安養中心、農舍面積多寡、休閒農場數量、公廁、涼亭、加油站、郵局、電信局、抽水站、溫泉觀光人潮、消防局、緊急救護站、公車站、停車場、快速道路、住宿、餐飲、步道、標示解說、古厝、寺廟、土地公設施、民俗慶典次數、露營設施、休閒步道、涼亭、瞭望亭等設施。	
	住宅設施	農村活動空間動線		
	農舍	農村耕種面積		
	公用事業設施	農村人潮		
	溫泉	農村觀光品質		
	安全設施	農村道路救援完善		
	交通設施	農村就業機會提升		
	森林遊樂設施	農村經濟活絡		
	古蹟保存設施	農村文化產業發展		
	休閒農業設施	農業附加價值		
生態	林業使用設施	農村減碳政策	造林苗圃數量、集材場暨搬運站數量、廢棄物回收場、涼亭大小、溼地數量及樹量多寡、廢棄物回收場、太陽能及風力發電設施道路旁綠化種樹溼地、水圳等設施。	
	林業設施	農村生態保育		
	再生能源相關設施	農村農民經濟收益		
	生態體系保護設施	農村水土保持		
	隔離綠帶設施	農村汙染源		

資料來源：邢進文，臺灣地區農村再生居民滿意度評估之研究博士論文，2016，臺中。

農會、農產加工合作社法人性質為何？有何差異？適用在生產、生態、生活哪一個層面呢？

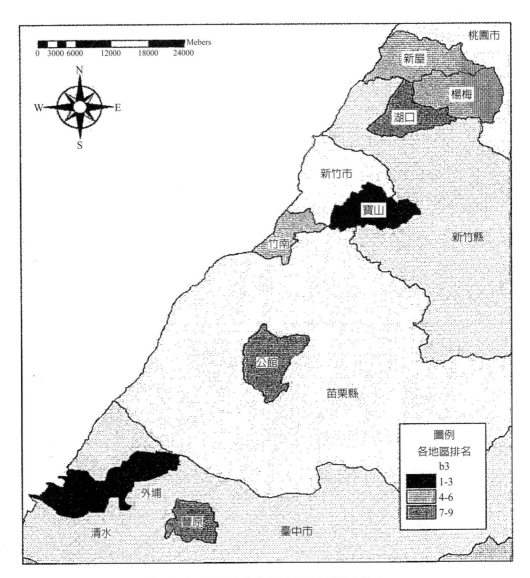

農作物產銷設施的施政項目感受之滿意度排序

資料來源：邢進文，臺灣地區農村再生居民滿意度評估之研究博士論文，2016，臺中。

參考文獻

1.張豐年，地震、洪災後大甲溪流域問題之初探及分析，臺中自然關懷者協會。

2.經濟部水利署，大甲溪治理方案論壇。

3.臺灣地形論文輯。

4.臺灣鄉土全誌，中一出版社。

5.王鑫，地形學，聯經出版社。

6.臺中縣大甲溪流域開發史，臺中縣立文化中心。

7.大甲溪流域上游地區土地利用整體規劃，國土規劃系列研討會。

地下鐵補償價值的計算

意義

　　地下鐵如經過私有土地，勢必造成土地表面建築之妨害、地下利用之妨害，以及建築物以上空中、地下室以下土地部分之妨害，此時應予補償所有權人，而所補償的價格為多少，而此所指補償乃指損害賠償，並非土地徵收之徵收補償。

〔說明〕：因地下鐵所造成妨害，包括地面建築妨害、地下利用之妨害、建物以上空中及地下室以下土地部分之妨害，而分別以 α、β、γ 三變數來解釋不同之妨害。

α 代表土地表面之妨害，原本蓋二十層樓，但因實施地下鐵而受妨害，只能蓋三層樓。

β 代表地下利用之妨害，原本作地下室用，但因實施地下鐵而受妨害。

γ 代表建物以上空中及地下室以下土地部分之妨害，原本興趣養飛禽及中油公營事業勘測油井，但因實施地下鐵而受妨害。

α＋β＋γ＝土地利用（統稱）

〔導出〕：

1.α×樓層(a)＋β×深度(b)＋γ×其他利用狀況(c)＝總妨礙比率

再求→受妨礙比率=地鐵通過面積／基地總面積

2.計算補償地價（費）及地下鐵土地價格：

(1)基地面積×受妨礙比率＝地鐵通過面積＝A

(2)A×土地單價＝地鐵通過總價＝B

(3)B×（αa＋βb＋γc）＝補償費＝C

(4)總地價−C＝目前地價（受限制土地地價）

價值方法

1.市價比較法

即蒐集有地下鐵通過私有土地之案例及有設定區分地上權土地買賣實例，然後進行情況補正、期日修正、區域因素／個別因素比較，依此求得地下鐵通過私有土地之價格。簡單地說，此法乃看附近有沒有地下鐵估價成交的案例。

2.設定實例比率比較法

係一種權利比率觀念，是在同一供需圈內之近鄰地區、類似地區蒐集設定區分地上權之案例，再求設定區分地上權之權利所支付之代價，占當時設定區分地上權設定地之素地正常價格比率，算出地上權價格占素地價格之百分比，再予以情況補正、期日修正、個別因素比較後，得出一價格比率，此素地價格係指一塊土地之價格。估價實務可說一土地有地上權或有建物，均當成無地上權、無建物來估，然後再以 100% 扣除價格比率來乘上勘估標的素地正常價格，便可求得勘估標的之試算價格。

說明如下：

(1)同一供需圈內近鄰地區或類似地區，設定一區分地上權實例。

(2)設定區分地上權所支付之代價，占該區分地上權設定地在設定當時素地價格之比率。

(3)參考勘估標的契約內容、個別因素（宗地條件）加以比較考量，決定區分地上權價值占素地價格之比率。

(4)再以(3)求得比率乘上勘估標的素地之正常價格，即求區分地上權之價格。

(5)以(3)求得比率，係指經修正調整後得出一修正後價值比率，再以此乘上素地價格，求出區分地上權權利價格。

(6)所謂契約內容係指情況補正、期日修正、區域因素比較、個別因素比較等內容，予以調整、修正之過程。

地上權的價值計算

意義

1.係指對一土地上設定地上權者，估計其價格。

2.民法第八百三十二條規定：稱普通地上權者，謂以在他人土地之上下有建築物或其他工作物為目的而使用其土地之權，乃一物權。

　所謂其他工作物，乃指建築物以外之定著物，如橋梁、堤防、溝渠。

　　因此，地上權價值不僅估建築物，同時也估橋梁、堤防、溝渠。

　　依土地登記規則§108-1 條：申請地上權設定登記時，登記機關應於登記簿約定記明下列事項：（權利價值）

地上權價值原則

1.租金正常、固定。

2.租金乃以公告地價之 5% 收取。

3.以估權利金作為地上權價值之目的。

地上權影響因素

1.個別情況（因素）：係勘估標的本身條件好壞程度影響估價。

2.租金高低、權利金高低。

3.設定底價：鑑價公司觀點有所不同，底價自有不同。

✑ 價值方法

1.市價比較法（買賣實例比較法）

2.價格比例法

係評估勘估標的，先求勘估標的上素地價格，再以地上權價格占所有權價格之比率與素地價格相乘，即為價格比例法。

區分地上權估價方法較常用之方法，為以下 3.、4.、5.、6. 方法。

3.樓層別效用比率法

(1)價格比率法：即先估計勘估標的土地為素地狀態之價格，然後求取地上權價格占所有權價格之比率，再以素地價格相乘，以求取地上權全部價格。

(2)效用不同產生不同價格，進而求得勘估標的各層效用比率，以各層效用比率乘上各樓層持分土地面積（換算成）各樓層效用點數，予以總和，求得總效用，換算成百分比率，求取各樓層效用占總效用之比率，再以此比率乘地上權價格，即得各樓層區分地上權價格。

P_i：第 i 層區分地上權價格

P：地上權價格

$U_i\%$：第 i 層樓層別效用比率

B_i：第 i 層持分面積

$$P_i：P \times \frac{U_i\% \times B_i}{\Sigma (U_i\% \times B_i)}$$

4.設定實例比較法：比較勘估標的與設定實例差異

步驟：

(1)蒐集近鄰地區或同一供需圈內，類似地區設定地上權之實例。

(2)求取價格比率。

(3)考量勘估標的契約內容、權利、義務、個別因素之後，作調整、修正。

(4)價格比與素地價格相乘，即可求得地上權價格。

5.土地殘餘法

運用建物與區分地上權所結合之總收益，扣除建物與區分地上權所結合之

總費用，即得建物與區分地上權所結合之純收益（區分地上權純收益與建物純收益合計），再將區分地上權純收益予以資本還原爲區分地上權價格，謂之土地殘餘法。

6.地價分配法

乃求取單層或某一層之區分地上權之價格。

$$V_i = P \times A \times h_i$$

主要特點爲先求取勘估對象之素地價格，再求取各層勘估對象之地價分配率，並以此各層勘估對象之地價分配率乘以基地單價與區分地上權設定面積，求得勘估標的之區分地上權價格。

🌸 高壓電的價值計算

係指區分地上權，尚包括地下捷運、高架橋……。

✎ 高壓電造成減價之原因

1.嫌惡設施。
2.電波干擾。
3.土地未充分有效利用。
4.土地如爲農地、林地影響不大，但如爲住宅、商業、宅地預備地，則影響較大。

✎ 價值方法

1.先求素地價格，即不考慮高壓電線問題、土地價格，乃以市價比較法求取。素地價格乃正常價格，運用市價比較法求取素地價格時，就要考量情況補正、期日修正等因素了。
2.估計線下地減價額予以扣除，即求得高壓電下土地價格，通常減價額是以50% 爲上限，以 20%～50% 爲原則，通常線下地之減價率乃考量線下地受到禁止建築限制、嫌惡設施，以及價值降低來判斷。

3.減價額即考量因高壓電妨礙土地，增加土地改良費用及對土地利用妨礙之增加程度，從高壓電種別及區位加以分析，所增加的費用乃包括建築物變更設計費用加上購買鄰地費用，為主要增加之費用。

4.線下地以外土地（殘地）之減價率費用增加額／不考慮高壓電問題時之線下地價格。

5.結論：

　(1)線下地部分價格＝A＝素地價格×減價率×線下地面積

　　（減價率＝線下地減價率＋殘地減價率）

　(2)殘地部分價格＝B＝素地價格×殘地面積

　(3)總地價＝A＋B

　(4)補償額（不足的部分）＝（素地價格×總面積）－（A＋B）

　　減價率之所以由線下地減價率加上殘地減價率，主要乃因為高壓電導致整塊土地利用受到阻礙，受到阻礙所增加之負擔應由線下地來承擔，因此減價率應增加。

投資的價值計算

運用方法

1.買賣實例比較法。

2.收益資本化法。

3.成本法。

保險項目

1.確認投資標的及投資目的。

2.分析法令、文化、道德、投資者偏好及投資者風險之意願。

3.編製現金流量表。

4.評估報酬及風險。

5.擬定投資建議。

⤷ **投資目的**

乃追求最大利益，經濟學上說，MR = MC 乃最大利潤，即 π = TR−TC，不動產投資亦然。投資估價須先求取年收益，再由：(1)總收益；(2)有效總收益；(3)總資金淨收益；(4)自有資金收益；(5)稅後收益，表現出來。

稅後收益即為稅前收益扣除稅收即得，而稅前收益乃營業淨利扣除抵押貸款償債支出。所謂營業淨利乃估價理論中之年純收益，此英文即 NOI 視為 a 之觀念。不過在實務上會計師分析評估較準，也比較了解收益分析及收益法，亦可由學者、專家討論之。

範例 *5-2*

1.投資價值中，稅後收益乃扣除何種稅收？

　(A)地價稅、房屋稅　(B)關聯費　(C)營利事業所得稅　(D)契稅。

2.投資價值中，預期售價減購入成本，所得數據為：

　(A)淨資本增值　(B)總資本增值　(C)稅前淨資本增值　(D)稅後淨資本增值。

解答：1.(C)。

　　　2.(B)。

範例 *5-3*

不動產投資價值中，包括哪些風險？

說明：1.業務風險：係指營業收入或銷貨成本影響。

　　　2.財務風險：係指財務規劃之風險。

　　　3.通貨膨脹風險：係指通貨膨脹所帶來之風險，因此，可以了解到，物價上漲率 + 失業率 = 痛苦指數。

　　　4.流通性風險：係指對不動產投資之變現能力大小。

範例 5-4

1.評估風險中，將某投資案未來之收支以要求報酬率逐期折算為現值後，視為：

(A)還本期間法　(B)淨現值法　(C)投資報酬率法　(D)內在報酬還原率法。

2.當折現之總投資收益等於折現之總投資支出時，視為：

(A)內在報酬還原率法　(B)還本期間法　(C)淨現值法　(D)投資報酬率法。

解答：1.(B)。

　　　2.(A)。

〔○○建設〕土地開發分析法計算實例

基本資料 項目	土地 300 坪　40 萬 / 坪　1F 50 萬 / 坪 2F 以上 30 萬 / 坪 住 3 建 50%　容 225% 訂、簽、開各占 5%
營業收入	
1.1F	（300 坪×50%）×50 萬 / 坪 = 7,500 萬
2.2F～12F	〔（300 坪×225%）－ 300 坪×50%〕×30 萬 / 坪 = 15,750 萬
3.陽臺（走道）	（300 坪×1 / 8×225%）×平均單價 {（7,500+15,750）/ 300 坪×225%×31〕=2,615 萬
4.屋突（2 層）	（300 坪×50%×1 / 8×2 層）×31 萬 = 1,163 萬
5.地下公設	大約占公設比之 10%（300 坪×225%×10%）×31 萬 = 2,093 萬
6.地下車位	{〔300 坪×80%（開挖比例）×2〕－（300 坪×225%×10%）} ×150 萬 / 12 坪 = 5,156 萬
7.可售數額	1.+6.
8.利息收入	以訂、簽、開各占 5% 來說： 〔總銷 3 億×60%（銷售率）×15%×18 / 12（工期）×10%×（1+X×1 / 2）〕 X = 工程款
營業成本	
1.土地成本	= 300 坪×40 萬
2.營造成本	= 銷售面積×營造單價
3.佣金	= 土地款×1%
4.設計費	= 營造成本×3%
5.廣銷費	= 總銷×5%
6.土地增值稅	=（23 萬×7.5%×3 年×40%）×300 坪
7.營業稅	=（總銷×房屋比例 40%×加值比率 40%）×5% 營業稅
8.利息	= ·土地（300 坪×30 / 12×10%） ·營造成本×18 / 12×10%×12 ·設計費 =（營造成本×18 / 12×10%×3%） ·管銷費 = 總銷×5%×18 / 12×60%（銷售率）

臺灣房地產開發發展歷史背景：民國 53 年都市計畫法成立，直到民國 62 年似正式上軌道。過去四○年代，懼怕糧食不足，盡量少碰農地開發，所以才有今日山坡地開發的由來。前者開發須注意成熟度修正 vs. 產業道路的要素。

成熟度修正乃為土地開發（使用）完成後為一成熟之社區概念，而產業道路乃為山坡地四級坡之運用，在土地使用的類別下稱之為國土保安用地。基於山坡地開發四級坡作為國土保安用地的概念（產業道路），未來實施國土計畫後，山坡地丙種建築用地似可劃為國土保育區，**唯此項劃分與丙建開發之概念較為矛盾，頗費神。**

範例 5-5

坪效案例演練：

住三用地、容積率 225%、開價二百萬一坪、營造成本採 SRC 計十二萬一坪，當開發商公設比構想為 32% 時，坪效係數為 1.65，則：

解答：225% × 1.65 = 3.7125

200 / 3.7125 = 53.87

53.87 + 12 × 1.15 × 1.2 × 1.2 × 1.15 = 76.7

此時預售屋房價為一坪 76.7 萬元。

代銷公司就以上述可再運用樓層價差表作一檢討，針對樓店、樓層高低逐項討論，得出一預售市價。上述中 1.2、1.2、1.15 係指人潮不斷、交通樞紐、緊鄰捷運等重大公共建設之係數。

範例 5-6

1. 運用土地開發分析法中，是以：

   (A)開發年數　(B)資本利息　(C)預期總銷售金額　(D)土地成本　來運用，並計算求出合理報酬率。

2. 報酬率得按工程規模、景氣，並考量期數營建業：

   (A)平均風險　(B)平均成本　(C)平均報酬率　(D)以上皆非　估計之。

解答：1.(C)。

　　　2.(C)。

範例 5-7

1.土地開發分析法中，推算資本利息中應：

　(A)按估價日期利率一次　(B)按各期投入資本及資本使用年數　(C)按銀行撥

　款日之利率　(D)按中央銀行基準利率一次　計算。

2.土地開發分析法中，推算開發年數時，應自價格日期起至什麼日期為止？

　(A)價格日期　(B)估價日期　(C)開發完成日　(D)銷售完成日　止。

解答：1.(B)

　　　2.(C)。

新訂都市計畫的原因：

1. 人口增加→計畫人口。

2. 鄰近交通→交通樞紐。

3. 公共建設→緊鄰捷運站。

擴大都市計畫的原因：

1. 人口增加→計畫人口。

2. 防災→防災式都更。

3. 景觀→街廓大小、影響都市景觀。

　　　　　　街廓大、地主少、都市景觀良好。

　　　　　　街廓小、地主多、破壞都市景觀。

　　　農委會擬定水土保持法之規範所謂防災綠帶係由喬木、灌木或草本植物所組成之植生群落，依其營造目的可分為緩衝綠帶、防風綠帶等，以減免災害。前項防災綠帶，在不影響其功能下，經主管機關同意得設置必要之穿透性排水設施。土地開發與使用常提及隔離綠帶與隔離設施，其內容如下：

　　・隔離綠帶：覆蓋率之地區等

　　・隔離設施：汙水處理廠等

CHAPTER 6

土地開發分析

土地開發分析

　　土地開發最重要分析為指定建築線（既成道路）、禁限建、畸零地（整界）、地籍套繪雜亂與坪效計算。

　　其實它是一個相當實用的方法，這需要相當有工作經驗的人勝任，難怪建築師朋友會有專業性的批判聲音。例如：都市計畫使用分區了解後，即可依據建築率、容積率算出建築面積，進而了解法定空地，騎樓上無建築面積視為法定空地，係基地退縮成開放空間謂之，以致樓層戶數面積減少、公設比增加。

何謂禁建、限建

　　在區域計畫法系與都市計畫法系的架構下，即這塊土地能否利用，乃地盡其利的概念，此乃禁建的想法。另一方面，一塊土地能否立即開發，能否有臨路狀況得指定建築線以及立即申請建造執照與否？此乃限建的想法。

　　區域計畫法走的是開發許可的概念，都市計畫法走的是分區劃設的概念，而建築法規走的是容積強制管制以及建蔽法定空地、開放空間的概念。依都市計畫法第四十條規定，都市計畫法經發布實施後，應依建築法之規定，實施建築管理；簡單說，能不能蓋房子謂之禁建，能不能申請建照謂之限建。

何謂生地、熟地、建地

　　何謂生地：即未曾開發過的土地；簡單的說，即未經都市計畫法發布實施後以及未具備公共設施之土地。係指土地研議中。

　　熟地：係指都市計畫審議公告實施後的土地，細部計畫完成後亦然。係指土地審議中。

建地：係都市計畫發布實施後，應依建築法規實施建築管理之土地。

何謂坪效、如何計算

何謂坪效：係透過容積率、公設比換算成一合理之坪效係數，結合市價開價之土地價格，再予考量容積移轉條件，如交通樞紐、鄰近捷運、開放空間、商業區段等比例，加計工程造價、管銷成本以及適當利潤率，得出一合理預售房價。此得出坪效之依據，可供開發者購買土地決策之參考。

法理上來說，土地開發分析係根據土地法定用途及使用強度，進行開發與改良所導致土地效益之變化，估算開發或建築後總銷售金額，扣除開發期間之直接／間接成本、資本利息及利潤後，求得開發前或建築前土地價格之方法。就實務上來說，成本法分為兩種，一為預期開發法、一為開發成本法，主要乃針對土地，而最常適用在建物上。程序如下：

1. 確定土地開發內容及預期可開發時間。
2. 調查各項成本及費用，並蒐集市場行情等資料。
3. 現況勘察並進行環境發展程度之調查與分析。
4. 估算開發或建築後可銷售土地或建物面積。
5. 估算開發或建築後總銷售金額。
6. 估算各項成本及費用。
7. 選擇適當之利潤率及資本利息之綜合利率。
8. 計算土地開發分析價格。

此價格乃指開發前或建築前之價格。

一般來說，土地開發分析與成本法可以一體適用，分述如下：

1. 成本法：請參考本書第二章。

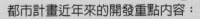

都市計畫近年來的開發重點內容：
(一)都市計畫法§15：實施進度與經費。
都市計畫法§22：事業及財務計畫。
(二)變更使用分區、編定使用地類別。
(三)地上權開發，常常與公有土地開發建構在一起，尚包括公共設施多目標使用開發。
(四)地上權簡單說係指房屋。

2. 實務上解釋重建成本與重置成本有所不同，前者考量極類似建材標準、設計；後者係考量現代建材標準、設計、配置為準之。

3.程序：請參考本書第二章。

4.建物估價以求取重建成本爲原則，重置成本爲輔。

5.注意：成本法程序中，計算總成本係指建物價格。

　　　　而建物成本價格＝建物總成本－建物累計折舊。

　　承上，計算總成本中應包括各項成本及費用如下：

營造施工費

　　一般係指營造成本單價×建物總面積。

　　產品類型不同，營造成本有所不同，土地價格即會不同，現今房仲人員與不動產從業人員所抓營建成本乃包括基礎工程（挖棄工）、結構工程（RS、SRC、模板）、裝修工程（內、外）、設備工程（電梯、衛浴）、機電與假設工程（點工、臨時水電、鷹架）等。

規劃設計費

　　一般按實際營造施工費之 2%～3% 推估之。

　　二次施工與變更設計，會影響到土地價格。

廣告、銷售費

　　一般按總銷售金額之 4%～5% 推估之。

管理費

　　一般按總銷售金額之 3%～4% 推估之。

　　如有涉及公共基金者，則按 4%～5% 推估之。

稅捐及其他負擔

　　一般係按總銷售金額之 0.5%～1.2% 推估之。

資本利息之綜合利率

1.土地開發分析中，曾說明之。

2.自有資金×（不高於一年期定存利率且不低於活存利率）

      30%   1%

 +借貸資金×（銀行短期放款利率）

      70%   2%

3.同時，資金中可能有 50% 用於土地，使用兩年；50% 用於工程，使用一年，則 2.×50%×二年 + 2.×50%×一年，即為資本利息綜合利率。

適當之利潤率

一般係以 20%～25% 推估之。

償還基金法提列折舊時，公式為：

$$\frac{(1+r)^N-1}{r(1+r)^N}=\frac{1}{(1+r)^N}\times\frac{(1+r)^N-1}{r}$$

複利年金現價率＝複利現價率×複利年金終價率

而償還基金率與複利年金終價率互為倒數，所以 $\dfrac{1}{(1+r)^N-1}$

折舊提存額為 $D = C(1-R)\times\dfrac{r}{(1+r)^N-1}$

所以建物現值應為 $P_n = C - \dfrac{C(1-R)\times r}{(1+r)^N-1}\times\dfrac{(1+r)^N-1}{r}$ （複利年金終價率）

則 $P_n = C - \dfrac{C(1-R)\times(1+r)^N-1}{(1+r)^N-1}$

為什麼要有複利年金終價率的觀念？因為它代表了利息的概念。

焦點：每年折舊提存一定金額，並按一定利率複利計算，使其生息本利合計額與建築物之耐用年數至期滿時，總減價額相等。

坪效的計算可算出建商預售的房價，它善用了公設比的概念，會有一個坪效係數，透過基地成交單價換算後得出一預售合理價，再考量適當的管銷費、利潤率之後，得出建商預售房價／坪。在換算的過程中，如再搭配獎勵容積因子，如緊鄰捷運、商業區加碼相乘之後，即可求得一合理預售房價。

簡單說，坪效是看產品定位，不是看土地單價本身評估。

⇨ 土地開發分析與預期開發法之異同

1.相同點

(1)求開發前土地價格。

(2)皆屬於成本法之範圍。

(3)皆與土地有關,與建物無關。

2.相異點

(1)公式不同

①土地開發分析:

$$V = [S \div (1 + R) \div (1 + i) - (C + M)]$$

V：土地開發分析價格

S：開發或建築後總銷售金額

R：適當之利潤率

i：資本利息綜合利率

C：開發或建築所需之直接成本

M：開發或建築所需之間接成本

(參考林英彥,《不動產估價》,文笙書局,民93)

②預期開發法:(100年不動產估價師考題)

與宅地預備地估價相同及相似,所謂「宅地預備地」乃山坡地隨時可供準備用之土地,係針對土地發開前求取價格而言。市場上求取土地開發前價格,乃民間建設公司、房屋仲介市價買賣較常查詢,必要時,參考建築師、會計師意見評估,但缺乏政府組織相關部門評估之依據。臺灣不動產資訊中心乃半官方組織,提供真實的價格依據可列為參考。

公式如下:

$$V = A \times G - [(a+b)(1+np)+C] \frac{1}{1+n'p} \times \frac{1}{(1+r)^n} \times J$$

V：宅地預備地價格

A：預估開發後價格

G：宅地化比率

$$宅地化比率 = \frac{開發完成後實際可供建築面積}{全部開發面積 - 既存公共用地面積} \times 100\%$$

> a：開發工事費
> b：開發時必須繳納各種負擔金
> n：開發工事費利息負擔月數
> p：土地資本與開發資本利率（月利）
> C：管銷費用
> n'：土地成本利息負擔月數
> $\dfrac{1}{(1+r)^n}$：成熟度修正率
> 公共設施完備程度之差距修正率
> J：個別因素差距修正率

在管銷費用中，包括直接費用與間接費用，前者乃指技術上包括測量、填土、修築道路等；後者乃包括一般管理費、登記費、廣告費、銷售費、租金及投資者利潤而言。

（成熟度修正，參考邢進文《不動產投資經營與估價分析》，民 92，初版）

(2)價格不同：預期開發法是以單價為基礎，土地開發分析法是以總價為計算基礎，而宅地化比率的有效性就是以單價為基礎。

(3)土地開發分析求得價格，乃是先折現後再予以扣除相關費用；而預期開發法，乃是透過有效宅地化比率後，再予以扣除開發工事費、負擔金以及間接費用之總和。

⇲ 土地開發所要探討的課題

1. 資本利息綜合利率自有資金一年期定存利率不宜太低，主因乃不動產開發期限較難掌握，風險較高，存款利率應提高才是。

2. 依土地開發分析公式而言，資本利息綜合利率與適當利潤率是否有重複計算，亦是一個考量的課題。

3. 資本利息綜合利率中土融與建融有所差別，而建融中工程期限有所謂提早完工，而期限為二分之一或三分之一，應如何選擇是一門很大的學問及經驗。

4. 總銷金額確定是否與產品定位、市場調查有著極深的關係；另一方面，與代銷公司亦有很深的關係，足可反映土地的真實價格。

⤵ **小結**

不動產開發順序，一般來說包括：

1.計算素地地價、作個別因素調整、區域因素比較。

2.另蒐集實例、宅地化比率計算與計算開發工事費及投入資金利息。

3.最後，可得試算價格。

CHAPTER 7

樓房與辦公大樓的價值估算
（都市計畫與建築之關係）

　　法令緣由：都市計畫法經發布實施後，應依建築法之規定，實施建築管理，謂之建地。

意義

意義

　　係指房地一體估價，土地及其建築物估價。

兩大觀點

1.由立面價值反推平面的價格（平面地價）。
2.由平面價值反推立面的價格（立體地價）。

樓層別效用比率

　　係指一棟樓房中各樓層之效用不同，因此造成持分地價有所差別，即稱為比率，乃將各樓層持分土地之單價（$M^2 \times M^3 \times$ 坪）以百分比率方式表示者，稱為樓層別效用比率。

樓房價值

　　由於樓房中土地採取持分方式，樓房機會大為增加所致。

承上所述，樓層別效用比率，即爲房地效用、土地及建物效用合而爲一。

立體地價

每一層樓持分土地價格不同，是因爲土地的立體效用。
模式：

$$
\begin{array}{ll}
a_1 & \text{No.1 層} \\
a_2 & \text{No.2 層} \longrightarrow \text{地價各有所不同} \\
a_3 & \text{No.3 層} \\
\vdots & \vdots \\
a_n & \text{No.n 層}
\end{array}
$$

(一)$a_1 + a_2 + a_2 \cdots\cdots + a_n = L$（基地平面地價）

(二)再由基地平面地價攤到每一層樓，因而使每一層樓效用各有所不同，各樓層地價即有所不同。

> **思考點**
> 實務上均採聯合貢獻原則→客觀
> 理論上採土地貢獻原則→主觀
> 爲什麼？
> 解答：因爲土地可以永久存在。

  1.由 L 攤到每一層樓，由於每一層樓效用不一樣，因而地價有所不同，即爲土地貢獻說（原則）。

  2.建物所產生效用→乃建物貢獻原則。

  3.聯合貢獻原則：乃不動產所產生之效用→土地＋建物的效用。

公式

立體地價：$P_i = P \times \dfrac{h_i}{h\ (平均值)}$ …………(1)

平面地價：$P = P_i \times \dfrac{h}{h_i}$ ………………(2)

參考法規

不動產估價技術規則之相關內文如下：

第 100 條 前條勘估標的屬區分所有建物時，以其房地價格推估該區分所有建物基地單價時，得以下列方式估計之：

一、該區分所有建物基地權利價格＝該區分所有建物房地價格－該區分所有建物之建物成本價格。

二、該區分所有建物之基地權利單價＝該區分所有建物基地權利價格／該區分所有建物之基地持分面積。

三、基地單價＝該區分所有建物之基地權利單價×平均地價分配率／該區分所有建物之地價分配率。

前項第三款該區分所有建物之地價分配率公式如下：

該區分所有建物之地價分配率＝該區分所有建物之樓層別效用比－平均樓層別效用比×全棟建物成本價格占全棟房地總價格比率。

第 102 條 實際建築使用之容積率超過法定容積率之房地估價，應以實際建築使用合法部分之現況估價，並敘明法定容積對估價之影響。

⇩ 影響因素

1.可及性

(1)隨各樓層建築物高度之不同，其到達地面（或街道）之方便程度亦有所不同。可及性與樓層高度呈負相關，樓層別越高者，其到達地面距離越長，其所需花費之時間及體力越多，樓層別效用比率越小；反之，則越大。

(2)隨建築物高度的不同，對視覺上產生喜好的程度，亦有所不同。

2.寧適度

保持寧靜、健康、舒適的居住環境，樓層別效用比率越高；反之，則越低。

3.不同使用方式間售價之差異

(1)樓層高度以一、二樓最爲明顯，通常位於同一地段，由於各種不同使用方式所提供之效益，亦有所不同。

(2)舉例來說，商業使用效益最大，其次爲住家使用，再其次爲工業使用。

4.其他使用空間之多寡

不計入銷售面積之其他使用空間，也爲影響樓層效用因素之一，包括地下室停車空間、前院、後院以及屋頂凸出物之空間，但此說法在市場上見仁見智。

5.面臨道路寬度

道路寬度到達一定程度以上者，其兩側住戶在停車、出入享有較多之便利，不論爲住宅社區或作商業活動使用，其一樓樓層之價格均較二樓以上之樓層爲高。

6.民間買賣習慣

一般來說，市場上樓層越高，房價越高，一樓除外。如牽涉到凶宅或四樓之「四」與「死」同音之樓層，房價水準可能較低，樓層效用比率也低。

7.區位

路角地由於位於十字路口以及交叉路口，因此一樓商業使用價值較大，樓層效用比率越高。

8.管理優勢

通常以商業性百貨大樓最爲明顯，如管理、維護較爲完善時，則越低樓層之效用比率越高；反之，一旦管理維護較雜亂時，則整體大樓之樓層效用比率越低。

9.樓層高度

所謂樓層高度乃指挑高四米六、五米六之建築樣式。一般來說，四米六之空間較寬廣，影響樓層效用比率較大。

10.適用法令規定不同

隨建築法規之不同，樓層別效用水準也有所影響。以臺北市民生社區為例，依「臺北市民生東路新社區特定專用區建築管制要點規定」，該社區內建築基地內應留設一定寬度之人行道，又庭院部分，在不妨礙觀瞻原則下，僅准予建築高度二公尺以下之鐵欄杆式圍籬，其以磚、木、鋼筋混凝土等建造或興建之牆基，則不得高於四十五公分，因此法定空地之使用，無論是使用空間的比率或私密性，均遜於一般社區，其提供之樓層效用水準亦較一般水準為低。

➴ 計算實例解析

〔實例一〕

假　　設	房　　價	樓層別效用比率	建物效用	（土地效用）地價分配率	持分土地坪數	地　　價
1F	20 萬 / 坪	200%	40%	160%	10 坪	68.57 萬
2F	15 萬 / 坪	150%	40%	110%	10 坪	47.14 萬
3F	12 萬 / 坪	120%	40%	80%	10 坪	34.29 萬
4F	10 萬 / 坪	100%	40%	60%	10 坪	25.72 萬
5F	11 萬 / 坪	110%	40%	70%	10 坪	30 萬
6F	12 萬 / 坪	120%	40%	80%	10 坪	34.29 萬
平均值	13.3 萬 / 坪	133%	40%	93.33%	合計	合計

1.平均值

房價一坪 13.3 萬，樓層別效用比率 133%，建物效用 40%，地價分配率 93.33%。

2.100%

以第四樓為基準，換算為平面地價。

3.假設工程造價 4 萬 / 坪

4 萬 / 13.3 萬（一坪房價）= 30%（一坪房屋造價占一坪房價比率）

∴133%×30% = 40%（建物效用）

4.平面求立面

公式：

$$P_i = P \times \frac{h_i \longrightarrow （地價分配率）}{h （平均值）}$$

i：層樓

P：平面地價

假設平面地價 40 萬／坪，求第五層樓地價：

$$5F = 40 \text{ 萬／坪} \times \frac{70\%}{93.33\%} = 30 \text{ 萬／坪}$$

$$1F = 40 \text{ 萬／坪} \times \frac{160\%}{93.33\%} = 68.57 \text{ 萬／坪}$$

$$2F = 40 \text{ 萬／坪} \times \frac{110\%}{93.33\%} = 47.14 \text{ 萬／坪}$$

在此即發現每一層樓地價都不一樣。

40 萬／坪×60 坪 = 2,400 萬，即為平面地價如何攤至各樓層（持分的觀念）。

1F = 10 坪×68.57

2F = 10 坪×47.14

3F = 10 坪×34.29

4F = 10 坪×25.72

5F = 10 坪×30

$$6F = \frac{10 \text{ 坪} \times 34.29}{2,400.1 \text{ 萬}}$$

5.立面求平面

$$P = P_i \times \frac{h}{h_i}$$

假設第四樓地價 28 萬／坪，基地平面地價為多少？

$$28 \text{ 萬／坪} \times \frac{93.33\%}{60\%} = 43.55 \text{ 萬／坪}$$

〔實例二〕

假　設	房　價	樓層別效用比率	建物效用	土地效用	持分土地坪數	地　價
1F	18 萬／坪	150%	32%	118%	10 坪	50.21 萬
2F	16 萬／坪	133%	32%	101%	10 坪	42.98 萬
3F	15 萬／坪	125%	32%	93%	10 坪	39.57 萬
4F	12 萬／坪	100%	32%	68%	10 坪	28.94 萬
5F	14 萬／坪	116%	32%	84%	10 坪	35.74 萬
6F	16 萬／坪	133%	32%	101%	10 坪	42.98 萬
平均值	15.17 萬／坪	126%	32%	94%	合計	合計

1.平均值

　　房價 15.17 萬／坪，樓層別效用比率 126%，建物效用 32%，土地效用 94%。

2.100%

以第四樓為基準，換算平面地價。

3.假設工程造價 4 萬／坪

4 萬／ 15.17 萬 = 26%

∴126%×26% = 32.76% ≈ 33%（建物效用）

4.土地效用 = 樓層別效用比率 – 建物效用

1F = 150%−32% = 118%

2F = 133%−32% = 101%

3F = 125%−32% = 93%

4F = 100%−32% = 68%

5F = 116%−32% = 84%

6F = 133%−32% = 101%

5.平面求立面

$$P_i = P \times \frac{h_i}{h}$$

設平面地價 40 萬

$$1F = 40 \, 萬 \times \frac{118\%}{94\%} = 50.21 \, 萬 / 坪$$

$$2F = 40 \, 萬 \times \frac{101\%}{94\%} = 42.98 \, 萬 / 坪$$

$$3F = 40 \, 萬 \times \frac{93\%}{94\%} = 39.57 \, 萬 / 坪$$

$$4F = 40 \, 萬 \times \frac{68\%}{94\%} = 28.94 \, 萬 / 坪$$

$$5F = 40 \, 萬 \times \frac{84\%}{94\%} = 35.74 \, 萬 / 坪$$

$$6F = 40 \, 萬 \times \frac{101\%}{94\%} = 42.98 \, 萬 / 坪$$

$$240.42 \, 萬 / 坪 \times 10 \, 坪 = 2{,}404.2 \, 萬$$

6.立面求平面

$$P = P_i \times \frac{h}{h_i}$$

設地價 28 萬 / 坪

$$1F = 28 \, 萬 \times \frac{94\%}{118\%} = 22.31 \, 萬 / 坪$$

$$2F = 28 \, 萬 \times \frac{94\%}{101\%} = 26.06 \, 萬 / 坪$$

$$3F = 28 \, 萬 \times \frac{94\%}{93\%} = 28.30 \, 萬 / 坪$$

$$4F = 28 \, 萬 \times \frac{94\%}{68\%} = 38.71 \, 萬 / 坪$$

$$5F = 28 \, 萬 \times \frac{94\%}{84\%} = 31.33 \, 萬 / 坪$$

$$6F = 28 \, 萬 \times \frac{94\%}{101\%} = 26.06 \, 萬 / 坪$$

⇨ 實例說明

樓房估價中因爲牽涉到樓地板面積、建坪的概念，所以估價技術規則中有

所謂容積移轉估價以及權利變換估價之探討。

　　所謂容積移轉估價係考慮容積送出基地、接受基地及其他影響房地產價格及相關法令等因素決定之。

1.緣由

　　為解決長年政府無力徵購公共設施保留地與既成道路地之問題，並保障土地所有權人利益，特實施容積移轉可行性分析，以作為政府決定徵得之依據。

2.法令依據

(1)都市計畫法第三十九條：對於都市計畫各使用區及特定專用區內土地及建築物之使用、基地面積或基地內應保留空地之比率、容積率、基地內前後側院之深度及寬度、停車場及建築物之高度，以及有關交通、景觀或防火等事項，內政部或直轄市政府得依據地方實際情況，於本法細則中作必要之規定。

(2)都市計畫法臺灣省施行細則第二十六條：保存區為維護名勝、古蹟及具有紀念性或藝術價值應保存之建築物，並保全其環境景觀而劃定，以供保存、維護古物、古蹟歷史建築、民族藝術、民俗與有關文物及自然文化景觀之使用為限。

(3)都市更新條例第四十五條：更新地區範圍內公共設施保留地、依法應予保存及獲准保留之建築所坐落之土地或街區，或其他為促進更有效利用之土地，其建築容積得一部或全部轉移至其他建築基地建築使用，並準用依都市計畫法第八十三條之一第二項所定辦法有關可移出容積訂定方式、可移入容積地區範圍、接受基地可移入容積上限、換算公式、移轉方式及作業方法等規定辦理。

　　前項建築容積經全部轉移至其他建築基地建築使用者，其原為私有之土地應登記為公有。

3.目的

(1)具有紀念性或藝術價值之建築保存得以順利推展。

(2)公共設施保留地得以順利興闢取得，紓解政府財政負擔。

(3)適度增加容積，增加都市公共空間。

(4)受限發展之土地地主權益，可獲得保障與補償。

4.意義

原屬一宗土地之可移出容積，移轉至其他可建築土地建築使用。

5.權利變換價格估計考量之因素

(1)變換前各所有權人所擁有之房地價值及其占房地總價值之比率。

(2)更新開發完成後，各單位房屋及其擁有基地持分之房地總價值及其占房地總價值之比率。

(3)更新事業計畫之權利變換之公式。

(4)各權利人所應分配之房地價值。

一般說來，權利變換與都市更新較為密切，與之較為密切的尚包括管理委員會、公部門工務局、地政局單位、土地所有權人及其他項權利關係人等。

技術規則第一百二十四條至第一百二十八條，有關都市更新權利變換估價，其評估項目應以都市更新條例及都市更新權利變換實施辦法規定辦理。

關於都市更新作者有幾項粗淺的見解，包括：

1.都市更新是否包括公共建設、是否為公共建設之一？

2.唯閒置空間再利用是否為一公共建設，投資決策的內涵為何？公部門扮演的是一投資者抑或是決策者，也未曾深入探討。

都市更新議題探討

我國為促進都市土地有計畫之再開發利用，以復甦都市機能，改善市容景觀，乃於 1998 年制定都市更新條例時，即分別於第五十條及第五十一條引進都市更新投資信託法制，並授權財政部訂定「都市更新投資信託公司設置監督及管理辦法」及「都市更新投資信託基金募集運用及管理辦法」等二部子法。其立法目的雖稱良善，然截至目前為止，並無成立都市更新投資信託及募集基金之案例，未發揮應有之功能。幾經檢討實乃懼怕不動產市場長期低迷、流動性不高，受限於封閉型基金、交易價格不易形成，投資標的受限於都市更新計畫的相關不動產，而無法分散風險等限制因素所造成。另一方面，都市計畫的

效益計算似乎沒有一個具體的脈絡跟方法，財務預測似乎是一種常態分配的概念。比如說，人口是成長的、土地標售一定有其淨利且能順利標售。公共建設過程當中，包括規劃、執行、評估等階段，人口的數量、物價、利率、經濟成長、失業率等不斷在變化，公共建設投資效益似亦產生了時間落後、錯誤、浪費、高估的問題，都市更新可說是目前國內外都市再發展之趨勢。

由於推動都市更新過程中，內外條件牽涉之不確定性因素相當複雜（林奇甫），而都市亦負有新陳代謝及「再生」能力。自 1980 年代，由於全球風潮帶動了各城市的發展，藉由「都市更新」機制，促進城市再生已蔚為趨勢。在創造城市特色時，都市更新的方式也從單純的改建（urban renew），轉為注重城市經濟與競爭力的都市再造（urban redevelopment）（鄒雪娥）。都市更新增加現有房地產之價值，對金融業者而言，也是一新的商機（莊文欽）。

「閒置空間再利用」可說是國內近年來極受矚目的一項政策，尤其在個案分析上，須優先改善的部分為：地方社群的支持、權屬取得、健全的財務制度、資金籌措能力、風險管理（謝瑋莉）。

另一方面，銀行面對都市更新案之整合時程長、複雜及不確定的特性，對個案自整合期開始之都市更新的各個階段，經常規劃適當的融資，並利用信託專款專用資金管控機制，降低授信風險（羅素華）。誠如前述，隨著都市更新條例始於 1998 年立法院三讀通過後，「都市更新」在國人印象中逐漸深刻，加上「有土斯有財」的觀念帶領下，不動產儼然成為一項不可或缺的投資標的（張嘉蓉）。

行政院文化建設委員會自 2001 年開始推展閒置空間再利用之政策，在全臺掀起一波閒置空間再利用風潮；地方政府如何就閒置空間再利用之政策，以解決都市老化的問題，完成都市再生的工作似乎是當務之急的土地利用政策（方迺中）。閒置空間再利用已成為目前全球先進國家最重要的空間政策與潮流之一，尤其面對全球化與地方化的新世代潮流，這樣的空間策略更成為提升城市競爭力的手段。閒置空間再利用在國內也是近幾年來熱門的議題之一，以發展脈絡來看，從早期單純以藝文為導向，到近來的文化創意產業導向，不論是政府、學界、民間團體對閒置空間再利用的策略，可說是多采多姿（徐國訓）。

　　然而順應永續都市發展理念與潮流，市中心「再發展」趨勢與推動之重要性刻不容緩，未來更應朝向降低都市擴張與避免舊市區持續衰敗的遠景邁進。而欲成功達成此遠景，財務機制已漸成為都市開發與設計規範的主流之一，如何善加運用財務機制分析評估現行市中心再發展政策成效，亦將是一項直接且有效率的手段（楊靜玟）。

　　時間的動態包含了過去、現在以及未來開發期限，透過時間的動態觀念，得知所要研究的土地開發都市再生案例於現在、過去、未來財務或融資運作模式敏感度變化是不同的。現金流量本與市場性有關，會有市場失靈問題，進而由政府介入，本研究可作為政府與民間擬定一土地開發計畫都市再生融資機制參考的決策依據。由於推動都市再生過程中，內外條件牽涉之不確定性因素相當複雜，本研究乃為解決土地開發都市再生相關政策融資機制複雜度面向不同的問題，進而探討人口會變動影響整個財務計畫內容，並藉由本研究以建構財務計畫決策，使其更加明確。同時，藉由本研究之探討分析財務機制，以作為未來市中心再發展政策模範，建構出一套直接且有效率的手段，以達永續經營的模式。

文獻回顧：都市更新的意義

　　依據都市更新條例第一條：「都市更新是為了促進都市土地有計畫之再開發利用，復甦都市機能，改善居住環境，增進公共利益。」即都市更新就是將都市窳陋雜亂、不符合現代社會及生活機能的部分做有計畫的改善；另根據都市更新條例第三條：「都市更新係指根據本條例所定程序，在都市計畫範圍內，實施重建、整建或維護措施。」所以更新是指針對都市某一退化地區，加以整治或剷除的行為，是不是能夠達到社會公平正義有待觀察！

　　都市更新的概念是由國外引進的。中文的「都市更新」與 renewal、redevelopment、reuse / remodel、regeneration 等幾個英文的意思相關，皆可翻譯為更新，其原文意義略有不同（丁致成，2002）。至於都市更新的效益，可從幾個面向敘述都市更新的目的與效益，包括如下：（黃聖偉，2004）

(1)實質面

　　透過都市更新而創造良好的生活環境，消除窳陋地區、增加住宅供給、改善公共設施、更新都市機能等，是一個理想與美夢結合的境界。

(2)經濟面

　　藉由都市更新提振地方商機、吸引投資進駐、增加稅收、改善政府財政結構，並創造就業機會、增加公共投資的效率等。

(3)社會面

　　在社會秩序方面，可消除舊市區環境所引起之社會問題，改善舊市區環境之生活品質，達到社會和諧原則。

(4)政治面

　　都市更新可以表彰政府施政效果、喚起居民社區意識、促進民眾參與。從以上所述得知，都市再生的效益與公共建設及財政有相當的關係，因此本研究希望藉由文獻回顧的分析，導引出財務融資的相關探究，以便建構出一套完整的都市再生經營管理模式，以達永續經營的目的。

※相關的文獻回顧分析心得如下，期待作為國內諸多專家教授參考之用，亦請不吝指正。

(一)有些許的研究乃從建築開發商的角度，分析都市再生成功的關鍵因素，既是建築開發商，那麼是否應較重視財務效益的探究。財務效益的探究包括融資條件、市場競爭、經營管理等構面，在此些構面下亦包括利率、營收、獲利等準則的分析。

(二)亦有提到金融業風險與都市再生之關聯性，並由融資程序與法規的角度來剖析風險的大小，以了解銀行的債權是否安全，進而決定不動產的價值，唯對於貨幣的時間價值與折現概念，似乎並沒有脈絡的探究與分析。

(三)而在交易成本課題之探討有著深入的研究，唯交易成本包括哪些似乎無深入的探討，而對於交易成本的分析乃從公部門或是私部門角度加以切入，似乎應加以釐清或深入研究，而其中影響的因子牽涉到經濟層面或是財務構面似亦甚少探討。

(四)有研究論述，既是授信與經驗法則各階段的探討，因此時間扮演了一個相當重要的角色，時間是動態的觀念，乃自然法則，可說是一個相當重要的角色或是變數，唯此研究似甚少探討。

(五)另外亦有提到系統性的字眼，並以其作為都市更新專案的風險因子。就系統性風險因子來看，系統性風險又稱市場風險，主要是在衡量不動產的價

值或財務分析上，諸如戰爭、瘟疫、經濟衰退、失業率、物價通膨率等均稱為系統性風險。本研究似乎將非系統性風險的概念加以探討，如專案管理風險、組織管理風險、客戶利害關係人管理風險以及建築技術風險等，如此混為一談，對於整個模糊多準則決策（FMCDM）分析方法運用，在都市更新的風險分布上是否會更加模糊，似乎應有一個具體的解釋或詮釋。

(六)而在探討都市更新案配合融資方式籌措資金的過程當中，運用了財務分析的概念是相當務實的作法，唯融資乃財務的一環，本文立意甚佳，以融資條件作為都市更新成功與否的評量之一，並加以探究都市更新的可行性。不過從另一方面來看，融資與財務的內容及角度釐清似乎未曾探討，僅有財務分析，對於融資分析的方式廣度探究亦較少討論，似以開發商信用作為都市更新融資的條件，而不以財務報表分析、經營管理、獲利率分析作為都市更新融資的條件，如此一來，都市更新政策效益便難加以確定。

(七)以財務模擬的角度來探究都市更新的獎助誘因，立意甚佳，唯在討論的過程當中，由於地價漲幅與財務可行性分析有著密切的關聯性，於此，本文所探究的財務可行性分析中之內容，似乎在文章的架構中欠缺探討，如財務報表分析、現金流量分析、成本數據假設探討等，似無一合理的深度或廣度探討。

(八)文章以各國比較的方式加以探究閒置空間再利用之政策，比較其中之優缺點，立意甚佳。唯在比較的過程當中，似乎對於各國或各地民俗風情的詮釋較少討論，如此一來，都市更新的效益似便無從比較起，或許日後的探討可加強或強化此篇文章的深度或廣度。

(九)有些研究乃以經濟、文化及政治的角度來探討閒置空間，如華山藝文特區之個案研究，來分析華山藝文特區成立經過與其營運現況，並依其發展困境提出各種因應策略的建議，立意甚佳。不過從經營的角度來看，是否應從財務獲利、市場競爭、創意等層面來加以探討，似亦是一項不同的思維，或許能藉此，探究出最適宜的營運模式，發揮閒置空間政策更大的效益。

(十)亦有探究經營管理層面的問題以詮釋閒置空間的內涵，唯經營管理的層面

即已包羅萬象，包括人力資源、財務金融、融資、市場競爭等角度，此層面的內容尤其廣大，此研究究竟從何角度切入，似乎有需要解釋之處，如此，才能更加清楚所要研究的內容，進而面對全球化與地方化的新世代潮流。

(十一)研究都市再生財務機制，希望財務機制成為都市開發與設計規範的主流之一，運用財務機制分析評估現行市中心再發展政策成效，達成都市再生效益直接且有效率的目標。此研究的宗旨甚佳，可說解決了目前國內諸多土地開發政策的核心問題，唯過去在探討財務機制的過程當中，似乎有著便宜行事的習慣。因此，本研究如能從財務多面向的角度思考，不單從財源籌措的角度思考，相信對於未來諸多公共建設財務效益會有著莫大的貢獻。

(十二)在探究古蹟文化與財務機制關係的過程當中，可說是此番研究上的一大突破，國內諸多重大公共建設實施的過程當中，許多政府的獎勵運用在多項促進產業升級條例、獎參條例的法規加以搭配達其效益；另一方面，補貼的政策、優惠稅率的減免亦常常輔助著私部門，唯往往補貼與獎勵的效益似乎見樹不見林，即看得到吃不到，本研究從獎勵補助的誘因加以探討古蹟文化財務分析的效益，如能具體的詮釋獎勵補助的意義，誘因為何，相信將是國內後續研究莫大的指引與突破。

(十三)研究的過程當中，亦有加入基金會的概念，並用其作為閒置空間的經營管理模式，在現行都市更新法令架構下，都市更新基金會的運作模式已然法制化，與閒置空間基金會建構、功能以及創造出來的效益有無重疊，似乎是一個可以討論的議題。

(十四)有些研究可以得知財務機制或分析的重要性，諸多權重的分析研究上，財務的權重指標尤其重要，唯如能將財務機制的執行力持續研究，相信往後政府都市再生閒置空間的利用政策效益將更為明顯。另一方面，就個案分析來看，詳細的資料如何取得乃一項非常大的挑戰，其中又有所謂資訊不對稱的問題，因此政府介入、市場機能之間取捨是另一項應研究的問題。

(十五)有些研究亦運用了快速決策觀念，將不符合投資成本與效益之案例進行

剔除，唯快速決策觀念是否牽涉到理性行為的思考模式，而投資成本與效益是否亦牽涉到財務行為的理論基礎是一考量的重點，本文如能加入理性行為的模式，來加以探究都市閒置物業再利用案例評估，相信對於後續的研究將是一大助益。

(十六)有些研究的宗旨與立意，可以得知公私夥伴的公有閒置空間開發模式探究已考量市場競爭的特性，甚而對財務的預測有其探究，如能加入經濟理論的探討，在探討因子複雜性過程中再行探究因子的關聯性，將更能增加其研究的深度。

(十七)在探討都市閒置空間的過程，財務準則、財務負擔、投資效益是否過於抽象，並無具體的概念詮釋是否是未來一項研究基礎，是本文後續考量的重點。同時，以專家分析法來探討永續經營的模式運作是否太過主觀，產生了角色衝突的問題，或許應該以社會需求為主要面向。

(十八)有些研究議題，在建構一套研究的方法來改善公有資產閒置空間利用的方式，問題的描述上可說有清楚具體的詮釋，唯對於財務評估、評鑑機制、可行性評估似較少探究，如能深入探討將是一大挑戰。

(十九)有些研究在其折舊的考量於住宅的決策分析上，似乎以技術面的層次來加以探討，不過技術面層次與財務層次是否有其關聯性可說是一項研究的重點，如能建構清楚，勢必乃未來研究一大貢獻。再則，有關成本的評估，降低成本是企業私部門現階段在乎的層面，唯降低成本似乎不代表財務健全、財務績效，因此本研究即已有成本的分析考量，如另能更深度的去探究成本實際的影響財務層面，或許是此篇研究更深度的一項重點。

(二十)在探討土地開發的過程當中，就都市計畫學科來看，財務面的探討與應用似較著重在靜態風險分析上，比如敏感度與蒙地卡羅分析等。以敏感度分析來說，其代表的涵義為一最佳猜測值，即當某一變數變動多少百分率時，依變數至少應變動多少百分比的概念，透過此概念可證明財務的績效變動為何？就蒙地卡羅分析來看，此乃透過隨機的模式分析財務情境。更具體的說，模擬分析係指將某一變數投入機率模式看其分布狀況。諸多公共建設財務計畫分析工具大都以現金流入、流出量假設值，

再加以電腦軟體應用跑出淨現值、內部報酬率、回收年限等數據當成財務績效，並以蒙地卡羅、敏感度等工具分析財務因子分布，進而探究投資計畫之財務效益，唯在之後的營運過程中幾乎都失準，似乎是本文研究過程中所欠缺的。

再者，權利變換定義分析如下。

都市更新權利變換的分配

1.權利變換的定義

權利變換係指更新單元內重建區段之土地所有權人、合法建築物所有權人、他項權利人或實施者，提供土地、建築物、他項權利或資金，參與或實施都市更新事業，於都市更新事業計畫實施完成後，按其更新前權利價值及提供資金比例，分配更新後建築物及其土地之應有部分或權利金。

2.權利變換有什麼好處

(1)地盡其利、地利共享的效果：這解決了許多土地所有權人土地開發上的困難，唯實施成效似乎不彰。

(2)權利變換的稅賦減免：都市更新的地區，土地可能長久都沒有移轉，移轉增值稅要繳一堆。在都市更新裡面，拆抵房屋給建商的部分，是免徵土地增值稅的。自己分回的部分，視為原來所有，下次需要移轉的時候，可以拆抵 40%。假設與建商的分配比例是六比四的時候，四的部分完全免稅，六的部分移轉可打六折，這樣土地增值稅是 36%。其他當然還有一些小的稅捐減免，不過這不是太大的重點，因為稅負要公平才是重點。

(3)權利變換是一個成本透明方式：在權利變換裡面建商的成本，需要共同負擔且公開提列，所呈現出來的分配比例，也比較有所根據。

3.價值的方法

(1)比較法：比較法指以比較標的價格為基礎，經比較、分析及調整等，以推算勘估標的價格之方法。

(2)**收益法**：直接資本化法，指勘估標的未來平均一年期間之客觀淨收益，應用價格日期當時適當之收益資本化率推算勘估標的價格之方法。

案例	出租對象	每月租金
甲：內部未整理的一樓	自住租屋族	10,000
乙：內部未整理的二樓	自住租屋族	8,500
丙：內部整修過的二樓	自住租屋族	14,000
丁：一樓邊間	連鎖便利商店	85,000
戊：內部未整理的一樓	空置	0

(3)**成本法**：指求取勘估標的於價格日期之重建成本或重置成本，扣減其累積折舊額或其他應扣除部分，以推算勘估標的價格之方法。

依前項方法所求得之價格為成本價格。

建物估價以求取重建成本為原則，但建物使用之材料目前已無生產或施工方法已改變者，得採重置成本替代之。

重建成本，指使用與勘估標的相同或極類似之建材標準、設計、配置及施工品質，於價格日期重新複製建築所需之成本。

重置成本，指與勘估標的相同效用之建物，以現代建材標準、設計及配置，於價格日期建築所需之成本。

4.建商與區分所有權人的分配比

> 更新前權利價值＋建商提供資金＝更新後建築物及其土地之應有部分或權利金

將公式轉成白話文就變成：

> 公式一：更新後總價值 － 建商成本＝剩餘分配給區分所有權人
> 公式二：更新後總價值＝建商成本＋剩餘分配給區分所有權人

由公式可解讀出兩個情況：

(1)建商成本越高，區分所有權人分配面積越少：當建築物的可銷售樓地板面積確定之後，即可計算更新後總價值。

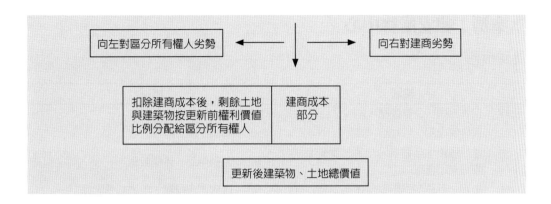

(2)更新後總價值越低，區分所有權人分配面積越少：假設建商的成本確
定，更新後總價值越低，建商可分配的樓地板面積比例就越高，則區分
所有權人所分配的比例就越低。

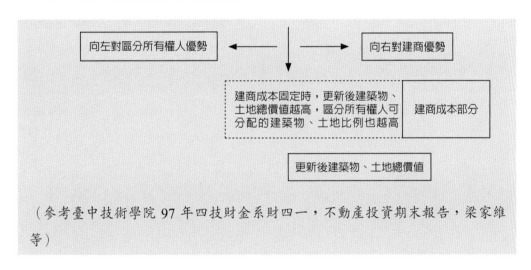

（參考臺中技術學院 97 年四技財金系財四一，不動產投資期末報告，梁家維
等）

↳案例：德安購物中心

樓層機能表

樓層		樓層	
11F	日本料理、海鮮餐廳、KTV	10F	PUB
9F	健身俱樂部、SEGA	8F	網咖、SEGA
7F	嬰兒服飾、孕婦裝、玩具、貴賓服務中心、文化會館	6F	運動用品、休閒服飾
5F	火鍋、華納威秀影城	4F	西式速食餐廳、華納威秀影城
3F	男士西服、皮鞋	2F	少女、淑女流行服飾
1F	化妝品、珠寶	B1F	美食街
B2F	休閒食品	B3F	停車場
B4F	停車場	B5F	停車場
B6F	停車場		

（參考德安購物中心樓層簡介，民 91）

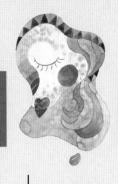

PART 5

都市計畫內（外）標的物價值開發及其他權利價值計算

CHAPTER 8

特殊標的物開發與價值分析

 高爾夫球場價值開發

基本上都以三大估價方法來估，包括原價法、收益還原法以及市價比較法。

原價法

係由用地取得價格加計工事費用後，予以情況補正，調整出一合理價格。工事費用包括直接、間接費用，補正乃就位置條件與利用條件加以分析考量。

開發成本法：屬於成本法之一種

對於雜草叢生之山坡地，予以整地費用加計，之後補正、調整，即可求得高爾夫球場之價格，是一種成本法的概念，因此亦可稱為開發成本法。

市價比較法

以高爾夫球場成交案例來估。

收益還原法

高爾夫球場經營所得之總收入扣除總費用後，以利率予以資本還原，即可求之。

🏵 土地重劃價值開發

依平均地權條例之市地重劃的原因：

1.新設都市地區之全部或一部，實施開發建設者。

2.舊都市地區為公共安全、公共衛生、公共交通或促進土地合理使用之需要者。

3.都市土地開發新社區者。

4.經中央主管機關指定限期辦理者。

包括市地重劃、農地重劃估價，著重在重劃前、重劃後有所不同而實施之估價。方法包括：

⤵ 街區評價法

先求取街區四周路線價格的平均值，再乘以街區面積，之後加計四個街角地價以得出。街區即街廓，此方法乃一單價的觀念。

圖例：

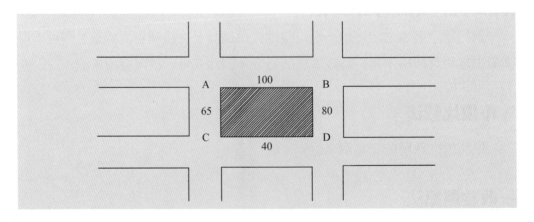

1.斜線長方形土地為重劃土地。

　路線價分別為 100／M^2、80／M^2、65／M^2、40／M^2。

2.求取路線價平均值。

3.求路線價總價＝路線價平均值×街區面積。

4.整個街廓地價＝路線價總價＋〔（街角地影響地價）×4〕。

➪ 路線價係數法

此方法為一係數、點數的觀念，關鍵在於鄰近公共設施配置條件不同，而係數、點數有所不同而影響。其影響因素包括：

1.街道係數

重劃地所鄰近、臨接街道的交通利用價值，街道有大、有寬、有窄。

2.接近係數

即重劃地與公共設施之接近距離，由此所引起受益或受損價值係數。

3.宅地係數

即重劃地本身所處區位、環境利用、保安狀態。係數即點數，每一點數以貨幣數額表示其經濟價值。詳細說明如下：

(1)將各係數予以量化，加以總和。

(2)將係數換算成指數。

(3)將指數附設於路線上，然後依據修正率計算宗地地價。

(4)重劃前地價多少？重劃後地價多少？重劃必須分配，哪個價值判斷對分配很重要，**可參考開發商與建築師之經驗**，或許可減少些許糾紛。

時事補充

官方標售抵費地，搶搶滾

臺中市政府標售抵費地，創下三年來最熱烈的情況，還出現十五搶一的競標現象，地政局表示，中科招商順利，多項重大建設獲得肯定，民眾對投資生產信心回升，市府決定打鐵趁熱，5 月 20 日再推出九期抵費地，五折標售。

臺中市政府抵費地標售，成為市庫收入重要來源，近幾年景氣與房地產低迷，抵費地乏人問津，標售作業屢屢流標，但地政局二十二號標售八期住宅區七筆抵費地及十期一處文高用地，除了兩筆面積較大，形狀不夠方正的抵費地流標外，五筆抵費地競標激烈，有十五搶一，也有十搶一的局面，其中八期重

劃區豐業段一百八十五地號最受歡迎，得標價比底價高出五百多萬，因為中科招商順利，多項重大建設有進展，讓民眾有信心置產。

（寇世菁，中廣新聞網，民 92.5.20）

抵費地處理及財務結算：重劃區所留設之抵費地由主管機關於土地分配結果公告確定後訂定底價，辦理公開標售或按底價讓售為國民住宅、公共事業或行政院專案核准所需用地。

重劃區抵費地出售後所得價款應優先抵付重劃負擔總費用，如有盈餘時，應以其半數撥充實施平均地權基金，半數作為增添該重劃區公共建設、管理及維護之費用，如有不足，則由實施平均地權基金貼補之。

範例 *8-1*

重劃為何要估價？（成本負擔）55%、30%、15% 但切忌官商勾結！

說明：1.計算公共設施費用及重劃費用負擔：

包括工程費用、重劃費用、貸款利息以及重劃區內供公共使用之道路、溝渠、兒童遊樂場、鄰里公園、廣場、綠地、國民小學、國民中學、停車場、零售市場等十項用地負擔。

2.重劃土地上有建築改良物時，其建築改良物拆除補償。

3.重劃土地分配多少。

4.土地分配差額地價：

應該給你一百平方公尺土地，實際給你九十五平方公尺，所以要估價，包括發給差額地價、繳納差額地價。

5.抵費地標售（訂底價）。

6.重劃後財務結算：

了解市地重劃、農地重劃的效益為何，效益即市場經濟之運作觀念（獲利或虧損）。

7.可參考都市計畫委員、會計師、建築師、不動產經紀人及相關代銷從業人員之實務界人士意見更佳。

🌟 地上權價值開發

⇨ 民法第八百三十二條規定

1. 地上權者，係以在他人土地上有建築物或其他工作物為目的，而使用其土地之權。
2. 為一物權的觀念，在估價上有三項原則：
   (1) 租金支付程度。
   (2) 租金比例大小。
   (3) 權利金多少。

⇨ 影響地上權之因素

1. 標的本身個別因素。
2. 租金與權利金大小、影響價值、價格。
3. 底價不知為何。

⇨ 價值方法

1. 市價比較法

2. 價格比例法

   (1) 先求素地價格。
   (2) 先求權利價值／所有權價格比率。
   (3) (1)×(2)兩者相乘。

3. 設定實例比較法

   (1) 同價格比例法步驟作為設定實例。
   (2) 再以設定實例作一比較。

4.收益還原法

主要概念係設定地上權每年支付租金作為純收益來看，再以利率還原之。

範例 8-2

公有土地設定地上權案例

說明：1.背景

國有非公用土地經規劃利用後，其面積在五百平方公尺以上，可供單獨開發建築使用，不宜標售而適宜設定地上權者，得依「國有非公用土地設定地上權實施要點」規定設定地上權。

2.動機

對於企業而言，要在重要地段找到一片夠大的面積利用很不容易，在地盡其用的觀念下，在國有非公用土地的一些地區內，可以去申請「公有土地設定地上權」可依條約年限使用土地使用權，以使用為目的之申請者可以比市價低的價錢承租。

3.法令依據

(1)促進民間參與公共建設法第十五條

公共建設所需用地為公有土地者，得於辦理撥用、協議價購或徵收後，訂定期限設定地上權提供民間機構使用，不受土地法第二十五條、國有財產法第二十八條及地方政府公產管理法令之限制。設定地上權之租金得予優惠。

(2)土地徵收條例第五十六條

徵收之土地，得於徵收計畫書載明以信託、聯合開發、委託開發、委託經營、合作經營、設定地上權或出租，提供民間機構投資建設。

(3)離島建設條例第八條。

(4)行政院「經濟部所屬國營事業土地提供出租及設定地上權供工業使用辦法」。

(5)「國有非公用土地設定地上權實施要點」重點地條件。

①都市計畫內住宅區、商業區、工業區、行政區、風景區。

②風景特定區內旅館區、住宅區、商業區、遊樂區、海濱浴場區、露營區。

③非都市土地編定為甲、乙、丙、丁種建築用地、遊憩用地、特定目的事業用地。

　A.設定期限不得超過五十年。

　B.設定地上權應收取之權利金。

地上物之處理：

①地上建物尚有使用價值者，所有權移轉國有。

②地上建物無使用價值者，地上權人應自行拆除。

範例 *8-3*

國有土地設定地上權案例

說明：為國內國有非公用土地第一宗設定地上權案例：

(1)臺北市南京東路三段「華航大樓」：（辦公大樓及商業旅館）。

　土地管理機關：國有財產局、面積 0.3360 公頃，屬商業區。

　存續期間：五十年（65.12.31～115.12.30），期滿地上物移轉登記為國有。

(2)臺北市君悅大飯店：民國 72 年豐隆集團得標（觀光飯店）。

　土地管理機關：國有財產局、面積 1.3884 公頃。

　存續期間：五十年，期滿後得再延長，但合計不得超過八十年，期滿地上物歸國有。

　僑外投資為政策目的，另有輔助貸款、免營利事業所得稅五年。

(3)墾丁凱撒飯店：土地管理機關：交通部觀光局。

　存續期間：二十年，期滿得更新期限，最長不得逾五十年，期滿地上物歸國有。

(4)臺北市信義路四段「臺北世貿大樓」：面積 1.9498 公頃，經濟部公開招標。

　存續期間：五十年（79.3.7～129.3.28），期滿地上物轉登記為國有。

範例 *8-4*

國營事業土地設定地上權案例

說明：(1)高雄市「太平洋 SOGO 百貨」：「辦公商業大樓」，台糖公司所有 0.1798 公頃。

存續期間：五十年（80.8.2～130.8.1），期滿地上物歸台糖公司所有。

為國營事業土地以設定地上權方式開發之第一個案例。

(2)臺中市「月眉大型育樂區」：台糖公司所有 198 公頃，與長億實業議約。

存續期間：五十年（88.5.15～138.5.14），期滿地上物歸台糖公司。

(3)「臺中大型購物中心」：台糖公司所有，10.4400 公頃。

存續期間：五十年（88.11.17～138.11.16），期滿地上物歸台糖公司所有。

範例 *8-5*

臺北市土地設定地上權案例

說明：(1)臺北市信義路四段「國際金融大樓」：「國際區域金融中心」3.5372 公頃。

存續期間：七十年（86.11.19～156.11.18），期滿地上物移轉市政府。

(2)臺北市「晶華酒店」：0.9249 公頃，民國 74 年由中安公司得標。

存續期間：二十五年，期滿後得再延長，但合計不得超過五十年，期滿地上物歸臺北市政府。

(3)臺中市政府「市 80」：3,551 坪，位於臺中市七期重劃區（文心路、大業路、文心一路所圍三面街廓），92 年 7 月由鉅眾資產集團得標，92 年 8 月簽約。

存續期間：五十年，期滿地上物歸臺中市政府所有。

　　地上權權利價值之估算，其有約定者從其約定辦理；無約定者，參照遺產及贈與稅法施行細則之規定計算。

相關法條

遺產及贈與稅法施行細則：

第 31 條　地上權之設定有期限及年租者，其賸餘期間依下列標準估定其價額：

一、賸餘期間在五年以下者，以一年地租額為其價額。

二、賸餘期間超過五年至十年以下者，以一年地租額之二倍為其價額。

三、賸餘期間超過十年至三十年以下者，以一年地租額之三倍為其價額。

四、賸餘期間超過三十年至五十年以下者，以一年地租額之五倍為其價額。

五、賸餘期間超過五十年至一百年以下者，以一年地租額之七倍為其價額。

六、賸餘期間超過一百年者，以一年地租額之十倍為其價額。

地上權之設定，未定有年限者，均以一年地租額之七倍為其價額。但當地另有習慣者，得依其習慣決定其賸餘年限。

地上權之認定，未定有年租者，其年租按申報地價年息百分之四估定之。

地上權之設定一次付租、按年加租或以一定之利益代租金者，應按其設定之期間規定其平均年租後，依第一項規定估定其價額。

✿ 區段價法（公告現值的計算方法）

係依據影響地價水準的各項因素，如：交通可及性、區位、自然、土地使用狀況、生活機能、公共設施、人口等條件劃分為同質空間，其所顯示地價水準相差無幾，故由此形成所謂地價區段，之後再將此地價區段內抽查數筆土地之地價，求其中位數、平均數或眾數地價，以此作為區段地價，再以此區段地價乘同一區段內的各筆土地面積，便可求得各筆土地之地價。

所謂徵收當期之公告土地現值，係指徵收公告期滿第十五日當時之公告土地現值而言。

↳ 一般來說

臺灣實施規定地價，目前常在使用的兩大方法為：區段價法與路線價法。路線價法較常運用在繁榮街道，區段價法較常運用在鄉下農地。

↳ 特點

1.快速、簡單、便捷。
2.只考量區域因素，未考量個別因素。
3.準（精）確度較差。
4.一般鄉下偏僻地區，較常採用區段價法。
5.應考慮以標準宗地制度來取代。
6.浪費人力。

範例 8-6

區段價法與標準宗地法之比較。

說明：1.區段價法

即指將地價相近、地段相連、情況相同或相近之土地劃為同一區段，求該區段之區段地價，以該區段地價為地價區段內各宗土地之單位地價。但須先考量土地使用條件、自然因素、交通狀況、公共設施、土地利用現況、房屋建築現況及其他影響地價因素。

2.舉例

假設某市政府調查一年買賣實例，現假設調查四個地價區段，每一地價區段均抽查三筆土地，其價格分別為：

$$NO.1 \begin{cases} 18 \ / \ M^2 \\ 20 \ / \ M^2 \\ 22 \ / \ M^2 \end{cases}$$

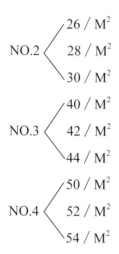

$$NO.2 \begin{cases} 26 \ / \ M^2 \\ 28 \ / \ M^2 \\ 30 \ / \ M^2 \end{cases}$$

$$NO.3 \begin{cases} 40 \ / \ M^2 \\ 42 \ / \ M^2 \\ 44 \ / \ M^2 \end{cases}$$

$$NO.4 \begin{cases} 50 \ / \ M^2 \\ 52 \ / \ M^2 \\ 54 \ / \ M^2 \end{cases}$$

假設以 $\overline{X}$（算術平均數），求取各該土地單位面積地價（即為區段地價），再經公告後即為公告現值。

由 $\overline{X}$ 所算出來之單位區段地價，分別為 $NT20 \ / \ M^2$、$NT28 \ / \ M^2$、$NT42 \ / \ M^2$、$NT52 \ / \ M^2$。

由此可知，區段價法所算出之區段地價，根本不準，因為每筆算出來的土地價格均不同，所以可以標準宗地法來取代區段價法。

3.標準宗地法之優點

(1)減少人力、作業程序冗長。

(2)每年地價指數均能充分建立。

(3)由於標準宗地只選一塊土地作為代表，不容易造成地價上漲。

(4)較能反映精確的市場供需價格。

(5)建立公信力基礎容易。

🌀 迴歸分析法

(一)係建立不動產特徵，這些特徵會影響土地之估價，又稱電腦估價法。

(二)採用迴歸分析法（特徵價格法）所得出勘估標的價格之方法，應符合下列條件：

1.須蒐集三十件以上之比較標的。

2.迴歸分析關係式之相關係數不得低於 0.7 以上。

3.截距項以外，其他各主要影響地價因素之迴歸係數估計值同時為 0 之顯著機率不得大於 5%。

(三)在進行電腦迴歸分析法勘估標的價格，只為求取更精確、精準之價格，值得業界仿效。

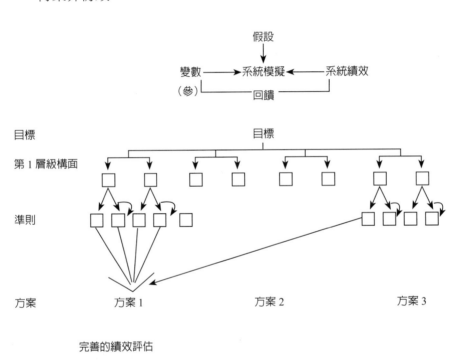

完善的績效評估

1.公式

$$Y = \alpha + a_1\beta_1 + a_2\beta_2 + a_3\beta_3 + a_4\beta_4 + \cdots\cdots + a_n\beta_n$$

Y：不動產價格（依變項）

β：影響不動產價格變數（特徵）

β₁：可及性　　　　　　特徵→換算成數字（自變項）

β₂：面積　　　　　　　a_1、a_2、a_3、a_4……a_n（迴歸係數，此乃 Y 對 β 之迴歸係數，當 β₁、β₂ 改變時，Y 改變時之數量。）

β₃：臨路寬度

β₄：面向　　　　　　　β₁、β₂、β₃、β₄……β_n（影響不動產價格之各項因素）

α：截距（常數項）

2.缺失

(1)建立模式困難。

有些變數很難量化，例如：坐北朝南……。

(2)影響不動產價格變數太多。

(3)基本資料缺乏。

(4)資料難以整合。

標準田法

係適用農地之估價，先就農地本身狀況加以區分，在各地區分區內選定一標準田，就此標準田依據買賣實例或客觀之收益條件加以估價，並設定評分數，再以此標準田評定同一分區內之其他各筆土地分數，最後由分數換算成地價。

墓地價值開發

意義

係指墳墓用地估價。詳言之，係指墓地永久使用費而言，並非指墓地所有權價值。

原價法模式

$A = (G + D + I) \div S$[20]

G：素地價格（開發區域）

D：工事費（設計、建築、開挖、施工等費用）

I：附帶費用（管理費）

S：實質墓地面積（總面積－道路－水溝－小徑－雨棚等地）

A：墓地價格

---

[20] 林英彥，《不動產估價》，文笙書局，民 84，p. 394。

　　臺中市政府一律以三萬元作爲補償依據，並於遷葬後四個月後發放，實有
待調整討論。

 溫泉地價值開發

↳ 意義

　　係指溫泉用地估價，爲因應企業發展休閒產業所需。

↳ 價值方法

　　係土地價值＋改良物價值＋溫泉利用價值，即可求得溫泉地價格。

↳ 一般來說

　　溫泉利用價值係溫泉地指數，乃考量人口、交通等問題（條件），溫泉地
指數係代表整個溫泉地的社會、經濟地位。指數越高，代表此溫泉地社會、經
濟地位價值越高。

時事補充

> **「溫泉開發管理」之探討**
>
> 　　早期，政府對溫泉資源開發與管理並未提出相關的政策，加上各項法令的
> 開發設限。因此，在溫泉區的管理及規劃上始終缺乏一套合理完善的制度；直
> 到觀光局於民國 88 年推出「溫泉開發管理方案」，才有一方案稍可依循。
>
> 　　環境管理上，以道路景觀美化、落石清理；溫泉區內應設置停車場及解說
> 導覽最為重要。
>
> 　　根據觀光統計年報（民 88）之調查，山岳觀光遊憩區之遊客量多於其他類
> 型的遊憩區，可見國人的旅遊形式偏好大自然山林型態的活動。加上臺灣地區
> 擁有冷泉、熱泉、濁泉、海底溫泉等世界最佳泉質區，極有潛力成為臺灣最具

代表性的觀光遊憩資源。

　　部分溫泉區的外部環境開發受限於地權使用、山坡地開發等諸多問題，濫墾濫建情形嚴重，影響公共安全，破壞整體環境景觀與保育。少數溫泉地區聯外道路不完善，轉運功能不佳。

　　溫泉區運輸系統之完善與否，勢將影響資源地之吸引力，宜建立良好之運輸系統，以連結鄰近現有之觀光遊憩設施。

　　（參考黃志成、賴珮如，第一屆觀光休閒產業永續經營研討會，朝陽科技大學休閒事業管理系教授暨研究所研究生，民90。）

公共設施保留地價值計算（高考熱門試題）

　　平均地權條例施行細則：

(一)保留地處於繁榮街道路線價區段者，以路線價其臨街深度指數計算。但處於非繁榮街道兩旁適當範圍內劃設之一般路線價區段者，以路線價為其地價。

(二)保留地毗鄰土地均為路線價道路者，其處於路線價區段部分，依前款規定計算，其餘部分，以道路外圍毗鄰非保留地裡地區段地價平均計算。

(三)保留地毗鄰土地均為路線價區段者，其處於路線價區段部分依第一款計算，其餘部分，以道路外圍毗鄰非保留地裡地區段地價平均計算。

(四)帶狀保留地處於非路線價區段者，其毗鄰兩側為非保留地時，以其毗鄰兩側非保留地之區段地價平均計算，其穿越數個地價不同之區段時，應分段計算。

(五)前四款以外之保留地，以毗鄰非保留地之區段地價平均計算。

CHAPTER 9

房屋價值與建物價值分析
──商店店面價值介紹與分析

❀ 房屋價值概念

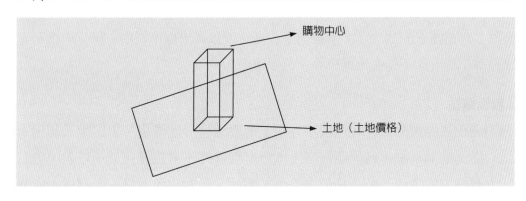

(一)由上圖可知,土地的成本為土地價格,建築物的成本為工程造價,兩者合計即為一建築物價值總稱之考量。因此,在作一建築物價值考量的同時,應先分析土地取得的成本與建物工程造價所需之成本各為多少,之後再予以加總,即成為屋價之概念。

(二)房屋的價格等於土地價格 + 建物價格,探討之後,我們可以很簡單地說:房屋的價格 = 土地價格 + 建物價格。

(三)房屋價值之概念,可從幾項觀點述之:

1.物理觀點

　(1)不動產 = 土地 + 建築物。

　(2)即單純從土地本身與建築物本身結構視之,不動產乃由土地與建築物結合。

2.經濟觀點

(1)一企業有四大生產要素，即勞動、土地、資本、企業家。不同的生產要素產生不同的報酬，一為工資、一為地租、一為利息、一為利潤。

(2)土地為一不完全競爭市場，對建築業者而言，由房屋以創造利潤、降低成本為最大目的。因此，從經濟學的角度來看，不動產的組成為土地本身＋勞動力＋資本＋企業家而來。

3.市場觀點

從經濟學上說，價格於市場中產生，市場可分完全競爭市場、獨占市場、寡占市場以及獨占競爭市場，只要財物（貨）供給、需求均衡即成一均衡價格。但土地本身供給有限，因其具有不增性、不可移動性，因此，在「有土斯有財」創造需求的觀念下，價格總是較高。所以在土地市場中，可以稱為不完全競爭市場，即不動產土地市場、房屋市場。

4.稅法觀點

(1)從稅法的觀點來看，稅法不外乎土地增值稅、地價稅、房屋稅、契稅。從土地上來說，為因應每年土地所有權移轉，考量社會公平正義，自有調整公告現值及公告地價之需要。因此，針對土地而言，所有權人所需要課徵的稅為土地增值稅及地價稅。

(2)又針對房屋來說，為因應房屋移轉，考量活絡市場之特性，自有評定房屋現值之需要。因此，針對房屋而言，房屋所有權人所需要課徵的稅為契稅、房屋稅。

5.政策觀點

(1)政策不外乎為一公共政策，從公共政策的角度來看，不動產事業是一火車頭事業，關係著一國的經濟成長與競爭力，不動產的開發關係著建材、磁磚、營造、水電、裝潢、建築設計、廣告、傳媒等行業，但從社會公平正義的角度來看，必須將不勞而獲歸於社會，利益歸社會大眾所共享。

(2)因此，「不動產＝土地＋建築物」中之土地增值，應予以漲價歸公，而

建築物中勞動力投入、投資產生房價，應可活絡市場經濟，提升企業、產業升級。

6.居住品質

從休閒、商業、睡眠三方面來考量，每一個人一天均有二十四小時來運用，建築物如能使人在休閒、商業生活機能、睡眠享受到最高的境界，則勢必使此建築物的價值提高。

建物工程造價成本分析

工程費包括：

地質鑽探及水保計畫一孔約 20M、二孔約 15M 深度，為因應水保計畫可達 30M。

每坪費用

1.RC／坪。（RC：鋼筋混凝土）
2.SRC／坪。（SRC：鋼骨鋼筋混凝土）
3.加強磚造／坪。
4.鋼架。
5.石。
6.木。

材料費

即挖棄土、廢棄土、模板、砂、混凝土等，依照各項材料數量乘以單價，即得材料費。

施工費

端賴營造公司所施行的工程天數及工程量，來計算施工費。

↳ 機械費

任何物品均需提列折舊，營造設備自不例外，有時間就有損耗。

↳ 工程管理：強調團隊合作（team work）

有良好的工程管理才有良好的工程安全，對於承建工程的員工也才有保障，因此工程保險的重要性，便是工程管理中不可或缺的一環，尚包括公安、環安、勞安等。新的營建管理機制為 PDCA（Plan、Do、Check、Action）是未來發展之趨勢。

↳ 工程利潤

工程如能提早完工，自然而然利潤可期，但良好的獎金及分紅制度亦是工程成本不可缺少的一環，可與本書工程造價統計表互為呼應以了解投報率、坪效與營建成本之關係（參考本書 P347 範例 5-5）。

↳ 設計費

乃指針對建築師規劃的設計而言，一般市場行情，設計費多占工程造價的 3%。

✿ 建築面積核算內容

↳ 主建築面積

包括臥室、客廳、浴室、廚房等。

↳ 附屬建築面積

包括陽臺、平臺、露臺。

CHAPTER 10

建築改良物價值程序暨規則

法源

依據土地法施行法第四十條規定，地價調查估計規則及土地建築改良物估價規則，由中央地政機關定之。

依據平均地權條例第十條規定，在都市計畫區內之公共設施保留地，應按毗鄰非公共設施保留地之平均公告土地現值，補償其地價；其地上建築改良物，應參照重建價格補償之。

細部計畫公共設施用地劃設與配置依據：

- 鄰里性公共設施用地之區位應考量迫切性、可及性服務範圍以及與主要計畫劃設之公共設施用地之相容性。
- 各項公共設施用地應依都市計畫定期通盤檢討實施辦法所定之檢討標準劃設，並應就人口、土地使用、交通等現況及未來發展趨勢，決定其項目、位置、面積。
- 主要計畫變更使用分區超過一公頃者，應劃設不低於該地區總面積10%之公園、綠地、廣場、體育場所、兒童遊樂場地。
- 現有公共設施用地不適於原來使用而須變更者，應優先變更為該地區其他不足之公共設施用地。
- 公共設施用地應盡量優先利用公有土地。
- 道路系統應按土地使用分區、交通情形與預期發展配置為之。

又，建築法法系法規所規範的，包括建築管理、建築技術規則、各縣市自訂建築管理、畸零地、現有巷道以及開放空間及停車位獎勵不計容積等規定。

當建蔽率不蓋滿時，戶數增加、戶數面積則會變少，導致樓梯間增加，則

公設比自然就增加了，此時總容積不變，於此；樓層加高即有加高的好處，空地則變多，採光、日照都會變佳。

依民法第 184 條規定：因故意或過失不法侵害他人之權利，負損害賠償責任。依建築技術規則分析，凡建築物高度超過 21M 或 7 層樓之際（住宅區），（商業區）超過 36M 之際，冬至日照至少應超過 1 小時。始得核發建築執照，此即物上請求權。

依民法消滅時效之精神視之；如 B 的建物蓋好超過 20 年，A 的建築物如施工進行中，則 B 可向法院主張日照權，反之；A 先蓋好超過 20 年，B 不可主張日照權。

圖示：

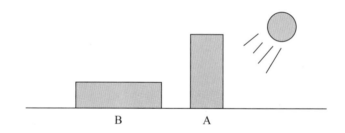

B   A

辦理機關

包括地政機關與工務單位，工務單位現況諸多權責已漸漸回歸至都發局業務（如發建照）。

折舊

重建價格必須進行減價修正，即折舊之涵義。

 價值程序

價值目的必須確定

目的	公共	私人
1.	課稅	交易
2.	徵收	抵押
3.	利用	資產
4.	重劃	合建
5.	標售	投資

　　從公共與私人兩大部門對於建築改良物之估價各有不同之目的，也藉由不同之目的達到估價之進行。

申請資料及資料取得

1.資料的取得包括建物屬何構造，包括石、木、加強磚造、RC、SRC 等，其中以 SRC 最具價值。
2.除以上構造資料取得外，尚包括建築改良物之用途、面積大小、建號、地號、所有權人之權利是否清楚等資料。
3.總而言之，資料的取得越清楚，將更有助於建築改良物估價的真實數據取得。

勘察建築改良物

　　勘察建築改良物之實際用途、建築設備、雜項工程，甚而維護管理的成果。

　　勘察的動作有賴於攝影的進行，即如能透過攝影對於標的及四周環境加以攝製，有助於估價師判斷建築改良物之真實合理的客觀價格。

重建價格之求得

1.係針對勘估標的重新建造或重新取得所需之費用，進行減價修正，扣除折

舊，求得勘估標的價格之方法。簡單地說，就是以價推價，花了多少、必須收費多少。

2.所謂重新建造所需之費用，乃指在估價日期重新建造與現存建築同樣構造、外觀、品質、材料之建築物，總共所需之建築費用開銷。

3.總之，藉由重建價格之求得，才能真正反映所要勘估的建築改良物價格，當然在求取重建價格之後，必須減價修正將折舊扣除，才能取得最真實的價格。

⇨ 構造種類資料的取得

1.建築改良物構造：
　(1)木造。
　(2)石造。
　(3)磚造。
　(4)鋼鐵造或輕鋼架造。
　(5)加強磚造。
　(6)鋼筋混凝土造。
　(7)鋼骨鋼筋混凝土造。
　(8)鋼骨造。
　(9)其他。

2.透過構造種類的了解，便知所要評估的建築改良物價值為多少，基本上是一個客觀合理的數據。

相關法條

> **土地建築改良物估價規則**
>
> 中華民國 99 年 6 月 24 日內政部臺內地字第 0990119681 號令刪除發布第 18、19 條條文
>
> 第 1 條　本規則依土地法施行法第四十條之規定訂定之。
>
> 第 2 條　建築改良物估價，由市縣地政機關於辦理規定地價時同時為之。

第 3 條　建築改良物估價程序如左：調查、計算、評議、公布與通知、造冊。

第 4 條　建築改良物依其主體構造材料，分為左列七種：鋼鐵造者、鋼骨水泥
　　　　造者、石造者、磚造者、土造者、木造者、竹造者。

　　　　前項建築改良物種類，市縣地政機關得視實際情形再分細目。

第 5 條　建築改良物價調查表，應包括下列各事項，其格式由直轄市或縣
　　　　（市）地政機關定之：

　　　　一、建築改良物及建築地所有權人姓名、住址、地號。

　　　　二、建築改良物之種類（依本規則第四條所分之種類）。

　　　　三、建築改良物建築年月。

　　　　四、建築改良物之建築情形及簡單圖說。

　　　　五、建築改良物之使用狀況及其收益情形。

　　　　六、建築改良物之耐用年限。

　　　　七、建築改良物廢棄後之殘餘價值。

　　　　八、建築改良物之面積（平方尺計）或體積（立方尺計）。

　　　　九、建築改良物之買賣價格。

　　　　十、建築改良物之附屬設備，如衛生、電氣等。

　　　　十一、建築改良物建築時，所用各種工料之數量及其費用。

　　　　十二、建築改良物之增修情形。

　　　　十三、建築改良物占地面積。

　　　　十四、調查年、月、日。

　　　　十五、調查員簽名、蓋章。

第 6 條　建築地之自然環境、經濟狀況及其他可能影響建築改良物之耐用年限
　　　　及殘餘價值者，應查明記載於調查表備註欄內，以供計算建築改良物
　　　　現價之參考。

第 7 條　調查建築改良物價前，應調查當時各種建築材料之價格及工資支付標
　　　　準，以為估計重新建築費用之依據。

第 8 條　以同樣建築改良物為重新建築所需費用之求得，應按實際需要情形，
　　　　以淨計法或立方尺法或平方尺法計算之。

　　　　前項淨計法，僅適用於都市建築改良物估算。

第 9 條　依淨計法求重新建築所需費用，應就建築改良物所需各種建築材料之數量及工數，逐一乘以估價時各該同樣建築材料之單價及工資支付標準，再將所得之積加之。

前項建築材料之數量及工數，如有建築時之承建包單或其他書面記載，確實可憑者，依其記載。

第 10 條　依立方尺法求重新建築所需費用，應先測計建築改良物之立方尺總數，乘以估價時同樣建築每立方尺所需工料費用。

第 11 條　依平方尺法求重新建築所需費用，應先測計建築改良物之平方尺總數，乘以估價時同樣建築每平方尺所需工料費用。

第 12 條　重新建築費用求得後，應由該費用總額內減去因時間經歷所受損耗，即為該建築改良物之現值。

第 13 條　鋼鐵造、鋼骨水泥造、石造，其現值用下列公式計算之：

$$1 - \sqrt[N]{S/V} = R \qquad V(1-R)^m = M$$

上式中，V：建築改良物之建築費用總額

　　　　　N：建築改良物之耐用年數

　　　　　S：建築改良物廢棄後之殘餘價值

　　　　　R：建築改良物之折舊率

　　　　　m：建築改良物之經歷年數

　　　　　M：建築改良物之經歷 m 年後之現值

第 14 條　土造、木造、竹造，其現值用下列公式計算之：

$$(V-S) \div N = D \qquad V - mD = M$$

上式中，D：每年之平均折舊額

　　　　　S、N、V、m、M：同前條

第 15 條　磚造建築改良物之現值，得視該建築改良物耐用年限之久暫，就第十三、第十四兩條所定計算方法中，選用一法計算之。

第 16 條　一宗地上建築改良物不屬一人所有，其有顯明界限者，應分別計算之。界限不清者，仍作一宗計算，按各所有人權利價值大小註明之。

第 17 條　市縣地政機關將建築改良物價值計算完竣，送經標準地價評議委員會
　　　　　評定後，應即報請該管市縣政府公布之，並分別將估定價額，以書面
　　　　　通知所有權人。

第 18 條　（刪除）

第 19 條　（刪除）

第 20 條　建築改良物價值經過公布通知程序，不發生異議，或發生異議經標準
　　　　　地價評議委員會重新評定者，為建築改良物之法定價值。

第 21 條　建築改良物之法定價值，應分別編入地價冊及總歸戶冊內。
　　　　　前項總歸戶冊編竣後，應移送該管市縣財政機關。

第 22 條　就原建築改良物增加之改良物，於重新估價時，併合於原改良物計算
　　　　　之。但因維持建築改良物現狀所為之修繕，不視為增加之改良物。

第 23 條　建築改良物價值，得於辦理重估地價時，依本規則之規定重為估定。
　　　　　但因改良物有增減或重大改變者，不在此限。

第 24 條　直轄市或縣（市）地政機關得參酌地方實際情形，依本規則之規定，
　　　　　制定施行細則，報請中央地政機關備案。
　　　　　前項施行細則，應參酌各地方自然環境規定各種建築改良物之耐用年
　　　　　限。

第 25 條　簡陋及臨時性之建築改良物，免予估價。

第 26 條　本規則自公布之日施行。

實務上有關權利之見解如下：

1. 依土地建築改良物估價規則第二十五條：簡陋及臨時性之建築改良物，免予估價。

2. 依不動產估價技術規則第十三條：確認勘估標的狀態時，應至現場勘察下列事項：如基本資料及權利狀態以及做成記錄及攝製必要之照片。以上權利狀態如土地法第三十四條之一共有土地優先購買權之規定，其權利包括地上權、農育權、不動產役權及其典權之調查，並不包括抵押權，如包括抵押權在內，則簡化共有土地使用將沒完沒了。

3. 依不動產估價師法第十四條：建築師依建築師法規定，辦理建築物估價業務者，不在此限。

4. 公開發行公司取得或處分資產處理準則第十五條：合併購買同一標的之土地及房屋者，得就土地及房屋分別按前項所列任一方法評估交易成本，依前述規定評估不動產成本後，應洽請會計師複核及表示具體意見。

監委李復甸、馬秀如、余騰芳曾召開「法院不動產法拍業務違失記者會」。很多民眾向監院陳情指出，法院拍賣時低估他們的財產價值，讓他們遭受重大損失；監院到地方法院巡察時也發現，法院拍賣投標程序有缺失，沒有防弊。監委認為，這些情況很不合理，潛在問題嚴重，法院卻沒有採取適當對策。臺北捷運新店機廠聯合開發案權益分配，就出現低估臺北市政府土地貢獻成本，造成政府權益受損；臺北地方法院書記官也涉嫌洩漏法拍標的物資訊給不動產業者協助得標，並指定特定鑑定業者承接鑑價工作。因此；法院鑑價是否落實、是否公平客觀，應要求司法院全面檢討。

◎李復甸觀點：羊肉當作狗肉賣 —— 司法程序中的賤賣，一文中值得省思與了解臺灣現今的處境

資料來源：李復甸、羊肉當作狗肉賣—司法程序中的賤賣、文大法研所，2015 年 1 月 4 日。

網路報導如下：（風傳媒）

司法程序中鑑價常是影響當事人利益的關鍵。民事程序有抵押拍賣、共有物分割、強制執行、行政執行、公司重整、破產、資產重估、BOT 鑑價等；刑事程序中有關詐欺、背信、商業會計均牽涉鑑價，而目前法院的鑑價或是拍賣，經常價格不實，造成當事人財產損失。曾有民眾向監察院陳訴，不肖

民間資產管理公司常以不當方式處理不良債權，損及公司及其股東權益，後學認為尋覓一專業鑑價業者是必要的。並以下幾點說明：

(1)鑑價應有相當專業知識

　　為強制執行法院判決執行或為逃漏稅執行個人財產，常見媒體報導法院拍賣骨董。但是，有取得拍賣物分明是假貨卻當作真骨董標價，抵償國家債權，損害公庫利益。當然也有低估價格的骨董。每當賤賣，當事人平白損失，那種對司法的怨懟痛恨，可以想見。尤其傳聞司法人員違法牽涉在內，實在令人切齒。監察院曾調查臺北地院審理 98 檢字第○○○○號蔡○○違反公司法案，法院認為扣押之財產中之骨董價值上億，可是故宮及歷史博物館專家出席監察院調查之諮詢時，認為不必看實物，僅依卷存照片即可依其外觀形制，確知其為贗品。然而，法院卻以淺易專業知識即可認定知贗品誤為判定。法院所憑之鑑定明顯偏頗，是未具專業知識，為鑑定人所騙？還是另有名目？令人不能無疑。

(2)鑑價應有具體合理之規範

　　法院審理案件中經常遇到土地鑑價的問題。土地鑑價方式不只一端，至少可有成本法、市場買賣實例比較法、收益還原法。每種方法估價的結果都不相同，只要雙方同意市場供需，便能做成判斷。可是牽涉刑事案件法院應如何看待合理價格？被告是否有罪繫於法院一念之間，幾乎無一定準。**因此，後學見解有必要了解土地開發從業人員或專家（房仲及鑑價業者、建築師、土木技師、代銷公司等）計算公設比、坪效之依據，作為參考。**

(3)鑑價應得法院信賴

　　鑑價在訴訟法上性質是鑑定。依刑事訴訟法第一百九十八條及民事訴訟法第三百二十六條規定，鑑定人是由受訴法院，由審判長、受命法官或檢察官就鑑定事項有特別知識經驗者中選任鑑定人，法院認為顯不適當時法院仍得撤換。依據司法院（88）秘台廳民二字第 02761 號函釋要旨：「執行法院應命鑑定人就拍賣不動產估定價格，經核定後，為拍賣最低價額。法院核定拍賣底價時，係依囑託鑑價作業規範及辦理強制執行事件應行注意事項第四十二點等規定辦理，並於核定底價前通知債權人與債務人就鑑定價格表示意見，務求拍賣底價與市價相當。」行政執行處選任鑑定人作業要點第二點規定也相近似，**可見房地產開發商對市場敏感度的重要性，期**

　　盼各界菁英了解事情的真相，剔除投機操弄市場，找到優質科學且具實戰經驗的鑑定人或開發者，進而建構一個公平正義的鑑定機制。

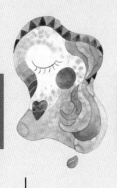

PART 6

投資經營分析

個體決策分析

・可行性分析：分析特定計畫能否成功？在法令、物理、經濟可行性，當某一投資方案於種種限制條件下，以有限資源合理滿足投資人之特定目標，此投資方式即為可行。

・投資分析：以投資人觀念分析特定不動產投資報酬 vs. 風險。

・一項具競爭力的土地開發計畫能夠成功被執行，主要是擁有一個具吸引力的財務計畫。它的基礎特點包括：投資低成本、具信用、政府的財務風險低、償債能力高。

CHAPTER 11

貨幣的時間價值

投資之非財務準則

・結構堅固之建築物

・賞心悅目之設計

・屋齡 2～5 年

・指 5F 公寓

・學區佳

財務準則

・IRR vs. NPV

・前門法 vs. 後門法之應用

・PGI

・ROR、ROE

・DCR

以上條件成功了，投資意願會上升並擴充就業機會，以致所得增加，國家 GDP 與 GNP 上升，GDP 跟銀行融資貸款息息相關，因此房地產價格將有持續穩定上漲趨勢，不過這尚待諸多專家、學者、實務界人士（如有建設之經驗）集思廣益之。

→投資意願↑

→擴充就業機會

所得↑→GDP、GNP↑

前言

(一)利息越來越低已成為今日政府提升消費的工具，但因為通貨緊縮的關係，老百姓越來越不敢投資；因為經濟不景氣，大家寧可把錢放在銀行，縱使利息越來越低，大眾依然不敢嘗試將存款領出作投資。換句話說，錢越來越薄，加上風險的不確定性，現在的一元是不是比未來的一元更值錢，已經有待商榷。

(二)不過就價值來說，隨著經濟不景氣上揚，現在的一元勢必比未來任一時點的一元，更具有價值。

⚙ 終值、現值、年金的觀念

現在的一元在利率的存在下，二十年後（未來）將值多少錢。[21]

↪ 現值

二十年後的二億元，在今天這個時候值多少錢。

↪ 年金（annuity）

在某一特定期間內，定期支付或領回某一特定額度之現金流量（payment）。因此，年金不是收入就是支出，而收入、支出就是一種現金流量，企業經營即重視現金流量。

範例 *11-1*

陳鑫二十年後準備以五百萬元加盟便利商店經營企業，那麼在 10% 利率下（一年），陳鑫現應存入多少元？

說明：陳鑫可以現值的觀念分析，則：

$$5,000,000 \times \frac{1}{(1+10\%)^{20}} = 743,218 \ 元$$

範例 *11-2*

陳鑫在銀行存入二百萬元，年利率 10%，二十年後可得多少元？

說明：$2,000,000 \times (1+10\%)^{20} = 13,454,999 \ 元$

此為終值的觀念。

---

21 林左裕，《不動產投資管理》，智勝文化，民 90。

利息的產生

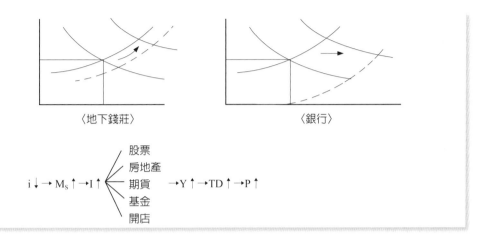

〈地下錢莊〉　　　　　　　〈銀行〉

$$i\downarrow \rightarrow M_s\uparrow \rightarrow I\uparrow \begin{array}{l} 股票 \\ 房地產 \\ 期貨 \\ 基金 \\ 開店 \end{array} \rightarrow Y\uparrow \rightarrow TD\uparrow \rightarrow P\uparrow$$

(一)一般來說，銀行與地下金融公司之利息會有所不同，這可由以上二個圖形表現出來。當人們對於貨幣的需求不斷增加時，此時利率下降，因為地下金融公司所提供的貨幣供給會比銀行來得少，所以銀行利息會比較低。

(二)而利息又有所謂單利與複利之分，首先先就單利來加以說明，依照單利字面上來說，即只對本金計算利息，未來賺得之利息不再孳生利息稱之。而對於將來所賺取之利息納入本金之中計算利息，即所謂利滾利，則稱為複利。[22]

(三)在此筆者以估價學說上所謂之「宅地預備地估價」來作補充說明：

公式（預期開發法）：乃估土地開發前之價格。

$$V = A\times G - [(a+b)(1+np)+c]\times \frac{1}{1+n'p}\times \frac{1}{(1+r)^n}\times J$$

V：開發前價格

A：開發後價格

G：宅地化比率

a：開發之事實

b：開發時，必須繳納各種負擔費用

c：間接費用

---

[22] 林英彥，《不動產估價》，文笙書局，民 84，p. 394。

　　上述所謂之(1 + np)之觀念，即為單利之考量，係指開發成本；而 $\dfrac{1}{1+n'p}$ 即為複利之觀念，係指土地成本。

　　以下繼續介紹年金終值、年金現值。

✺ 年金終值

　　簡單地說，一年投資一元，n 年後本利和為多少？是一種零存整付的觀念。

範例 *11-3*

　　進文每年年底存入六萬元，年利率為 10%，五年後進文可領回多少呢？

說明：在年金體系下，零存整付即所謂複利年金終價率，公式為 $\dfrac{(1+r)^n - 1}{r}$

則　$60,000 \times \dfrac{(1+10\%)^5 - 1}{10\%}$

　　$= 60,000 \times 6.1051$

　　$= 366,306$ 元

✺ 年金現值

(一)每年投資一元，n 年後期滿本利一次收齊，該本利的現值為多少？

(二)我們可以由年金的體系下，引申出複利年金現價率；也就是說，將未來期待純收益折算為現在價值之總和；亦具有一種估價學說中，收益還原法的觀念。

(三)而每年投資一元，可以界定為每年淨收益。

範例 11-4

假設小文有一企業（土地、店面），每年年底投資五十萬元，投資期限十年，當投資報酬率為 10% 時，該店面的權利價值應為多少？[23]

說明：$500,000 \times \dfrac{(1+10\%)^{10}-1}{10\%(1+10\%)^{10}}$

$=500,000 \times 6.14457$

$=3,072,285$ 元

🏵 永續年金

可參考陳鑫《不動產估價理論與實務》，永然文化出版，即所謂 $V = \dfrac{a}{r}$ 之觀念。

🏵 本利均等年賦償還率（貸款之本金分期攤還）

與複利年金現值率相反，是一種享受犧牲、犧牲享受的觀念，如年輕人工作後買房子、車子，一邊享受住房子、開車子的樂趣，一邊得負擔貸款之本金及利息。簡單地說，現在向銀行借多少錢（現值），未來每期應償還多少錢（年金）之概念。

範例 11-5

小貝投資 3,072,285 元購買一店面經營大哥大生意，年利率 10%，期間十年，則小貝如果自己不做生意，出租予美女，則每年應回收多少房租才划算（值得）？

---

[23] 吳耿東，中興大學地政系上課講義。

說明：$3,072,285 \times \dfrac{10\%(1+10\%)^{10}}{(1+10\%)^{10}-1}$

$= 500,000$ 元

享受（現在借多少錢），犧牲（每期應償還多少錢）。

（現值）　　　　　　　　　　　（終值）

範例 *11-6*

小王買了一間店面，十坪大，總價 300 萬元，銀行貸款 200 萬元，自備款為 300 萬–200 萬=100 萬，年利率 12%，分二十四期（月）攤還，試問：小王未來二年內每期（月）應償還多少錢？

說明：1.這個例子告訴我們，如果要算一、二、三、四、五期，可以一筆一筆計算每期要償還的金額，但如要算到二十期以後該怎麼辦？會不會很累？況且沒有那麼多時間。

2.這個時候我們可以用一個投資法寶來計算某一期的本金：

這個法寶以公式表示為：

$$\left[1 - \dfrac{(1+i)^n - 1}{(1+i)^N - 1}\right] \times 貸款額度 = 某一期末貸款餘額$$

3.因此由以上例子，可以得知第四期之本金為：

$$2,000,000 \times \left[1 - \dfrac{(1+1\%)^3 - 1}{(1+1\%)^{24} - 1}\right] = 1,775,327$$

$$2,000,000 \times \left[1 - \dfrac{(1+1\%)^4 - 1}{(1+1\%)^{24} - 1}\right] = 1,698,934$$

兩者相減得第四期之本金為 76,393，而每一期所償付之本利和均以本利均等年賦償還率（貸款之本金分期攤還）來計算，得 94,147。

4.由此可知，每一期之利息均可自由計算之，而每一期貸款餘額均以 200 萬元扣減得之。

算到最後，可以得知每一期所償還的本金會越來越多，而利息會越來越少，如圖：

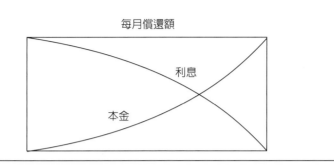

有效年利率

(一)主要可依每年複利幾次來加以判別,例如:當每月複利一次時,則每個月
需要付款一次,即年利率除以十二。

一年有十二個月、四個季節、兩個半年,以年利率 12% 來說,則有效年
利率為:

$$(1 + 1\%)^{12} - 1 = 12.68\%$$
$$(1 + 3\%)^4 - 1 = 12.55\%$$
$$(1 + 6\%)^2 - 1 = 12.36\%$$

所以複利的次數越多,則有效利率越大,而複利的時間也就越短。

(二)終值的價值在理論上來說,一定會比現值來得大。基本上,在一定的投資
報酬率下,當終值為現值的四倍時:

$$4 = (1.1)^n$$
假設公司、企業投資報酬率為 10%
則 $(1.1)^{15} = 4.18$
$(1.1)^{14} = 3.80$
(假設 n 年後,終值為現值的四倍)

範例 *11-7*

小張以五百萬元購買一店面作連鎖經營，此店面要經過多少年後才能增值至二千萬元？此企業投資報酬率為 10%。

說明：$\dfrac{15-n}{n-14}=\dfrac{0.18}{0.2}$

$3-0.2n = 0.18n-2.52$

$0.38n = 5.52$

$n = 14.53$ 年

（內部交叉法）

2 千萬 ÷ 5 百萬 = 4（倍）

$(1 + 10\%)^n = 4$

$(1 + 10\%)^{15} = 4.18$

$(1 + 10\%)^{14} = 3.8$

$n = 14.53$ 年

CHAPTER 12

不動產企業投資比率（工具）

投資概念

依債務保障比率方式決定之，其計算方式可求取折現率＝債務保障比率×K×貸款資金占不動產價格之比率。

$$\text{DCR} = \frac{\text{NOI}}{\text{DS}}$$

DCR：債務保障比率，比率越高、風險越小，表示營運淨收入較容易償還貸款（債務）；反之，當 DCR 越小，風險越大。[24]

由此可知，企業經營較喜愛提高 DCR，而提高 DCR 的方法包括：

1. 延長貸款期限以降低 K 值，K 為貸款常數。
2. 貸款利率降低。
3. 減少借貸。
4. 提高 NOI（營運淨收入）。
5. 減少支出，增加收入。

DCR 常與景氣變動有關，景氣不好的時候，利率下跌，利率下跌刺激景氣，銀行要求 DCR 就不會太嚴謹。

如以歐債風暴來視之，希臘、西班牙、愛爾蘭經濟看似改善，由於牽涉到債券到期是否還得起，償債能力如果足夠，違約風險即會降低。另一方面，DCR如能提高，赤字問題將會減輕，即不須透過貨幣貶值來自生自滅以致通膨。

---

[24] 張金鶚，《房地產投資與決策分析》，華泰文化。

◈ DCR 與利率及貸款期限之關係

$$DCR = \frac{NOI}{DS}$$

1.DCR 與利率

$$DS = PV \times \frac{r \times (1+r)^n}{(1+r)^n - 1}$$

設 NOI = 1,920,000，n = 12，貸款總金額 = 14,800,000

(1)若 r 為 3%，則

$$DS = 14,800,000 \times \frac{3\% \times (1+3\%)^{12}}{(1+3\%)^{12} - 1} = 1,486,808$$

$$DCR = \frac{1,920,000}{1,486,808} = 1.2914$$

(2)若 r 為 5%，則

$$DS = 14,800,000 \times \frac{5\% \times (1+5\%)^{12}}{(1+5\%)^{12} - 1} = 1,669,736$$

$$DCR = \frac{1,920,000}{1,669,736} = 1.14988$$

由此可證明，若利率越高，則 DS 越高，但 DCR 越低，所以成反比。

若希望 DCR 越大，則應降低貸款利率。

2.DCR 與貸款期限

設 NOI = 1,920,000，r = 3%，貸款總金額 = 14,800,000

(1)若 n 為 12，則

$$DS = 14,800,000 \times \frac{3\% \times (1+3\%)^{12}}{(1+3\%)^{12} - 1} = 1,486,808$$

$$DCR = \frac{1,920,000}{1,486,808} = 1.2914$$

(2)若 n 為 24，則

$$DS = 14,800,000 \times \frac{3\% \times (1+3\%)^{24}}{(1+3\%)^{24} - 1} = 873,901$$

$$DCR = \frac{1,920,000}{873,901} = 2.197$$

由此可證明，若貸款期限越短，則 DS 越高，DCR 越低，所以成正比。

若希望 DCR 越大，則應延長貸款期限。

↳ $\dfrac{DS}{K}$

$\dfrac{DS}{K}$：貸款額度（跟銀行借款之額度）

DS：每年應償還貸款之本利和

K：貸款常數，又稱本利均等年賦償還率因子，即 $\dfrac{r(1+r)^n}{(1+r)^n-1}$ 貸款者投資報酬率

　　就銀行來說，借出去的錢只要不成為呆帳，在通貨緊縮的今天，當然前提是假設其他狀況不變，對於銀行來說，乃多多益善，何樂而不為呢？

　　所以依常理來說，K 值越小，貸款額度越大；反之，則相反。

↳ NOI−DS = BTCF

營運淨收入−償債支出 = 稅前收益（稅前現金流量）

↳ 稅前收益／自有資金投資報酬率 = 自有資金最大額度
BTCF／ROE = 自備款

　　一般來說，企業經營自備款越高，負債比即越低，對於一企業現金周轉越高，基本上現在是低利率的時代，強調消費、投資，唯有提高消費、投資，才能增加總需求、經濟才能成長，此為現今政府政策。

↳ ROR = NOI／總投資金額（資金）

ROR：總資金報酬率越高，NOI 越大，對於企業經營越有利，企業才能永續經營。

　　另外，企業經營免不了要借貸，即向銀行融資，大到財團，小到會計師、建築師、律師事務所，而有了借貸，就免不了有槓桿狀況。槓桿即指債務融資比率相對於自有資金之比率越大時，槓桿即越大。

1.當 ROE>ROR 時，如 ROE>K、ROR>K，則 ROE>ROR 即為正槓桿狀況。

　　股東要求報酬率 > 投資報酬率 > K

　　　　ROE　　>　　ROR　　>MC
　　　　　　　　　　　　　　　（i · n）

2.當 ROE<ROR 時，如 ROE<K、ROR<K，則企業經營呈現負槓桿狀況。[25]

3.權益代表了股東的出資，包括原始 vs. 累積，這是一切投資的基礎，股東權益亦是挑動整個槓桿的支點。因此，股東出資乃是財務分析中重要之考察科目，如 ROE。

企業的槓桿操作，包括營運槓桿（operating leverage）與財務槓桿（financial leverage），企業的槓桿效應主要 vs. 固定費用有直接密切關係，這項固定費用或成本存在二方面，其一電子產業是因生產製造而發生之產銷成本，進而產生了營運槓桿；其二建設公司是因舉債融資而產生之財務費用，進而產生了財務槓桿。（前者以電子產業居多，後者以營建產業居多。）

固定成本為何？

(1)固定資產的折舊 vs. 攤銷。

(2)人事薪資。

(3)勞健保費用。

(4)利息費用。

變動成本為何？生產業務量有關的直接人員、原物料、製造費用、推銷費用……。

以上所述，上游產業固定資產投資比重高，下游產業變動成本明顯高於上游產業固定成本，造成了高槓桿效應，即營運槓桿加上財務槓桿。

4.企業經營最重要的要素為不動產，但不動產的價值與價格總是要有一些方法取得合理的解釋。在財務技術水準下，最常運用的二種方法為前門法與後門法。同時，如果企業經營越有利可圖，不動產價值越高，價格越佳。這個時候就有賴於投資報酬率與折現率、再投資報酬率等工具了。

1.前門法

某種程度上來說，不動產價格佳，則代表企業經營越容易賺錢，經濟越成長，這個理論似乎是正確；但反之，經濟環境不佳時，不動產似乎已越來越沒價值，此時的企業是否能賺錢或者獲利，就很難說了。有些學者認為這兩者沒

---

25 張金鶚，《房地產投資與決策分析》，華泰文化。

有直接的關聯，由於企業經營賺不賺錢是跟企業行銷企劃手段、促銷手段有關，不動產價值只是代表一個企業的資本價值與銀行融資的條件而已。不管如何，我們還是簡單說明一些觀念如下：

　　前門法反映的是藉由已知的不動產價格求取企業應有的收益，此企業是以不動產行業為主。

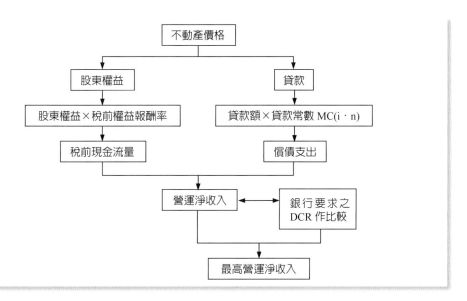

前門法圖解（企業經營可否的衡量工具）

（參考林左裕，《不動產投資》，智勝文化，p. 119）

範例 *12-1*　前門法實務演練

一房地產開發計畫，試就所知估算該房地產開發每月每坪租金至少需要多少？

1.不動產面積四百坪。

2.不動產價格三千萬元。

3.貸款 60%，期限五年，利率 2%。

4.DCR 1.2。

5.ROE (Return on Equity) 10%。

6.營運費用占有效毛收益 30%。

7.閒置空屋占可能毛收益 30%。

說明：

3,000　　　　　　　　　　　　　　（單位：萬元）

3,000×60% = 1,800（BAL）　貸款餘額　　3,000×40% = 1,200（自有資金）

$$1,800 \times MC\left(\frac{2\%}{12} \times 60\right) \times 12 \qquad\qquad 1,200 \times 10\% = 120（BTCF）$$

税前淨利

$$= 1,800 \times \frac{\dfrac{2\%}{12}\left(1 + \dfrac{2\%}{12}\right)^{60}}{\left(1 + \dfrac{2\%}{12}\right)^{60} - 1} \times 12$$

$$= 378.59（DS）$$

$$NOI - DS = BTCF \qquad 淨營運收入 - 償債支出 = 税前淨利$$

$$NOI = 378.59 + 120$$

$$= 498.59$$

$$DCR = \frac{NOI}{DS} = \frac{498.59}{378.59} = 1.32$$

1.32 > 1.2（符合要求）

$$\therefore 498.59 \div (1 - 30\%) = 712.27（EGI）有效毛收益$$

$$712.27 \div (1 - 30\%) = 1,017.53（PGI）可能毛收益$$

$$1,017.53 \div 400 \div 12 月 / 年 = 0.2119 萬 / 每月每坪租金$$

該房地產開發案每月每坪租金至少需要 2,119 元。

2.後門法

就經營不動產所得之收益為已知情況下，求取不動產管理之價格。

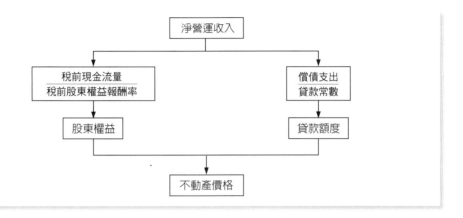

後門法圖解

（參考林左裕，《不動產投資》，智勝文化，p. 121）

範例 *12-2*

後門法分析（已知不動產收益，求合理價格）

某商業大樓第五樓整層出售，賣方要求二千萬元，小陳進行市價評估後，發現五樓可出租的總面積為八千坪，預估出租收益每年每坪可得 357 元，但閒置空間及營運管理相關費用約占 45%；銀行要求小陳只要營運之債務保障比率不低於 1.2，就可提供小陳所需貸款，年利率為 3%，須在三十年內按月攤還本息；小陳向親友募得股本，並聲明稅前之股東權益報酬率將至少為 10%，請問小陳是否應以二千萬元買下此樓層營運呢？（以上數字參考林左裕，《不動產投資》，智勝文化，p.147）

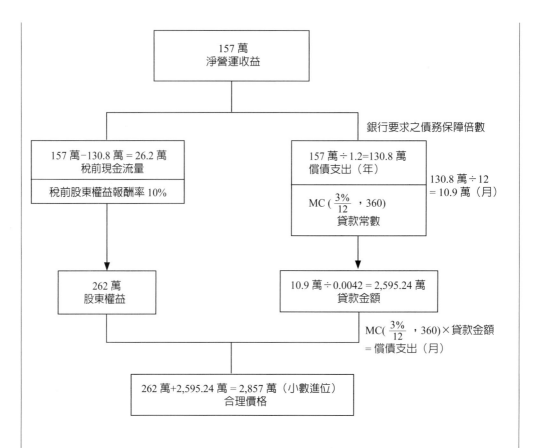

說明：1.可能總收益 = 8,000 坪 × 357 = 285.6 萬元

　　　扣除閒置空間及管理費用 45% 後

　　　每年之淨營運收益為 285.6 萬 × (1−45%) = 157.08 萬 ≒ 157 萬

　　2.銀行應允之可能貸款額為債務保障比率

　　　= (淨營運收益 ÷ 償債支出) ≧ 1.2

　　　年償債支出 = 157 萬 ÷ 1.2 = 130.8 萬元

　　　月償債支出 = 130.8 萬 ÷ 12 = 10.9 萬元

　　　償債支出 = 貸款額 × 貸款常數

　　　貸款額 = (月) 償債支出 ÷ (月) 貸款常數

　　　　　　 =10.9 萬 ÷ MC (0.25%，360)

　　　　　　 =10.9 萬 ÷ 0.0042 　　　$\dfrac{0.25\%\,(1+0.25\%)^{360}}{(1+0.25\%)^{360}-1}=0.0042$

　　　　　　 =2,595.24 萬元

3.股東權益＝稅前現金流量÷稅前股東權益報酬率

　　稅前現金流量＝年淨營運收入－年償債支出

　　　　　　　　＝157 萬－130.8 萬＝26.2 萬元（年）

　　股東權益＝26.2 萬÷0.1＝262 萬元

4.合理價格＝股東權益總額＋貸款額

　　　　　　＝262 萬＋2,595.24 萬

　　　　　　＝2,857.24 萬元 ⇒ 2,857 萬（小數刪除）

小陳計算出之合理價格約 2,857 萬元，而賣方要求 2,000 萬元，所以小陳可能不需要進行殺價。

3.參考時間價值及期末出售專案價值

　　有了前門法及後門法評估企業經營，但是要企業經營順利得當，還須參考時間價值及期末出售專案可售得之價值才行，此時，企業經營一定有所謂每期之收入、支出，即所謂現金流量，此乃時間價值最有利可證之。一般來說，各期的現金流量與投資成本是處在一個已知的情況下，因此現金流量又可分為相等之現金流量與不相等之現金流量。對於以上所述，IRR vs. NPV 是解決基本財務模型缺點最好的工具。

(1)IRR：內部報酬率

　　就是一個企業投資計畫之報酬率。

　　即投資成本等於預期未來各期現金流量之現值加總時之折現率，此乃 NPV＝0 時之折現率。[26]

$$投資成本 = \frac{CF_1}{(1+IRR)^1} + \frac{CF_2}{(1+IRR)^2} + \frac{CF_3}{(1+IRR)^3} + \cdots\cdots + \frac{CF_n}{(1+IRR)^n}$$

---

[26] 張金鶚，《房地產投資與決策分析》，華泰文化。

(2)由以上公式可以反推

$$NPV = \frac{CF_1}{(1+IRR)^1} + \frac{CF_2}{(1+IRR)^2} + \cdots\cdots + \frac{CF_n}{(1+IRR)^n} - Cost(CF_0) = 0$$

模型介紹（蒙地卡羅模擬過程）

①現金流量模型：$NPV = f(\chi) \Rightarrow$ 行為方程式

②NPV 為 X 的函數，同時有很多 X 值與 NPV 值對應。

　在常態架構下，經過抽樣，建立了此行為方程式，經計算跑出了常態分配。

補充：很多現象幾乎都是常態分配？

則企業經營有：

①NPV > 0 時，則表示企業這個投資計畫可行。

②NPV < 0 時，則表示企業這個投資計畫不可行。

③NPV = 0 時，視企業經營者態度而定。

而企業經營的評估準則有：

①若 IRR > 要求報酬率，則 NPV > 0。

②若 IRR < 要求報酬率，則 NPV < 0。

③若 IRR = 要求報酬率，則 NPV = 0。

IRR、NPV、PGI、EGI、ROR、ROE、DCR 等指標為財務準則。

　至於投資下之非財務準則，包括生活機能、生活品質、交通建設、結構堅固之建築物、良好之景觀、賞心悅目、通風、採光之設計。

範例 *12-3*

若康康投資一房地產仲介業加盟計畫，期初需投資一千萬元，未來兩年內，第一年可回收 $CF_1 =$ 六百萬元，第二年可回收 $CF_2 =$ 七百萬元，則康康之 IRR 為多少呢？

說明：1.假設 CF = 600 萬元、700 萬元

　　　　假設令 NPV = 0，因為 IRR = NPV = 0 時之折現率

$$NPV = \frac{600}{(1+IRR)^1} + \frac{700}{(1+IRR)^2} - 1,000 = 0$$

IRR = 0% 時，則 NPV = 300 萬元。

5% 時，則 NPV = 206.3 萬元。

10% 時，則 NPV = 124 萬元。

15% 時，則 NPV = 51 萬元。

20% 時，則 NPV = -13.9 萬元。

由此可知，既然 IRR 應為 NPV = 0 時之折現率，那麼應可於 15%～20% 之間，所以此時康康應由 15%～20% 之間尋找一個適合的投資報酬率才行。

這時的 IRR 應為：

15%　　　51 萬

x　　　　　0

20%　　 -13.9 萬

則　$\dfrac{15-x}{x-20}=\dfrac{51}{13.9}$

$208.5 - 13.9x = 51x - 1{,}020$

$1{,}228.5 = 64.9x$

得 x = IRR = 18.93%

我們可以得知康康為了要經營一企業，他必須維持 CF 的一般水準外，還須注意投資報酬率的一定水準。

2.如果將康康所重視的 IRR 與 NPV 畫成圖形，你認為該怎麼畫呢？

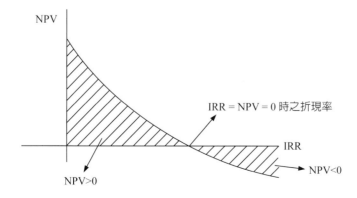

一個企業經營 NPV>0 固然可以容易作比較，但如均處在 NPV<0 的情況下時，是不是會造成 IRR 的困擾呢？

因此，我們可以說 IRR 有許多缺失，比如說：

(1)IRR 有許多個，這可由數學中的一元多次方程式來說明，我們知道：

$$NPV = -C + \frac{CF_1}{(1+IRR)^1} + \frac{CF_2}{(1+IRR)^2} + \frac{CF_3}{(1+IRR)^3} + \cdots\cdots \frac{CF_n}{(1+IRR)^n}$$

因此在正負符號轉換時就可能有一解；也就是說，每一期現金流量由正轉負或由負轉正時，就可能有一個 IRR 出現，為此，企業經營者如果有好幾個內部報酬率，就頭痛了。現金流量具多重報酬率。

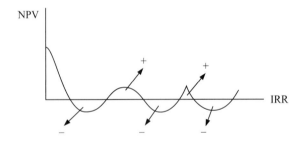

(2)較容易誇大再投資報酬率：

當企業經營有利潤後，往往會將一部分利潤或全部利潤再進行投資，此時當所賺的錢有限時，再進行投資時可能會產生規模不足，如此一來效益就不會很大了。因此，企業在計算再投資報酬率時，通常會將 IRR 與之相等，亦即假設再投資報酬率等於原投資案報酬率。為了實際一點，通常企業會將再投資報酬率重新計算，得修正內在報酬率，以取代誇大之 IRR（內在報酬率）。

（參考吳耿東，《不動產投資》，文笙書局）

範例 *12-4*

小陳經營一泡沫紅茶店，投資了九百萬元，前四年的收益（現金流量）分別為
六十萬元、四十萬元、五十五萬元、一千四百四十萬元，假設小陳認為再投資
一分店時，其投資報酬率為 5%，試問小陳修正後的報酬率應為多少？

說明：$1.600,000 \times (1+5\%)^3 = 694,575$

$400,000 \times (1+5\%)^2 = 441,000$

$550,000 \times (1+5\%)^1 = 577,500$

$14,400,000 \times (1+5\%)^0 = \underline{14,400,000}$

以上合計 $= 16,113,075$

$(1+i)^4 = \dfrac{16,113,075}{9,000,000} = 1.79$

$1 + i = \sqrt[4]{1.79}$

$1 + i = 1.1567$

$i = 0.1567$

$= 15.67\%$

模式可寫成：

$$\frac{600,000 \times (1.05)^3}{(1+MIRR)^4} + \frac{400,000 \times (1.05)^2}{(1+MIRR)^4} + \frac{550,000 \times (1.05)}{(1+MIRR)^4} + \frac{1,440\ 萬}{(1+MIRR)^4}$$

$= 900\ 萬$

$MIRR = 15.67\%$

2. 當然內在報酬率與淨現值分析法並不是沒有優點，依據學派的說法，
其優點包括如下：

(1) IRR（內在報酬率）：

① 改善傳統的投資分析，忽略時間的價值。

② 不會發生折現率選擇不易的問題。

③ 期末未出售資產所得的問題受到重視。

④ 投資案大小不一可進行比較。

(2)NPV（淨現值分析）：

　①符合追求財富極大化。

　②簡單明瞭。

　③容易分析。

　④折現率較合理。

前文提到正、負槓桿之分析，說明實例如下：

範例 *12-5*

甲租商場租期五年，租金一次繳清，期初繳交租金九百五十萬元，每年所產生之現金流量為 100、200、300、300、200，若投資報酬率為 3%，請問甲的 IRR 與 MIRR 應為多少？（單位：萬元）

說明：

$$\frac{100(1+3\%)^4 + 200(1+3\%)^3 + 300(1+3\%)^2 + 300(1+3\%)^1 + 200(1+3\%)^0}{950}$$

$$= (1+MIRR)^5$$

$$(1+MIRR)^5 = \frac{1,158.37}{950}$$

則 $MIRR = \sqrt[5]{\frac{1,158.37}{950}} - 1 = 4.05\%$

IRR 如前述算法為 4.63%，則 MIRR = 4.05% < 4.63%。

範例 *12-6*

阿佳租一商圈店面，租期八年，租金、訂金簽約時全部繳清，期初繳交租金七百萬元，每年所產生之現金流量如為 150、220、350、350、200，若資金成本再享有 3% 投資報酬率，試問阿佳的 IRR vs. MIRR 應為多少？（單位：萬元）

說明：（練習題）

範例 *12-7*

小王開了一間珠寶店，資產報酬率 5%，投資了一百萬元，此時的小王應有多少營運淨收入？其中有七十萬元還是跟銀行融貸的，利率為 6%，此時小王開店應負擔利息多少？自有資產為多少？試問：小王投資這家珠寶店是呈現正槓桿或負槓桿？

說明：總成本＝TC＝100 萬元　　資產報酬率 5%

所以 NOI（營運淨收入）＝ 5 萬

而利率 6% 下，貸款 70 萬 ，4.2 萬為利息

5 萬－4.2 萬＝8,000 元（淨利）→現金流量

而 $\dfrac{8,000}{300,000} = 2.67\%$ （ROE）

ROR ＝ 5%　　此時 ROE<ROR

∴企業經營呈現負槓桿。

補充：折現現金流量分析公式：參照技術規則第三十一條。

技術規則第三十二條：當店面經營不善要出售或經營一段時間後，欲出售時，即以此方法為參考依據。

投資比率表[27、28]

範例 *12-8*

小王投資一大樓，總價四千萬元，預估營運總收入五百六十萬元，閒置損失占 PGI 10%，年總費用占有效總收入 30%，向銀行貸款七成，利率 3%，期限三十年，採 CPM 計算，其中工程造價一千二百萬元，以直線法五十年折舊，所得稅 25%，試編十二個月現金流量表。

27　吳耿東，《不動產投資分析》，文笙書局，民 92。

28　林左裕，《不動產投資管理》，智勝文化，民 91。

說明：

（單位：萬元）

PGI 560

$-)\ 560 \times 10\% = 56$

EGI 504

$-)\ 504 \times 30\% = 151.2$

NOI 352.8

DS $-)\ 141.12$

BTCF　211.68

Tax $-)\ 61.5346$

150.1454

本利和

$$2,800 \times \left(\frac{\frac{3\%}{12}\left(1+\frac{3\%}{12}\right)^{360}}{\left(1+\frac{3\%}{12}\right)^{360}-1} \right)$$

0.0042

$= 11.76/月$

$11.76 \times 12\ 月 = 141.12$

求本金

$$2,800 \times \left(1 - \frac{\left(1+\frac{3\%}{12}\right)^{12}-1}{\left(1+\frac{3\%}{12}\right)^{360}-1} \right)$$

$=2,741.5416$

第 0 期－第 12 期

$= 2,800 - 2,741.5416$

$= 58.4584$（本金）

求利息費用

$141.12 - 58.4584$

$= 82.6616$（利息）

$$4,000 \times 70\% = 2,800$$

$$1,200 \div 50 = 24$$

NOI 352.8

折舊 −24

利息 −82.6616

246.1384

$\times$　　25%

61.5346

(一)可能毛收入（potential gross income）

　　（預期總收入）

　　− 空屋與欠租數額（大約占 PGI 5%～10%）

　　（閒置單位）

　　＋ 雜項收入　（租金、押金、停車費收入）

　　　有效毛收入（effective gross income）

　　（實際總收入）

　　− 經營費用（約占 EGI 30%～40%）

　　（營運費用）

　　　營運淨收入（NOI：即估價理論中之小 a）

　　− 抵押貸款分期償還額（DS）

　　（償債支出）

　　　稅前收益（BTCF）

　　（稅前現金流量）

　　− 所得稅或營業稅（因人而異）

　　　稅後收益（ATCF）

　　（稅後現金流量）

(二)稅的算法

$$\begin{array}{c} \text{NOI（營業淨利）} \\ \underline{-\text{折舊（年）}} \\ \underline{-\text{利息（年）}} \\ =\text{可課稅所得} \\ \underline{\times\text{稅率}} \\ =\text{稅（所得）} \end{array}$$

(三)在土地開發過程中土地沒有所謂營業稅，唯建物係以預估總銷金額×40% ÷ 1.05 ＝營業收入（額）為計算依據，再除去成本即為算出所得稅。

範例 *12-9*

家德投資一店面，總價一千五百萬元，預估營運每年可能總收入二百五十萬元，閒置損失占可能總收入之 20%，年總費用占有效總收入之 30%。以其房地向銀行貸款六成，利率 3%，期限三十年，本息平均攤還。其中建物價格五百萬元，以直線法五十年攤提折舊，所得稅率 25%。試編製第一年的現金流量表。

說明：（練習題）

範例 *12-10*

一位投資者要評鑑一棟公寓大廈，位於臺中大學旁，稱之為中大華廈。他想要全部買下來之後出租，而他覺得利用所得法來評價這棟大廈是不錯的方法。這棟大廈附近的成交個案包含了一個辦公大樓以及一間類似的住宅大廈，他簡單試算了中大華廈未來出租的可能收入及支出項目，同時也蒐集了前述兩項交易的物件交易價格及每年淨營運所得。試問，在投資者蒐集到了下述表中所列各項資訊後，他如何利用所得法得出他欲投資的這棟大廈的合理價格？

	正在考慮中之標的物－中大華廈	附近最近售出的辦公室大樓	附近最近售出的住宅公寓
最大可能營運所得	$1,200,000		
預估空屋率及回收損失	6%		
保險費及地價稅	$100,000		
水電費用	$70,000		
修繕及維護費用	$120,000		
折舊費用	$140,000		
融資之利息費用	$110,000		
淨營運所得		$3,000,000	$600,000
銷售價格		$20,000,000	$5,000,000

說明：淨營運所得（NOI）等於最大可能營運所得減掉空屋百分比、租金收入及呆帳損失再減掉各項費用，包括保險費用、財產稅費用、水電費用及維修費用。

$$NOI = 1,200,000 - 0.06 \times 1,200,000 - 100,000 - 70,000 - 120,000 = 838,000$$

下一個步驟要計算這個標的物的折現率是多少。我們參考中大華廈附近類似物件，最近成交的公寓其淨營運所得和成交價格的關係即可求得。在上表中，我們有附近一個類似的出售公寓的二組數字。請記得不要用辦公室大樓的淨營運所得和成交價格，因為中大華廈和該物件不是類似的標的物。

類似標的物折現率 = 淨營運所得 / 成交價格 = 600,000/5,000,000 = 0.12

現在我們就可以計算中大華廈的價值：

$$NOI/(Cap\ rate) = 838,000/0.12 = 6,983,333$$

我們並不考慮是否融資購買或以自有資產購進，所以不考慮利息支出，同時不扣掉公寓的折舊，因為在計算淨營運所得的時候，已經有考慮維護及修繕費用，假設這筆維護及修繕費用可以抵銷該公寓的折舊。另外，我們也不考慮出租者的個人所得稅稅率問題。

（本範例全文摘自財團法人臺北金融研究發展基金會出版《CFP 認證系列課程》一書，民國 95 年二版，以作為作者、讀者學習之依據。）

CHAPTER 13

企業抵押貸款分析

固定還本（本金）貸款：本金固定

　　CAM（constant amortization mortgage）即貸款期間內，每期攤還本金固定，利息是由每期期末貸款餘額及利率計算，隨著本金固定分期攤還後，利息支出隨著貸款餘額減少而減少，導致企業經營者每期的總支付額呈現遞減，這是一種比較適合年輕人創業的貸款方式。唯 CAM 總支付額初期會比 CPM 來得高，而後逐月遞減，因此經濟能力不足的年輕人期初違約率相當高。

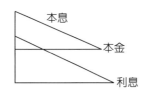

範例 *13-1*

保忠買了一間店面市價八百萬元，向銀行貸款六百萬元，以 CAM 方式三十年融貸保證，年利率 12%，按月負擔利息，試問：保忠每期應償還多少本金、利息、貸款餘額及總共負擔的數額。

說明：1.本金償還額：

　　　30 年 × 12 月 = 360 月

　　　6,000,000 / 360 月 = 16,667 元（每期）

2.年利率 12%，保忠按月付息，12%/12 月 = 1%

　　則利息 / 月 = 期初貸款餘額 × 月利率

3.6,000,000-16,667 = 5,983,333……期末貸款餘額（第一期）

5,983,333×1% = 59,833 …… 利息支出（第二期）

59,833 + 16,667 = 76,500……總支付額（第二期）

5,983,333-16,667 = 5,966,666……期末貸款餘額（第二期）

由以上計算得知，保忠每期支付的本金均為固定，這是 CAM 最大的特色，即過度注意本金的攤銷。

固定付款貸款：本息固定

CPM（constant payment mortgage）即貸款期間內，每期應償還的額度均為固定，此為本金利息，此貸款方式非常好用，較適用於企業經營及投資者。CPM 的最大特色必須注重在前述，而一般來說，CPM 適用的公式為前者（本利均等年賦償還率），即企業經營者現在投資一元後，n 年間每年可回收年金多少才划算，依 CPM 方式，期初的利息負擔較重，即絕大比例為利息，反之為本金，隨著時間演進，利息會隨貸款餘額減少而減少，反之 BAL（本金）則增加，因此在自有資金尚未完備以前，應盡量避免舉債支出。（參考林左裕，《不動產管理》，2007）

範例 13-2

承範例 13-1，若保忠購買店面所採用的貸款方式為 CPM 時，則他可用：

1. $\dfrac{r(1+r)^N}{(1+r)^N-1}$，2. $1-\dfrac{(1+i)^n-1}{(1+i)^N-1}$，二種公式求算。

說明：1. $6,000,000 \times \dfrac{1\%(1+1\%)^{360}}{(1+1\%)^{360}-1}$

= $6,000,000 \times 0.012086$

= 72,516 元（每月總支付額度）

但我們知道：

$\dfrac{DS}{K} = 6,000,000$

$$\frac{DS}{0.01209} = 6,000,000$$

DS = 72,540 元

72,516 與 72,540 有所誤差，誤差值為 24 元，這完全是計算機所賜。

2. 有了以上的計算，相信保忠企業一定經營得很好，舉例來說：

N 總共有 360 期，保忠不可能一期一期去計算，唯有透過

$\left[1 - \dfrac{(1+i)^n - 1}{(1+i)^N - 1} \right]$ 這個公式。

例如：銀行要求保忠把第六期之本金計算出來，此時保忠就利用了上列這個公式，則：

(1) $6,000,000 \times \left[1 - \dfrac{(1+1\%)^6 - 1}{(1+1\%)^{360} - 1} \right]$

= 5,989,438　第六期期末貸款餘額（本金）

(2) $6,000,000 \times \left[1 - \dfrac{(1+1\%)^5 - 1}{(1+1\%)^{360} - 1} \right]$

= 5,991,243　第五期期末貸款餘額（本金）

(3) ∵ 5,991,243 − 5,989,438 = 1,805　第六期本金

保忠所採用的固定付款之貸款方式，期初所償還的利息額度較大、本金額度較小，但隨著時間的進行，利息會隨之遞減，本金會隨之遞增。這種貸款方式由於利息支出非常大，所以較不適用於年輕人，比較常適用於企業家，特別是加盟店之企業家。因為每期應償還的金額均為固定，企業家較容易掌握，唯一不足之處在於期初利息負擔非常重，並不是所有企業家都可以負擔得了，因此 CPM 利息負擔會比 CAM 來得重。

CAM：固定還本貸款表格說明：

期數	期初貸款餘額 BAL	本金	利息	本利和	期末貸款餘額 BAL
1	6,000,000	16,667	60,000	76,667	5,983,333
2	5,983,333	16,667	59,833	76,500	5,966,666
3	5,966,666	16,667	59,667	76,334	5,949,999
4	5,949,999	16,667	59,500	76,167	5,933,332

（續前表）

期數	期初貸款餘額 BAL	本金	利息	本利和	期末貸款餘額 BAL
⋮					
360	0	……	……	……	……

計算機操作程序（FC-100 機型）

①本利和求算

6,000,000	PV
360	n
$\dfrac{12}{12}$	%
COMP	PMT $= -61,717 \simeq 61,106$

②軍教住宅

500,000	PV
360	n
$\dfrac{2}{12}$	%
COMP	PMT $= -1,845$

範例 13-3

修宇購置國宅一幢，總價四百萬元，頭期付款（down payment）一百二十萬元，餘額則經由房貸支付，這其中國宅優惠低利貸款為年息 2.4 厘（最高額度為二百萬元），超過二百萬元部分，則辦理銀行一般房貸，年息 4.2 厘，又按月分期付款方式為前五年只付息不付本，而五年後則本息均攤，試問：

1. 貸款二十年及三十年，每月所需支付金額五年內和五年後各為多少？

2. 此國宅優惠低利貸款部分，能替修宇省下之金額現值為多少？

說明：1. 此範例前五年採 CAM 方式計，後五年（五年後）採 CPM 方式計。

貸款二十年：五年內

$200 萬 \times 2.4\% \times \dfrac{1}{12} = 4,000$

$$80 \text{ 萬} \times 4.2\% \times \frac{1}{12} = 2,800$$

$$4,000 + 2,800 = 6,800$$

五年後：

$$2,000,000 \times \text{MC}(\frac{2.4\%}{12}, 180) \qquad 240 - 60 = 180$$

2,000,000	PV
180	n
$\frac{2.4}{12}$	%
COMP	PMT = −13,215

$$800,000 \times \text{MC}(\frac{4.2\%}{12}, 180)$$

800,000	PV
180	n
$\frac{4.2}{12}$	%
COMP	PMT = −5,977

$$\therefore 13,215 + 5,977 = 19,192$$

小結：二十年貸款五年內每月支付利息 6,800 元，五年後每月支付本利和 19,192 元。

貸款三十年：五年內

2,000,000 部分

$$2,000,000 \times 2.4\% \times \frac{1}{12} = 4,000$$

800,000 部分

$$800,000 \times 4.2\% \times \frac{1}{12} = 2,800$$

$$4,000 + 2,800 = 6,800$$

五年後：

2,000,000 部分

$$2,000,000 \times \text{MC}(\frac{2.4\%}{12}, 300)$$

2,000,000 PV

300 n

$\dfrac{2.4}{12}$ %

COMP PMT = −8,854

800,000 部分

$800,000 \times MC(\dfrac{4.2\%}{12}，300)$

800,000 PV

300 n

$\dfrac{4.2}{12}$ %

COMP PMT = −4,297

8,854 + 4,297 = 13,151

小結：貸款三十年，五年內每月支付利息 6,800 元，五年後每月支付本利和 13,151 元。

(二)修宇節省金額現值→須以複利現值率加計還原

1.貸款二十年

$$2,000,000 \times (4.2\% - 2.4\%) \times \dfrac{1}{12} = 3,000$$

$$3,000 \times 複利年金現值率 \; \dfrac{(1+r)^n - 1}{r(1+r)^n} \left[\dfrac{\left(1+\dfrac{4.2\%}{12}\right)^{60} - 1}{\dfrac{4.2\%}{12}\left(1+\dfrac{4.2\%}{12}\right)^{60}} \right]$$

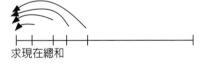

求現在總和

= 162,000

4,000,000 − 1,200,000 = 2,800,000

$$2,800,000 \times MC\left(\dfrac{4.2\%}{12}，240-60\right)$$

$$= 2,800,000 \times \dfrac{\dfrac{4.2\%}{12}\left(1+\dfrac{4.2\%}{12}\right)^{180}}{\left(1+\dfrac{4.2\%}{12}\right)^{180} - 1}$$

$= 20,000$

得$(20,000-19,192)\times$複利年金現值率×複利現值率

$$818\times\frac{\left(1+\frac{4.2\%}{12}\right)^{180}-1}{\frac{4.2\%}{12}\left(1+\frac{4.2\%}{12}\right)^{180}}\times\frac{1}{(1+4.2\%)^5}$$

$= 190,000$

$190,000 + 162,000 = 352,000$

貸款二十年，前五年 vs. 五年後省下金額現值為 352,000 元

2.貸款三十年

$$2,000,000\times(4.2\%-2.4\%)\times\frac{1}{12}=3,000$$

$$3,000\times複利年金現值率\frac{\left(1+\frac{4.2\%}{12}\right)^{60}-1}{\frac{4.2\%}{12}\left(1+\frac{4.2\%}{12}\right)^{60}}=162,000$$

$$2,800,000\times MC\left(\frac{4.2\%}{12},300\right)=\frac{\frac{4.2\%}{12}\left(1+\frac{4.2\%}{12}\right)^{300}}{\left(1+\frac{4.2\%}{12}\right)^{300}-1}$$

$= 15,000$

又$(15,000-13,151)\times$複利年金現值率×複利現值率

$$1,849\times\frac{\left(1+\frac{4.2\%}{12}\right)^{300}-1}{\frac{4.2\%}{12}\left(1+\frac{4.2\%}{12}\right)^{300}}\times\frac{1}{(1+4.2\%)^5}$$

$= 287,700$

則貸款三十年，前五年 vs. 五年後省下金額現值為

$162,000 + 287,700 = 449,700$

Q：貸款：4,000,000　年利率：3%　貸款期限：二十年

CAM 還款方式

期數	期初（A）	本金（B）	利息（C）	本利和（B+C）	期末（A-B）
1	4,000,000	16,667	10,000	26,667	3,983,333
2	3,983,333	16,667	9,958	26,625	3,966,666
3	3,966,666	16,667	9,917	26,584	3,949,999
4	3,949,999	16,667	9,875	26,542	3,933,332
5	3,933,332	16,667	9,833	26,500	3,916,665
6	3,916,665	16,667	9,792	26,459	3,899,998
⋮					
240					

1. $\dfrac{r(1+r)^N}{(1+r)^N - 1}$

   => 每月利率：3%/12 = 0.25%

   => $\dfrac{0.25\%(1+0.25\%)^{240}}{(1+0.25\%)^{240} - 1} = 22{,}183$（每月總支付額度）

2. 假設想知道第六期本金……

   => $1 - \dfrac{(1+i)^n - 1}{(1+i)^N - 1}$

   第六期期末貸款餘額：　　　　　　第五期期末貸款餘額：

   $1 - \dfrac{(1+0.25\%)^6 - 1}{(1+0.25\%)^{240} - 1} = 3{,}926{,}438$　　$1 - \dfrac{(1+0.25\%)^5 - 1}{(1+0.25\%)^{240} - 1} = 3{,}938{,}775$

   第六期本金 = 3,938,775−3,926,438

   　　　　　 = 12,337（第六期本金）

貸款	4,000,000	元
利率	3.00%	年
年數	20	年
利率	0.25%	月
期數	240	月

CAM 和 CPM 兩者還款方式如下表：

CAM

期數	期初 BAL	本金	利息	本利和	期末 BAL
1	4,000,000	16,667	10,000	26,667	3,983,333
2	3,983,333	16,667	9,958	26,625	3,966,667
3	3,966,667	16,667	9,917	26,583	3,950,000
4	3,950,000	16,667	9,875	26,542	3,933,333
5	3,933,333	16,667	9,833	26,500	3,916,667
6	3,916,667	16,667	9,792	26,458	3,900,000
7	3,900,000	16,667	9,750	26,417	3,883,333
8	3,883,333	16,667	9,708	26,375	3,866,667
9	3,866,667	16,667	9,667	26,333	3,850,000
10	3,850,000	16,667	9,625	26,292	3,833,333
11	3,833,333	16,667	9,583	26,250	3,816,667
12	3,816,667	16,667	9,542	26,208	3,800,000
13	3,800,000	16,667	9,500	26,167	3,783,333
14	3,783,333	16,667	9,458	26,125	3,766,667
15	3,766,667	16,667	9,417	26,083	3,750,000
16	3,750,000	16,667	9,375	26,042	3,733,333
17	3,733,333	16,667	9,333	26,000	3,716,667
18	3,716,667	16,667	9,292	25,958	3,700,000
19	3,700,000	16,667	9,250	25,917	3,683,333
20	3,683,333	16,667	9,208	25,875	3,666,667
21	3,666,667	16,667	9,167	25,833	3,650,000
22	3,650,000	16,667	9,125	25,792	3,633,333
23	3,633,333	16,667	9,083	25,750	3,616,667
24	3,616,667	16,667	9,042	25,708	3,600,000
25	3,600,000	16,667	9,000	25,667	3,583,333
26	3,583,333	16,667	8,958	25,625	3,566,667
27	3,566,667	16,667	8,917	25,583	3,550,000
28	3,550,000	16,667	8,875	25,542	3,533,333
29	3,533,333	16,667	8,833	25,500	3,516,667
30	3,516,667	16,667	8,792	25,458	3,500,000
31	3,500,000	16,667	8,750	25,417	3,483,333
32	3,483,333	16,667	8,708	25,375	3,466,667
33	3,466,667	16,667	8,667	25,333	3,450,000
34	3,450,000	16,667	8,625	25,292	3,433,333
≀					
240					

CPM

期數	期初 BAL	本金	利息	本利和	期末 BAL
1	4,000,000	12,184	10,000	22,184	3,987,816
2	3,987,816	12,214	9,970	22,184	3,975,602
3	3,975,602	12,245	9,939	22,184	3,963,357
4	3,963,357	12,276	9,908	22,184	3,951,081
5	3,951,081	12,306	9,878	22,184	3,938,775
6	3,938,775	12,337	9,847	22,184	3,926,438
7	3,926,438	12,368	9,816	22,184	3,914,070
8	3,914,070	12,399	9,785	22,184	3,901,672
9	3,901,672	12,430	9,754	22,184	3,889,242
10	3,889,242	12,461	9,723	22,184	3,876,781
11	3,876,781	12,492	9,692	22,184	3,864,289
12	3,864,289	12,523	9,661	22,184	3,851,766
13	3,851,766	12,554	9,629	22,184	3,839,211
14	3,839,211	12,586	9,598	22,184	3,826,626
15	3,826,626	12,617	9,567	22,184	3,814,008
16	3,814,008	12,649	9,535	22,184	3,801,359
17	3,801,359	12,681	9,503	22,184	3,788,679
18	3,788,679	12,712	9,472	22,184	3,775,967
19	3,775,967	12,744	9,440	22,184	3,763,223
20	3,763,223	12,776	9,408	22,184	3,750,447
21	3,750,447	12,808	9,376	22,184	3,737,639
22	3,737,639	12,840	9,344	22,184	3,724,799
23	3,724,799	12,872	9,312	22,184	3,711,927
24	3,711,927	12,904	9,280	22,184	3,699,023
25	3,699,023	12,936	9,248	22,184	3,686,087
26	3,686,087	12,969	9,215	22,184	3,673,118
27	3,673,118	13,001	9,183	22,184	3,660,117
28	3,660,117	13,034	9,150	22,184	3,647,083
29	3,647,083	13,066	9,118	22,184	3,634,017
30	3,634,017	13,099	9,085	22,184	3,620,918
31	3,620,918	13,132	9,052	22,184	3,607,787
32	3,607,787	13,164	9,019	22,184	3,594,622
33	3,594,622	13,197	8,987	22,184	3,581,425
34	3,581,425	13,230	8,954	22,184	3,568,195
⟨					
240					

結論 1：依 CPM 方式，期初之負擔較重，即絕大比例爲利息，小部分比例爲本金，且時間增加利息會隨著 BAL 減少而減少，本金則增加，所以在自有資金尚未充足以前，應極力避免舉債消費。

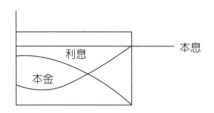

結論 2：就本金（BAL）償還的速度來看，CAM 要比 CPM 快，而 CPM 要比本金一次到期快，採 NPV 當成財務績效時，還本的速度越快，NPV 的值越高（大），所以 NPV > 0 時，投資可行，NPV < 0 時，投資不可行。又，本金償還速度越慢，利息負擔加重，稅後淨利 vs. 淨現值即越小。反之，對債權人（銀行）而言，本金償還速度越慢，銀行所賺利息即越多，NPV 就會增加至 > 0。

CAM 與 CPM 之差異爲何？（動動腦）

範例 *13-4*

小王投資某標的 4,000，PGI 560，閒置損失占 PGI 10%，OE 占 EGI 30%，貸款七成，利率 3%，三十年期，工程造價 1,200，直線法折舊五十年，稅率 25%，試編一年現金流量表。（單位：萬元）

說明：

現金流量表 CPM		TAX =	
PGI	560	NOI	352.8
−閒置損失	56	−折舊	24
EGI	504	−利息	83.20055
−OE	151.2	可課稅額	245.5995
NOI	352.8	×稅率	25%
−DS	141.659	稅額	61.39986
BTCF	211.141		
−TAX	61.39986		
ATCF	149.7411		

現金流量表 CAM		TAX =	
PGI	560	NOI	352.8
−閒置損失	56	−折舊	24
EGI	504	−利息	82.71667
−OE	151.2	可課稅額	246.0833
NOI	352.8	×稅率	25%
−DS	176.05	稅額	61.52083
BTCF	176.75		
−TAX	61.52083		
ATCF	115.2292		

CAM、CPM 比較分析：

CAM 攤還表（單位：萬元）

期數	期初 BAL	本金	利息	本利和	期末 BAL	累計償還本金	累計利息
1	2,800	7.777777778	7	14.77777778	2,792.222222	7.777777778	7
2	2,792.222222	7.777777778	6.980555556	14.75833333	2,784.444444	15.55555556	13.98056
3	2,784.444444	7.777777778	6.961111111	14.73888889	2,776.666667	23.33333333	20.94167

（續前表）

期數	期初 BAL	本金	利息	本利和	期末 BAL	累計償還本金	累計利息
4	2,776.666667	7.777777778	6.941666667	14.71944444	2,768.888889	31.111111111	27.88333
5	2,768.888889	7.777777778	6.922222222	14.7	2,761.111111	38.88888889	34.80556
6	2,761.111111	7.777777778	6.902777778	14.68055556	2,753.333333	46.66666667	41.70800
7	2,753.333333	7.777777778	6.883333333	14.66111111	2,745.555556	54.44444444	48.59167
8	2,745.555556	7.777777778	6.863888889	14.64166667	2,737.777778	62.22222222	55.45556
9	2,737.777778	7.777777778	6.844444444	14.62222222	2,730	70	62.3
10	2,730	7.777777778	6.825	14.60277778	2,722.222222	77.77777778	69.125
11	2,722.222222	7.777777778	6.805555556	14.58333333	2,714.444444	85.55555556	75.93056
12	2,714.444444	7.777777778	6.786111111	14.56388889	2,706.666667	93.33333333	82.71667

CPM 攤還表（單位：萬元）

期數	期初 BAL	本金	利息	本利和	期末 BAL	累計償還本金	累計利息
1	2,800	4.804913	7	11.804913	2,795.195087	4.804913	7
2	2,795.195087	4.816925	6.987987718	11.804913	2,790.378162	9.621838	13.98799
3	2,790.378162	4.828968	6.975945405	11.804913	2,785.549194	14.450806	20.96393
4	2,785.549194	4.841040	6.963872986	11.804913	2,780.708154	19.291846	27.92781
5	2,780.708154	4.853143	6.951770386	11.804913	2,775.855012	24.144988	34.87958
6	2,775.855012	4.865275	6.939637529	11.804913	2,770.989736	29.010264	41.81921
7	2,770.989736	4.877439	6.927474341	11.804913	2,766.112298	33.887702	48.76449
8	2,766.112298	4.889632	6.915280844	11.804913	2,761.222666	38.777334	55.66197
9	2,761.222666	4.901856	6.903056664	11.804913	2,756.320809	46.679191	62.56503
10	2,756.320809	4.914111	6.890802023	11.804913	2,751.406698	48.593302	69.45583
11	2,751.406698	4.926396	6.878516746	11.804913	2,746.480302	53.519698	76.33434
12	2,746.480302	7.938712	6.866200755	11.804913	2,741.541590	58.458410	93.2005

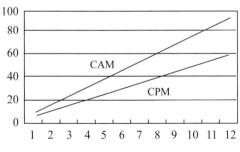

償還累計本金比較

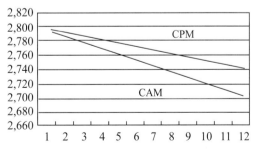

期末 BAL 比較

由上兩圖可看出 CAM 攤還本金速度較快，CPM 攤還本金速度較慢，故得知 CAM 利息負擔較小，CPM 則有較大利息負擔；CPM 與 CAM 不同處尚

有 CPM 攤還本金是逐期遞增，與 CAM 固定攤還本金不同。

　　兩者之 ATCF 會不同，是因為 CAM 之 DS 較高，原因為攤還速度較快，而導致 CAM 之 ATCF 較 CPM 之 ATCF 為低。

　　小結：CAM 下，由於攤還本金速度快，所以期末 BAL 攤還速度亦會因期數增加而遞減，速度較 CPM 快。

　　　　　　　　（上述參考臺中技術學院財金系，古宇閔、邢進文指導）

CHAPTER 14

企業加盟與明星產業規劃

前言

　　在臺灣，企業經營的腳步已慢慢延伸至社區型，這與近年來政府所提倡的社區總體營造理念不謀而合，在不久的將來，社區型的便利商店、洗髮店、美容院、醫療診所，甚至郵局，將應運而生。郵局已公司化、民營化的腳步將指日可待，與其相同的更不勝枚舉，如中華電信、台糖、台鹽等，都將形成社區企業化的景象。

加盟企業與租金關係

與土地、不動產脫離不了關係

　　企業為創造最大利潤，經濟學上說：MR＝MC，此為完全競爭市場中所追求之理想，但一企業成立需要仰賴土地、勞動、資本、企業家四大生產要素，可想而知，企業沒有土地就無法生存，但從土地本身的特性來看（不增性、不可移動性、生產力永續性），土地乃一不完全競爭市場，所以一加盟企業要想獲利、創造利潤，自然要從土地的型態、地段、區位、法令來加以分析、探討。所謂「有土斯有財」，因此，一企業要想獲利、賺錢，勢必與土地、不動產脫離不了關係。

加盟型態分直營和特營

企業的連鎖經營已越來越走向企業加盟的態勢，加盟的型態可分直營、特營兩種方式。

加盟型態會因為場所大小，而有不同的風格，地段也會有所影響，但一般而言，仍有以下幾項基本考慮因素：

1.基本考量

(1)所需坪數：門市面積約二十坪左右（一般店內基本上須能放置七個陳列架），倉庫約十五坪，總面積約為三十坪。

(2)角窗的位子：地點大都選在兩條路的交叉口，因角窗的店面透明度高且可吸收兩條道路往來的人潮。

(3)租期與租金：大約五～六年就須再重新裝潢一次，因此租期的簽訂一般約為五～十年。此時的風險，大部分來自同業的競爭和租金上漲。

(4)營業額考量：門市的損益兩平均點在日營業額四～五萬元左右，所以在衡量地點時，會先考慮、評估此地點的日營業額是否可達到此預估之損益兩平衡點以上，如果有就考慮投資。

2.設點區域

(1)學區。

(2)住宅區。

(3)幹道：幹道的評估有兩個重要的考慮因素，即車流量與時速的限制。

(4)醫院。

(5)商業區。

(6)旅遊景點：一般須有收費或免費停車位、公共廁所等。

(7)公共場所（例如：火車站、捷運站、公車站……）。

3.坪數[29]

(1)泡沫紅茶店

①五十至一百坪。

---

[29] 《錢周刊》118 期，民 85.08，pp. 70～82。

　　②三至八坪。

(2)洗髮、美容店

　　①十五至三十坪。

　　②十至十五坪。

(3)休閒遊樂區

　　①五百至二千坪。

　　②三百坪上下。

(4)民宿

　　①五百坪。

　　②三百五十坪。

(5)速食店（例如：麥當勞、肯德基）

　　①五十至一百坪。

　　②二十至五十坪。

4.地段

(1)地形。

(2)地勢。

(3)地下室商圈規劃。

(4)三角窗。

(5)路寬（大馬路、巷子口）。

5.環境衛生：評估之指標包括汙水處理、廢水、雨水處理。

6.交通可及性：考量之便利性。

7.建築樣式：考量屋型之結構及建材新穎之狀況。

⇨ 根據外在環境的改變

　　近年來，生活水準提升，消費者購買力增強，因此整個銷售機制的重點，著眼於顧客導向的市場銷售。在顧客導向的衝擊下，連鎖店必須根據整個外在環境作改變，其因應之道在連鎖店的立地選擇、店鋪魅力和立地評估。

1.立地選擇

連鎖店的銷售機制中，最重要的就是連鎖店的立地選擇。因為立地選擇的好與壞，對於開店後的營運績效影響極大。

(1)立地吸引條件：包括公共設施狀況、公共設施功能吸引力、競爭行業或互補行業發展概況及商圈未來發展。

(2)住者條件：包括商圈人口資料、人潮流量、住戶性質及住宅戶數等。

(3)交通條件：包括交通便捷性、交通運輸狀況及交通承載量等。

(4)政府政策：評估立地條件時，必須將影響立地條件的最大變數「政府政策」納入考量。如：交通建設的規劃（捷運、高鐵、中二高）、公共設施的興建（古根漢美術館、幼兒及老人養護中心）等。

2.店鋪吸引力

須建立特有的店鋪吸引力，以提高顧客的忠誠度。有下列三個重點須加以注意：

(1)規劃購物動線：依據店鋪本身的大小、商品定位及內容以及方便感，規劃購物動線。

(2)建構特殊的購物氣氛及磁場環境：針對目標顧客的特性、店鋪本身的企業形象以及商品特質來布置及裝潢店鋪，以規劃出適合的購物氣氛，提供顧客一個最佳的購物環境。

(3)運用各種促銷手法：為了吸引顧客上門，業者應善用行銷手段。

3.立地評估

評估之指標應包括商圈屬性、店面坪數大小、樓層、周遭設施、附近的競爭店及互補店、租金多寡、合法證照取得難易度、附近是否有大型大賣場、捷運、車站、營業時間、人口（流動－固定）客源及比例、消費力及消費動機、馬路寬度、發展前景（商圈變化）……。

❖ 問卷設計（商圈案例）以咖啡店為例

問卷的主要內容包括連鎖咖啡店之競合狀況、基地位置、可及性、交通動線、固定成本、人口特質、可見性、經營管理等八種區位因素現況，每一個區位因素以數個變數加以衡量，茲將衡量區位因素之區位變數敘述如下表，而區位變數再轉化成問卷中之問項進行調查。

咖啡連鎖店區位因素之量化表

區位因素	量化之區位變數
競合狀況	1.同性質連鎖店
	2.競爭對手連鎖店
	3.商圈內家數
基地位置	1.營業面積
	2.店面坪數
	3.土地使用分區
	4.周圍環境
便利性	1.與大型設施之距離
	2.店址與公車、客運、火車站之距離
	3.與角地距離
交通動線	1.道路寬度
	2.公車路線數
成本	1.租金
	2.成本
	3.營收
人口屬性	1.人口總數
	2.人口密度
	3.人口成長率
	4.消費者年齡
	5.平均消費額度
	6.職業
可及性	1.商品種類
	2.可及性
	3.購物動線
經營管理	1.是否為直營店
	2.專業品質
	3.營業時間

參考資料：1.85℃美食達人 http://www.85 cafe.com.

2.臺中技術學院銀保系，財務預測分析報告，民國 98 年 6 月。

範例 *14-1*

假設第一年投資金額，CF 為 200 萬元，未來兩年可回收 CF：120 萬、CF：140

萬，則 IRR 為多少？

說明：IRR 如下：（單元：萬元）

$$NPV = \frac{120}{(1+IRR)^1} + \frac{140}{(1+IRR)^2} - 200 = 0$$

IRR = 0%，則 NPV = 60 萬
IRR = 15%，則 NPV = 10 萬
IRR = 20%，則 NPV = −3 萬

$45 - 3X = 10X - 200$
$245 = 13X$
$X = 18.85$
則 IRR = 18.85%

(1)消費水準

　①高級：指附近大樓採電梯式，精品名店多。

　②中級：指附近大樓採電梯式，新舊商店雜陳。

　③大眾化：指附近大樓大多為電梯式，傳統商店多，消費便宜。

(2)車輛進出停留

　①容易：指附近有停車場（位）。

　②普通：指門前可臨時停車或機車可停放。

　③困難：指車輛完全無法停靠。

(3)人員進出

　①容易：指門前道路二線以下，店面寬度六公尺以上。

　②普通：指門前道路三～四線以下，店面寬度四～六公尺。

　③困難：指門前道路四線以上，店面寬度四公尺以下。

(4)上下班路線：上班路線是指由住宅區到公司上班、工作場所經過的路線，下班路線則指由工作場所返回住處所經過的路線。

(5)招牌明顯度（指與店家同一方向）

　①佳：五十公尺外即可看到招牌。

　②普通：三十公尺左右才可看到招牌。

　③差：十公尺才可看到招牌。

(6)開店成敗的關鍵因素

　①該商圈客層與店家預定的客層不符。

　②消費行為、習慣、趨勢改變。

　③因政府公共建設開發所導致的商圈變動。

　④同類型競爭業者的投入。

　⑤其他商業機能的配合（如商店街的形成）。

(7)訂定明確開店策略：經營行業別、行業特性、顧客來源、來店原因、顧客需求、競爭者特性、政府政策。

(8)商圈環境選擇：商業區、住宅區、工業區。

(9)立地調查要件

①店址調查。

②環境。

③人口數、戶數。

④交通流量。

⑤住戶情報。

⑥競爭店。

⑦都市城鎮的機能。

⑧其他可能取代的店址。

⑨年營業額預測。

⑩損益平衡點設定（投資、折舊回收年限、人事費用）等。

⑪都市計畫分區是否合法。

⑫道路交通及停車能力。

⑬地價、租地費多寡。

⑭道路交通流量。

⑮客層：消費者的職業層、職位、平均薪資。

⑯競爭店：各相關業種別店數、營業面積、貨品齊全度、停車能力、價格。

⑰是否有其他可取代店址：在同一商圈內，同樣的租屋條件是否有更好的立地；或者立地條件相似，更便宜的租金。

(10)道路動線與規劃

①生活道路：是指車站到住宅區之間車輛來往，每日上下班、購物必經之道路，車輛行駛較慢。

②商流道路：一般零售業者、批發業者從事活動的道路。

③郊外幹線：離舊市街遠，以郊區住宅為延伸的生活幹道。

④高速公路交流道：是廣大商圈兩都市之間溝通的交通動脈。

🐾 商圈的評估

設店地點的周圍，面對著同業競爭，業績將會被瓜分的壓力，因此商圈的評估日顯重要，其考量因素有：

1.時間與距離

如果消費者到店面消費的距離太遠或時間太長，往往會影響他們前往消費的意願。

(1)重點商圈：顧客主要是為了方便而消費，顧客的購買力占店營業額的75～85%。

(2)次等商圈：由於商店滿足了顧客所需要的，且具有異質性的商品，顧客購買力占店營業額15～25%。

(3)促銷商圈：此商圈內的顧客強調商店的行銷策略及促銷手段，其購買力占營業額5%～12%。

2.商圈特質

立地條件分析大致可區分為住宅區、商業區、文教區、娛樂區等，不同商圈的特性適合不同的商店產品。例如：文教區鄰近學術機關，消費群以學生居多，適合書店；商業區的流動人潮多，消費群以青年人十八至三十歲居多。

3.商圈大小

商店的經營可根據顧客來店時間、來店距離、地區的人口密度、購買力高低與人潮流量將商圈作分類，而業者可以再依據商圈的屬性與大小，進行商店的營運規劃。

🐾 加盟店的計畫

就加盟實例分析來說，一個企業加盟店的計畫可分述如下：

・店面尋覓（以不動產經紀業來說）。

・店面招牌裝潢、建築設計。

・土地、建物所有權狀。

・他項權利證明書。

‧水電管線施工設計。

‧租金、押金費用。

‧土地使用分區管制：依照都市計畫法及其施行細則規定辦理。

在此以〔案例一〕表列釋例之。

〔案例一〕

投資項目		35 坪	45 坪
加盟金	加盟顧問費	600,000	700,000
規劃設計‧裝潢工程	規劃設計費	270,000	300,000
	裝潢工程	2,000,000	2,500,000
	設備費用	1,000,000	1,000,000
開辦費	開店原料、開幕前人員薪資、雜費	300,000	400,000
保證金	開店前租金、房屋押金費用	600,000	600,000
合計		4,770,000	5,500,000

（權利金為每月營業額之 4%）

1.都市計畫：

乃指在一定地區內，有關都市生活之經濟、交通、衛生、保安、國防、文教、康樂等重要設施，作有計畫之發展，並對土地使用作合理之規劃。

2.市鎮計畫應先擬定主要計畫書：

(1)當地自然、社會、經濟狀況之調查與分析。

(2)行政區域及計畫地區範圍。

(3)人口成長分布組成及計畫年期內，人口與經濟發展之推計。

(4)住宅、商業、工業及其他土地使用之配置。

(5)名勝古蹟及具有紀念性或藝術價值，應予保存之建築。

(6)主要道路及其他公眾運輸系統。

(7)主要上下水道系統。

(8)學校用地、大型公園、批發市場及供作全部計畫地區範圍、使用之公共設施用地。

(9)實施進度及經費。

(10)其他。

3.商業區為促進商業發展而劃定，其土地及建築物使用，不得有礙商業之便

利。

4. 公園、體育場所、綠地、廣場、兒童遊樂場應依計畫人口密度及自然環境作有系統之布置，其占用土地面積不得少於全部計畫面積 10%。

5. 都市計畫得劃定住宅、商業、工業等使用區，並得視實際情況，劃定其他使用區或特定專用區。

6. 獲准投資辦理都市計畫事業之私人或團體，其所需用之公共設施用地屬於公有者，得申請該管公地管理機關租用；屬於私有而無法協議收購者，應備妥價款，申請該管直轄市或縣市政府代為收買之。

♲ 不只以生產為主，更以消費為導向

目前政府為了振興經濟，正研議於工業區設置免稅產品商店區，民眾可以到工業區內所設置的免稅商店購買商品。因此，將來工業區不只是以生產為主，更可以消費為導向，但須向中央政府提案爭取。臺灣為發展溫泉觀光，許多企業也正流行發展溫泉產業，溫泉產業的型態如下：

1. BOT（built operate transfer）

民間經營溫泉產業是解決政府財政問題及誘導民間產業發展最好的方式；同時，觀光業也將為民間注入一股活力。

2. 私部門

純粹由民間開發、投資、經營，亦包括建築設計、工程開發，特別重視質的提升。

♲ 溫泉產業的缺失

1. 欠缺法源依據（目前已有）

溫泉產業牽涉到土地、觀光、水利、原住民權利、義務等問題，以目前臺灣土地法的法規中並無溫泉用地之項目，可從土地法第二條說明之：

(1) 交通用地。

(2) 建築用地。

(3)直接生產用地。

(4)其他用地。

2.法令模糊

溫泉產業由溫泉法中明文規定，但溫泉用地與土地法、建築法有關，兩者似乎很難相提並論。

3.環境衛生問題

為促進永續發展，開發與保育必須並重，溫泉的泉質、成分、療效，必須符合鑑定標準。溫泉用地的價值由土地開發商認定，而衛生管理的認定標準似乎不見衛生署加以制衡。

4.溫泉脈枯竭

(1)無止境地挖掘，雖然從估價與其企業經營的角度，可以提升它的價值與獲利能力；但從另一個角度來看，可能會造成臺灣的泉脈枯竭。

(2)從企業經營的角度來看，影響溫泉地價格的因素很多，包括溫泉地之水權內容、開發成本、水量、水質、水溫、當地交通情形、相關設施及遊客人數等，以上因素條件越好，溫泉地越有價值，經營越能獲利。

❖ 商圈規劃與商機

↳ 連鎖經營

1.連鎖店評估計畫

〔可行性評估〕

(1)人口流量評估：包括人口出生率、死亡率加以評估。

(2)交通流量評估：以尖峰、離峰流量加以評估。

(3)地形、地勢評估：以三角窗，一、二樓商場加以評估。

(4)職業（軍、公、教、商、上班族）評估：以職業之種類加以評估。

(5) 商圈評估：區域上，臺北、臺中民眾消費水準較高，對咖啡店的接受度高；高雄市租金、人事管銷費用較低，頗具市場開發潛力。咖啡店展店地點上以都市化程度越高、人潮流動率高、人群聚集的地點為最佳條件。因此，辦公商圈或捷運車站附近都是不錯的地點。另外，新形成的購物商圈也是較佳的地點。店面簽約時，應注意契約期間及在續約時各種可能性，因經營咖啡店一定要有長期經營的準備。小型設置空間二至五坪咖啡吧，設置地點應以百貨、遊樂區、辦公區、車站、購物街、美食街等人潮多的地方為主。

目前的咖啡連鎖店市場，幾個主要品牌已大致底定，各自朝著擴大市場占有率、爭取消費者喜好而努力著。以臺灣北部而言，儼然已成為各大品牌的戰場，各企業積極搶攻主要路段店面，除了看好其川流不息的人潮外，還含有提高知名度的作用。

將眼光漸漸往中部移動，幾個知名品牌都將主力放在新北市、臺北市，尚未大舉進攻中部市場，只在關鍵性的路段進駐，如人潮、車潮皆豐沛的主要道路中港路。另外，進駐大型百貨公司設櫃，也是它們選擇擴點的方式之一。

2.年度開店計畫

(1) 廣告費／年。

(2) 人事費／年。

(3) 地租。

(4) 房租。

(5) 押金。

(6) 權利金。

大部分權利金計算較常以本利均等年賦償還率來計之，其公式為複利年金現價率之倒數，即房東向銀行借一筆數額，在 10% 年報酬率、期限在 n 年情況下，每年應收多少租金或權利金才划算。其公式為：

$$\frac{r(1+r)^n}{(1+r)^n - 1} \times a = P$$

3.店面開發

　　為符合地盡其利、平均地權政策目標，店面開發應朝向促進土地利用為宗旨，此乃與空地、荒地課徵空地稅、荒地稅有所不同。

(1)臨主要幹道的角地，且人潮聚集，並在附近商圈步行者可以在五～十分鐘間抵達之地點。

(2)臨兩主要幹道交叉的角地，面積約在一百～二百坪之間，以一～二層為佳，宜採正方形格局，便於規劃設計及人潮進出。

(3)車站、轉運站、補習班、高級住宅、辦公商業混合區，有著高度的流動性人口群。

(4)鄰近須有多處具備相關性商業效益場所，如百貨公司、購物中心、戲院、休閒中心、遊樂場所等。

(5)高速公路交流道附近，車輛進出、穿越率高，可以考慮採用「drive in」方式，提供來往的汽車司機及乘客使用，二樓則可規劃一般座位方式營業。

(6)五百公尺半徑有學校（人數總計萬人以上），附近並有戲院、購物中心等誘因相映之地區。

(7)調查、蒐集臺灣地區經常性消費支出最高的地區，同時也是商業界名人或名流人士居住的地段。

⌦ 招商

1.任一企業如果招商做得不成功，則企業規劃得再好，也是枉然。

2.一般來說，招商指的是商場招商，例如：大型購物中心、百貨商場，至小型的黃昏市場，在在顯示都需要招商的動作。

3.目前及未來招商將走向主題式大樓的方向，由主題式大樓的走向可以了解，頗符合不動產估價中的適合原則；從經濟學的學理上來說，亦符合市場中互補品的基礎。在許多企業競爭狀況中，招商是最具競爭性的，同時在創造利潤的基礎下也是最殘忍的，政府亦比較可以模擬市場的運作流程，所以行政管理在公私部門體制下，均扮演了一個頗具重要的角色或學科。

↳ 拍售

1. 從所有權與財產權的基礎下，市場會產生競爭，因為企業透過拍賣標售可以銷售財產權，如當今最具流行的金拍屋、銀拍屋市場。
2. 拍賣的效果：
   (1) 拍賣可以模擬自然獨占的財貨市場。
   (2) 營運權可以拍賣給最高的投標者。
   (3) 在競爭的拍賣中，得標者必須支付較高的期望價值。
   (4) 標售可以讓資訊在市場中公開化，加以決定適當的價格。

↳ 量販式管理

1.成立基本條件

※坪數：占地 30,000m²，建築物 15,000m²（約 4,500 坪）。

※員工：400～600 人。

※工作時間：每天 12～15 小時。

※建築成本：2.5～3.5 億（石膏板）。

(1) 一般標準店狀況

※賣場：單層樓地板面積，2,500 坪為下限，樓層最多以兩層為限，最小賣場面積為 4,500 坪。

※樓高：6m 為佳，一般 4.5m。

※停車場：以環繞店前、左、右三面為佳，可停汽車數以 800 輛為下限。

(2) 一般量販店最小土地規模計算

①工業用地（都市計畫內工業區）：

※地面層樓地板面積 2,500 坪，建蔽率 70%。

※建築所需土地面積 3,571 坪。

※開發所需面積 5,102 坪（採物流中心倉儲規定變更）。

※捐地 10%，現有公共設施 20%。

②工商綜合區：

    ※公共設施及環保設施：設置申請面積 28% 土地，作為公共設施及環保設施。

    ※隔離綠帶：設置申請開發面積 30%，作為生態綠地。

    ※最小規模：都市計畫地區五公頃，非都市計畫地區十公頃。

2.模式

(1)承購現有店面。

(2)租地自建賣場。

3.方式

(1)簽租約。

(2)簽訂備忘錄。

(3)可訂意向書。

4.經營的特性

    由於消費模式的改變，消費者漸漸提高對價格的敏感度，企業連鎖經營近年來以量販店最具代表性，量販店連鎖經營的特性包括：

(1)商品低價。

(2)現金流量速度快。

(3)連鎖速度擴充加快。

(4)地租租金便宜。

(5)營運面積夠大，消費者不易受限，增加賣場多樣性。

(6)外商合作，海內外統一行銷模式、策略，以求質感提升。

5.未來的前景

(1)為因應不動產證券化，將來具有收益式的不動產連鎖企業將獲得重視。一來為發展國民經濟、活絡不動產市場交易，以求競爭力提升，未來的企業連鎖經營將以不動產證券化為開發重點，因此，具有永續經營的量販店式管理、休閒旅遊業將是企業經營命脈。同時，小型的連鎖紅茶店也將獲得重視。

(2)依據筆者所見，未來具主題式大樓、購物賣場等商用不動產證券化的機率最大，也最被看好。

↳ 水湳經貿發展商圈範例研究（以「○○○○」童裝爲例）

據研究報告發現，我們除了以商圈的條件分析是否該設立門市外，也應該調查此區域的人口結構，分析是否會有客源及人潮的多寡等。因此，設立新的門市，是需要經過多方調查及研究才能成功。目前「○○○○」在臺中的門市分布已高達二十四間了，其中尤以西屯區的門市較爲密集。

經由以上的商圈介紹與分析，其中本研究認爲水湳商圈最具發展力。水湳商圈因緊鄰機場腹地，爲臺中市區最大的未開發區，目前主要是住宅、商業區；五大商圈其中也以水湳商圈鄰近的小學、幼兒園居多，根據上列數據指出，都市中的人口數與人口戶數以西屯區爲最多，教育程度的數據也以西屯區爲最高，居住的年齡層以西屯區（水湳）零～九歲人口亦較多，所以數據顯示當地人口比例以小孩爲重，加上父母教育程度高，相對之下，對於子女也會作優質的選擇。

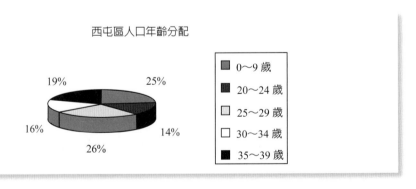

（西屯區依據人口年齡分布，在圓餅圖上以25～29歲人口爲最多，其次是0～9歲。）

顯示出水湳機場再開發案在市政重劃下，未來將結合中科園區、文心路捷運、逢甲商圈、十二期重劃區等多處重要公共設施及商圈，形成臺中市西、北屯地區最具潛力的開發區，周邊房價下跌機會不大，是最值得投資的臺中市最

後一塊處女地。加上地形優勢，水湳商圈位於臺中市西北方，鄰近中山高速公路，不論由大雅交流道或中港交流道均爲二十分鐘內即可到達本區，又經由中港路或中清路到達市中心也很便利，交通極具便利性。

而水湳在政府的規劃下，未來將發展成水湳經貿園區，市政府的初步規劃方向，預定將設有國際會展中心、購物中心、觀光旅館、大學城、中央森林公園、可容納三萬人的巨蛋體育館，及可眺望臺中市區的臺中塔等設施。水湳市場確實是有極大的進步空間──就政府開發信心及生活機能提升而言。未來，開發完成的水湳商圈勢必帶動地區的經濟繁榮、人群的進駐，地區的房價未來將隨著水湳機場開發，有增值機會。未開發完整的水湳商圈，未來指日可待。○○○○倘若先行進駐，搶先攻下童裝市場，奠定基礎，在開發完成的水湳商圈將占有一席無法取代的地位。

🌀 商圈型態之區位選擇研究：以童裝公司為例

以下參考：中華大學建築系 97 年畢業班期末研究報告。（指導老師：邢進文）

✎ 摘要

市場分析是不動產研究經常被討論的主題，在競爭激烈的趨勢下，廠商爲確保更多的獲利能力，除了品質的提升外，區位選擇爲另一項重要的決策；因爲好的區位是商店成功的要素，它使消費者方便地得到商品或服務，吸引更多的消費者，並且區位對市場占有率及獲利能力都有顯著的影響。故本文擬以○○○○爲研究對象，針對經營管理者開店設點追求最大收益爲前提。

本文依照連鎖零售業商業活動特性，分爲競合關係、基地性質、交通動線、促銷方式、可見性因素等五大因素，本研究將選取幾點因素作爲連鎖零售業進行區位選擇所考慮之因素，故希望能透過疊圖型態的方式，藉由相關因素的設立，找出最適切的區位。在研究方法上，本研究歸納相關文獻中位址評估因素，找出其開設店址是否有適當的區位。

✍ 緒論

1.研究動機

　　臺灣因為經濟成長快速，產業結構因而迅速轉變。服務業的百分比已達 60% 以上。而商圈的種類有很多種，但每一種的形成皆有差異，因此想藉由新竹市的○○○○，探討區位上選擇對於○○○○設立點位的影響，有哪些影響因素會讓○○○○更好或者是沒落，如同阿瘦皮鞋不再以多點位為主打因素，而是以好的區位來設立。因此假設因素為：顧客停車需求、交通便利性、店面是否顯眼易見、近期促銷活動與最近的其他潛在競爭者之距離等，探討以上幾項要點，對於消費者的購買行為是否有差別。

2.研究目的

　　基於上述研究動機，本研究擬以新竹市○○○○現有區位因素為研究，根據上述因素分析與現有設立○○○○區位比較，藉由分析出的因素來探討，以對於○○○○選址上作評估與建議。由於服務據點的設立是開發策略中最重要的一環，藉由探討上述訂立的因子，結合 GIS 系統的概念。希望從中了解不同的服務據點特性對於連鎖零售服飾業在銷售績效構面之差異，進一步探討不同開發策略在上述各構面之差異。具體而言，本研究之目的如下：

(1)藉由相關文獻的研究及整理，並彙整出連鎖零售服飾業應考量之區位選擇因素。

(2)藉由現況分析調查，希望建立區位評估指標。

(3)分析評估因子與權重，提供相關業者選址之參考依據。

3.研究範圍

　　本研究以新竹市為研究範圍（半徑約五百公尺），並在此範圍內找出現有之店家（○○○○），再從現有○○○○所能得到的選址資訊，選出一區（現階段無童裝店）作為本研究進一步探討的區域，以確立適合之點位。

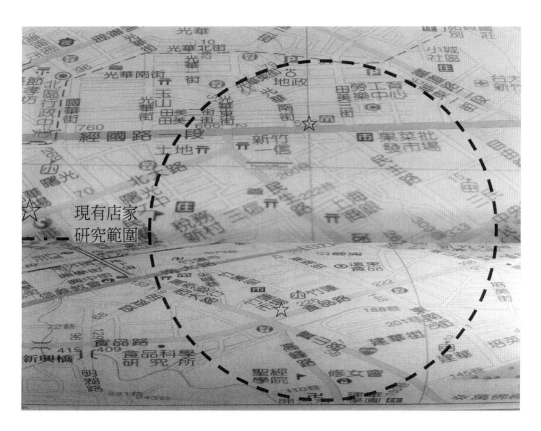

研究範圍圖

資料來源：本研究彙整。

4.研究內容

(1)利用相關文獻蒐集國內的商業型態背景資料，整合文獻的基礎資料，了解其發展過程，並分析服務據點應參考之因素。

(2)透過實證研究，對連鎖零售服飾業之區位選擇因素加以分析，了解銷售額與不同區位因素之間的相關程度，藉此建立經營管理者的店址區位評估指標。

(3)將研究所得之區位評估作業模式，提供經營管理者與開發業者於評估或規劃連鎖零售服飾業基地時之參考，並作為相關業者選擇店址之參考。

文獻回顧

1.連鎖店之定義

對於連鎖店的定義現今因環境變遷的快速、連鎖店的經營方式層出不窮，仍有許多討論及商議的空間，而各個學者也都有其不同的看法，因此，本研究將上述各個學者對連鎖店的定義及看法作個綜合，同時考量國內外連鎖的實況，認為由於不同的產業、性質、分布區位、商店規模……，都會對企業造成不同的連鎖力量，所以若就以店數來界定連鎖店，可能無其實質上的意義。而若一連鎖店欲達到規模經濟與專業管理的經營優勢，其務必要有一連鎖中心從事統一採購、銷售、促銷等功能，並盡可能在店面的裝潢及布置上，塑造出令消費者對此企業有統一的商店印象、形象。

2.連鎖店之經營及展店策略

(1)連鎖店之經營策略：Thompson（1968）提到企業的經營型態或經營策略不同，對其未來的經營方式及展店型態、控制程度也會有所不同。朱佳惠（民 88）在其研究中提到，企業對於不同的業態，會有不同的經營策略與模式，而連鎖經營型態的企業對於店鋪開發項目特別重視，同時店鋪開發在不同的業種又有不同的評估考量，例如：百貨公司、餐飲、便利商店、服飾、圖書等，對於立地條件、競爭情況、商品服務項目、商圈範圍、物流系統、裝修設備規格、財務預算、輔導管理內容等也都不一樣。

(2)連鎖店之展店策略：Laulajainen 認為「展店策略在為店址的規模、產品的配銷、設備、管理政策、位址選擇（街道及城市）因素，作規劃及決策」。Sparks L. 提到展店策略即在「決定市場上的銷售及擴店，該在哪裡設置店址、如何設置、競爭者該如何選擇及如何有系統地經營」。而企業在進入一個市場、領域前，都必須作極為審慎的市場分析評估，而展店策略也可以說是市場分析的結果，再依其結果訂定企業整體的展店策略規劃，進而進行展店策略，所以市場分析可作為展店策略的遠景及方針。

Bolen W. H. 提出了店址的選擇須透過三個步驟來完成，這三個分別是城

市的選擇、城市中地段的選擇、獨特店址的選擇。而這三個步驟是有其順序及相關性的，由大而小、由外而內地去選取位址，除了這點之外，本研究並將可進一步地在下列中，介紹各步驟所含括的內容：

①城市的選擇：決定位址的第一要件就是先決定要選擇哪個城市，城市的選擇往往是影響未來店鋪整個發展的關鍵。而如何去選擇、評估哪個城市較佳，須分析顧客區域、人口大小、消費者特性及趨勢、商圈與社區的穩定度及展望等，都是在城市選擇中須考量的因素。

②城市中地段的選擇：而選擇了城市後，就該決定城市中的哪個區域、地段是最佳的設點位置，是該選擇在中心商業區或市郊、鄉鎮等。因此須評估三點因素，分別為目標市場的位置、區域是否會使消費者有生理及心理的障礙、店鋪設立情況及附近的形式，這些都會影響店鋪未來的發展及其關鍵的成功因素。

③獨特店址的選擇：這點便須考量到立地條件，考慮店鋪位置的歷史價值及地位、是否在車流量多或人潮區、是否停車方便及有大眾運輸工具，是否為徒步區、考量位址未來的趨勢及發展等。

3.連鎖店展店策略之整合

Bolen W. H. 認為在店址的選擇上須考慮到，該店過去的歷史及經歷、過去在此位址的店成功與否、開什麼型態的店等，並認為了解其過去的歷史是選擇店址的一個必要考慮因素。

Goodchild 也是著重在店址的選擇策略上，較少在展店策略規劃方面，他利用個案的方式表現出企業在展店時，對於店址選擇策略的種種考慮因素及作法，該學者認為，可用店址配置模式來選擇店址外，也須對商圈及消費者的特性及店址的立地條件、特性作衡量評估。

Michael F. G. 的觀點與其他學者無太大的差異，在商圈的人口數是否足夠一間店的生存這個觀點和 Bolen 一樣特別重視，且都在一開始就強調此點，就可了解到人口數的多寡是店址選擇相當重要的影響因素。

Sparks L. 則對展店的整個策略規劃過程及店址選擇策略作詳細的描述，這二個部分都可在其研究的個案公司中發現，其展店規劃程序分為六個步驟：

(1)市場定位；(2)競爭者分析；(3)市場分析；(4)決定店址；(5)經營管理；(6)再進行擴張。而店址選擇策略為：(1)店址範圍選擇；(2)店址型態；(3)商圈及消費者特性設定。Sparks L. 這位學者的觀點及內容是較其他學者深入且詳細，且在店址選擇上，也都有全面性的考量，只是在其展店規劃程序中，競爭者分析和市場分析是分開的，這是與其他學者較不同的地方，也可知該學者對競爭者這個因素的重視。

各理論之店址選擇策略整理

店址選擇策略	Bolen W. H.	Michael F. G.	Sparks L.	經濟部	傅敏誌	羅美煌
店址範圍選擇	○	◎	○	○	◎	◎
商圈及消費者特性分析	○	○	○	○	○	○
立地條件特性分析	○	○	○	○	○	○
設點型態選擇	○	○	○	○	◎	◎
成本效益分析	○	◎	○	○	○	○

註：○：有提到且詳細說明　◎：沒提到或缺少詳細說明

　　本研究將各理論之優缺點都加以整合，發展出本研究之展店策略架構。

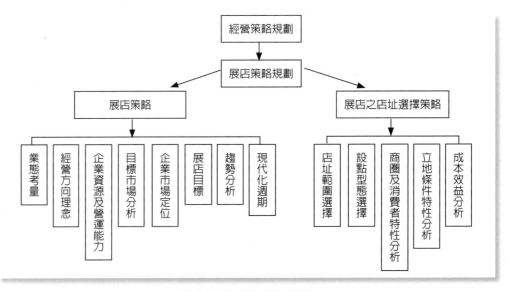

整合後之展店策略及架構

↳ 研究方法

1.研究架構

本研究方法主要係擷取以下兩種分析方法的概念，作為本研究的分析方法：

(1)因果分析法（《科學方法百科》，民 87）

主要蒐集資料來源係對○○○○資料作系統的、數量化的客觀統計並加以整理，在文獻分析中整理出的因子，運用 GIS 系統中的概念作成圖示。引用競租理論（William Alonso 提出），藉由給予權重因子，於圖示中顯示何處最適宜開發。

(2)疊圖法（《科學方法百科》，民 87）

用於適宜性分析，考慮環境因子，如土地使用、周邊環境、商圈發展等，對每個環境因子製作一張表示其變化的調查分析記錄圖，將記錄圖組成機會圖及限制圖，即運用 GIS 概念進行圖層的編輯、分析、套疊等功能，作成適宜圖。

(3)新竹市○○○○環境現況

（經國店）

①交通：雙向六車道。

②停車場：店門口、空地。

③土地使用分區：住宅區。

④周邊商家：房屋仲介、餐廳。

⑤促銷活動：商品一百元起。

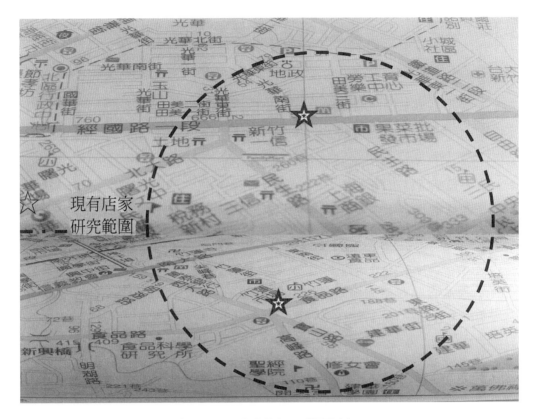

新竹市○○○○分布圖（經國店）

資料來源：本研究彙整。

2.相關因子實證分析

　　藉由現況分析所得知相關因子，並結合動機與目的對於因素之探討，而得出下列五項評估之因子。

(1)交通便利性：就交通便利性而言，交通越便捷，對店家之流動率就越高；因此，本研究在臨街道路上之選擇至少在十二米道路以上。

(2)停車空間：對於現況而言，○○○○對停車空間需求量不大，因為店家無設置專用停車場，僅為周遭停車空間（有白線的路邊停車），因此本研究在停車空間選擇上，至少可提供路邊停車或周邊設有停車場。

(3)鄰近相關業者：為避免削價競爭，因此本研究盡量避免與相關業者衝突，此為本研究之選址要點。

(4)店家之鄰街面寬及可見性：根據本研究對於現況的調查發現，○○○○

的面寬至少是一般店家的兩倍,因此本研究在鄰路面寬上,至少要九米以上,以增加店面之可見性。

(5)促銷活動:建築物外觀之廣告效果對消費者而言具有促銷之功能,除了建築物外觀之廣告效果,基地所在位置是否具商業攔截力,亦為一個重要因素。

3.實證研究

依據上述相關因子,藉由 GIS 的概念,由疊圖的型態,對於本研究範圍作各因子權重之訂定與疊圖。

(1)交通便利性:就交通便利性而言,交通越便捷,對店家之流動率就越高,因為根據本研究調查,現況之店家皆位於主要幹道上(例如:經國路 & 食品路),故研判○○○○在新竹市,對於交通之便利性要求較高。此為本研究開設新點位的主要因素之一。乃代表因子重要性的成分較重。

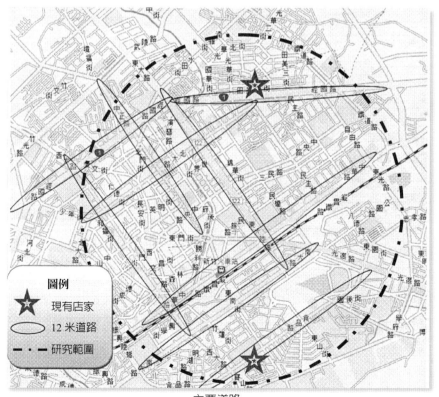

主要道路

資料來源:本研究繪製。

(2)停車空間：就現況而言，○○○○對停車空間需求不大，因為店家無設
置專用停車場，僅為周遭停車空間（有白線的路邊停車格）。本研究推
估原因在於○○○○之客源的購買因素大多為被動性，是因為有需求才
進行採購活動，因此對於停車空間之需求較小，但也是本研究考慮的次
要因素。（選址權重*1）

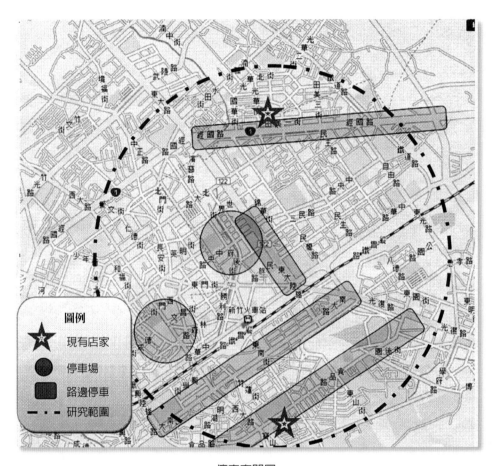

停車空間圖

資料來源：本研究繪製。

(3)鄰近相關業者：新竹市的○○○○周邊商圈較無相關行業，因此在本計
畫的選址上，對於相關業者之周邊則不採納。（選址避開）

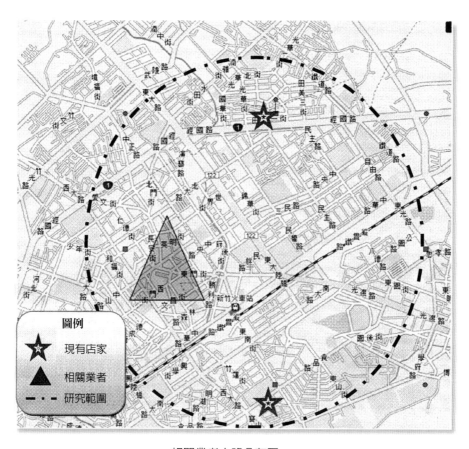

相關業者大略分布圖

資料來源：本研究繪製。

(4)店家之鄰路面寬及可見性：根據本研究對於現況的調查發現，○○○○的面寬至少是一般店家的兩倍，因此本研究在選定新的點位時，將以此為基準進行選址；且就可見性而言，店面可見性越高，連鎖型零售服飾業之銷售額越高。

(5)促銷活動：建築物外觀之廣告效果對消費者而言具有促銷之功能，除了建築物外觀之廣告效果，基地所在位置是否具商業攔截力，亦為一種重要因素。

(6)結論：根據上述相關因子之分析（交通便利性、停車空間）及權重加乘，本研究找出兩個適宜點位（不考慮距離現有○○○○較近之區位），一在西大路上，一在中正路上，但由於依現況避開相關業者因子的考量上，故捨棄西大路的位置，而選出中正路的點位：

①交通：雙向二車道。

②停車場：店門口。

③土地使用分區：商業區。

④周邊商家：診所、餐飲店、服飾業、鞋店等。

⑤周邊有府後停車場可解決停車之需求，並劃設兩店面合併，增加可見
性。

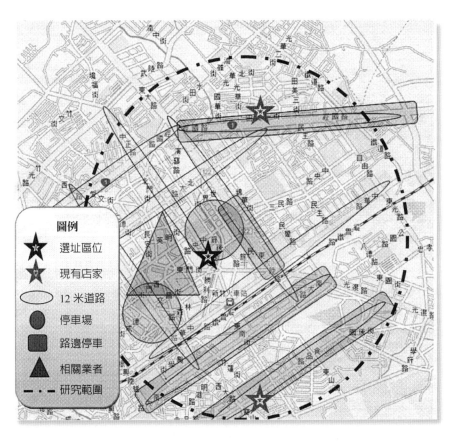

疊圖

資料來源：本研究繪製。

參考文獻

1. 傅敏誌，連鎖體系店址選擇之架構建立與個案分析，民 89。

2. 蔡玉琴，連鎖零售商店服務據點特性與行銷策略績效之研究，民 94。

3. 葉純榮，連鎖型服飾業店址區位選擇之研究——以佐丹奴（GIORDANO）服飾公司為例，民 85。

4. 盧泊均，連鎖店的展店策略架構之研究——以服飾業為例，民 93。

5. 蘇羅碧玉、溫國忠，2005 年臺灣地理資訊學會年會暨學術研討會論文集，民 94。

6. 愛的世界，http://www.lovelyworld.com.tw/。

7. UrMap 你的地圖網，http://www.urmap.com.tw/。

CHAPTER 15

不動產證券化與企業經營

以不動產證券化爲估價目的，採折現現金流量分析估價時，應以勘估標的之契約租金計算爲原則。得參照技術規則第三十三條。

前言

　　企業經營最終目的即是要獲得最大利潤，而掌握企業資金最關鍵的，莫過於不動產。誠如前述所說，所謂「有土斯有財」，但不動產的景氣好壞，攸關企業籌措資金的能力，因爲金融體系掌握了融資高低的決定權。同時，不動產具備的不可移動性、低流動性，使得不動產一面臨景氣低迷時，即不知所措，直接地削弱企業經營的競爭力，這對企業來說，並不樂見。

不動產證券化與企業經營之關係

(一)不動產證券化是提供企業經營者、管理者、企業經理人、企業董事等一個籌措資金的管道。不動產證券化即爲一個受益憑證；同樣地，企業經營者透過發行股票（增資）來籌措資金，百貨大樓、辦公大樓、遊樂區、飯店即是如此。

(二)企業經營強調現金流量，不動產經營同樣地也應強調現金流量，因爲兩者皆是說服投資者創造價值，尤其不動產證券化。另一方面，企業經營在促進產業升級條例下，享有許多優惠稅率；同樣地，不動產證券化之後，也應享有諸多優惠稅率，如信託財產爲土地時，地價稅率按基本稅率 2‰ 計

徵。

(三)由房仲這個層次來看，由於不動產開發、管理具高度專業性，因此相當依賴完善之實價登錄制度、信用評等之機制，但臺灣現行實價登錄制度與信用評等之機制及資訊機制尚未完全公正透明化，再加上間接資訊的提供無法使現金流量達到預期效果，以下可加以說明：

1.相對於實質的產品，服務品質的直接資訊通常是無法被提供的、服務品質是不固定的，它會隨時間、人的資本及投入度而改變，所以直接提供可信賴的資訊是不切實際的。

2.由於提供直接資訊的不可行，導致政策制定者和分析者，尋求提供資訊的間接方法，就是發給執照來證明其符合某程度的技能水準、訓練或經驗，領有執照者才可被合法地允許去工作盡他的職責。

3.在核發執照上，不可避免地會被獨占，以致造成其他社會大眾的社會成本。儘管透過核發執照來提供間接資訊的基本原理，並不一定意味著會有自制的行為，但這幾乎是所有國家處理專業核發證照的路線。

4.專業上的核發證照也有許多的缺點：訓練或其他可測得的特性與職場上的表現相關度很低，在職業上的定義，可能會固定在一個瞬息萬變的市場中卻已過時的技能上，偏高的進入門檻，否定了消費者的某些權益等。

5.當我們提倡認證制度時，應格外地謹慎，且應考慮專業自制的問題。

6.認證現在已超越它傳統的界線，許多專業的助手，占據了認可和規範的權力，一個最近的提議甚至提出，生小孩之前，父母須有證明。

7.如從不動產管理的角度來看，間接資訊的提供促使現金流量確實無法達到預期效果，可說明如下：

(1)間接資訊的提供無法使現金流量達到預期效果，為什麼？

①因為獨占。

②無法自制。

③過時的技能：因為否定了消費者的權益。

④既得利益團體的介入。

⑤公務員道德淪喪。

⑥都市設計與產品定位：

　　A.產品定位的錯誤示範。

　　B.明管充斥案例。

　　C.陽臺劃設錯誤案例。

　　D.動線太長錯誤案例。

　　E.客廳不大設計案例。

　　F.廁所空間太小錯誤案例。

　　G.米石子設計錯誤案例。

　　H.面寬 4 米 7 錯誤案例。

　　I.陽臺一定要大。

　　J.公設比因法規因素逐漸變高。

⑦臺北帝寶的失敗案例：

　　A.欺騙消費者。

　　B.欺騙社會大眾。

　　C.將開放空間變成私人後花園。

　　D.欺騙了政府。

　　E.陷企業家於不義。

　　F.都市設計是做什麼用的：

　　　　a.維護公平正義。

　　　　b.經濟效益。

　　　　c.都市景觀。

⑧缺乏客觀公正之標準。

⑨無法區隔化：公寓、大樓、套房、透天、店面。

⑩以不動產管理的角度，論不動產鑑價、賤價。

⑪硬式管理：

　　A.室內設計。

　　B.門禁管制。

　　C.停車場管理。

　　D.招牌統一。

E.垃圾處理。

F.公共休閒設施規劃：

    a.攝影展。

    b.圖書室。

    c.表演區。

    d.花展。

G.社區安全。

H.鐘樓設計。

I.建材設計：

    a.方口磚。

    b.二丁掛。

    c.大理石。

    d.一般磁磚。

J.網際網路社區。

(2)法拍、金拍、銀拍達不到效果，為什麼？解：利率、物價乃最大原因。

  ①實地勘察失望。

  ②水準問題：產生「烏魯木齊」的低落水準。

  ③只靠地段論價：以上河圖之建設推案為例。

  ④投資者與投機者立場不同：

    A.關心財富極大化。

    B.關心利潤極大化。

  ⑤土地利用之不當運用：百貨公司旁蓋國宅。

(3)未來的展望

  ①跟著流行走：大坪數／乾溼分離。

  ②政策考量：

    A.六歲以下小孩看病免費。（臺北市社會福利政策）

    B.直航政策。（政治問題）

    C.高鐵通車。

    D.社會福利政策。

E.文官制度演變。

F.公共選擇理論。（以小而美的行政組織引進市場機制，進而達到
利益最大化。）

G.公共政策相關理論（計畫理論）。

✑ 簡單介紹不動產證券化的目的、型態、要素及其優缺點

1.意義

　　所謂不動產證券化乃專指不動產所有權或債權之證券化，將傳統不動產直
接投資轉變為證券流動投資型態，在投資者與標的物之間，由直接之物權關
係，轉變成持有求償權性質的有價證券，使不動產的價值由固定的資本型態，
轉變為流動性之資本性證券，藉以結合不動產市場與資本市場。

2.目的

(1)使投資經營者可於資本市場取得融資。REATs 可採開放或封閉型基金。

(2)促使資金有效流通。

(3)為達地盡其利終極目標，不動產本身也可在資金充裕的條件下，達到有
效的開發與利用。

3.型態

(1)信託型態

①證券型式主要採取股票或受益憑證。

②藉有價證券，可以募集全民資金投資於不動產。

③募集而來之資金，應為非課稅之主體。

④信託管理須一人以上（契約型信託）。

以上所指「信託」係指不動產投資信託；所謂「投資信託」乃指多數投資
者共同匯集資金，而此基金由專業的管理者來營運，使基金具有安全性，而獲
得較高收益性的投資，而利益則由投資者分享的一種制度。

(2)合夥型態

①至少須有一名以上一般合夥人，以及一名經理合夥人。

②不動產證券化本身非為課稅之主體。

③須以不動產為投資標的物。

④不動產經營由經理人負責經營管理，且對所合夥之專業負無限責任。因此，投資人必須承擔經理人經營不善之風險。

⑤一般合夥人只享有表決權，而無經營管理權，有權檢查帳冊，並要求經理合夥人定期報告業務及財務狀況。

以上所指「合夥」，係指不動產有限合夥。

4.要素（特性）

(1)投資單位細小化：所謂細小化，乃指每單位價格低，以便社會大眾有能力參與投資，每單位所表徵出來的價值，乃是整體資產價值的若干分之一。

(2)流通性：不動產證券化，投資權益須具有分割性，而將分割之後的投資權益出售並予以變現，使資金可有效的流通。變現可縮短移轉交易的時間及簡化程序，而提高變現性。

(3)規格化：由於每一單位價值的證券均相同，因此，可以任意交換而沒有任何影響，以便於流通轉讓。

(4)運作之透明化：投資經營決策與財務須公開化，投資人能依其風險承擔之能力選購證券參與投資，了解經營之損益，確保投資權益。

(5)公平性：由於每單位價格低，便於小額投資人投資，擴大市場參與層面，提高個人參與不動產市場之機會，使市場免於被壟斷。

5.優點

(1)就社會觀點而言

①可促進不動產有效利用：藉由證券化之運作，可擴大不動產市場之參與層面，增加其競爭性，使社會大眾能分享土地有效利用所創造之收益，而避免市場為財團所壟斷。

②可使資金有效流通運用：證券化之過程可使不動產由固定資本型態，轉化為流動之資本性證券。

③避免市場上資金過剩：寬鬆貨幣政策，提供多樣投資管道，增加市場的

完整性，使社會之效用大為提高。

④避免財團法人操縱壟斷不動產：就社會福利之觀點，藉由不動產證券化之實施，可使弱勢族群有能力投資不動產，防止土地投機炒作。

⑤融資大型公共政策計畫：大型不動產公共政策計畫，所需資金龐大，為免政府財政負擔過於繁重，透過證券化之方式，融資大型公共建設工程計畫，既可達到集資之目的，順利推動公共建設，亦可使社會大眾有機會參與公共建設，並分享公共建設的投資利潤。

(2)就不動產經營者而言

①不動產融資取得：不動產所有權人採用證券化方式融資，而不採用傳統出售或貸借方式融資，主要的考量乃在藉由證券化之型式，迅速取得資金融資問題。

②專業知識之建立，取得經營報酬：由於資金乃透過社會大眾所募集，自然能結合社會大眾之關心程度與經理人之專業知識，取得合理之報酬。

③分散風險：傳統上不動產開發，由於資金龐大，個別所有權人無法同時進行多項不動產開發計畫以分散風險，使開發者之風險過度集中。

(3)就投資者觀點而言

①投資工具之增加：現今經濟市場上之投資工具甚多，包括存款、股票、基金、跟會、黃金、期貨等，若增加不動產證券之經營，可活化市場自由化。

②分散投資風險：以不動產為標的之證券，可以增加市場上證券的種類。投資人可以豐富投資組合之多樣化內容，分散投資之風險。

6.缺點

(1)投資人缺乏對於不動產經營、處分之自主性，面臨經理人營運不佳之風險：藉由不動產證券化之運作，投資人可以購買證券的方式，來參與資金需求龐大之不動產投資，但由於投資人並非購買不動產本身，因此對於不動產標的物之處分權及經營權受到相當大之限制，缺乏彈性與自主之能力。

(2)證券市場景氣變動之風險：不動產證券化後，投資人所持有的是有價證

券，若此一有價證券公開上市，則此一證券之價格會受到景氣基本面與技術面波動之影響。

(3)基金募集不成之風險：由於不動產證券基金之募集來自社會大眾，如果市場不景氣，社會大眾較無閒錢，因而造成基金募集不成之風險。

範例 *15-1*

1.簡述不動產在「權益面」與「資產面」證券化之差異，其所發行之證券分別受哪些因素影響？試至少分別舉出一個影響因子。

2.若欲以高速公路未來十年之收益發行證券售出，你認為適用上述何種證券化之類型？若某段高速公路未來十年中，每年之收益約在十五億元，政府提供 3% 之收益率給證券投資者，倘順利將此十年之收益以私募、公募證券化方式售出，政府應可藉此獲取多少現金？

3.若 101 百貨公司營運良好，每年淨營運收益（net operating income, NOI）約有二億元，預期未來每年可穩定持續成長 2%，但其所屬母公司在規劃其他投資案時急需資金挹注，因此，欲將 101 百貨公司之部分股權經信託證券化售出，則 101 百貨公司適用上述何種證券化之類型？又其適用何種信託方式？（即投資或資產信託？）若 101 百貨公司之綜合資本化永續比率為 10%，則請評估 101 百貨公司之總價值為多少？

解答：1.(1)權益面不動產證券化（equity），以分散股權的方式募集資金，利於小額投資人。

募集發行受益憑證，以募集資金，投資不動產、不動產相關權利、不動產有價證券及其他經核准投資標的而成立之信託，其財務績效受到利率、信用評等、受託機構信譽風險高低及其投資標的管理維護條件所影響。

如 MBB 以房貸債權為擔保來發行。

MBB（mortgage backed bond）：不動產抵押債權擔保債券。

(2)資產面不動產證券化（asset）

將不動產或不動產相關權利移轉予受託機構，由受託機構募集發行不動產資產信託受益證券，發行證券受到資產品質、信用評等、估價說服力及其利率高低之影響。

(3)負債面不動產證券化（liability）

即公司向銀行借錢乃間接金融之性質，唯企業可直接發行股票出售給資金供給者以換取資金之比例，這種現象即為直接金融。總之，權益、負債目的乃為吸收資金，即資本證券化，股票及債券即屬此種類型。而資產乃為提升未來收益、流動性降低利率及違約等風險。

（以上參考林左裕，《不動產投資管理》，智勝文化）

2.(1)因高速公路屬資產科目中不動產受益憑證性質，因此，此不動產受到資產品質之影響，故屬資產面不動產證券化。

(2)未來各期純收益折算為現值之總和，即 15 億×PVIFA（複利年金現值率 13%、10）=127.95 億元。

3.(1)應屬資產面不動產證券化。

(2)如以該 101 百貨公司作為資產發行證券，則為不動產資產信託。即先有不動產標的，再以其標的發行受益憑證，向社會不特定人士募集資金。

(3)總價 = 2 億元/（10%－2%）= 25 億元。

如為永續經營，則 101 百貨公司評估價值為 25 億元。

範例 *15-2*

某銀行不久前完成一筆「不動產信託受益權」信託商品，其係由委託人某公司將其所擁有之大賣場出租給某量販店，並將未來五年的年收入 3,400 萬元租金收益信託予該銀行，再由其發行受益權憑證，出售給國內保險業者及其他投資機構，受益權規模 1.15 億元，五年到期，票面利率為 5.25%，每半年還本付息一次，而該銀行則可收取募集費用 2% 以及每年 0.2% 的信託管理費。

1.請就以上所設定之條件編列收支評估表。

2.請就收益性、流動性與風險性這三方面，分別評估其可行性。

說明：1.編列收支評估表：

單位：萬元

年期	受益憑證價值(A)	租金收入(B)	分期還本(C)	利息(D)	募集費用（一次到位）(E)	信託管理費(F)	稅前淨利(G)
第五年	2,300	3,400	2,300	120.75	230	23	956.25
第四年	4,600	3,400	2,300	241.5	230	23	835.5
第三年	6,900	3,400	2,300	362.25	230	23	714.75
第二年	9,200	3,400	2,300	483	230	23	594
第一年	11,500	3,400	2,300	603.75	230	23	243.25
合　計	34,500	17,000	11,500	1,811.25	230	115	3,343.75

$D = A \times 0.0525$

$E = 11,500 \times 0.02$

$F = 11,500 \times 0.002$

$G = B - C - D - E - F$

2.評估如下：

(1)收益性：本案未來五年收入合計 17,000 萬元，由於出租與量販店有五年租金收入，且在扣除發行相關成本費用下，稅前盈餘仍有 3,343.75 萬元，且投資人亦有票面利率 5.25%（相當於報酬率），故具有收益性。

(2)流動性：本案受託銀行已私募售予保險業者及其他投資機構，不採公募發行，流動性較低，流動性受限。

(3)風險性：本案因承擔量販店，經評估其營運為穩定可信，其風險性尚可接受，唯租約是否產生變化，影響租金之永續性。

範例 *15-3*

某開發商為一不動產證券化個案進行一商業不動產之估價。由於該開發商對此不動產之經營型態不甚熟悉，因此直接詢問該大樓業主有關營運費用率（operating expense ratio, OER）之水準，1.該業主直接告知營運費用率約為15%，2.該開發商復由該大樓之簽證會計師取得經簽證之相關報表資料，獲得過去三年之總收益及費用情形如下表所列：

年底	2005	2006	2007
營運總收益（萬元）	3,050	2,980	2,950
營運總費用（萬元）	1,225	1,190	1,175

若你是該開發商，估算正常情形下，投資資金來源中自有資本比例為四成，要求報酬率為 8%（不太可能發生，目前實務上為 1%）；其餘為銀行貸款，貸款利率 6%，二十年內每年等額償還本息。且根據營運趨勢預期未來每年總收益自民國 97 年起將逐年穩定遞減 1%，請參考以上資訊且暫不計閒置及欠租損失下：

1.探討可能採用之營運費用率。

2.試以上述資料估算該不動產在民國 97 年初之價格〔應用財務因子：年金現值利率因子 PVIFA(6%，20)=11.4699〕

說明：1.採用之營運費用率：

    (1)依會計師簽證之相關報表資料，94 年（$\frac{1,225}{3,050}$）、95 年（$\frac{1,190}{2,980}$）、96 年（$\frac{1,175}{2,950}$）之營運費用率分別為 40.16%、39.93%、39.83%。

    (2)由於營運費用包括折舊費用，唯折舊費用屬於帳面上之價值損耗，即減價修正並未造成實際現金之支出，故不應列入營運費用內。此外，財務報表之營運費用包括本利和，資本利息綜合利率採加權平均資本成本（WACC），已含負債成本，為免重複計算，營運費用不應包括本利和。

$$(DS) = PV(BAL) \times \frac{r(1+r)^N}{(1+r)^N - 1} \text{，} DS = \left(\frac{6\%}{12}, 240\right) \times PV$$

(3)基於上述分析，該開發商不會採用財務報表上所簽證營運費用率（約 40.1%），而可能採用業主直接告知營運費用率（15%）。

2.估算該不動產在 97 年初之價格：

(1)有效毛收入：此為 EGI。

$2,950 \times (1-1\%) = 2,920.5$ 萬元

(2)經營費用：

$2,920.5 \times 15\% = 438.08$ 萬元

(3)稅前營業淨利（NOI）：

$2,920.5 - 438.08 = 2,482.42$ 萬元

(4)資本利息綜合利率：即資本還原率，採加權平均求取。

$40\% \times 8\% + 60\% \times 6\% = 6.8\%$（資金一次投入）

(5)不動產價格：（民國 97 年）開發年限乃受益憑證，並非不動產，係為股票受益憑證之觀念，因為不動產有折舊率之概念，股票異於實體不動產，因此開發期限沒有所謂提前、提早時效。

$2,482.42 \div (6.8\% + 1\%) = 31,826$ 萬元

結論：該不動產在民國 97 年初之價格為 3.18 億元

前者 1% 乃定率法之觀念，非定額法之觀念，類似汽車證券化，此乃異於不動產。

範例 *15-4*

若投資人投資國內某不動產投資信託基金（REIT），該基金為封閉型基金，初始投資標的為位於臺北市的某棟兼具商辦與旅館的大樓，該基金未來的收益來源為大樓的租金收入及不動產處分收入。試問投資人投資此投資標的，應注意哪些風險？

說明：投資人應注意下列風險：

1.營運風險：空屋率、閒置損失、退租率等因素。

2.利率變動風險：定存利率高低，決定任何投資型商品去留。

　　3.法令風險：法令有無鬆綁，亦為考量重點。

　　4.經營風險：以員工素質、經營方向、模式為考量重點。

　　5.流動性風險：高低起伏與贖回之急迫性。

　　6.政治風險：政局動盪不安所致。

　　7.景氣：端賴政府政策影響。

系統風險：2、5、6；非系統風險：1、3、4。

時事補充

不動產證券化

1.政策沿革

　　攸關不動產市場景氣活絡的「不動產證券化條例」，終於在民國 92 年 7 月 9 日立法院召開的臨時會三讀通過。此條例將解決建商在傳統不動產投資於融資上的困境，增加不動產的流通性，有助於不動產市場與資本市場的結合。

　　經朝野協商，採階段性立法，先將爭議性較高的「開發型不動產」排除在外，而維持「收益型不動產」為證券化標的。其基本架構就是針對已經開發完成、有固定收益的不動產，變現成流動資產，轉換投資人與不動產間的物權關係，變成有價證券。

2.相關配套措施與建議

(1)建立建築開發業信用評鑑機制。

(2)健全建築開發業企業會計制度。

(3)修正信託業法等相關法規的誘因機制，以健全並落實不動產證券化制度。

(4)建議訂定「不動產交易法」，以促成交易條件透明化；推動不動產交易保險制；並有效管理代銷業者、仲介業者、代書業者，使其上軌道。

(5)建議參仿香港經驗，建立「不動產景氣指數」，透過強化不動產市場交易資訊，刺激消費與投資人進場交易。

(6)放寬國內銀行業者以及保險業者從事不動產證券化投資之限制。

(7)不動產證券化涉及之專業涵蓋範圍極廣，須結合財務金融、法律以及不動產結構等專門技術人才，建議政府可透過結合臺灣金融研訓院等訓練中心資源，加強人才之培訓，並提高監管人員的素質與專業。

(8)強化建築師、結構技師、土木技師等專業簽證之管理；強化服務性的專業機構，如：加強建築經理業功能；健全估價制度、落實公正人士之鑑價工作，以增加不動產證券化成功機會。

「不動產證券化條例」通過後，不論是「投資信託」或是「資產信託」，馬上面臨不動產價值計算的問題。過去不動產被視為經濟財，主要認定交易價格為資產價值，租金只是用以參考。然而「不動產證券化條例」通過後，在價值的認定上，漸漸轉而重視不動產在經營、管理所產生的效益，其價值的判斷，應該取決於能夠創造多少收益（income）與長期所表現的資產利得（capital gain）。

正確地評估淨資產價值與未來收益，將是估價專業面對不動產證券化的挑戰。雖說條例中已排除素地型與開發型，免除了開發期間財務預測的不確定性與開發風險，而限定有穩定現金流量的「收益型」為不動產信託與投資的標的。但是即使是收益型的不動產，能夠準確預測未來市場需求與租金是否繼續成長，似乎已經超出傳統不動產鑑價領域範疇，而屬於投資分析的領域。

3.未來建議

(1)協調民間業者包括銀行、仲介業、顧問公司等單位，建立不動產估價資料庫。

(2)協調整合政府部門關於總體經濟與區域經濟的各項指標。

(3)建立各地區、各類型市場的供給與需求。

(4)依不動產證券化資產即時評價所需訂定各項參考指標與參數，並定期發布各區域、各類型的租金成長率（Rental Growth Rate）、淨收入成長率（Net Income Growth）、收入報酬（Income Return）、投資報酬率（Total Return）、資本成長率（Capital Value Growth）、初始資本還原率（Initial Yield）、平均資本還原率（Equivalent Yield）與年終資產價值（End Year Capital Value）等。

我們相信，只有建立專業化與透明化的不動產市場，並充分揭露所有風險與財務資訊，以建立國際接軌的估價環境。

（黃智鈴，臺灣不動產交易資訊中心，民 92.7.11/8.1）

時事補充

何謂資產證券化信託

　　資產證券化係指將資產信託與受託機構或讓與特殊目的公司，由受託機構或特殊目的公司以該資產為基礎，發行受益憑證，以獲取資金之行為。

優點：1.作為投資工具　　　　2.提高經營績效

　　　3.分散授信風險　　　　4.降低資金成本

　　　5.提高流動性　　　　　6.結合貸放市場與證券市場

　　　7.資產、負債管理　　　8.擴大證券市場規模

時事補充

「不動產證券化條例」研討(一)

　　行政院院長游錫堃 14 日宣示，不動產是經濟成長的火車頭，而陳水扁總統一直扮演不動產推銷員的角色，在九千二百億元優惠購屋貸款後，政府將協助推動不動產證券化條例，加快不動產業復甦。財政部也配合宣布，不動產證券化相關子法共十二項，將在近期內正式發布實施，希望在 9 月中旬前，可完成所有法律程序，金融局長曾國烈說：「業者可依現行草案先準備！」

　　財政部昨日邀集各單位及產、官、學界，舉行「不動產證券化條例相關子法草案及配套措施說明及座談會」，會中並獲得七項結論，即未來僅辦理不動產投資信託業務的信託公司，最低實收資本額十億元，若僅辦理不動產資產信託，資本額只要三億元。而僅辦理不動產投資或資產信託的信託公司，得由具不動產管理經驗，且成立滿五年以上、實收資本額十億元以上，股票公開發行的不動產管理機構，來出任專業發起人及股東。

　　另外，僅辦不動產信託的信託公司，其實收資本未達新臺幣十億元者，受託管理及處分的信託財產總餘額，不得超過其淨值二十倍；私募對象比照證交法及金融資產證券化；不動產投資信託基金進行同一宗交易的不動產或不動產相關權利總金額在一億元以上者，受託機構須先洽專業估價者出具估價報告。而無論公募或私募，都要遵守受益權分散的規定，受益證券的持有人，在每一年度中至少有三百三十五日應達五十人以上，且任五人持有受益證券總金額不

得超過發行總額的一半以上。

財政部也明訂，對信託財產預期收益的評價出具意見的專家，應為專業估價者或會計師。財政部次長楊子江最後在總結會議時表示，不動產證券化商機非常大，且透過信託架構，金融機構可結合直接與間接金融，楊子江鼓勵除了公募外，也強調應努力發展私募市場。

（彭禎伶，《工商時報》，民 92.08.15）

時事補充

「不動產證券化條例」研討(二)

財政部昨（14）日舉行不動產證券化條例相關子法草案座談會，針對建築業中設信託業資格條件等，達成七點結論，預定 9 月中財政部就可受理業者申請開辦不動產證券化業務。財政部金融局長曾國烈在會後表示，經過綜合討論後，昨天會議達成多項結論，僅辦理不動產投資信託業務的信託公司，最低資本額為十億元；僅辦理不動產資產信託業務者，最低資本額三億元；僅辦理不動產投資信託及不動產資產信託業務者，最低資本額為十億元。

只辦理不動產證券化業務的信託公司，可由具有不動產管理經驗，且成立滿五年以上，資本額十億元以上的不動產管理機構，擔任專業發起人及股東。這類信託公司，資本額未達十億元者，受託管理及處分的信託財產總餘額，不得超過淨值二十倍。有關私募對象的標準，則比照證交法及金融資產證券化條例相關規定。

不動產投資信託基金進行同一宗交易的不動產或不動產相關權利總金額達一億元以上者，受託機構在交易前應先洽請專業估價者，出具估價報告書。無論公募或私募，均應遵守受益權分散的規定，受益證券的持有人，在每一年度中，至少有三百三十五天應達五十人以上，任五人持有受益證券的總金額，不得逾受益證券發行總金額的一半以上。對信託財產預期收益的評價出具意見的專家，必須是專業估價者或會計師。

財政部昨天邀集建築業、信託業、保險業者及學者專家等各界代表，討論相關子法草案，行政院長游錫堃並親臨會場致詞，顯示政府對推動不動產證券

化業務的重視。昨天會中，建築業者對於申設信託業最低資本額、不動產管理機構擔任發起人條件及私募對象門檻等，都有不同意見，希望財政部再放寬門檻，不過，經過財政部說明後，加上學者的支持，最後建築業者也未再堅持。

(邱金蘭，《經濟日報》，民 92.8.15)

土地信託之說明與介紹

定義

稱信託者，乃委託人將財產權移轉或為其他處分，使受託人依信託本旨，為受益人之利益或為特定之目的，管理或處分信託財產之關係。

一般而言，土地信託是土地所有權人（委託人）為有效利用土地，提高不動產的經濟價值，而將土地信託予受託人，由受託人利用其專業知識，將經營的利潤作為信託受益分配給受益人。大部分的土地信託年限，多在三十至五十年。

不動產信託的意義

不動產信託即土地（包括定著物及附著物）所有權人為有效利用土地取得收益（處分）之目的，將土地信託予受託人，受託人依信託契約並利用專業，辦理信託、收取報酬，並以受益為目的之信託制度。

不動產信託的種類

包括：(1)不動產投資信託：即先募資，再尋求標的物；(2)不動產資產信託：即先尋標的物，再尋募資（即向社會大眾募集資金、發行受益憑證，而租賃權及地上權為不動產相關權利之一）。透過信託機制發揮土地效益，於此，租賃權信託及地上權信託實為廣義不動產信託之一種。

✑ 不動產買賣價金信託

1.不動產買賣價金信託之意義

不動產買賣方與受託銀行簽訂信託契約，由買方將買賣價金存入信託專戶，賣方將產權過戶，向地政機關辦理產權移轉，由受託銀行將買方存入信託專戶之價金交付予賣方，以保障交易安全的一種信託機制。

2.不動產買賣價金信託優點

(1)提升交易安全。

(2)建立互信基礎。

(3)確保資金安全。

(4)買賣價金流向透明。

(5)保障取得產權。

(6)整合地主意見。

✑ 都市更新信託

1.都市更新

係指依都市更新條例所定程序，在都市計畫範圍內，實施重建、整建或維護措施。

2.都市更新事業

係指依都市更新條例規定，在更新地區內實施重建、整建或事業。

3.更新單元

係指更新地區內，可單獨實施都市更新事業之分區。

4.實施者

係指依都市更新條例規定，實施都市更新事業之機關、機構或團體。

5.權利變換

　　係指更新單元內重建區段之土地所有權人、合法建築物所有權人、他項權利或實施者，提供土地、建築物、他項權利或資金，參與或實施都市更新事業，於都市更新事業計畫實施完成後，按其更新前權利價值及提供資金比例，分配更新後建築物及其土地之應有部分或權利金。

都市更新與信託關係

　　都市更新案加入信託機制，藉由銀行擔任公正第三者，使都市更新實施者和地主間加強信任，地主將土地信託予銀行，實施者將興建資金（含自備款、銀行融資款、預售屋款）存入信託專戶，由銀行控管，專款專用，使工程能順利興建完成。

都市更新案辦理信託之優點

1.協助老舊社區、受損房屋等更新改建。
2.使興建過程順利進行。
3.興建資金專款專用，增加透明度。
4.解決產權複雜、土地問題。
5.依法信託財產不得強制執行，且信託關係不因委託人死亡、破產或喪失行為能力而消滅。

租賃型與出售型信託

　　土地信託依信託財產的處分有所不同，有租賃型和出售型信託。

1.租賃型

　　受託人無處分信託財產的權利，在信託期間信託業者應定期給付委託人信託收益，委託人於信託終了時，仍可保有原土地的所有權。

2.出售型

　　委託人將信託財產委託信託業者出售，受託人將出售所得，在扣除受託人

的相關費用後，使受益人或委託人享受信託利益。

時事補充

惠譽信評：不動產證券化將成主流

不動產景氣翻揚，許多企業也摩拳擦掌，計畫將名下商業大樓以不動產證券化方式公開發行、籌措資金。惠譽信用評等公司聯席董事陳玉慧昨天指出，由於銀行對於金融資產證券化興趣缺缺，未來一年臺灣的證券化商品市場，將以不動產證券化為主流。

德意志銀行本週為第一銀行發行首宗房貸證券化商品，總規模 42.8 億元，期限為十二年。繼企業貸款及現金卡應收帳款後，住宅房貸也成為證券化的金融資產。標準普爾昨天正式授予評等，三組受益憑證的評等分別為 A 券 twAAA（39.1 億元）、B 券 twAA（2.2 億元）、C 券 rwA（1.5 億元）。雖然國內已有多種證券化商品，但惠譽認為未來一年金融資產證券化再發行的機會不大。因為現在市場資金過多，銀行如果將金融資產證券化，取得龐大的資金，反而不知如何運用。其次是景氣回升，銀行更有自信處理不良資產，因此也沒有出售或證券化的迫切性。

反觀不動產證券化市場，由於不動產景氣翻揚，業者躍躍欲試。例如：富邦集團鎖定天母富邦、中山北路大樓與富邦人壽大樓三標的物，將發行近百億規模的不動產投資信託（REITs）。遠雄集團的遠雄人壽大樓、時代大樓、內湖東京總部、花蓮海洋公園都計畫釋出，總規模估計一百三十餘億元。其他還有新光人壽、國巨與 IBM 大樓的計畫，已有業者喊全年規模五百億元。

陳玉慧指出，過去一般民眾很難有機會投資不動產，除非資本雄厚到可以買樓、買地，不動產證券化提供一個管道，讓小額投資人參與不動產景氣上揚的商機。不過這種商品在臺灣才剛起步，投資人對它仍很陌生，買氣如何還有待觀察。

（《中華時報》，民 93.03.03）

上述：

REITs：係指不動產投資信託（real estate investment trusts）

REATs：係指不動產資產信託（real estate asset trusts）

總之，不動產投資信託之運作模式好比基金操作，定期配息，隨股價起伏，亦有報酬波動的資本利得，適合一般社會大眾投入資金操作。而不動產資產信託之運作模式好比債券操作，走固定配息，適合企業法人投入資金操作。

補充

(1)何謂共同基金：將多數投資人的小錢匯集成大錢，再委託專業投資機構操作，投資過程中所產生的收益或風險由全體投資人分享或承擔，子女教育基金、退休基金即為此。

(2)何謂封閉型基金：發行期滿或基金達到規模後，即不再接受任何投資人買進、賣出，此有發行單位數量固定的特質，只能在集中市場交易。REITs 以封閉型基金為限，而 REATs 可採開放或封閉型基金操作。

(3)何謂開放型基金：投資人可隨時向基金公司買入或贖回，以基金淨值買賣，資本額不受（設）限，須有優良的操作績效，臺灣大部分即為此。

時事補充

不動產轉型之經營

冠德建設 17 日正式動工興建中和環球購物中心，並宣布以土地作價三十億元，參與環球購物中心公司股權，持股比率約 52.5%，為冠德首度跨足大型購物中心、商業不動產領域。冠德建設馬玉山昨天表示，冠德繼跨足廣潤科技、創投公司後，未來還有第二、第三座購物中心開發計畫，轉型已勢在必行。

馬玉山昨天表示，臺灣住宅市場已趨於飽和，冠德除繼續耕耘「冠德」這塊金字招牌，在房地產領域持續擴大外，冠德持股 47% 轉投資設立的廣潤科技公司，目前以專門製造用於半導體晶圓片上面的拋光液為主，今年初辦理增資時，已獲德國 Merck（為供應全球 60% 晶圓片製材的公司）現金增資參與入股，目前股權已調整為冠德、Merck 各持股 50%，為冠德一大重要轉投資事業。

馬玉山並表示，昨天動工興建的環球購物中心，經冠德以這筆占地九千七百多坪土地十分之七的比例，作價二十一億元認購環球購物中心公司增資案。目前冠德在環球購物中心公司持股 52.5%，齊魯公司 22.5%，新加坡 CNA12.5%，中華開發 2.5%，其餘團隊 10%，資本額四十億元，這是冠德創辦二十七年來，首度跨足購物中心的「處女作」，以後還會有第二、三座，跨足商業不動產是轉型之路。

昨天環球購物中心舉行開工典禮冠蓋雲集，立法院長王金平、經濟部長林義夫、臺北縣長蘇貞昌、臺北縣議長許再恩、中華開發金控董事長陳敏薰、土地銀行董事長魏啓林等，為這項重大投資案見證與祝福。馬玉山強調，二十六億元聯貸案將在近日敲定，目前已獲經建會支持，並列為中長期貸款融資專案，土銀、中華開發金控也將擔任聯貸銀行之一。

蘇貞昌也指出，環球購物中心是臺北縣由乙種工業區變更都市計畫為商業區的成功案例，在臺北縣政府城鄉局、工務局、建設局等單位配合下，整個都市計畫變更過程，從公開展覽三十天、審議、報內政部通過，直到主要計畫、細部計畫發布實施，總計花費十一個月完成，效率很高，尤其光是回饋臺北縣民的回饋金，就達三億三千萬元。

（蔡惠芳，《工商時報》，民 92.7.18）

【附件】證券化不動產估價報告書範本

〔說明〕：本範本係依據不動產證券化條例第二十二條及第三十四條規定之估價報告書範本，專業估價者須依本範本所規定之各說明事項（以下劃底線空白部分）詳予填載，敘述文字並可視實際需要自行調整，唯敘述之詳盡程度不得低於本範本基本要求。

如係依據不動產證券化條例第八條及第三十一條出具之「信託財產預期收益之評價方法、評估基礎及專家意見」，則應針對信託期間之折現現金流量進行分析，並應採用敏感度分析或模擬分析配合評估。

補充：

1.敏感度分析：對於 NPV 之影響，敏感度分析可以找出投資案中，最重要的影響變數。

計畫評估與風險—敏感度分析

(1)計畫評估風險最佳的方法為現金流量分析……。

(2)風險常常從投資表中可看出，本文計畫評估以敏感度分析為研究基礎。在敏感度分析上，是以影響計畫中的單一變數發生變化之後對於計畫報酬或淨現值的影響程度。

NPV > 0 OK，唯 NPV > 0 (Pi) OK?

2.模擬分析：針對各變數變動可能情況，依據隨機變動機率預先做估計，並同時計算出 IRR vs. NPV 之分布狀況，乃為彌補實質資料之不足所採用之隨機方法。

3.SEM：有因果關係的財務行為研究方法。

4.財務指標→經濟指標：有相關性，但不一定有因果關係。

內政部

臺北市不動產估價師公會

高雄市不動產估價師公會

○○不動產估價師（聯合）事務所函

〔說明〕：本函應將估價委託過程、估價重要內容、估價結果及報告書內容交付委託單位，以交件函方式交付委託單位。

○○○○：

關於_____貴○○於○○年○○月○○日委託本估價師針對坐落於_____

_____之勘估標的進行合理市場價值評估乙案，本估價師業已於○○年○○月○○日完成估價報告書。並依 貴單位委託內容要求，基於估價目的為不動產投資（資產）信託之不動產價值參考，價格日期為○○年○○月○○日，並考量 貴單位提供之勘估標的目前實際收益，評估勘估標的於現行不動產市場正常條件下合理評估價格。所有評估過程均已詳細記載於估價報告書中，且估價內容依循內政部訂定之不動產估價師法及不動產估價技術規則相關規定。

經本估價師針對勘估標的進行產權、一般因素、區域因素、個別因素、不動產市場現況及勘估標的依最有效使用情況下之潛在收益，及本估價師專業意見分析後，採用_____方法進行評估，並決定勘估標的於○○年○○月○○日時之不動產價值為：

新臺幣_____元。

以上評估結果僅適用於勘估標的證券化價值參考。另由於不動產價值變動之特性，本估價報告書所載內容之有效時間為價格日期起六個月內。

○○不動產估價師（聯合）事務所 ○○○估價師 敬上
○○年○○月○○日

壹、序言

一、保證承諾

(一)我方以公正第三人立場進行客觀評估。

(二)我方與委託單位及受勘估單位僅為單純業務往來關係。

(三)本報告書所載內容絕無虛偽或隱匿之情事，報告書中所提之事實描述具真實確切性。

(四)本報告書中之分析意見及結論，係基於報告書中所假設及限制條件下成立；此等分析意見及結論是屬個人中立之專業評論。

(五)我方對於本標的無現有或可預期的利益；對於與本標的相關的權利關係人，我方亦無個人私利或偏見。

(六)我方所收取報酬不因刻意滿足客戶需要、達成特定估價結果或促成其他事件的發生而有所不同。

(七)本估價報告書內容遵循內政部訂定之不動產估價師法及不動產估價技術規則相關規定、國內外之不動產估價理論，並符合內政部訂定之「證券化不動產估價報告書範本」格式。

二、重要結論

(一)基本資料

1.估價目的：不動產投資信託之不動產交易或不動產資產信託。

2.價格種類：正常價格（及限定價格）。

3.價格日期：○○年○○月○○日。

4.勘察日期：○○年○○月○○日。

5.勘估標的（填寫勘估標的標示及門牌）：

　　_____。

6.不動產所有權人：_____。

7.土地面積：_____平方公尺（_____坪）。

8.建物面積：_____平方公尺（_____坪）。

9.土地使用分區及容積管制：

  (1)土地使用分區：＿＿＿＿＿＿。

  (2)容積率：＿＿＿＿＿＿％。

  (3)建蔽率：＿＿＿＿＿＿％。

10.土地所有權狀態（所有權人及持有範圍）：＿＿＿＿＿＿＿＿持有產

  權＿＿＿＿＿＿。

11.建物所有權狀態（所有權人及持有範圍）：＿＿＿＿＿＿＿＿持有產

  權＿＿＿＿＿＿。

12.建物屋齡：＿＿＿＿＿＿。

13.建物用途：＿＿＿＿＿＿。

〔說明〕：應敘明不同樓層用途。

14.最有效使用分析：＿＿＿＿＿＿。

15.他項權利：＿＿＿＿＿＿。

16.公告土地現值計算之土地增值稅：＿＿＿＿＿＿元。

17.勘估標的租賃契約資料：

租約內容
出租率
租約日期
租金總額（元／年）

18.其他：＿＿＿＿＿＿。

(二)價格結論

〔說明〕：應揭露價格形成重要條件、影響價格的重要因素、採用估價方法及分別評估結果、最後之估價金額。

1.收益法之直接資本化法評估結果：

  收益價格：新臺幣＿＿＿＿＿＿＿＿＿＿元

2.收益法之折現現金流量分析評估結果：

  收益價格：新臺幣＿＿＿＿＿＿＿＿＿＿元

3.比較法評估結果：

  比較價格：新臺幣＿＿＿＿＿＿＿＿＿＿元

4.成本法評估結果：

　　成本價格：新臺幣＿＿＿＿＿＿＿＿＿＿＿元

5.土地開發分析法評估結果：

　　土地開發分析價格：新臺幣＿＿＿＿＿元

　　〔說明〕：以上各種方法不一定須全部應用，僅須依不動產估價技術規
則第十四條規定兼採二種以上估價方法結果敘明即可。

6.最後決定之估價金額：

　　新臺幣＿＿＿＿＿＿＿＿＿＿＿元

不動產估價師：○○○（簽名或蓋章）

不動產估價師開業證書字號：＿＿＿＿＿。

○○○市不動產估價師公會會員證書字號：＿＿＿＿＿。

貳、估價前提

一、委託人：＿＿＿＿＿。

二、勘估標的之基本資料

(一)勘估標的內容

　　1.土地標示：＿＿＿＿＿＿＿＿。

　　2.建物標示：＿＿＿＿＿＿＿＿。

(二)產權分析

　　1.所有權人及持有範圍：＿＿＿＿＿＿＿＿＿＿＿＿。

　　2.他項權利：＿＿＿＿＿＿＿＿＿＿＿。

(三)產品型態：＿＿＿＿＿＿＿＿＿＿。

三、價格日期及勘察日期：＿＿＿＿＿＿＿＿＿＿＿。

四、價格種類及估價條件：＿＿＿＿＿＿＿＿＿＿。

五、估價目的

本次估價結果係作為勘估標的證券化過程中不動產價值認定之參考（或不動產信託目的之價值參考），報告書中所載之價值僅限於該目的之參考，不適用於其他用途。該價格形成的主要基礎係以勘估標的能於目前不動產市場中，在合理化時間內可售出之價格。

六、利益衝突之聲明

本估價師與交易當事人（請列舉如：委託單位、不動產所有權人）僅為單純之業務關係，並無財務會計準則公報第六號所定之關係人或實質關係人之情事。

七、現況勘察情況說明

(一)勘察日期：○○年○○月○○日。

(二)領勘人及其說明

　　1.現場領勘人為○○○，並進行勘估標的各樓層現況勘察。

　　2.領勘人說明事項：＿＿＿＿＿＿＿＿＿＿＿＿＿＿＿＿＿。

(三)現場勘察參考資料

　　1.建物平面圖、地籍圖。

　　2.建物設備說明書。

　　3.承租單位配置圖。

　　〔說明〕：請視實際需要詳加填載。

(四)勘察結論

　　〔說明〕：請依領勘人說明及現場勘察資料，綜合判斷詳加填載。

八、勘估標的出租租約及目前營運狀況說明

　　〔說明〕：應充分揭露委託者提供之勘估標的近三年出租狀況，包括承租單位、承租面積、個別及總體租金收入、租期、個別押金收入、租賃條件、租

金繳付方式、續租條件、閒置情況及未來租金變動之條件。若為營運性不動產，應取得近三年會計師簽證之財務報表，並了解實際之營運收益、支出、稅賦等狀況，以適當的揭露於報告書中。

九、估價資料來源說明

1.不動產權利狀態係以○○年○○月○○日＿＿＿＿＿＿地政事務所核發之謄本為準。
2.不動產出租及買賣之相關契約文件影本係由委託者提供。
3.不動產近三年的營運收益資料及財務報表均由委託單位提供。
4.不動產個別條件及區域環境內容，係親自赴標的現場勘察，並依都市計畫及地籍等相關資料查證記錄之。
5.不動產價格評估依據，係於標的現場實際訪查交易資訊，並依估價師檔案資料共同整理而得。

參、價格形成之主要因素分析

一、一般因素分析

(一)政策面
　　〔說明〕：國內不動產政策及相關法令影響分析。
(二)經濟面
　　〔說明〕：國內總體經濟及金融局勢影響分析。
(三)市場面
　　〔說明〕：說明市場上同類型不動產市場價格水準、類似不動產供給狀況及目前與潛在主要競爭個案狀況，參考之資料來源須經查證及評估。

二、區域因素分析

(一)區域描述

〔說明〕：區域內不動產型態及發展概況。

(二)近鄰地區土地利用情形

〔說明〕：應描述勘估標的近鄰地區都市計畫概況、區域內土地使用分區分布、區域內土地利用情況及土地利用強度。

(三)近鄰地區建物利用情況

〔說明〕：應描述勘估標的近鄰地區建物型態、建物樓層概況、屋齡分布情況、建物大致使用狀況等。

(四)近鄰地區之公共設施概況

〔說明〕：以勘估標的為中心，半徑五百公尺以內（都市中心地帶）或一千公尺以內，具備有公園、市場、銀行、電信局、郵局、醫院、兒童遊戲場、加油站、小學、中學、高中、體育場等公共設施狀況，須分不同情況考慮。

(五)近鄰地區之交通運輸概況

〔說明〕：應描述勘估標的所在近鄰地區之聯外交通、主要幹道、道路狀況、大眾運輸便利性、停車方便性及勘估標的本身進出方便性等。

(六)區域環境內之重大公共建設

〔說明〕：應描述勘估標的所在近鄰地區目前及過去重大公共建設，並評估其對未來勘估標的所在區域的發展潛力之影響。

(七)近鄰地區未來發展趨勢

〔說明〕：經以上近鄰地區之區域因素分析後，評估未來區域發展趨勢。

三、影響價格之個別因素分析

(一)土地個別條件

〔說明〕：應描述土地臨路狀況、道路寬度、深度、地形、地勢及土地面積等，足以影響土地價格之個別條件。

(二)土地法定使用管制與其他管制事項

〔說明〕：應描述土地使用分區或使用編定、建蔽率、容積率等一般性管制、其他非一般性之特殊管制，如航管限制、禁限建等。

(三)土地利用情況

〔說明〕：應描述土地目前利用現況，土地是否出租？是否遭占用？是否含現有巷？是否含法定空地？是否有高壓電塔等嫌惡設施經過等？及其他利用現況足以影響不動產價格之因素。若估價師確實無法確認，應於報告書中敘明，並於價格條件中揭露所評估價格排除上述因素。

(四)建物概況

〔說明〕：應說明勘估標的建物之登記用途、現況用途、結構、使用型態、建築型態、建築樓層、格局、屋齡、隔間、座向、通風採光、使用權屬、空屋率、建材設備、公設比、淨高高度、增建狀況、面積等。

1.建物面積：勘估標的共計有＿＿＿＿＿單位及＿＿＿＿＿個車位。各層建物
　面積如下表：

門牌	面積	登記用途

2.結　　構：＿＿＿＿＿＿＿＿＿。

3.使用型態：＿＿＿＿＿＿＿＿＿。

4.建築型態：＿＿＿＿＿＿＿＿＿。

5.建築樓層：＿＿＿＿＿＿＿＿＿。

6.格　　局：＿＿＿＿＿＿＿＿＿。

7.屋　　齡：＿＿＿＿＿＿＿＿＿。

8.隔　　間：＿＿＿＿＿＿＿＿＿。

9.座　　向：＿＿＿＿＿＿＿＿＿。

10.通風採光：＿＿＿＿＿＿＿＿＿。

11.使用權屬：_____。

12.空屋率：_____。

13.外牆建材：_____。

14.天花板：_____。

15.地　板：_____。

16.門　窗：_____。

17.衛　浴：_____。

18.室內設備：_____。

19.公設比：_____。

20.電梯設備：_____。

21.自動化設備：_____。

22.勘估標的室內維護保養與使用情況：_____。

23.建物管理現況分析：_____。

24.使用現況：_____。

(五)環境評估

〔說明〕：應敘明並評估勘估標的所在環境狀況。

(六)公共設施便利性

〔說明〕：應敘明勘估標的距離公共設施接近程度之便利性。

(七)建物與基地及周遭環境適合性分析

〔說明〕：應敘明勘估標的用途與周圍環境之適合程度。

四、最有效使用分析

〔說明〕：應分析勘估標的假設為空地狀態及已有建物狀態下之最高、最有效利用，及法令上、物理上、財務上及市場上等四個方向分析勘估標的之最有效利用。

(一)法定上之最有效使用分析：_____。

(二)市場面之最有效使用分析：_____。

五、勘估標的稅務分析

〔說明〕：敘明勘估標的適用之土地增值稅等相關土地稅賦。

肆、價格評估

一、估價方法之選定

〔說明〕：依不動產估價技術規則第十四條規定：應兼採二種以上估價方法推算勘估標的價格。但因情況特殊不能採取二種以上方法估價者，不在此限，並應於估價報告書中敘明。

二、價格評估過程

(一)收益法之直接資本化法

　　1.正常租金評估

　　　(1)比較標的租金條件表

主要項目	比較標的一	比較標的二	比較標的三
坐落			
面積			
年總租金			
整體閒置率			
押金			
樓層別			
屋齡			
建物條件			
區位條件			
勘察日期			
租金價格日期			
交易型態			
預估可成交租金			
整體條件			

註：上表填載項目可視實際需要增加調整。

(2)勘估標的與比較標的區域因素比較表

主要項目	次要項目	比較標的一	比較標的二	比較標的三
交通運輸	主要道路寬度			
	捷運之便利性			
	公車之便利性			
	鐵路運輸之便利性			
	交流道之有無及接近交流道之程度			
	調整率合計			
自然條件	景觀			
	排水之良否			
	地勢傾斜度			
	災害影響			
	調整率合計			
公共設施	學校（國小、國中、高中、大專院校）			
	市場（傳統市場、超級市場、超大型購物中心）			
	公園、廣場、徒步區			
	觀光遊憩設施			
	服務性設施（郵局、銀行、醫院、機關等設施）			
	調整率合計			
其他	發展趨勢			
	其他影響因素（如治安、地方聲望等）			
	調整率合計			
區域因素總調整率				

註：上表填載項目可視實際需要增加調整。

(3)勘估標的與比較標的個別因素比較表

主要項目	次要項目	比較標的一	比較標的二	比較標的三
建物個別條件	面積			
	採光景觀			
	高度			
	屋齡			
	樓層別			
	建物內部公共設施狀況			
	結構			
	管理狀況			
	使用效益			

（續前表）

主要項目	次要項目	比較標的一	比較標的二	比較標的三
道路條件	其他（如格局、使用限制）			
	調整率小計			
	道路寬度			
	道路鋪設			
	道路種別（人行道、巷道、幹道）			
	其他			
	調整率小計			
接近條件	接近車站之程度			
	接近學校之程度（國小、國中、高中、大專院校）			
	接近市場之程度（傳統市場、超級市場、超大型購物中心）			
	接近公園之程度			
	接近停車場之程度			
	其他			
	調整率小計			
周邊環境條件	地勢			
	日照			
	嫌惡設施有無			
	停車方便性			
	其他：商業聚集度			
	調整率小計			
個別因素總調整率				

註：上表填載項目可視實際需要增加調整。

(4)勘估標的與比較標的總調整率表

主要項目	比較標的一	比較標的二	比較標的三
交易租金			
價格型態			
情況因素調整率			
情況因素調整後租金			
價格日期調整百分率			

（續前表）

主要項目	比較標的一	比較標的二	比較標的三
價格日期 調整後租金			
區域因素 調整率			
區域因素 調整後租金			
個別因素 調整率			
試算租金			
比較標的加權數			
加權數計算後租金			
最後推定比較租金			

註：調整率絕對值加總請依各比較標的各項調整率絕對值加總計算之。比較標的加權數應依不動產估價技術規則第二十七條規定：「不動產估價師應採用三件以上，經前條檢討後之比較標的之試算價格，考量各比較標的與勘估標的價格形成因素之相近程度，決定勘估標的之比較價格，並將比較修正內容敘明之。」決定的「價格形成因素之相近程度」的衡量判斷，可以「調整率絕對值加總」（即將情況、價格日期、區域因素及個別因素各細項調整率取絕對值加總）作爲依據，百分率絕對值加總越多者，權數越少，唯宜另配合蒐集資料可信度及估價種類條件差異綜合決定。

2.年總收入推估

〔説明〕：年總收入，指價格日期當時勘估標的按法定用途出租或營運，在正常情況下所獲得之租金或收入之數額。推估時請按地上樓層、地下車位及其他收入來源合計。各樓層租金收入推估並請考慮樓層別效用比計算，並應考慮押金運用收益。

3.有效總收入推估

〔説明〕：推算閒置及其他原因所造成之收入損失，以總收入扣除收入損失後之餘額為勘估標的之有效總收入。

4.總費用推估

〔説明〕：請依不動產估價技術規則規定詳加計算填載。

5.淨收益推估

〔說明〕：請依不動產估價技術規則規定詳加計算填載。

6.收益資本化率推估

〔說明〕：請依不動產估價技術規則規定詳加計算填載。

7.收益價格評估

〔說明〕：請依不動產估價技術規則規定詳加計算填載。

(二)收益法之折現現金流量（DCF）分析評估過程

1.分析期間假設

〔說明〕：請依信託契約或租約內容分析判斷。

2.有效總收入分析

〔說明〕：請依不動產估價技術規則規定詳加計算填載。

3.年總費用推估

〔說明〕：請依不動產估價技術規則規定詳加計算填載。

4.折現率推估

〔說明〕：請依不動產估價技術規則規定詳加計算填載。

5.期末處分價值推估

〔說明〕：如係依據不動產證券化條例第二十二條及第三十四條規定出具之估價報告書，則應另估計現金流量分析最後不動產處分價值，並扣除處分成本及土地增值稅賦。

如係依據不動產證券化條例第八條及第三十一條出具之「信託財產預期收益之評價方法、評估基礎及專家意見」，則應針對信託期間之現金流量進行分析，對於無法確認之租約條件部分，並應採用敏感度分析或模擬分析進行評估。

(三)比較法評估過程

1.比較價格評估

(1)比較標的條件表

(2)勘估標的與比較標的區域因素比較表

(3)勘估標的與比較標的個別因素比較表

(4)勘估標的與比較標的區域因素調整表

(5)勘估標的與比較標的個別因素調整率表

(6)勘估標的與比較標的的總調整率表

〔說明〕：以上各比較表，請比照前述各種比較表格式及應配合事項填載，並視需要分別比較地面層及基準層（可為第四層）之價格。

2.車位價格評估

〔說明〕：應分不同種類及不同樓層車位單價推估。

3.各樓層價格推估

(1)樓層別效用比決定

〔說明〕：依不動產估價技術規則第九十一條規定，區分所有建物之估價，應就專有部分、共用部分之比例及基地權利合併估價，並考量其與比較標的之樓層別效用比及位置差異作適當之調整。其中樓層別效用比應由不動產估價師公會全國聯合會按不同地區公告之，未公告前依市場行情及地方習慣推估之。請參考下表推估各樓層價格。

門牌	面積（坪）	個別條件	效用比

(2)各樓層價格決定：依決定之樓層別效用比評估。各樓層價格如下表：

門牌	面積（坪）	效用比	單價（元／坪）	總價（元）

(四)成本法評估過程

1.土地成本價格

〔説明〕：依不動產估價技術規則第六十五條第二項規定，土地成本價格之求取如有困難，得以比較價格或收益價格替代之，並於估價報告書中敘明。請視實際情況估計土地成本價格、比較價格或收益價格。

2.建物成本價格

〔説明〕：本項針對勘估標的包含建物者計算。

(五)土地開發分析法評估過程

1.勘估標的可建築總樓地板面積分析

(1)勘估標的個別條件分析

〔説明〕：請填明勘估標的臨路情形、寬度、深度、面寬、基地形狀及地勢狀況等基本資料。

(2)建築相關法規限制

〔説明〕：請參酌建築技術規則等相關法規敘述。

(3)可建總樓地板面積推估

依上述之土地使用管制規定，參考建築技術規則推估可能最大樓地板面積如下：

甲、興建樓層數：＿＿＿＿＿＿＿＿＿＿＿＿＿＿。

乙、地面層面積：＿＿＿＿＿＿＿＿＿＿＿＿＿＿。

丙、主建物面積：＿＿＿＿＿＿＿＿＿＿＿＿＿＿。

丁、附屬建物及梯廳面積：＿＿＿＿＿＿＿＿＿＿。

戊、地下室面積：＿＿＿＿＿＿＿＿＿＿＿＿＿＿。

己、屋頂突出物面積：＿＿＿＿＿＿＿＿＿＿坪。

庚、平面停車位：＿＿＿＿＿＿＿＿＿＿＿位。

〔説明〕：以上數據結果宜填寫計算式供校核。

2.總銷售金額評估

(1)近鄰地區預售價格分析

〔説明〕：請參考比較法相關比較表進行預售價格分析。

(2)依上述比較個案，推估目前該基地若推出純辦公大樓產品市場價格評

估如下：

甲、地面層單價約：＿＿＿＿＿＿＿＿＿＿＿＿元／坪。

乙、二樓以上各樓層單價約：＿＿＿＿＿＿＿＿＿＿元／坪。

丙、平面式停車位單價約：＿＿＿＿＿＿＿＿＿＿元／個。

丁、機械式停車位單價約：＿＿＿＿＿＿＿＿＿＿元／個。

(3)總銷售金額推估

〔說明〕：依不動產估價技術規則第七十二條，開發或建築後預期總
銷售金額應按開發或建築後可銷售之土地或建物面積乘以推定之銷售
單價計算之。可銷售面積中如各部分之銷售單價不同時，應詳列各部
分之面積及適用之單價。銷售單價應以比較法或收益法求取之。

3.各項成本費用推估

〔說明〕：請依不動產估價技術規則規定詳加計算填載。

4.推估土地開發分析價格

〔說明〕：請依不動產估價技術規則規定詳加計算填載。

三、價格決定理由

〔說明〕：應依不動產估價技術規則第十五條規定：「不動產估價師應就
不同估價方法所獲得之價格進行綜合比較，就其中金額偏高或偏低者重新檢
討。並視不同價格所蒐集資料可信度及估價種類條件差異，考量價格形成因素
之相近程度，決定勘估標的價格，並將決定理由詳予說明」。

四、價格結論

新臺幣＿＿＿＿＿＿＿＿元。

CHAPTER 16

後工業化的企業連鎖經營

前言

工業發展的過程是艱苦的，同時也一定會遭遇到若干困難，如土地取得、資金融資（不動產抵押貸款）、CAM、CPM、商圈規劃、市場開拓、技術引進、法令合法化及規範。

因此，三級產業的演化是必然的，農業、製造業、工業，也由於有這種演化，工業體制下的企業才能更具發展和競爭力。

臺灣的現況

臺灣的加盟連鎖市場因為發展得相當快，近十五年下來，連鎖店從一千多家發展至今已超過三萬五千家，擴展到三百多個行業。

以攸關國家重大發展之不動產仲介業來說，法令制度已趨於完備，但誠如前述，間接資訊的提供因為缺乏專業化的認知，因而削弱了整體競爭力。而從企業連鎖法令面觀之，早期的加盟體系如同房屋預售屋合約一樣，要簽約當日才能公諸於世，如今加盟體系已有公平交易法予以保障。另外，民法的部分，企業加盟尚須注意事項如下：

(一)雙方互為債務人，雙方關係包括債權承擔以及債務讓與。

(二)債權原則上可以任意讓與。

(三)債務承擔部分，必須得到債權人同意。

⚙ 加盟連鎖指標

⌕ 專業特性

1.專業背景

　　食、衣、住、行、育、樂各有其專業背景，均強調理論與實務並重。

2.企業形象與知名度

　　一個強調人文科技的電子產業，相信其在社會地位的評價是受到肯定的。

3.工業技術引進

　　技術創新的建立是任何一連鎖企業免不了的，如最近房屋仲介業所引進的 PDA 系統。

時事補充

不動產連鎖經營之研究

　　連鎖體系在臺灣的發展，最早始於民國 23 年成立的義美食品，該公司於民國 39 年開設第二家分店，但在 60 年代以前，主要是屬於多店經營，還說不上是真正的連鎖經營，直到民國 68 年，統一企業與美國南方公司合作，引進了 7-11 便利商店系統，73 年麥當勞登陸成功後，帶動了連鎖經營的風潮。

　　過去連鎖體系大多在探討其經營型態、經營策略、商店印象、店址選擇及在通路理論上的實證，對於已被組織管理學者大量運用的網路分析理論，則較少在連鎖體系中提及。房仲業連鎖體系中，總部與單店經營知識如何傳遞及各類型網路所具備之特色，共有下列三個研究主題：

(1)連鎖體系合作網路類型為何？可用哪些網路效標來衡量網路成員彼此間的關係及所代表涵義？

(2)各類型連鎖體系合作網路運作之比較。

(3)各類型連鎖體系經營知識移轉、擴散情形之比較。

　　　　　　　　　　　　　　　　　　　（參考李韋達、胡哲生博士之專題研究）

時事補充

加盟房仲連鎖，極富獲利潛力

　　國內房地產市場歷經多年來的走跌趨勢，房價已落入谷底盤整的階段，不過，由於購屋族群逢低進場，房市儘管價跌卻量不縮，成屋市場的交易量依舊維持穩定，去年以來，全臺房屋移轉件數突破三十四萬件，甚至有逆勢成長的趨勢，因此帶動了不動產仲介行業的蓬勃發展。

　　由於成屋市場穩定成長，加上國內近年來民眾使用仲介服務的習慣逐漸成熟，因此，房仲系統至今也都趁著市場復甦，加快招募加盟的腳步，整體品牌化的房仲市場，今年預估還有上百家的成長空間，因此，對擁有不動產市場專業知識，以及充沛資金的創業民眾來說，加盟不動產仲介行業，是一個極富獲利潛力的選擇。

　　房屋仲介業具有資金及專業的雙重跨入門檻，除了須準備一筆為數約百萬元的開店資金、經營團隊的組成，更必須要有不動產的專業與經驗，投資者最好對區域房地產市況有相當程度的了解。

　　國內消費者對仲介服務的使用需求，已逐漸趨於成熟，加上不動產經紀人條例實施之後，對於仲介業的規範更趨於嚴格，購屋民眾權益也能獲得更充分的保障，都提高了使用房仲服務的意願，以北部都會區為例，目前半數以上購屋者，都是透過仲介業者完成交易。

　　有心投入仲介行業的創業者，應進行長期的規劃，若過去並無相關的不動產買賣經驗，最好則是先進入大型連鎖仲介品牌，學習並熟悉不動產交易的相關法規，充分掌握仲介行業的交易型態，建立區域市況的基本了解和必要人脈，二到三年之後，有了合適的創業夥伴，建立了團隊和班底，再進入實際創業的開店階段也不遲。

（尤子彥，《中國時報》，民92.5.27）

歷史軌跡

1.客層分析

最直接的，莫過於客戶年齡層的分析，如紅茶店的年齡層約為十歲～三十五歲；房屋仲介業的年齡層約為四十歲以上等。

2.客層深耕

企業加盟者必須隨時注意客戶的需求及滿意度，因應需求的變化而訂定不同的策略。

經營管理品質

品質即素質，從業人員的品質代表了整個企業形象，如同不動產仲介人員、估價師素質良莠不齊，同一種證照，二種資格考試，影響企業形象甚大。

從業人員的素質很難透過標準化來認定，因此學理上、質化上的研究，較量化研究多。

經營管理績效

與管理績效最直接的，即是企業連鎖店數、營業額、獲利率是否積極成長，同時商圈的規劃、立地條件的分析，也是評量經營管理績效最佳的詮釋。

總之，加盟連鎖雖是二十一世紀快速成長的事業，但並不表示加盟任何連鎖體系均可高枕無憂；相反地，眾多的加盟辦法，稍一輕忽，即易失足，唯有在簽證前小心謹慎，才可使企業連鎖的風險降至最低。

連鎖區位因素之量化表

區位因素	量　化　變　數
基　　地	1.營業面積
	2.店面坪數
	3.土地使用分區
	4.周圍環境是否便於裝貨、卸貨

（續前表）

區位因素	量　化　變　數
競　　合	1.商圈內同性質的商店 2.商圈內同性質且為競爭對手之商店 3.商圈內大型設施家數
交通動線	1.道路寬度 2.公車客運路線數
可及性	1.與大型設施之距離 2.店址與公車站、火車站之距離 3.街角地（三角窗）之距離
固定成本	1.店面租金 2.裝潢費用 3.總銷售額（因變數）
人　　口	1.人口總數 2.人口密度 3.人口成長 4.消費者年齡 5.平均消費額度
可見性	1.商品陳列種類 2.基地可見性 3.店內購物動線
經營管理	1.是否為直營店 2.專職比例 3.營業時間

（參考朝陽大學財金系二技進修部 B 班 92 期中報告）

結論

　　工業化體制下的制度經濟學已越來越會影響企業連鎖經營，因為財富、知識、技術及其他社會商品仍被目前資本主義的社會評論中。適當的市政有助於未來改善都市機能，都市機能越好，企業經營越能獲利；同時，都市人口成長越快，企業連鎖速度也就越快，而藉由控制鄉村移入城市的人口及鼓勵降低生育率，可有效降低都市人口壓力，此時企業經營的點便可有效控制。

　　市府（都市）財政越充足，則代表都市的稅收越快，稅收包括土地增值稅、房屋稅、地價稅、契稅、營業稅等，與企業經營直接有關的便是稅收，因

此稅收越多，代表此都市企業經營越能獲利，所以有越來越多的人認同城市的成長是不可避免的。而企業乃私部門領域，如何能加強政府及非政府組織的力量，也是城市管理不可忽視的一部分。

政府部門強調的是知識與權力的交互作用，企業經營亦是如此，唯有沒有能力的人與知識缺乏的人，才能使企業無法有效經營，政府更是如此。企業經營較喜歡在都市中創新產品，因為在鄉下的產品受到支配而無法轉讓。

企業利潤、價值的確認，必須要經過整個合理的演算及適當的探討才能制定，因為價值（格）的規定應建立於客觀的立場上，企業評估利潤亦是如此。

時事補充

未來連鎖，及早規劃

未來連鎖經營廣及各行業，將朝下列產業類別擴展，有意投入的企業，宜及早準備及規劃：

1.與科技結合的 3C 產業：包括家電、通訊、資訊等業別。

2.與建材及五金相關材料之零售。

3.綜合零售業：內含百貨、超市、便利商店、量販店。

4.餐飲業：包括中西餐、速食小吃、飲料店、餐盒、啤酒屋等。

5.與汽車相關之行業：如汽車零售、汽車修理保養、零件銷售。

6.食品飲料業：包括菸酒、食用油、西點麵包、糖果、茶葉等。

7.事務性機器設備零售業。

8.服務業。

9.不動產業及家具業。

10.工商服務業。

11.休閒旅遊業。

12.健康醫藥業。

（參考自邱義城，中廣新聞網）

時事補充

綠色建築

在臺灣，創投產業發展模式似不宜朝土地發展，因地狹人稠，唯使用強度的發展較可行，以綠色環保的建築概念為指標。

在善用太陽能電池面板以自行發電供電，再採用高效率能源管理系統與水資源再生（recycling）科技後，新世代的綠色建築比起傳統建築，可以使用減低 35% 的耗電，同時減少高達 50% 的用水量，真正達到減輕地球資源耗損的目標。此外，綠色建築更可提高居住品質，並增加房地產價值。

·環境	· consumes less natural resources 消耗較少的自然資源 · protects air, water , biodiversity 保護空氣、水資源、生態的多樣性
·健康、安全	· enhances occupant comfort 提高居住舒適度 · improves indoor air quality 改善室內空氣品質
·社區	· eases strain on local infrastructure 減緩對當地基礎設施的壓力 · improves quality of life 改善生活品質
·經濟	· increases productivity 提升生產力 · improves property value 提高房地產價格

資料來源：Trane 公司。

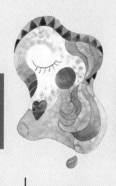

APPENDIX

範例解析與最新法條

APPENDIX 1

範例解析（國家高普考適用）

第一部分　選擇範例暨解析（包括複選）

第二部分　申論範例暨解析

第一部分　選擇範例暨解析（包括複選）

1. （ C ） 不動產價值中，使用價值係指： (A)買賣 (B)交換 (C)租賃 (D)繼承。

2. （ C ） 不動產之所以會產生價值，係指： (A)需要 (B)有土斯有財 (C)稀少性 (D)不移動性原因。

3. （ A ） 不動產價值中，交換價值係指： (A)買賣 (B)租賃 (C)贈與 (D)以上皆非。

4. （ D ） 以下哪一項不為不動產估價重要性？ (A)規定地價 (B)課稅 (C)貸款 (D)設定抵押。

5. （ B ） 不動產估價人員應具備下列哪一要素？ (A)挑撥離間 (B)判斷推理 (C)跟蹤能力 (D)主觀意見及知識。

6. （ B ） 形成不動產估價不包含下列哪一因素？ (A)一般因素 (B)情況因素 (C)個體因素 (D)區域因素。

7. （ A ） 經濟因素中不包含下列哪一項目？ (A)公共設施發展程度 (B)物價狀況 (C)稅捐狀況 (D)財政及貨幣政策。

8. （ AB ） 形成不動產價格因素中，經濟因素包括下列哪一項？ (A)物價水準 (B)產業升級 (C)人口 (D)區位好壞。

9. （ A ） 形成不動產價格之因素，包括下列哪一項目？ (A)地勢高低 (B)建築自然外觀 (C)交通可及性 (D)規劃坪數。

10. （ D ） 形成不動產價格之社會因素，不包含下列哪一項目？ (A)家庭構成及世代分離 (B)教育及社會福利 (C)不動產交易資訊 (D)所得狀況。

11. （ BC ） 形成不動產價格中之區域因素中之工業區所考慮因素，下列哪一項目中較不包括？ (A)主要、次要道路 (B)街道之寬度 (C)都市土地及非都市土地 (D)工業用水。

12. （ A ） 形成不動產價格中，區域因素所考量之住宅區因素，哪一項較不包括： (A)地勢、地形狀況 (B)法規 (C)接近文教機構 (D)公共設施之狀況。

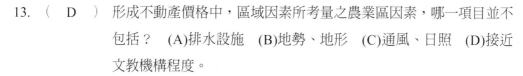

13. （　D　）　形成不動產價格中，區域因素所考量之農業區因素，哪一項目並不包括？　(A)排水設施　(B)地勢、地形　(C)通風、日照　(D)接近文教機構程度。

14. （　D　）　形成不動產價格中，個體因素所考量之住宅區因素，下列哪一項目較不包括？　(A)嫌惡設施　(B)生活機能健全　(C)區位、風向　(D)消費者適合性、流動性。

15. （　D　）　形成不動產價格中，個體因素所考量之農業區因素，下列哪一項目較不包括？　(A)雨水、日照狀況　(B)水沖、砂壓等狀況　(C)道路破壞　(D)嫌惡設施。

16. （　D　）　所謂情況補正，係指下列哪一情形？　(A)不動產損壞　(B)供水遭破壞　(C)道路破壞　(D)親友間買賣。

17. （　C　）　所謂試算價格，係指以哪一方法求得？　(A)原價法　(B)成本法　(C)三種估價方法合併　(D)市價比較法。

18. （　B　）　經濟耐用年數為何較物理耐用年數短，其原因為何？　(A)勘估標的使用年限短　(B)勘估標的與區位之環境不適應化　(C)人們買不起房子　(D)物理耐用年數較長，乃勘估標的構造建材較強。

19. （　B　）　不動產估價原則中之均衡原則，係指哪一均衡？　(A)價格　(B)生產要素　(C)建材　(D)區位均衡。

20. （　D　）　形成不動產價格有幾項原則？　(A)十一　(B)十　(C)八　(D)十二。

21. （　D　）　所稱替代原則，係指不動產具有：　(A)不增性　(B)不移動性　(C)不變性　(D)異質性。

22. （　C　）　最有效使用原則，係指哪二項原則搭配？　(A)變動、替代　(B)均衡、替代　(C)均衡、適合　(D)貢獻、適合　原則。

23. （　C　）　收益分配原則，係指剩餘歸於何者？　(A)勞工　(B)企業家　(C)土地　(D)銀行。

24. （　B　）　所謂競爭原則，通常是指：　(A)價格　(B)租金　(C)區位　(D)生產要素。

25. （　D　）　所謂需要供給原則，係指：　(A)特定價格　(B)限定價格　(C)查定

價格　(D)市場價格。

26. （　A　）　所謂價格日期，又稱：　(A)估價期日　(B)價格期日　(C)估價日期　(D)標的期日。

27. （　D　）　不動產估價程序中，估價目的較不包括：　(A)投資　(B)貸款　(C)資產重整　(D)出租。

28. （　C　）　下列哪一程序乃為外業動作？　(A)確定勘估基本事項　(B)擬定勘估計畫　(C)申請及蒐集資料　(D)整理、比較、分析資料。

29. （　B　）　決定勘估標的價格，係指：　(A)市場價格　(B)試算價格　(C)查定價格　(D)限定價格。

30. （　C　）　估價是一門科學，也是一門：　(A)美術　(B)印象　(C)藝術　(D)知識。

31. （　C　）　不動產估價資料種類，下列哪一項並不包括？　(A)確認資料　(B)因素資料　(C)文件資料　(D)實例資料。

32. （　A　）　原價法，又稱：　(A)成本法　(B)重量價格法　(C)觀察法　(D)以上皆非。

33. （　D　）　求取重新建造成本之方法，以下哪一項目並不包括？　(A)直接法　(B)平方尺法　(C)立方尺法　(D)觀察法。

34. （　B　）　折舊原因，以下哪一項目並不包括？　(A)物理　(B)心理　(C)機能　(D)經濟　因素。

35. （　B　）　以下哪一方法是將勘估標的每年所提列之折舊額儲存，並按一定利率複利計算？　(A)直接法　(B)償還基金法　(C)成本法　(D)定率法。

36. （　C　）　市價比較法中，求取勘估標的價格是以：　(A)成本　(B)所得　(C)比較　(D)以上皆非　方式。

37. （　A　）　市價比較法之特性，係指：　(A)替代原則　(B)供需原則　(C)一般原則　(D)均衡原則。

38. （　A　）　市價比較法中，情況補正中所指交易時有特別動機者，係指：　(A)急買或急賣　(B)脫產　(C)倒會　(D)親友間買賣。

39. （　ABC　）　市價比較法中，資料取得對象，係指：　(A)法院　(B)代書　(C)銀

行 (D)報紙。

40. (A) 收益還原法中，所求得之價格，係指： (A)收益 (B)價格 (C)市場 (D)查定價格。

41. (C) 純收益一般是以： (A)月間 (B)季間 (C)年間 (D)半年 為期間單位。

42. (B) 資本還原利率又稱： (A)年利率 (B)折現率 (C)存款利率 (D)放款利率。

43. (B) 租金價值分新訂租金、續訂租金，前者係指： (A)舊客戶 (B)新客戶 (C)老客戶 (D)女性客戶。

44. (C) 將房地一體之純收益減去一建物純收益，所求得土地純收益，係指： (A)建物殘餘法 (B)建物貢獻法 (C)土地殘餘法 (D)土地貢獻法。

45. (D) 拆算房地一體之價格時，如將超額利潤以極大比例或全部分配建物時，稱為： (A)土地貢獻 (B)聯合貢獻 (C)房地一體貢獻 (D)建物貢獻。

46. (D) 一般指收益無限期，係指土地耐用年限運用至： (A)六十年以上 (B)損壞為止 (C)地籍消滅 (D)∞為止。

47. (D) 收益定期有期限方式，如 Hoskold 是以： (A)原價法 (B)定額法 (C)定率法 (D)償還基金法 求得折舊率。

48. (D) 租金價值中，收益分析法是以： (A)原價法 (B)定額法 (C)純收益法 (D)收期還原法 之延伸。

49. (A) 租金價值中，收益分析法之求取收益是指： (A)一般企業經營之純收益 (B)租賃純收益 (C)押金純收益 (D)權利金純收益。

50. (C) 租金價值中，積算法乃以： (A)利益 (B)租金 (C)成本 (D)期待利潤方式 求取租金。

51. (B) 租金價值中，續訂租金是由於市場受到限制，乃屬： (A)收益租金 (B)限定租金 (C)法定租金 (D)以上皆非。

52. (B) 續訂租金中之差額分配法所求取勘估不動產之實質租金，係指： (A)法定租金 (B)經濟租金 (C)收益租金 (D)分配租金。

53. （ D ） 路線價之特色，乃較常運用於： (A)農地上 (B)山坡地上 (C)林地上 (D)繁榮街道。

54. （ D ） 4321、9876 法則，乃是： (A)英國 (B)日本 (C)新加坡 (D)美國 較常運用之法則。

55. （ B ） 梯形之路線價計算，是以： (A)寬度 (B)高度 (C)兩邊高度 (D)左邊＋右邊寬度÷2 為其標準深度。

56. （ A ） 正三角形之標準深度，是以： (A)高度二分之一 (B)寬度二分之一 (C)上度＋下底×高÷2 (D)上底＋下底×高度 為其標準深度。

57. （ C ） 雙面臨街之土地，有關路線價計算，以臺灣省規定街廓縱深乃以： (A)十八公尺以下 (B)二十公尺以下 (C)二十六公尺以下 (D)四十公尺以下 為中間線分前後兩部分。

58. （ C ） 路角地，是指： (A)道路兩邊之土地 (B)道路中間靠右邊之土地 (C)十字路口之土地 (D)以上皆是。

59. （ B ） 路角地計算，是以縱橫臨街線交叉點： (A)4 (B)4.5 (C)4.7 (D)4.8 公尺為一級距。

60. （ A ） 所謂標準田法，是指： (A)農地 (B)建地 (C)林木用地 (D)溫泉用地。

61. （ B ） 工業用地估價，一般來說，乃： (A)收益分析法 (B)市價比較法 (C)原價法 (D)償還基金法 為主。

62. （ C ） 所謂住宅預備地估價，乃估： (A)開發中地價 (B)開發後地價 (C)開發前地價 (D)宅地化比率 之面積。

63. （ B ） 所謂成熟度修正，係指： (A)大樓完工修正率 (B)公共設施完備程度修正 (C)工程費用修正 (D)交通可及性修正。

64. （ CD ） 收益還原法中，較常運用於： (A)住宅 (B)工業 (C)商業 (D)農業 用地中。

65. （ C ） 山坡地估價，係指土地坡度超過： (A)2% (B)10% (C)5% (D)15% 之土地。

66. （ D ） 山坡地估價，係指高度超過： (A)五十 (B)二百 (C)三百 (D)

一百　公尺之土地。

67.　（　D　）　山坡地估價，可運用於：　(A)農地　(B)溫泉地　(C)林業用地
(D)宅地預備地　上。

68.　（　C　）　宅地化比率，一般都介於：　(A)50%～60%　(B)30%～40%
(C)70%～80%　(D)90%～100%　之間。

69.　（　B　）　地下鐵補償，係指：　(A)徵收補償　(B)損害補償　(C)現金回收補
償　(D)以上皆是。

70.　（　B　）　地下鐵造成之傷害，下列何者較不嚴重？　(A)地面建築　(B)鄰地
(C)地下利用　(D)建物平面以上空中及地下室底層以下土地之傷
害。

71.　（　A　）　地上權估價原則，下列何者為非？　(A)乃估正常合理租金　(B)租
金固定　(C)租金以公告地價5%收取　(D)乃估權利金。

72.　（　C　）　區分地上權估價與地上權估價方法，最大差異在於：　(A)市價比
較法　(B)價格比率法　(C)樓層別效用比率法　(D)設定實例比較法
之不同。

73.　（　C　）　高壓電估價，造成減價原因，以下何者較不包括？　(A)嫌惡設施
(B)電波干擾　(C)電波過強　(D)土地未充分有效利用。

74.　（　B　）　估高壓電估價時，高壓電下之土地，稱線下地，所造成之減價率，
一般是以：　(A)40%　(B)50%　(C)20%　(D)30%　為上限。

75.　（　AB　）　高壓電下之土地，所造成減價額原因，包括：　(A)高壓電種別
(B)區位　(C)風向　(D)日照　加以分析。

76.　（　C　）　線下地（高壓電下之土地）以外之土地，減價率所考量因素，為下
列哪一項？　(A)視野不佳　(B)區位不佳　(C)費用增加額　(D)以
上皆是。

77.　（　D　）　線上地之減價率，下列何者非考量因素？　(A)線下地受到禁止建
築限制　(B)嫌惡設施　(C)擔保價值降低　(D)風向、日照。

78.　（　A　）　高壓電估價求素地價格時，運用到情況補正、期日修正是以下哪一
方法？　(A)市價比較法　(B)收益還原法　(C)原價法　(D)價格特
徵法。

79. （ B ） 兩高估價中，除高壓電估價外，另一為：　(A)高樓估價　(B)高爾夫球場估價　(C)高架橋估價　(D)以上皆是。

80. （ B ） 一般計算高爾夫球場，不包括下列哪一項？　(A)通路　(B)俱樂部　(C)球道　(D)練習場。

81. （ C ） 估高爾夫球場，一般較常以：　(A)利率法　(B)推算法　(C)原價法　(D)觀察法　來估。

82. （ A ） 土地重劃估價方法中之路線價係數，此係數是以哪些係數為主要考量，下列何者為非？　(A)區位、氣候係數　(B)宅地係數　(C)接近係數　(D)街道係數。

83. （ C ） 土地重劃估價方法中之街區評價法，乃為：　(A)總價　(B)淨額　(C)單價　(D)面積　之觀念。

84. （ A ） 區段價法，較常運用在：　(A)鄉下農地　(B)繁榮街道　(C)商業辦公大樓　(D)山坡地。

85. （ C ） 區段價法，較未考量：　(A)區域因素　(B)情況補正　(C)個別因素　(D)期日修正。

86. （ B ） 區段價法有其缺失，可以：　(A)原價法　(B)標準宗地制度　(C)標準田地　(D)迴歸分析法　來取代。

87. （ D ） 所謂迴歸分析法中，a_1、a_2、a_3 乃代表：　(A)價格　(B)常數　(C)截距項　(D)迴歸分析法　來取代。

88. （ D ） 不動產金融估價，係以設定：　(A)地上權　(B)典權　(C)截距項　(D)變數（特徵）。

89. （ C ） 金融業特性，下列何者較不包括？　(A)保守性　(B)安全性　(C)開放自由性　(D)確實性。

90. （ A ） 金融估價所指扣除稅後、折舊予以乘上貸放成數，所求得價格，係指：　(A)查定價格　(B)市場價格　(C)特定價格　(D)限定價格。

91. （ B ） 公告地價，宜接近：　(A)市價　(B)收益地價　(C)特定價格　(D)查定價格。

92. （ C ） 公告地價，乃主要為課徵：　(A)土地增值稅　(B)契稅　(C)地價稅　(D)房屋稅　之依據。

93. （ D ） 申報地價乃以公告地價之： (A)30% (B)40% (C)50% (D)20% 作爲增減。

94. （ B ） 爲何要作土地重劃估價，以下何者爲非？ (A)計算公共設施及費用負擔 (B)爲繳交政府權利金 (C)土地分配差額地價計算 (D)抵費地標售價格依據。

以下之部分，資料參考來源：

　　1.林正祥，《不動產概要》，千華出版社，1999，pp. 307～353。

　　2.臺北市不動產鑑定商業同業公會，《鑑定論壇》，1998～2000。

➪ 「檢定範例暨解析」（包含複選題在內）

1. （　D　）設 r_1 代表土地之利率，r_2 代表建築物之利率，r 代表綜合還原利率，則三者之關係為：　(A)$r_1 > r_2 > r$　(B)$r > r_1 > r_2$　(C)$r_1 > r > r_2$　(D)$r_2 > r > r_1$　(E)$r > r_2 > r_1$。

2. （　B　）以合併為前提之下所求取價格，稱為：　(A)正常價格　(B)限定價格　(C)特殊價格　(D)移轉價格　(E)交換價格。

3. （　C　）某一層樓之房地產總價減去房價，其餘額稱為：　(A)地價　(B)持分地價　(C)基地使用權價格　(D)樓層效用比　(E)地價分配率。

4. （　B　）如果甲地上面有建築物存在，但要將其視為素地來估價，這種情形稱為：　(A)土地估價　(B)獨立價值　(C)部分價值　(D)分割估價　(E)素地價值。

5. （　A　）求取建築物折舊額最常用的方法是：　(A)定額法　(B)定率法　(C)償還基金法　(D)觀察法　(E)愛沙法。

6. （　E　）與市價比較法關係最密切之估價原則為：　(A)競爭原則　(B)貢獻原則　(C)預測原則　(D)適合原則　(E)替代原則。

7. （　D　）運用收益還原法估價時，用以還原之收益：　(A)總收益　(B)一年之總租金　(C)一個月之租金　(D)一年之純收益　(E)一年之租金加利息。

8. （　A　）建築物與基地合成一體出租，但要單獨求取地價，其方法可運用：　(A)土地殘餘法　(B)建築物殘餘法　(C)分配法　(D)差額租金還原法　(E)買賣實例比較法。

9. （　C　）運用原價法估計建築物價格時，如採定額法折舊，則求取建築物之公式如下：$P = [1 - (1 - r)n \div N]$ 代表：　(A)物理耐用年數　(B)法定耐用年數　(C)經濟耐用年數　(D)經過年數　(E)殘餘年數。

10. （ C ） 估計建築物因經濟因素造成的折舊額，通常要使用： (A)定額法 (B)定率法 (C)觀察法 (D)耐用年數法 (E)償還基金法。

11. （ E ） 如果同一估價標的物，還用於收益還原法、市價比較法、原價法估價結果所得到的價格有相當差距時，其估價額之決定方法如何？ (A)採取平均值 (B)取中間值 (C)重新估價 (D)請公司老闆決定 (E)看哪一種方法最可靠並斟酌其他二種方法之價格決定之。

12. （ABCD） 運用買賣實例比較法估計地價時，進行期日修正，通常要採用： (A)物價指數 (B)地價指數 (C)建築物材料價格指數 (D)房地產價格指數 (E)由估價師自行判斷之指數。

13. （ C ） 所謂折舊前之收益，指： (A)全新建築物之收益 (B)不必折舊房地產收益 (C)未扣除折舊費之收益 (D)已經扣除折舊費之收益 (E)不曾產生折舊費之收益。

14. （ B ） 以土地殘餘法來估計土地價格時，如因採用折舊前的收益，則應當採用哪一項計算公式？ (A)$L = (a - Br_2) \div r_1$ (B)$L = a - B(r_2 + d) \div r_1$ (C)$L = a - B(r_1 + d) \div r_2$ (D)$L = (a - Br_1) \div r_2$ (E)$L = (a - Lr_1) \div (r_2 + d)$。

15. （ A ） $1 \div (1 + r)^n$ 是下列哪一種之計算公式： (A)複利現價率 (B)複利年金現價率 (C)複利終價率 (D)複利年金終價率 (E)本利均等償還率。

16. （ C ） 如果某甲將其房屋賣給其弟弟，其價格為 1,000 萬元，但經判斷這比正常價格便宜二成，則請問正常價格為多少？ (A)1,200 萬元 (B)800 萬元 (C)1,250 萬元 (D)1,020 萬元 (E)980 萬元。

17. （ C ） 如果純收益為 500 萬元，還原利率為 5%，請問收益價格是多少？ (A)3,500 萬元 (B)1,000 萬元 (C)1 億元 (D)100 萬元 (E)10 億元。

18. （ C ） 假設民國 86 年之名目利率為 6.5%，當年之物價指數為 103%，請問當年之實質利率是多少？ (A)3.5% (B)6.35% (C)6.31% (D)9.5% (E)6.2%。

19. （ D ） 樓房中同一層樓可能分成幾戶，如果各戶對外之視野景觀不同，則

應該以哪一種比率來調整其價格？ (A)樓層別效用比率 (B)地價分配率 (C)土地持分比率 (D)部分別效用比率 (E)樓地板面積比率。

20. （ A ） 臺灣省採用路線價法估價時，採用之標準深度為多少？ (A)18 公尺 (B)20 公尺 (C)23 公尺 (D)100 呎 (E)五間。

21. （ B ） 下面哪一種計算折舊之方法又稱為直線法？ (A)定率法 (B)定額法 (C)償還基金法 (D)耐用年數法 (E)觀察法。

22. （ C ） 讓折舊提存金加上利息等於本金複利折舊方法稱為： (A)定額法 (B)定率法 (C)償還基金法 (D)耐用年數法 (E)觀察法。

23. （ B ） 有收益年限之不動產，計算其收益價格之公式為何？ (A)$P = a/r$
(B)$P = a \times [(1+r)^n - 1]/[r(1+r)^n]$ (C)$P = a \times [r(1+r)^n]/[(1+r)^n - 1]$
(D)$P = a \times [(1+r)^n - 1]/r$ (E)$P = a \times 1/(1+r)^n$。

24. （ A ） 所謂收益倍數法，又稱： (A)購買年法 (B)收益還原法 (C)市價逆算法 (D)成本法 (E)差額租金還原法。

25. （ A ） 所謂耐用年數有物理耐用年數與經濟耐用年數之分，如前者以 A，後者以 B 代表，則二者關係如何？ (A)$A > B$ (B)$A = B$ (C)$A < B$ (D)看使用狀況而定 (E)二者沒有關係。

26. （ AE ） 下列哪些因素屬於影響地價之一般因素？ (A)利率 (B)位置 (C)道路寬度 (D)土地形狀 (E)土地政策。

27. （ ABC ） 運用買賣實例比較法估價時，所應用之買賣實例應具備哪些條件？ (A)使用性質相同 (B)買賣日期相近 (C)地點相近 (D)價格相同 (E)樓層相同。

28. （ABCDE） 為使不同的估價人員對同一標的之估價對象所評估之不動產價格不致發生太大差距，政府或估價公會應當建立何種資料？ (A)土地價格比準表 (B)地價指數 (C)估價應用表格 (D)土地估價技術規範 (E)建築物耐用年數表。

29. （ BCE ） 應用原價法估價時，如果估價師比較重視殘餘耐用年數，則可採用哪一公式？ (A)$P = C\{1 - (1 - r)n/N\}$ (B)$P = C\{1 - (1 - r)n/n + n'\}$
(C)$P = C\{1 - (1 - r)N - n'/N\}$ (D)$P = C(1 - n/N)$（但設 r 為 0）

(E)$P = C\{1 - (n/n + n')\}$ （但設 r 為 0）。

30. （ACD） 不動產估價之價格種類包括： (A)正常價格 (B)市場價格 (C)限定價格 (D)特定價格 (E)合理價格。

31. （ACDE） 正常價格應排除之條件為： (A)親友間之買賣 (B)權利金 (C)仲介費用 (D)特殊地段 (E)期待價格。

32. （ E ） 依需求導向訂定不動產價格時，又可分哪幾種訂價模式？ (A)依顧客別訂價 (B)依地域別訂價 (C)依產品別訂價 (D)依時間別訂價 (E)以上皆是。

33. （ A ） 學校用地的建蔽率為： (A)50% (B)60% (C)70% (D)80% (E)90%。

34. （ A ） 收益有期限下之不動產收益價格，應採用哪種複利公式計算方為要適？ (A)複利年金現價率 (B)複利現價率 (C)複利年金終價率 (D)複利終價率 (E)償債基金率。

35. （ C ） 根據臺灣現行路線價值方法，臨街地與裡地的界線為臨街起算多少公尺： (A)100 (B)50 (C)18 (D)80 (E)36。

36. （ B ） 土地及建築物產權資料應向何機關申請或閱覽： (A)營建署 (B)地政事務所 (C)戶政事務所 (D)建築管理課 (E)都市計畫課。

37. （ D ） 欲勘估對象地與案例地之間，若有土地改良程度不同，較適合運用哪種方法調整價格？ (A)分配法 (B)土地開發分析法 (C)推算法 (D)成本法 (E)比較法。

38. （ B ） 假設要求報酬率為 5%，投資 500 萬元購買某不動產為期尚存五年之地上權，若該地權之權利淨值每年為 120 萬元，試問本投資之淨現值若干？ (A)−195,372 (B)+195,372 (C)+5,372 (D)+95,372 (E)−96,372。

39. （ D ） 投資風險係指投資實際報酬和預期報酬之變化程度，試問下列何者不是不動產投資風險？ (A)流通風險 (B)業務風險 (C)通貨膨脹風險 (D)不可分割風險 (E)財務風險。

40. （ A ） 甲不動產年純收益永遠維持同一水準，每年為 60 萬元，若該類不動產之通行還原率為 4%，則甲不動產之價值為： (A)1,500 萬

(B)1,550 萬　(C)1,400 萬　(D)1,600 萬　(E)1,580 萬。

41. （　A　）土地還原利率為 3%，建物還原利率為 4.5%，建物剩餘壽命為二十五年，土地價值占不動產總價值的 60%，如以折舊後淨收益推估不動產收益價格時，應使用哪個收益率？　(A)3.6%　(B)11.5%　(C)7.5%　(D)7.6%　(E)5.2%。

42.（　B　）都市計畫圖中的黃色代表：　(A)工業區　(B)住宅區　(C)商業區　(D)農業區　(E)機關用地。

43. （　D　）下列何者非以評分法進行農地估價時的影響因子？　(A)經濟條件　(B)自然條件　(C)耕作狀態　(D)資金多寡　(E)日照。

44. （　C　）地價分析時之影響因素分析，除情況補正、時間因素修正、個別因素修正外，尚有：　(A)地點因素　(B)差異因素修正　(C)區域因素修正　(D)一般因素修正　(E)建物修正。

45. （　A　）由興建總樓地板而應附設之停車位，稱為：　(A)法定停車位　(B)獎勵停車位　(C)增設停車位　(D)地面停車位　(E)地下停車位。

46. （　D　）特定農業區之建築使用地應依法編定為：　(A)農牧用地　(B)水利用地　(C)丙種建築用地　(D)甲種建築用地　(E)丁種建築用地。

47. （　C　）下列何項設施之存在會使土地價值有減值之可能？　(A)學校　(B)公園　(C)垃圾場　(D)綠地　(E)道路開通。

48. （　D　）估計最終價格的評定方法為：　(A)加權平均　(B)中位數　(C)眾數　(D)反覆修正後依估價目的而定　(E)抽籤。

49. （　B　）土地開發分析法中，不動產之銷售價格應如何推定？　(A)按鄰房行情價格計算　(B)以市場資料比較法或收益資本化法推定　(C)以成本法推估　(D)以土地開發分析法推估　(E)以殘餘法或分配法推定。

50. （　C　）土地開發分析法中營建費用如何推估？　(A)以分配法求取　(B)以建物殘餘法求取　(C)以成本法求取　(D)以市場資料比較法求取　(E)以殘餘法或分配法推定。

51. （　D　）在何種情況之下，住宅或商業土地可以使用成本法評估其價值？　(A)缺乏土地交易資料可供比較時　(B)缺乏收益資料可供評估時

(C)勘估土地正好出售時　(D)土地經過施工改良或建築利用時　(E)以上皆是。

52.（　A　）住宅土地中，對大眾交通方便程度要求最輕的是：　(A)別墅住宅 (B)高級住宅　(C)中級住宅　(D)普通住宅　(E)以上皆是。

53.（　D　）使用市場資料比較法估價時，如何減少區域因素及個別因素調整時所可能產生的價格誤差？　(A)優先選擇隔棟或對街之案例　(B)優先選擇交易日期與價格日期最接近的案例　(C)優先選擇交易情況正常之案例　(D)優先選擇近鄰地區使用性質相近、個別因素類似之案例　(E)以估價標的以前的交易資料為案例。

54.（　BD　）社教機構、體育場所、機關及醫療設施機構用地的建蔽率為： (A)30%　(B)40%　(C)50%　(D)60%　(E)80%。

55.（　D　）6 公尺寬、40 公尺長的私設道路，應計入建築面積為：　(A)30 (B)60　(C)90　(D)40　(E)50。

56.（　B　）目前郊區的房地產現況是無效的供給，不能滿足：　(A)無效的 (B)有效的　(C)無用的　(D)生活的　(E)景氣的　需求。

57.（　C　）不動產之利用價值評估，係取決於勘估期日在法令許可條件下之： (A)限定價值　(B)特定價值　(C)正常價值　(D)唯一價值　(E)平均價值。

58.（ABCD）下列何者係機關用地估價時之計算標準：　(A)公告現值　(B)公告現值加四成　(C)容積率　(D)公告地價。

59.（　AB　）尚未建築使用的土地適合哪兩種估價方法？　(A)土地開發分析法 (B)收益法　(C)分配法　(D)利率法　(E)比較法。

60.（BCDE）下列哪些費用可由總收益中扣除而得到純收益：　(A)土地登記專業代理人費用　(B)地價稅　(C)修繕費之攤提額　(D)房屋稅　(E)折舊費。

61.（　BDE　）運用土地開發分析法以計算不動產之總銷售面積時的法令依據有： (A)地價調查估計規則　(B)建築法規　(C)土地估價師法　(D)區域計畫法　(E)土地使用分區管制規則。

62.（　AE　）下列何者非土地使用分區證明書上所表達的事項：　(A)建蔽率

(B)土地使用分區　(C)地段　(D)特定土地使用規定　(E)容積率。

63.　（ABCD）　下列何種事務是估價師個案工作？　(A)擬定處理計畫　(B)外業現地調查地價　(C)政府部門查閱都市計畫　(D)地政單位閱覽地籍圖　(E)未審核前告知客戶估價結果。

64.　（　C　）　依地價調查估計規則規定，地價調查估計辦理時，第一個程序應為：　(A)製作買賣或收益實例調查估價表　(B)製作買賣或收益實例地價分布圖　(C)製作或修正有關圖籍　(D)調查買賣或收益實例及有關影響區段地價之資料　(E)計算宗地地價。

65.　（　C　）　依地價調查估計規則第五條規定，區段地價或宗地地價應以：　(A)每坪新臺幣元表示之　(B)每坪國幣銀元表示之　(C)每平方公尺新臺幣元表示之　(D)每平方公尺國幣銀元表示之　(E)每公畝國幣銀元表示之。

66.　（　B　）　辦理地價查估應調查之實例，依規定：　(A)應以收益實例為主，無收益實例者，得調查買賣實例　(B)應以買賣實例為主，無買賣實例者，得調查收益實例　(C)應以設定實例為主，無設定實例者，得調查買賣實例　(D)應以收益實例為主，無收益實例者，得調查設定實例　(E)應以租賃實例為主，無租賃實例者，得調查買賣實例。

67.　（　B　）　買賣實例土地之上有建築物者，其買賣目的如係為拆除重建者，其土地合理買賣單價之計算，依地價調查估計規則規定，應：　(A)視同地上無建築改良物之基地計算之，但拆除費用必須計入　(B)視同地上無建築改良物之基地計算之，但拆除費用不予計入　(C)比照地上有建築改良物數層，且買賣實例為全部層數者計算之，其拆除費用不予計入　(D)比照地上有建築改良物數層，且買賣實例為全部層數者計算之，且其拆除費用也應計入　(E)以上皆非。

68.　（　C　）　依地價調查估計規則第二十條規定，「估價基準」係指每年的哪一天？　(A)一月一日　(B)七月一日　(C)二月二十八日　(D)三月二十八日　(E)以上皆非。

69.　（　C　）　對於以相同材料重新建築相同構造種類之建築改良物所需費用之標

準單價，乘以建築改良物面積所得之數額，地價調查估計規則中稱之為： (A)建築改良物之數值 (B)建築改良物折舊額 (C)建築改良物重建價格 (D)建築改良物殘餘價值 (E)建築改良物積算價格。

70. （ A ） 依地價調查估計規則規定，計算建築改良物現值之過程中，求取建築改良物折舊率之計算式，應為： (A)建築改良物每年折舊率經歷年數 (B)建築改良物每年折舊率耐用年數 (C)建築改良物每年折舊額經歷年數 (D)建築改良物每年折舊額耐用年數 (E)以上皆是。

71. （ D ） 在房地收益價格估價過程中，對於稅賦、維護費用及其他費用等，一般稱之為： (A)房地每年特殊總收益 (B)房地每年通常總收益 (C)房地每年特殊總費用 (D)房地每年通常總費用 (E)房地每年純收益。

72. （ D ） 對於收益實例為農地者，估計通常情況下每年由該宗土地所獲總收益，依地價調查估計規則規定，應： (A)計算主產物之收入，不計副產物之收入 (B)計算副產物之收入，不計主產物之收入 (C)主產物或副產物收入，任由估價人員擇一計算 (D)主產物和副產物收入，皆應計算 (E)以上皆非。

73. （ D ） 依地價調查估計規則規定，土地合理收益總價格，應等於： (A)土地每年總收益 ÷ 土地收益資本化率 (B)土地每年總收益 × 土地收益資本化率 (C)土地每年純收益 × 土地收益資本化率 (D)土地每年純收益 ÷ 土地收益資本化率 (E)以上皆非。

74. （ D ） 估計區段地價時，對於有買賣實例之區段，依規定應以地價分布圖上之土地合理買賣單價，求其： (A)算術平均數 (B)加權平均數 (C)眾數 (D)中位數 (E)幾何平均數 為各該段之區段地價，並按區段地價填具區段地價估價報告表。

75. （ C ） 依地價調查估計規則規定，劃分地價區段時，繁榮街道路線價區段，應以何者為區段界線？ (A)臨街線 (B)道路中心線 (C)裡地線 (D)合致線 (E)建築線。

76. （　A　）依地價調查估計規則規定，屬於繁榮街道路線價區段之土地，宗地單位地價之計算，應依區段地價（即路線價）：　(A)按其臨街深度乘以臨街深度指數　(B)按其臨街深度除以臨街深度指數　(C)按其臨街寬度乘以臨街寬度指數　(D)按其臨街寬度除以臨街寬度指數　(E)以區段地價作為宗地單位地價。

77. （　D　）依地價調查估計規則規定，計算屬於繁榮街道路線價區段土地之宗地單位地價時，最需考慮之因素為：　(A)地形　(B)地勢　(C)臨街寬度　(D)臨街深度　(E)街道寬度。

78. （　A　）假設土地價值比率 = 0.6，建築改良物價值比率 = 0.4，土地收益資本化率 = 0.05，建築改良物收益資本化率 = 0.07，則房地綜合收益資本化率為：　(A)0.058　(B)0.062　(C)0.58　(D)0.62　(E)以上皆非。

79. （　D　）估價師運用收益資本化法，其蒐集之收益及費用資料，如屬於出租不動產者，依土地估價技術規範規定，應以取得何時之租賃資料為原則？　(A)未來一年　(B)未來三年以上　(C)過去一年　(D)過去三年以上　(E)過去五年以上。

80. （　D　）以類似建築改良物單位面積之建築成本或相同構造種類之標準造價為基礎，經比較並作價格調整後乘以勘估標的之總面積，以求取勘估標的建築成本之方法，稱之為：　(A)淨計法　(B)工程造價比率法　(C)單位工程法　(D)單位面積法　(E)立方呎法。

81. （　C　）以建築細部工程之各項目單位，乘以該工程施工數量，並合計之，稱之為：　(A)淨計法　(B)工程造價比率法　(C)單位工程法　(D)單位面積法　(E)立方呎法。

82. （　B　）買賣實例法蒐集不易，土地估價技術規範規定，使用迴歸分析法須蒐集多少件之比較標的？　(A)二十件　(B)三十件　(C)四十件　(D)五十件　(E)一百件。

83. （　C　）用何種方法計算建築改良物折舊額時，殘餘價格不得為零？　(A)年數合計法　(B)償債基金法　(C)定率法　(D)定額法　(E)以上皆非。

84. （　B　）土地開發分析法計算公式中，對於開發年數之估計，依土地估價技
術規範，應爲自價格日期起至何時止所必要之時間？　(A)申請開
發　(B)開發完成　(C)開始銷售　(D)過戶完成　(E)以上皆非。

85. （　C　）如以 S 代表推算開發或建築後預期總銷售金額，R 代表報酬率，那
麼土地開發分析法計算公式中的 S／（1＋R）所得結果，代表之意
義爲：　(A)投資報酬　(B)開發間接費用　(C)減除利潤後之土地與
開發成本　(D)開發或建築前總價格　(E)營建總成本。

86. （　C　）將投資案未來之收支以要求報酬率逐期折算爲現值後加總之，土地
估價技術規範中，將其稱之爲：　(A)比率分析法　(B)還本期間法
(C)淨現值法　(D)內在報酬還原率法　(E)投資報酬率法。

87. （　E　）依土地估價技術規範規定，何人應在估價報告書上簽字或蓋章？
(A)委託人　(B)領勘人　(C)土地專業代理人　(D)土地所有權人
(E)土地估價師。

88. （　D　）依土地估價技術規範規定，執行估價作業相關價格資料及報告，應
保存多久？　(A)二年　(B)五年　(C)十年　(D)十五年　(E)二十五
年。

89. （　AD　）地價調查估計規則之訂定，法律依據爲：　(A)土地法施行法　(B)
土地登記規則　(C)都市計畫法　(D)平均地權條例　(E)農業發展條
例。

90. （　DE　）依地價調查估計規則規定，地價查估之主辦機關爲：　(A)行政院
(B)內政部　(C)省政府　(D)直轄市地政機關　(E)縣（市）地政機
關。

91. （ABCDE）調查買賣實例時，應查明有無特殊及交易情況或特殊土地情況，記
載於買賣實例調查估價表，此稱「特殊交易情況」者，係指：
(A)利害關係人之買賣　(B)法院拍賣　(C)買賣價格於當地顯然偏高
或偏低者　(D)抵償債務　(E)競標。

92. （　ABE　）依地價調查估計規則規定，製作買賣實例調查估價表時，對於地上
有建築改良物數層，買賣實例爲其中部分層數者，其全棟房地可出
售總價價格之估算，公式中所列出之三個項目，爲：　(A)各樓層

可出售面積　(B)各樓層房地合理買賣平均單價　(C)全棟建築改良物之裝潢、設備及庭園設施等費用　(D)全棟建築改良物買賣正常利潤　(E)車位平均價格及車位數。

93. （　B　）地價調查估計之主辦機關為直轄市或縣（市）地政機關，並得授權下列何者機關辦理之？　(A)區公所　(B)地政事務所　(C)戶政事務所　(D)區公所或戶政事務所二者皆可。

94. （　D　）地價調查估計規則規定，建築改良物主體構造種類共多少種？
(A)五種　(B)七種　(C)九種　(D)十種以上。

95. （　C　）地價之調查估計，應切合估計當時土地之實值。所稱土地實值係指：　(A)實際交易價格　(B)實際申報價格　(C)合理之市場時值　(D)實際調查之價格。

96. （　B　）下列何者非為估計建築改良物重建價格時，對建築改良物標準單價應酌予增減計算所考量之項目？　(A)用途　(B)經歷年數　(C)層數　(D)建築設備。

97. （　C　）計算土地合理買賣單價時，下列何者非屬依法應扣除之項目？
(A)裝潢費　(B)建築改良物買賣正常利潤　(C)歷年維修費　(D)庭園設施費。

98. （　B　）下列何者為地價評議之標的？　(A)各宗土地之土地現值　(B)各區段之區段地價　(C)各宗買賣實例土地之地價　(D)各宗土地之實值。

99. （　C　）地政機關每年辦理地價查估，以下列何者為估價基準日？　(A)四月三十日　(B)三月三十一日　(C)二月二十八日　(D)五月三十一日。

100. （　D　）地價調查估計規則規定，計算農地總收益時，應計算之收入，以下列何者為正確？　(A)只計自主產物收入，副產物收入免計　(B)另計算副產物收入即可　(C)計算主產物扣除副產物後之收入　(D)計算主產物加副產物之收入。

101. （　A　）依地價調查估計規則規定，地價分布圖應以下列何種圖籍繪製？
(A)地價區段略圖　(B)地形圖　(C)地籍圖　(D)街道圖。

102. （　A　）　依地價調查估計規則規定，地價區段圖應於下列何種圖上劃設？
(A)地籍藍圖　(B)地形圖　(C)地段圖　(D)街道圖。

103. （　D　）　執行估價作業應就所蒐集資料以詳實、個別因素近似、價格日期接
近為原則，優先選擇至少幾件比較標的進行比較及推定？　(A)十
件　(B)十三件　(C)十五件　(D)三件。

104. （　A　）　「比較標的」指可供與勘估標的間，按區域因素及個別因素之差
異，進行比較調整，得出勘估標的的價格之標的。該定義若以買賣
實例比較法論之，最欠缺下列何者差異？　(A)時間差異　(B)地形
差異　(C)臨街寬度差異　(D)交通狀況差異。

105. （　B　）　比較標的與勘估標的能成立替代關係，且其價格互為影響之最適合
範圍，為下列何者之定義？　(A)開放市場　(B)供需圈　(C)房地產
市場　(D)市場區隔。

106. （　A　）　判定交易情況對買賣實例價格是否符合市場合理買賣價格所做的修
正，係指下列何者？　(A)情況修正　(B)環境因素修正　(C)個別因
素修正　(D)標準化修正。

107. （　C　）　估價作業必須蒐集資料查詢，並加以求證，其首要工作為資料之可
靠性，於作業流程中採取下列何者較不可靠？　(A)較大量比較標
的　(B)調查近鄰地區交易實例　(C)委託者表示價格意見　(D)不動
產仲介提供資料。

108. （　B　）　無市場性勘估標的之估價，係指下列何者？　(A)市場價格　(B)特
定價格　(C)正常價格　(D)限定價格。

109. （　B　）　當選定比較標的之買賣價格形成日期與勘估標的評估作業之價格日
期不同，應進行之調整，稱為下列何者？　(A)個別因素調整　(B)
時間因素調整　(C)交互差異調整　(D)環境因素調整。

110. （　A　）　收益資本化之基本原則為：　(A)未來收益之目前價值　(B)未來收
益之最終價值　(C)過去租金收益之總計　(D)由過去至未來所有租
金收益之總計。

111. （　C　）　土地估價技術規範規定，營業性之不動產，以取得多少年之營運資
料為原則？　(A)十年　(B)七年　(C)五年　(D)三年。

112.（　B　）「相同或相似」不動產與下列何者估價原則同義？　(A)適法原則　(B)相關替代原則　(C)最有效利用原則　(D)基地建物分別估價原則。

113.（　A　）推算勘估標的之有效總收益應包含下列何者？　(A)衍生性淨收益　(B)年度內部整修費用　(C)營運必須之水電費用　(D)人事費。

114.（　D　）土地估價技術規範第三十七條設定總費用之計算方法，下列何項費用如包含於買賣實例中應予排除之？　(A)建物維修費　(B)管理費　(C)稅捐　(D)仲介費。

115.（　A　）建築改良物收益價格，應等於建築改良物折舊後之純收益除以下列何者？　(A)建築改良物收益資本化率　(B)建築改良物面積　(C)房地產之收益資本化率　(D)建築改良物之建築成本。

116.（　C　）建築成本＝（基準建物每坪單價 × 調整率）× 總面積，此公式土地估價技術規範界定為下列何者？　(A)精算法　(B)細算法　(C)毛算法　(D)經驗法。

117.（　C　）投資者對投資標的變現能力的風險，稱為下列何者？　(A)業務風險　(B)財務風險　(C)流通性風險　(D)通貨膨脹風險。

118.（　AD　）資本增值因估算基準不同，有總資本增值、淨資本增值、稅前淨資本增值、稅後淨資本增值之分，此稱「淨資本增值」等於預期售價減去下列哪幾項？　(A)購入成本　(B)貸款分期償還額　(C)應繳稅額　(D)出售費用　(E)貸款未償額。

119.（　D　）如果有一棟樓房，各層之樓地板面積及基地持分面積相等，在這種情況下，若採用樓層別效用比例來估計各層之房價及地價，結果如何？　(A)地價相等，房價不等　(B)地價相等，房價也相等　(C)地價不等，房價相等　(D)地價不等，房價也不等。

120.（　C　）如果依土地實際移轉價格課徵增值稅，則採取何種主張之房價與地價分法，對出售樓房（包括土地）者較為有利？　(A)土地貢獻說　(B)聯合貢獻說　(C)建物貢獻說　(D)都一樣。

121.（　A　）採取土地貢獻說估計各層樓房地產價格時，各層樓建物單位面積之效用比如何？　(A)相等　(B)不等　(C)視情況而定　(D)一樓較大

其他樓層相等。

122.（　A　）下列哪一種計算折舊額之方法又稱爲直線法？　(A)定額法　(B)定率法　(C)償債基金法　(D)年數合計法。

123.（　C　）差額租金還原法所稱之差額租金，係指下列何種情形而言？　(A)實質租金與支付租金之差額　(B)實質租金與純稅金之差額　(C)經濟租金與實質租金之差額　(D)正常租金與限定租金之差額。

124.（　C　）如有人告訴你這條道路路線價爲二十五萬，其意義爲何？　(A)道路兩側之土地每 m^2 價格　(B)道路兩側土地每坪價格　(C)道路兩側標準狀態土地每 m^2 價格　(D)道路用地之單價。

125.（　A　）如果某條道路旁邊有一塊長方形地與正三角形地，其臨街深度相等，均爲九公尺，在這種情況下，如果依臺灣省之路線價計算法估價，結果兩塊土地之價格關係如何？　(A)三角形地 > 長方形地　(B)長方形地 > 三角形地　(C)三角形地 = 長方形地　(D)不一定。

126.（　C　）估計高爾夫球場價格，以下列何種估價方法較爲可行？　(A)買賣實例比較法　(B)收益還原法　(C)原價法　(D)土地殘餘法。

127.（　B　）下列哪一種因素屬於個別因素？　(A)當地交通設施　(B)臨路情形　(C)當地的治安　(D)當地的氣候條件。

128.（　C　）所謂成熟度修正，是指下列何種情況而言？　(A)依地上農作物之成熟程度修正　(B)依土地開發工程之進度修正　(C)依估價對象地及用以比較之基準地兩者之間公共設施與繁榮的差別程度進行修正　(D)依房地產市場需求的程度進行修正。

129.（　B　）成熟度修正率的計算式是：　(A) $\dfrac{1}{(1+r)}$　(B) $\dfrac{r}{(1+r)}$　(C) $\dfrac{r}{(1+r)-1}$　(D) $\dfrac{(1+r)-1}{r}$。

130.（　C　）運用收益還原法估價時，有關空屋損失準備費之列舉，應如何處理？　(A)依實際出租情形列舉　(B)依總租金之一定比率列舉　(C)斟酌當地房屋租賃情形列舉　(D)一律列舉二個月分租金。

131.（　C　）以房地產總價扣除房價求得地價之方法，稱爲：　(A)土地殘餘法　(B)建築物殘餘法　(C)分配法　(D)底地殘餘法。

132. （ D ） 如果用以還原之收益為折舊前之收益，則求取綜合還原利率公式如何： (A)$r=\dfrac{a}{p}$ (B) $r=\dfrac{r+r}{2}$ (C) $r=\dfrac{rL+r}{L+B}$ (D)$r=\dfrac{r+(r+d)B}{L+B}$

133. （ C ） 教堂或學校之不動產價格屬於何種價格？ (A)正常價格 (B)限定價格 (C)特定價格 (D)試算價格。

134. （ D ） 下列何者非不動產市場上通用之定價模式？ (A)成本導向 (B)需求導向 (C)競爭導向 (D)通路導向。

135. （ D ） 運用市場比較法求出五件可比較標的之比較價格後，應如何法定估價標的最終價格？ (A)算術平均數 (B)幾何平均數 (C)電腦亂數 (D)選擇與估價標的之條件較接近之比較標的價格。

136. （ B ） 收益資本化法之資本化率是否可以銀行一年期定存利率訂之？ (A)可以 (B)不可以 (C)視標的而定 (D)視業主而定。

137. （ D ） 下列何者非為土地與建物分離原則之一？ (A)土地貢獻原則 (B)建物貢獻原則 (C)聯合貢獻原則 (D)設計貢獻原則。

138. （ A ） 勘估日期表示勘估標的之價格日期外，亦稱為： (A)責任交代日期 (B)估價日期 (C)查估日期 (D)建檔日期。

139. （ A ） 以成本法所估訂之價格稱為： (A)積算價格 (B)收益價格 (C)比準價格 (D)開發價格。

140. （ D ） 運用標準造價表配合估價標的之個別條件差異修正後，求得建物價格之方法稱為： (A)積算法 (B)概算法 (C)細算法 (D)毛算法。

141. （ B ） 如以勘估標的相同效用之建築改良物，以現代建材及標準設計與配置，求得於價格日期建築所需成本，稱為： (A)重建成本 (B)重置成本 (C)興建成本 (D)營造成本。

142. （ B ） 依總收益減去閒置與租金損失扣減額加上其他服務性淨所得之數額，稱為： (A)總收益 (B)有效總收益 (C)收益額 (D)實際收益。

143. （ B ） 依判定交易情況，對買賣實例價格是否符合市場合理買賣所做的修正，稱為： (A)事實修正 (B)情況修正 (C)加權修正 (D)客觀修正。

144.（　C　）對住宅或商業土地之價值而言，下列說法何者正確？　(A)未建築使用的土地價值最低　(B)任何狀態下的土地價格均相同　(C)最充分有效利用下的土地價值最高　(D)未建築使用的土地價值最高。

145.（　A　）住宅土地中，對大眾交通方便程度要求最高的是：　(A)中級住宅　(B)高級住宅　(C)單棟別墅住宅　(D)雙併住宅。

146.（　D　）比較法中，進行期日修正所使用的地價指數或房價指數可利用下列何種方式求得：　(A)躉售物價指數　(B)國民所得成長率　(C)物價上漲率　(D)土地或建物的平均價格變動率。

147.（　B　）土地收益率為 3%，建物收益率為 4.5%，建物剩餘壽命為 25 年，土地價值占不動產總價的 60%，如以折舊前淨收益推估不動產收益價格時，應使用哪一個收益率：　(A)3.6%　(B)5.2%　(C)7.5%　(D)7.6%。

148.（　D　）某商業不動產之毛收益率為 8%，若費用率為毛收益的 25%，則該不動產的淨收益率為：　(A)8%　(B)10%　(C)7%　(D)6%。

149.（　B　）採收益還原法估算不動產價格時，下列何者不宜作為費用由收益中扣除？　(A)地價稅　(B)房屋貸款利息費用　(C)房屋稅　(D)修繕費之分攤額。

150.（　C　）以經營為獲利手段的商業不動產，如果經營利潤為負數時，則該不動產收益價格為：　(A)應以負數評估　(B)價值為零　(C)依同業經營獲利水準或其他適用的營運型態重新推估該不動產之收益價格　(D)以市場資料比較法評估合理價格有權利能力。

151.（　A　）類似 SOGO 百貨公司及麗晶飯店等商業不動產，其價格應如何估算較為適當？　(A)以推估的不動產淨收益 × 複利年金現價率　(B)以成本法查估　(C)以推估的不動產淨收益 ÷ 收益率　(D)以開發分析法估土地價，以成本法估建物價。

152.（　B　）某住宅折舊前淨收益為 165,000 元，已知土地收益率為 3.5%，價值比為 60%，建物收益率為 4.5%，建物剩餘壽命為 25 年，則該住宅之土地價格為：　(A)2,828,571 元　(B)1,800,000 元　(C)1,200,000 元　(D)3,000,000 元。

153. （ D ） 計算建商的資本利息負擔時，不同的資金應適用不同的利率，下列各種資金，適用之利率最高者爲： (A)股東之出資額 (B)政府的補助款 (C)預售收入的款項 (D)銀行借款。

154. （ C ） 比較案例應優先選擇近鄰地區內與估價標的： (A)距離最近的 (B)案例交易日期與價格日期最相近的 (C)使用性質相近，個別因素類似的 (D)租金一樣的。

155. （ D ） 直接判斷某宗土地「使用分區」，最快速的一份資料爲： (A)土地登記簿謄本 (B)地籍圖 (C)行政圖 (D)地籍套繪圖、都市計畫圖。

156. （ C ） 臨接地與裡地之價值差異，最科學化之數據爲： (A)路名不同 (B)產權人不同 (C)土地使用強度 (D)毗連土地。

157. （ A ） 每建坪分攤土地成本之運用中，爲求土地成本之降低，可增大下列何項數據？ (A)銷售樓地板面積 (B)道路長度 (C)道路寬度 (D)增加造價。

158. （ B ） 以下哪一方法不能提高債務涵蓋比（DCR）之值？ (A)延長貸款時間 (B)提高貸款利率 (C)提高淨經營收益 (D)降低貸款額度。

159. （ A ） 以模擬分析從事風險分析，通常隨機抽選不可控變數之次數爲幾？ (A)100 次 (B)150 次 (C)1,000 次 (D)500 次。

160. （ D ） 不動產投資之財務風險可分爲： (A)動態風險與靜態風險 (B)內部風險與靜態風險 (C)外部風險與靜態風險 (D)內部風險與外部風險。

161. （ A ） 甲不動產年純收益永遠維持同一水準，爲 1,000,000 元，若該類不動產之通行還原率爲 5%，則甲不動產之價值爲： (A)20,000,000 元 (B)250,000 元 (C)5,000,000 元 (D)10,000,000 元。

162. （ B ） 非自耕農不得購買農地乃不動產投資之： (A)文化限制 (B)法令限制 (C)不可移動性之限制 (D)自有資金額度之限制。

163. （ B ） 下列何者並非影響投資報酬率高低之基本因素？ (A)報酬成長率 (B)投資案案名 (C)持有成本之高低 (D)流通性。

164. （ A ） 某棟大樓打算 10 年後更換電梯，預計其費用爲 2,000,000 元，管理

委員會決議由現在起，逐年向大樓內之 20 家住戶收取電梯基金。
試問：當年利率為 5%，以年複利計算時，現在起每年每戶應繳多
少錢，期滿始能籌足 2,000,000 元？　(A)7,950 元　(B)7,000 元
(C)158,640 元　(D)159,009 元。

165. （　D　）非都市土地之特定農業區中的工業用地是編定為：　(A)甲種建築
用地　(B)乙種建築用地　(C)丙種建築用地　(D)丁種建築用地。

166. （　C　）臺灣省都市計畫內工業區分為特種工業區、甲種工業區、乙種工業
區和：　(A)丙種工業區　(B)丁種工業區　(C)零星工業區　(D)輕
工業區。

167. （　A　）都市計畫圖中，農業區是用何種顏色來表示？　(A)淺綠色　(B)黃
色　(C)紅色　(D)咖啡色。

168. （　B　）臺北市都市計畫內的工 3 工地，其建蔽率為：　(A)70%　(B)60%
(C)50%　(D)40%。

第二部分　申論範例暨解析

✎（可參考課本內文）

1. 我國房地產之課稅估價，係分別計算，依現行法令之規定，各類房屋（或建築改良物）折舊與現值計算之方法有幾？試詳言之。

2. 宜如何創建優良土地估價制度，發揮地價公信力效能，試各就所見，擬具「建立土地估價制度要點」以對。

3. 詳釋土地價值（土地漲價）之意義。並就土地法及平均地權條例之規定，評論課稅之土地增值（土地漲價）計算標準與方法之優點與缺點。

4. 解釋下列名詞：

   (1)重疊價值。

   (2)地價區段。

   (3)淨計法。

   (4)原地價。

   (5)土地保證價值。

5. 公告土地現值與公告地價的意義是否相同？其功能何在？

6. 何謂土地殘餘法？試簡要說明其意義及評估步驟。

7. 何謂路線價值法？試簡要說明其意義及評估步驟。

8. 按「臺灣省各縣市辦理規定地價及編製現值繁榮街道各宗土地地價計算原則」為：

   (1)臨街地深度未達裡地線，按下表指數計算之：

深　　度	未滿 4 公尺	滿 4 公尺 未滿 8 公尺	滿 8 公尺 未滿 12 公尺	滿 12 公尺 未滿 16 公尺	滿 16 公尺 至 18 公尺
臨街深度 指　　數	130	125	120	110	100

(2)路角地估價除按(1)之原則外，並斟酌加計旁街地價，加計方法為縱橫臨街線之
交叉點起每 4.5 公尺為一級距，按下表方式予以加成。

正旁街路線價金額（元 / m²）	加計路線價成數
未達 8,000 元	不超過 2 成為原則
8,000 元以上，未達 15,000 元	依序加計 2 成、1 成
15,000 元以上，未達 21,000 元	依序加計 3 成、2 成、1 成
超過 21,000 元	依序加計 5 成、3 成、2 成、1 成

(3)試按上述資料，分別評估甲、乙、丙、丁四宗地之總價？

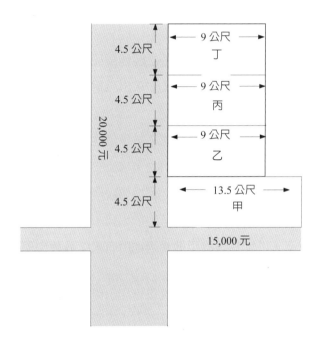

9.何謂耐用年數？估計土地建築改良物之現值時，應重視其經過年數或殘餘年數？
試就其理由及計算公式說明之。

10.何謂綜合還原利率？並說明求取綜合還原利率之方法。

11.請說明區域分析與個別分析之意義與要領。

12.我國現行土地估價作業有何缺點，應予如何改進？請扼要說明之。

13.某甲擬購買數筆相連之山坡地，並將其綜合開發成為住宅地後分宗出售，在此情
況下，如何估計此等山坡地之價格？

14.設有甲、乙、丙三筆建築用地，甲地上面已有建築物，而且是在最有效使用狀
態，乙地上也有建築物，但屬於低度利用，丙地是一塊空地，在此情況下，甲、

乙、丙三筆土地之估價方法有何差別？並請分別說明這三筆土地之估價要領。

15.收益還原法之原理如何？並解釋 P＝a／r（價格＝收益／利率）這一公式之由來。

16.舉辦市地重劃時，為何要辦理土地估價？並請說明重劃地區之估價方法。

17.查估地價時，應調查「市價或收益地價」，其涵義如何？二者在何種情況下，可能接近或相等？

18.計算「收益還原地價」時，一般採用「當地通行利率」，其範圍應如何界定、選擇、採用？為何要採用通行利率？

19.何謂「路線價」？何謂「深度指數」？查估路線價或區段地價之查估方法，有何主要不同之處？

20.假定所調查之「地價實例」資料，都是已經建築完成之房地產總和「地價」，而且是一年前之實例買賣成交價格，現在欲求出該房地總價中單價土地之可能買賣現值？請問應用何種方法及程序？

21.以標準宗地地價取代區段地價是否合理？試申論之。

22.何謂區域分析與個別分析？請舉例說明之。

23.建築物基地之價格估計方法有哪幾種？請扼要說明之。

24.如下圖有甲、乙、丙三宗土地，現在乙地欲出售，而甲地與丙地所有人均有意購買，在此種情況下，乙地宜賣給甲地或丙地所有人？其理由何在？並請說明這二種情況下，乙地之估價方法。

25.何謂還原利率？一般適用於土地之還原利率與適用於建物之還原利率是否有異？試說明之。

26.繁榮街道之區段，如何劃分臨街地與裡地？並請說明一般區段與繁榮街道區段各宗土地地價之計算方法？

27.試比較說明土地殘餘法與建物殘餘法之估價步驟？

28.試解釋下列名詞：

(1)袋地。

(2)原價地。

(3)類似地區或比準價格。

(4)百分減值法。

(5)累進起點地價。

29.請說明區域分析與個別分析之意義與分析之要領？

30.目前臺北市正在進行鐵路地下化工程，某甲有一塊建築用地，鐵路正好從其下通過，在這種情況下，如果某甲要求政府給予補償，則其補償應當如何估計？又如某甲擬將該土地出售，則其價格該如何評估？

31.某建築商人擬購買一塊山坡地，將其開發興建別墅五十戶，然後將其土地與房屋一併出售，但在投資前，請代為估計該山坡地之價格，此時，你將如何展開估價工作？運用何種估價公式？

32.下列三種計算建築物現值之公式有何差別？實際估價時，宜採取哪一種公式？其理由何在？

$$(1) P = C \left[1 - (1 - R) \frac{n}{N} \right]$$

$$(2) P = C \left[1 - (1 - R) \frac{N - n'}{N} \right]$$

$$(3) P = C \left[1 - (1 - R) \frac{n}{n + n'} \right]$$

P：建築現值　　　　　N：耐用年數

C：重新建造原價　　　n：經過年數

R：殘價率　　　　　　n'：殘餘年數

33.何謂試算價格之調整，並請說明其調整方法？

34.某甲有一塊土地，目前並無收益，在這種情況下，如何求其收益價格？

35.估價日期與估價期日有何差別，並請說明在估價報告書需要寫明這二項時間之理由？

36.解釋名詞：

(1)綜合還原利率。　　　　(2)實質利率。

(3)正街與旁街。　　　　　(4)部分價值。

(5)標準地價。

37.何謂土地市價？何謂收益地價？假定同一宗土地，同一時間，採用以上兩種不同方法進行估價，所得之結果能否相同？如有不同之結果，請說明造成此種不同之主要原因。

38.假定待估價的土地上已有建築改良物，並已知房地總價現值，現欲求出土地及建物之單項現值，其估計方法及程序如何？房屋現值應如何查估？

39.假定你是一位土地估價員，接受客戶委託，應採用市價比價法，進行查估某一宗特定土地之市價現值，你將如何進行查估？需要經過哪些必要程序？應蒐集何種必要資料？如何分析比較？你最後估定的地價，有何可信賴之充分理由？

40.何謂「深度指數」？何謂「臨街面」？何謂「路線地價」？計算路線地價有哪些基本法則？哪些土地應採用路線價價值法查估？

41.按現行法令規定，辦理規定地價之主要程序及其要點如何？請簡要列述之。

42.請說明土地收益價格之計算公式：V = a/r，在何種情況之下實際應用，如何適當調整，可能估計土地之現在真實價值？

43.何謂「深度指數」？何謂「耐用年數」？請分別說明二者之用途及實際應用。

44.假定某宗臨街地之臨街面（寬度）為三十五公尺、深度為五十五公尺，其所面臨的街道之路線價為每平方公尺新臺幣一萬元，請按「四三二一法則」，計算該宗土地之總地價是多少元？

45.估定地價時，應注意「區域分析」及「個別分析」，請說明其意義，並說明進行分析時，應特別注意之事項。

46.建築物具有耐用年限，但何以仍可適用 P = a/r 公式來估計其收益價格？試說明其理由。

47.收益有一定期限之不動產「例如：公園預定地上之建築物五年後必須拆除」，可否應用 P = a/r 之公式來求取收益價？如認為不可以，則應如何查估始為合理？

48.如果地下鐵路通過某甲之土地，甲因此要求補償，請問其補償價款應如何估價？

49.一般土地估價所運用之估價方法有幾種？並述明其估價要領。

50.試述辦理地價調查估計之程序？又為何要經過公告及申報之程序？試述其理由。

51.何謂區段地價？何謂宗地地價？一般區段之宗地地價與繁榮街道區段之宗地地價計算方法有何不同？

52.解釋下列名詞：

　(1)收益還原法。

　(2)不動產金融。

　(3)同一供需圈。

　(4)綜合還原利率。

53.請說明如何利用地價分配率與樓層別效用比率，進行大樓估價。

54.試述區分地上權與普通地上權之差別，並請說明依設定實例比較法進行區分地上權價格估計之步驟。

55.運用收益還原法估價時，有收益期限之不動產與無收益期限之不動產，在估價方法上有何差別？試舉估價公式說明之。

56.何謂利率法？以該法求取續租租金應留意哪些事項？試說明之。

57.何謂推算法？以該法求取續租租金時，應注意哪些事項？

58.影響區段地價之因素有哪些？試列舉之。

59.試問如何計算土地合理總價格？

60.試扼要說明地價調查估計之辦理程序為何？

61.試證明地價＝收益／利率（$P = \dfrac{a}{r}$）公式之由來，並解釋建築物可否運用此種公式求取收益價格。

62.對於樓層價差，有所謂土地貢獻說、聯合貢獻說及建物貢獻說等，試解釋此等學說之內容，並說明估計某一層樓房價格時，宜採用何種學說較為合理，其理由何在？

63.有地下鐵路通過之土地，其地價之評估方法如何？

64.估計建築物折舊額之方法有幾種？試予以扼要說明之。

65.何謂樓層別效用比？何謂地價分配率？並請說明這二項資料之求取方法；又請問運用這二項資料估計樓房及基地價格，結果會有何差別？

66.何謂土地之立體利用阻礙率？如何求取此種資料？並請說明利用立體利用阻礙率估計區分地上權價格之方法。

67.高壓電線對其線下土地之利用有何影響？估計高壓電線下土地價格之要領如何？

68.形成土地價格之原則有幾種？試詳述之。

69.何謂地價分配率？其求算方式有幾種？

70.收益還原法之總收益及總費用各包含哪些項目？

71.從事估價時，何以確定基本事項後，尚須確認對象不動產？又對象不動產應如何確認？試分述之。

72.政府於規定地價過程計算宗地地價時，位於「一般區段」者，與位於「繁榮街道區段」，其計算方法有何差別？試申論之。

73.劃分地價區段及估計區段地價之方法如何？試依「地價調查估計規則」之規定說明之。

74.如有地下鐵路通過私有土地，致該土地之利用受到限制，如此則該地之價格應如何評估？

75.何謂土地殘餘法？請列公式說明之。

76.土地估價應依循哪些原則以為評價之準據？試扼要述明之。

77.試列舉計算收益價格之公式，並說明該公式成立之前提條件，又請問建築物可否運用收益還原法求取收益價格，其理由為何？

78.收益還原法之總收益及總費用各包含哪些項目？求取純收益時，哪些費用不應自總收益中扣除？

79.一幢樓房，如果每層樓之基地面積持分相等，樓地板面積也相等，但房地產價格各層並不相等，其原因何在？並請說明估計各樓層房地產價格之方法。

80.何謂樓層別效用比？何謂地價分配率？茲有一幢樓房共計五層，如每層均只有一個單位，且每單位之面積均相等，各樓層每坪之單位售價分別為：一樓四十萬元，二樓三十萬元，三樓二十萬元，四樓十五萬元，五樓二十萬元。試問當建築物價格占不動產價格之 55% 時，該樓房各樓層之樓層別效用比及地價分配率各為若干？

81.如果現有一棟五層樓的房屋，其中第三樓在最近發生買賣，請問你如何運用此項資料來估計該棟樓房的基地價格？如果發生買賣的樓層不是第三樓，而是第一樓，則基地價格是否不一樣，理由何在？

82.請說明蒐集買賣實例資料時，應當留意的事項及其理由。

83.試說明「替代原則」成立之依據為何？其與「供需原則」比較，有何異同？其在不動產估價上，又具有何種意義？

84.如有高壓電線通過某私人之土地，對該土地利用有何影響？又該土地價格應如何

評估？

85. 新訂租賃契約之租金估計與續訂租賃契約情況下之租金調整，兩者於估價方法上有何區別？試申述之。

86. 以市價比較法進行土地估價之要領如何？

87. 試述區分地上權之意義，並說明區分地上權之估價方法。

88. 進行工業用地估價時，應考慮之區域因素與個別因素爲何？應採何種估價方法？

89. 何謂綜合還原利率？以折舊前和以折舊後之純收益加以還原時，綜合還原利率之求取公式有何區別？

90. 何謂立體利用阻礙率？在何種場合之土地估價需考慮立體利用阻礙率問題？並請具體說明其運用方法。

91. 何謂土地殘餘法（the land residual techniques）？並請列出其算式說明之。

92. 請說明樓房各層價差發生之原因爲何？若已知某基地之單價，由此欲求取該基地上某層樓之持分地價，其估價方法如何？

93. 某甲將房屋租給乙多年，現在租約將到期，乙擬續租，而甲要調整租金，在這種情況下，其合理之續租租金應當如何估計？

94. 有收益期限之不動產，如何估計其收益價格，試列舉公式說明之。

95. 何謂區分地上權？並請說明區分地上權之估價方法。

96. 何謂農地之評分估價法？其要領如何？並請說明此種估價方法之基本原理。

97. 何種場合可以運用路線價法估價，並請扼要說明路線價估價方法之要領。

98. 某建築改良物已經歷了十年，已知其重建成本爲五百萬元，其耐用年數爲五十年，其殘價率爲 20%，請以定額法計算其折舊額。

99. 何謂樓層別效用比率？何謂地價分配率？以一棟共六層之樓房爲例，每層僅一單位且每單位之面積皆相等，而一至六層每坪售價分別爲：四十萬、三十萬、二十八萬、二十五萬、二十六萬及二十八萬。若此建築物價格占不動產價格之50%，請計算各樓層之樓層別效用比率及地價分配率。

100. 何謂正常價格？正常價格應具備之條件爲何？

101. 何謂地價區段？並請說明應如何辦理地價區段之劃分。

102. 土地估價應循之「均衡原則」（principle of balance）與「收益遞增遞減原則」（principle of increasing and decreasing returns）其意義爲何？兩者之關聯性如

何？於進行估價時，當如何掌握其要領？試說明之。

103.續租情況下之租金如何估計？請就各種方法作扼要說明。

104.請說明地價調查估計之辦理程序，並列出影響區段地價之因素。

✍ 不動產價值理論範例

1.何謂均衡原則、適合原則、外部性原則？請詳述在不動產估價上之應用。

2.Inwood 和 DCF 折現現金流量，經常被用以估計收益期限之不動產價值，請列明該計算公式，並評述差異。

3.運用比較法進行區域因素與個別因素修正時，需以逐項比較判定修正率，請就定量分析與定性分析如何掌握修正率。

4.請依定額法及償還基金法，計算該建築物第二十年年末之現值：

C：2,000,000 元

S：200,000 元

N：40 年

i：6%

複利現值率：20 年×6% = 0.3118

償還基金率：40 年×6% = 0.0065

複利年金終價率：20 年×6% = 36.7856

✍ 不動產投資與市場分析範例

1.何謂「價格交叉彈性」（cross-price elasticity）？試就不動產商品的需求面解釋當「價格交叉彈性」小於零時所代表之意義。

2.在不考慮其他影響現金流量之因素（如利息之多寡），而僅考量貸款之本金攤還下，在不動產抵押貸款之各項條件（除還本方式外）皆相同時，試比較本金到期一次清償方式之抵押貸款、定額攤還方式之抵押貸款（constant amortization mortgage, CAM）及等額付款方式之抵押貸款（constant payment mortgage, CPM）等三種不同本金償還方式之抵押貸款對淨現值（NPV）的影響程度之差異。

3.在不動產市場供給不變下，一個刺激需求增加之短期性政策將使短期間之需求發

生變化，造成市場均衡價格與量均上揚。試分析市場在供給仍維持不變，但政策中斷無法長期持續，使得原需求誘因消失且無其他正面影響因素產生，而導致需求萎縮時，均衡將會有什麼變化？

4.大雄向西南銀行借一筆五百萬之不動產抵押貸款，貸款期限為二十年，年利率採浮動利率，首年之年利率為 6%，還款方式採等額付款方式（即此筆貸款為等額付款貸款，其在固定利率下，每期付款總金額固定不變），每個月計息並付款一次，試問若自第十三個月起，年利率調升至 7.2%，此時大雄每個月之貸款支出總額為多少？此筆借款在還完第七十二個月貸款金額後，大雄尚欠西南銀行多少餘額未清償？

↳ **不動產投資範例**

1.何謂不動產證券化？其對我國不動產市場之影響如何？試分述之？

2.某銀行不久前完成一筆「不動產信託受益權」信託商品，其係由委託人某公司將其所擁有之大賣場出租給某量販店，並將未來五年年收入三千四百萬元的租金收益信託予該銀行，再由其發行受益權憑證，出售給國內保險業者及其他投資機構，受益權規模 1.15 億元，五年到期，票面利率為 5.25%，每半年還本付息一次，而該銀行則可收取募集費用 2% 以及每年 0.2% 的信託管理費。

(1)請就以上所設定之條件編列收支評估表。

(2)請就收益性、流動性與風險性這三方面，分別評估其可行性。

3.陳先生購置國宅一幢，總價四百萬元，頭期付款（down payment）一百二十萬元，餘額則經由房貸支付，這其中國宅優惠低利貸款為年息 2.4 厘（最高額度為二百萬元），超過兩百萬元部分，則辦理銀行一般房貸，年息 4.2 厘，又按月分期付款方式為前五年只付息不付本，而五年後則本息均攤，試問：

(1)貸款二十年及三十年，每月所需支付金額五年內和五年後各為多少？

(2)此國宅低利優惠貸款部分，能替陳先生省下之金額現值為多少？

4.建中地產股份有限公司，使用 8% 的資金成本，去評估二個互斥的土地投資開發案。其各期間之現金流量表列如下：（單位：百萬元）

計畫	C_0	C_1	C_2
1	−20	35	25
2	−50	80	20

（註）：1.C_i 代表第 i 期之現金流量。
　　　 2.現金流量單位：百萬元。

(1)請計算各個投資計畫之 PI（獲利指數）與 NPV（淨現值）。

(2)請依上述計算結果選擇一投資方案。

(3)為何 NPV 法與 PI 法產生衝突。

(4)若該地產公司共有五千萬元可供投資，今有第三筆土地投資開發計畫與上兩個
計畫互為獨立：

計畫	C_0	C_1	C_2
3	−30	−15	65

請問應如何選擇投資計畫？

✎ 不動產法規範例

1.地方政府依法查估土地現值時，對於都市計畫公共設施保留地，若保留地處於繁
榮街道路線價區段者，其地價如何計算？又該保留地為帶狀且處於非路線價區段
者，其地價如何計算？試依法說明之。

2.某甲參與市地重劃後配回之土地贈與其妻乙，嗣後妻乙再將該土地出售於丙。試
問：

(1)乙應繳納之土地增值稅，如何核算？

(2)乙得否主張重劃後土地移轉增值稅之減徵規定？

(3)乙於受贈前已先購入自用住宅地乙筆，則可否主張重購退稅？

✎ 不動產價值理論範例

1.請述明如何運用比較單位法（comparative-unit method）進行建築物成本的估計。

2.何以不動產估價工作上須進行鄰里分析？並請論述可能影響不動產價值之鄰里因
素。

3.請論述採用成本法估價的理論基礎，並請說明此估價方法之應用與限制，並請略

說明其操作程序。

4.請述明採用市場比較法（買賣實例比較法）進行估價的理論基礎，並論述須考量的比較項目有哪些。

土地利用法規範例

1.何謂開發影響費？我國土地開發影響費適用對象爲何？土地開發影響費課徵應有的理念爲何？

2.都市更新是一種土地合併開發的行爲，會因爲少數堅持者而導致開發沒有效率，請問我國都市更新條例在這個問題上有哪些機制設計？這些規定是否恰當？請申述之。

3.請問我國都市土地內土地權利關係人自行擬定或變更細部計畫的相關規定爲何？這些規定的意義爲何？請申述之。

4.政府實施區段徵收開發，從土地儲備觀點來說有哪些好處？目前該政策的實施面臨了哪些問題，這些問題與我國目前的地價政策是否有關係？請申述之。

不動產投資範例

1.假設一店面一千萬，殘價率 10%，$i = 3\%$，$N = 50$，則折舊以定額法、償還基金法分別求算出，又所提列之折舊以哪一方法最少？爲什麼？

2.有一店面，樓地板面積五十坪，月租八萬，押金六個月，地價稅兩萬／年，房屋稅三萬／年，重建價格六萬／坪，耐用年數六十年，殘價率 20%，管理費三千元／月，保險費 0.2%（按建物價格），修繕費 0.3%（按建物價格），綜合收益還原利率 4%，銀行定存年利率 5%，試求店面收益價格。

3.請把不動產投資比率表列出來，從 PGI 開始。

4.試根據表列現金流量，投資者要求報酬 15%，計算 NPV 與 IRR。

年　　度	現金流量
0	−600
1	150
2	270
3	400
4	500

不動產財務金融與證券化範例

1. 假設一店面二千萬，殘價率 10%，i = 3%，N = 50，則折舊以定額法、償還基金法分別求算出，又所提列之折舊以哪一方法最少？為什麼？

2. A 投資案之現金流量如下表，試估計在投資者要求 15% 期望報酬率下之風險吸收指數（RA）。

單位：萬元

年度	0	1	2	3	4
現金流量	−2,000	700	900	1,000	1,500

3. 來福購買一店面，面積七十坪，開價一千二百萬元，另附帶資料如下：

   (1)月租金每坪四千元。

   (2)閒置損失占可能毛收益的 6%。

   (3)營業費用占毛收益的 15%。

   (4)銀行要求之債務保障比率 1.5。

   (5)貸款利率 8%，期間二十年。

   (6)權益報酬率要求 15%。

   試問不動產投資價格是否合理？

4. 秋月向中國信託商業銀行貸款五百萬元，利率 2.5%，期間三十年，分三百六十期本息平均攤還（固定付款貸款），試計算繳納七十期後，共繳多少本金？多少利息？

5. 有一店面，樓地板面積六十坪，月租十萬，押金六個月，地價稅兩萬／年，房屋稅三萬／年，重建價格八萬／坪，耐用年數六十年，殘價率 20%，管理費五千元／月，保險費 0.2%（按建物價格），修繕費 0.3%（按建物價格），綜合收益還原利率 3%，銀行定存年利率 5%，試求店面收益價格。

國文（作文）

〔說明〕

　　歐美及日本等國家之估價師制度建立時期較長，運作也比較完善，故估價師社會地位高。反觀我國估價師制度才建立數年，估價師之專業能力及操守也常常因為

某些弊案，而受社會大眾所質疑，這也是造成目前估價師之社會地位不高之部分原因。

有論者建議應從制度面著手，積極採取各種措施，建立估價規範及杜絕弊端發生之可能機會，以逐漸建立社會大眾對估價師之信任；亦有人認為，估價工作是一種需要高度專業判斷與經驗之工作，甚難完全以估價準則或通則加以規範，防弊措施亦無法盡善，故應從職業倫理及教育面著手，才能建立社會大眾對估價師之信任感。

請您就此主題，自訂論文題目，寫一篇論文，表達您的看法，文長不拘，但至少包括下列一項內容：

(1)制度面努力及職業倫理與教育面著手兩者間之功效。

(2)估價師個人本身應如何努力，才能建立社會大眾對其專業能力之肯定與信任。

(3)估價師專業團體應如何努力，才能建立社會大眾對估價業者之信任感。

(4)政府可採取或應採取之措施，以便健全估價制度，達維護社會公平與正義之目標。

4%　ANNUAL TABLE　4%

	1	2	3	4	5	6
YEARS	AMOUNT OF ONE	AMOUNT OF ONE PER PERIOD	SINKING FUND FACTOR	PRESENT WORTH OF ONE	PRESENT WORTH ONE PER PERIOD	PARTIAL PAYMENT
	1.040000	1.000000	1.000000	.961538	.961538	1.040000
1	1.081600	2.040000	.490196	.924556	1.886095	.530196
2	1.124864	3.121100	.320349	.888996	2.775091	.360349
3	1.169859	4.246464	.235490	.854804	3.629895	.275490
4	1.216653	5.416323	.184627	.821927	4.401822	.224627
5	1.265319	6.632975	.150762	.790315	5.242137	.190762
6	1.315932	7.898294	.126610	.759918	6.002055	.166610
7	1.368569	9.214226	.108528	.730690	6.732745	.148528
8	1.423312	10.082795	.094493	.702587	7.435332	.134493
9	1.480244	12.006107	.083291	.675564	8.110896	.123291
10	1.539454	13.486351	.074149	.649581	8.760477	.114149
11	1.601032	15.025805	.066552	.624597	9.385074	.106552
12	1.665074	16.626838	.060144	.600574	9.985648	.100144
13	1.731676	18.291911	.054669	.577031	10.563123	.094669
14	1.800944	20.023588	.049941	.555265	11.118387	.089941
15	1.872981	21.824531	.045820	.533908	11.652296	.085820
16	1.947900	23.697512	.042199	.513373	12.165669	.082199
17	2.025817	25.645413	.038993	.493628	12.659297	.078993
18	2.106849	27.671229	.036139	.474642	13.133939	.076139
19	2.191123	29.778079	.033582	.456387	13.590326	.073582
20	2.278768	31.969202	.031280	.438834	14.029160	.071280
21	2.369919	34.247970	.029199	.421955	14.451115	.069199
22	2.464716	36.617889	.027309	.405726	14.856842	.067309
23	2.563304	39.082604	.025587	.390121	15.246963	.065587
24	2.665836	41.645908	.024012	.375117	15.622080	.064012
25	2.772470	44.311745	.022567	.360689	15.982769	.062567
26	2.883369	47.084214	.021239	.346817	16.329586	.061239
27	2.998703	49.967583	.020013	.333477	16.663063	.060013
28	3.118651	52.966286	.018880	.320651	16.983715	.058880
29	3.243398	56.084938	.017830	.308319	17.292033	.057830
30	3.373133	59.328335	.016855	.296460	17.588494	.056855
31	3.508059	62.701469	.015949	.285058	17.873551	.055949
32	3.648381	66.209527	.015104	.274094	18.147646	.055104
33	3.794316	69.857909	.014315	.263552	18.411198	.054315
34	3.946089	73.652225	.013577	.253415	18.664613	.053577
35	4.103933	77.598314	.012887	.243669	18.908282	.052887
36	4.268090	81.702246	.012240	.234297	19.142579	.052240
37	4.438813	85.970336	.011632	.225285	19.367864	.051632
38	4.616366	90.409150	.011021	.216621	19.584485	.051061
39	4.801021	95.025516	.010523	.208289	19.792774	.050523
40	4.993061	99.826536	.010017	.200278	19.993052	.050017
41	5.192784	104.819598	.009540	.192575	20.185627	.049540
42	5.400495	110.012382	.009090	.185168	20.370795	.049090
43	5.616515	115.412877	.008665	.178046	20.548841	.048665
44	5.841176	121.029392	.008262	.171198	20.720040	.048262
45	6.074823	126.870568	.007882	.164614	20.884654	.047882
46	6.317816	132.945390	.007522	.158283	21.042936	.047522
47	6.570528	139.263206	.007181	.152195	21.195131	.047181
48	6.833349	145.833734	.006857	.146341	21.341472	.046857
49	7.106683	152.667084	.006550	.140713	21.482185	.046550
50	7.390951	159.773767	.006259	.135301	21.617485	.046259
51	7.686589	167.164718	.005982	.130097	21.747582	.045982
52	7.994052	174.851306	.005719	.125093	21.872675	.045719
53	8.313814	182.845359	.005469	.120282	21.992957	.045469
54	8.646367	191.159173	.005231	.115656	22.108612	.045231
55	8.992222	199.805540	.005005	.111207	22.219819	.045005
56	9.351910	208.797762	.004789	.106930	22.326749	.044789
57	9.725987	218.149672	.004584	.102817	22.429567	.044584
58	10.115026	227.875659	.004388	.098863	22.528430	.044388
59	10.519627	237.990685	.004202	.095060	22.623490	.044202
	$S^n = (1+i)^n$	$S_n = \dfrac{S^n - 1}{i}$	$1/S_n = \dfrac{i}{S^n - 1}$	$V^n = \dfrac{1}{S^n}$	$A_n = \dfrac{1 - 1/S^n}{i}$	$\dfrac{1}{A_n} = \dfrac{i}{1 - 1/S^n}$

5% ANNUAL TABLE 5%

	1	2	3	4	5	6
YEARS	AMOUNT OF ONE	AMOUNT OF ONE PER PERIOD	SINKING FUND FACTOR	PRESENT WORTH OF ONE	PRESENT WORTH ONE PER PERIOD	PARTIAL PAYMENT
	1.050000	1.000000	1.000000	.952381	.952381	1.050000
1	1.102500	2.050000	.487805	.907029	1.859410	.537805
2	1.157625	3.152500	.317209	.863838	2.723248	.367209
3	1.215506	4.310125	.232012	.822702	3.545951	.282212
4	1.276282	5.525631	.180775	.783526	4.329477	.230975
5	1.340096	6.801913	.147017	.746215	5.075692	.197017
6	1.407100	8.142008	.122820	.710681	5.786373	.172820
7	1.477455	9.549109	.104722	.676839	6.463213	.154722
8	1.551328	11.026564	.090690	.644609	7.107822	.140690
9	1.628895	12.577893	.079505	.613913	7.721735	.129505
10	1.710339	14.206787	.070389	.584679	8.306414	.120389
11	1.795856	15.917127	.062865	.556837	8.863252	.112825
12	1.885649	17.712983	.056456	.530321	9.393573	.106456
13	1.979932	19.598632	.051024	.505068	9.898641	.101024
14	2.078928	21.578564	.046342	.481017	10.379658	.096342
15	2.182875	23.657492	.042270	.458112	10.837770	.092270
16	2.292018	25.840366	.038699	.436297	11.274066	.088699
17	2.406619	28.132385	.035546	.415521	11.689587	.085546
18	2.526950	30.539004	.032745	.395734	12.085321	.082745
19	2.653298	33.065954	.030243	.376889	12.462210	.080243
20	2.785963	35.719252	.027996	.358942	12.821153	.077996
21	2.925261	38.505214	.025971	.341850	13.163003	.075971
22	3.071524	41.430475	.024137	.325571	13.488574	.074137
23	3.225100	44.501999	.022471	.310068	13.798642	.072471
24	3.386355	47.727099	.020952	.295303	14.093945	.070952
25	3.555673	51.113454	.019564	.281241	14.375185	.069564
26	3.733456	54.669126	.018292	.267848	14.643034	.068292
27	3.920129	58.402583	.017123	.255094	14.898127	.067123
28	4.116136	62.322712	.016046	.242946	15.141074	.066046
29	4.321942	66.438848	.015051	.231377	15.372451	.065051
30	4.538039	70.760790	.014132	.220359	15.592811	.064132
31	4.764941	75.298829	.013280	.209866	15.802677	.063280
32	5.003189	80.063771	.012490	.199873	16.002549	.062490
33	5.253348	85.066959	.011755	.190355	16.192904	.061755
34	5.516015	90.320307	.011072	.181290	16.374194	.061072
35	5.791816	95.836323	.010434	.172657	16.546852	.060434
36	6.081407	101.628139	.009840	.164436	16.711287	.059840
37	6.385477	107.709546	.009284	.156605	16.867893	.059284
38	6.704751	114.095023	.008765	.149148	17.017041	.058765
39	7.039989	120.799774	.008278	.142046	17.159086	.058278
40	7.391988	127.839763	.007822	.135282	17.294368	.057822
41	7.761588	135.231751	.007395	.128840	17.423208	.057395
42	8.149667	142.993339	.006993	.122704	17.545912	.056993
43	8.557150	151.143006	.006616	.116861	17.662773	.056616
44	8.985008	159.700156	.006262	.111297	17.774070	.056252
45	9.434258	168.685164	.005928	.105997	17.880066	.055928
46	9.905971	178.119422	.005614	.100949	17.981016	.055614
47	10.401270	188.025393	.005318	.096142	18.077158	.055318
48	10.921333	198.426663	.005040	.091564	18.168722	.055040
49	11.467400	209.347996	.004777	.087204	18.255925	.054777
50	12.040770	220.815396	.004529	.083351	18.338977	.054529
51	12.642808	232.856165	.004294	.079096	18.418073	.054294
52	13.274949	245.498974	.004073	.075330	18.493403	.054073
53	13.938696	258.773922	.003864	.071743	18.565146	.053864
54	14.635631	272.712618	.003667	.068326	18.633472	.053667
55	15.367412	287.348249	.003480	.065073	18.698545	.053480
56	16.135783	302.715662	.003303	.061974	18.760519	.053303
57	16.942572	18.851445	.003136	.059023	18.819542	.053136
58	17.789701	335.794017	.002978	.056212	18.875754	.052978
59	18.679186	353.583718	.002828	.053536	18.929290	.052828
	$S^n = (1+i)^n$	$S_n = \dfrac{S^n - 1}{i}$	$1/S_n = \dfrac{i}{S^n - 1}$	$V^n = \dfrac{1}{S^n}$	$A_n = \dfrac{1 - 1/S^n}{i}$	$\dfrac{1}{A_n} = \dfrac{i}{1 - 1/S^n}$

6%　ANNUAL TABLE　6%

	1	2	3	4	5	6
YEARS	AMOUNT OF ONE	AMOUNT OF ONE PER PERIOD	SINKING FUND FACTOR	PRESENT WORTH OF ONE	PRESENT WORTH ONE PER PERIOD	PARTIAL PAYMENT
1	1.060000	1.000000	1.000000	.943396	.943396	1.060000
2	1.123600	2.060000	.485437	.889996	1.833393	.545437
3	1.191016	3.183600	.314110	.839619	2.673012	.374110
4	1.262477	4.374616	.228591	.792094	3.465106	.288591
5	1.338226	5.637093	.177396	.747258	4.212364	.237396
6	1.418519	6.975319	.143363	.704961	4.917324	.203363
7	1.503630	8.393838	.119135	.665057	5.582381	.179135
8	1.593848	9.897468	.101036	.627412	6.209794	.161036
9	1.689479	11.491316	.087022	.591898	6.801692	.147022
10	1.790848	13.180795	.075868	.558395	7.360087	.135868
11	1.898299	14.971643	.066793	.526788	7.886875	.126793
12	2.012196	16.869941	.059277	.496969	8.383844	.119277
13	2.132928	18.882138	.052960	.468839	8.852683	.112960
14	2.260904	21.015066	.047585	.442301	9.294984	.107585
15	2.396558	23.275970	.042963	.417265	9.712249	.102963
16	2.540352	25.672528	.038952	.393646	10.105895	.098952
17	2.692773	28.212880	.035445	.371364	10.477260	.095445
18	2.854339	30.905653	.032357	.350344	10.827603	.092357
19	3.025600	33.759992	.029621	.330513	11.158116	.089621
20	3.207135	36.785591	.027185	.311805	11.469921	.087185
21	3.399564	39.992727	.025005	.294155	11.764077	.085005
22	3.603537	43.392290	.023046	.277505	12.041582	.083046
23	3.819750	46.995828	.021272	.261797	12.303379	.081278
24	4.048935	50.815577	.019679	.246979	12.550358	.079679
25	4.291871	54.864512	.018227	.232999	12.783356	.078227
26	4.549383	59.156383	.016904	.219810	13.003166	.076904
27	4.822346	63.705766	.015697	.207368	13.210534	.075697
28	5.111687	68.528112	.014593	.195630	13.406164	.074593
29	5.418388	73.639798	.013580	.184557	13.590721	.073580
30	5.743491	79.058186	.012649	.174110	13.764831	.072649
31	6.088101	84.801677	.011792	.164255	13.929086	.071792
32	6.453387	90.889776	.011002	.154957	14.084043	.071002
33	6.840590	97.343165	.010273	.146186	14.230230	.070273
34	7.251025	104.183755	.009598	.137912	14.368141	.069598
35	7.686087	111.434780	.008974	.130115	14.498246	.068974
36	8.147252	119.120867	.008395	.122741	14.620987	.068395
37	8.636087	127.268119	.007857	.115793	14.736780	.067857
38	9.154252	135.904206	.007358	.109239	14.846019	.067358
39	9.703507	145.058458	.006894	.103056	14.949075	.066894
40	10.285718	154.761966	.006462	.097222	15.046297	.066462
41	10.902861	165.047684	.006059	.091719	15.138016	.066009
42	11.557033	175.950545	.005683	.086527	15.224543	.065683
43	12.250455	187.507577	.005333	.081630	15.306173	.065333
44	12.985482	199.758032	.005006	.077059	15.383182	.065006
45	13.764611	212.743514	.004700	.072650	15.455832	.064700
46	14.590487	226.508125	.004415	.068538	15.524370	.064415
47	15.465917	241.098612	.004148	.064658	15.589028	.064148
48	16.393872	256.564529	.003898	.060998	15.650027	.063898
49	17.377504	272.958401	.003664	.057546	15.707572	.063664
50	18.420154	290.335905	.003444	.054288	15.761861	.063444
51	19.525364	308.756059	.003239	.051215	15.813076	.063239
52	20.696885	328.281422	.003046	.048316	15.861393	.063046
53	21.938698	348.978308	.002866	.045582	15.906974	.062866
54	23.255020	370.917006	.002696	.043001	15.949976	.062696
55	24.650322	394.172027	.002537	.040567	15.990543	.062537
56	26.129341	418.822348	.002388	.038271	16.028814	.062388
57	27.697101	444.951689	.002247	.036105	16.064919	.062247
58	29.358927	472.648790	.002116	.034601	16.098980	.062116
59	31.120463	502.007718	.001992	.032133	16.131113	.061992
60	32.987691	533.128181	.001876	.030314	16.161428	.061876
	$S^n = (1+1)^n$	$S_n = \dfrac{S^n-1}{i}$	$1/S_n = \dfrac{i}{S^n-1}$	$V^n = \dfrac{1}{S^n}$	$A_n = \dfrac{1-1/S^n}{i}$	$\dfrac{1}{A_n} = \dfrac{i}{1-1/S^n}$

7%　ANNUAL TABLE　7%

	1	2	3	4	5	6
YEARS	AMOUNT OF ONE	AMOUNT OF ONE PER PERIOD	SINKING FUND FACTOR	PRESENT WORTH OF ONE	PRESENT WORTH ONE PER PERIOD	PARTIAL PAYMENT
1	1.070000	1.000000	1.000000	.934579	.934579	1.070000
2	1.144900	2.070000	.483092	.873439	1.808018	.553092
3	1.225043	3.214900	.311052	.816298	2.624316	.381052
4	1.310796	4.439943	.225228	.762895	3.387211	.295228
5	1.402552	5.750739	.173891	.712986	4.100197	.243891
6	1.500730	7.153291	.139796	.666342	4.766540	.209796
7	1.605781	8.654021	.115553	.662750	5.389289	.185553
8	1.718186	10.259803	.097468	.582009	5.971299	.167468
9	1.838459	11.977989	.083486	.543934	6.515232	.153486
10	1.967151	13.816448	.072378	.508349	7.023582	.142378
11	2.104852	15.783599	.063357	.475093	7.498674	.133357
12	2.252192	17.888451	.055902	.444012	7.942686	.125902
13	2.409845	20.140643	.049651	.414964	8.357651	.119651
14	2.578534	22.550488	.044345	.387817	8.745468	.114345
15	2.759032	25.129022	.039795	.362446	9.107914	.109795
16	2.952164	27.888054	.035858	.338735	9.446649	.105858
17	3.158815	30.840217	.032425	.316574	9.763223	.102425
18	3.379932	33.999033	.029413	.295864	10.059087	.099413
19	3.616528	37.378965	.026753	.276508	10.335595	.096753
20	3.869684	40.995492	.024393	.258419	10.594014	.094393
21	4.140562	44.865177	.022289	.241513	10.835527	.092289
22	4.430402	49.005739	.020406	.225713	11.061240	.090406
23	4.740530	53.436141	.018714	.210947	11.272187	.088714
24	5.072367	58.176671	.017189	.197147	11.469334	.087189
25	5.427433	63.249038	.015811	.184249	11.653583	.085811
26	5.807353	68.676470	.014561	.172195	11.825779	.084561
27	6.213868	74.483823	.013426	.160930	11.986709	.083426
28	6.648838	80.697691	.012392	.150402	12.137111	.082392
29	7.114257	87.346529	.011449	.140563	12.277674	.081449
30	7.612255	94.460786	.010586	.131367	12.409041	.080586
31	8.145113	102.073041	.009797	.122773	12.531814	.079797
32	8.715271	110.218154	.009073	.114741	12.646555	.079073
33	9.325340	118.933425	.008408	.107235	12.753790	.078408
34	9.978114	128.258765	.007797	.100219	12.854009	.077797
35	10.676581	138.236878	.007234	.093663	12.947672	.077234
36	11.423942	148.913460	.006715	.087535	13.035208	.076715
37	12.223618	160.337402	.006237	.081809	13.117017	.076237
38	13.079271	172.561020	.005795	.076457	13.193473	.075795
39	13.994820	185.640292	.005387	.071455	13.264928	.075387
40	14.974458	199.635112	.005009	.066780	13.331709	.075009
41	16.022670	214.609570	.004660	.062412	13.394120	.074660
42	17.144257	230.632240	.004336	.058329	13.452449	.074336
43	18.344355	247.776496	.004036	.054513	13.506962	.074036
44	19.628460	266.120851	.003758	.050946	13.557908	.073758
45	21.002452	285.749311	.003500	.047613	13.605522	.073500
46	22.472623	306.751763	.003260	.044499	13.650020	.073260
47	24.045707	329.224386	.003037	.041587	13.691608	.073037
48	25.728907	353.270093	.002831	.038867	13.730474	.072831
49	27.529930	378.999000	.002639	.036324	13.766799	.072639
50	29.457025	406.528929	.002460	.033948	13.800746	.072460
51	31.519017	435.985955	.002294	.031727	13.832473	.072294
52	33.725348	467.504971	.002139	.029651	13.862124	.072139
53	36.086122	501.230319	.001995	.027711	13.889836	.071995
54	38.612151	537.316442	.001861	.025899	13.915735	.071861
55	41.315001	575.928593	.001736	.024204	13.939939	.071736
56	44.207052	617.243594	.001620	.022621	13.962560	.071620
57	47.301545	661.450646	.001512	.021141	13.983701	.071512
58	50.612653	708.752191	.001411	.019758	14.003458	.071411
59	54.155539	759.364844	.001317	.018465	14.021924	.071317
60	57.946427	813.520383	.001229	.017257	14.039181	.071229
	$S^n = (1+1)^n$	$S_n = \dfrac{S^n - 1}{i}$	$1/S_n = \dfrac{i}{S^n - 1}$	$V^n = \dfrac{1}{S^n}$	$A_n = \dfrac{1 - 1/S^n}{i}$	$\dfrac{1}{A_n} = \dfrac{i}{1 - 1/S^n}$

8%　SEMI-ANNUAL TABLE　8%
EFFECTIVE RATE 4%　BASE 1.04

	1	2	3	4	5	6
HALF YEARS	AMOUNT OF ONE PER PERIOD	AMOUNT OF ONE PERIOD	SINKING FUND FACTOR	PRESENT WORTH OF ONE	PRESENT WORTH ONE PER PERIOD	PARTIAL PAYMENT
1	1.040.000	1.000000	1.000000	.961538	.961538	1.040000
YEARS						
1	1.081600	2.040000	.490196	.924556	1.886095	.530196
2	1.169859	4.246464	.235490	.854804	3.629895	.275490
3	1.265319	6.632975	.150762	.790315	5.242137	.190762
4	1.368569	9.214226	.108528	.730690	6.732745	.148528
5	1.480244	12.006107	.083591	.675564	8.110896	.123291
6	1.601032	15.025805	.066552	.624597	9.385074	.106552
7	1.731676	18.291911	.254669	.577475	10.563123	.094669
8	1.872981	21.824531	.045820	.533908	11.652296	.085820
9	2.025817	25.645413	.038993	.493628	12.659297	.078993
10	2.191123	29.778079	.033582	.456387	13.590326	.073582
11	2.369919	34.247970	.029199	.421955	14.451115	.069199
12	2.563304	39.082604	.025587	.390121	15.246163	.065587
13	2.772470	44.311745	.022567	.360689	15.982769	.062567
14	2.998703	49.967583	.020013	.333477	16.663063	.060013
15	3.243398	56.084938	.017830	.308319	17.292033	.057830
16	3.508059	62.701469	.015949	.285058	17.873551	.055949
17	3.794316	69.857909	.014315	.263552	18.411198	.054315
18	4.103933	77.598314	.012887	.243669	18.908282	.052887
19	4.438813	85.970336	.011632	.225285	19.367864	.051632
20	4.801021	95.025516	.010523	.208289	19.792774	.050523
21	5.192784	104.819598	.009540	.192575	20.185627	.049540
22	5.616515	115.412877	.008665	.178046	20.548841	.048665
23	6.074823	126.870568	.007882	.164614	20.884654	.047882
24	6.570528	139.263506	.007181	.152195	21.195131	.047181
25	7.106683	152.667084	.006550	.140713	21.482185	.046550
26	7.686589	167.164718	.005982	.130097	21.747582	.045982
27	8.313814	182.845359	.005469	.120282	21.992957	.045469
28	8.992222	199.805540	.005005	.111207	22.219819	.045005
29	9.725987	218.149672	.004584	.102817	22.429567	.044584
30	10.519627	237.990685	.004202	.095060	22.623490	.044202
31	11.378029	259.450725	.003854	.087889	22.802783	.043854
32	12.306476	282.661904	.003538	.081258	22.968549	.043538
33	13.310685	307.767116	.003249	.075128	23.121810	.043249
34	14.396836	334.920912	.002986	.069460	23.263507	.042986
35	15.571618	364.290459	.002745	.064219	23.394515	.042745
36	16.842262	396.056560	.002525	.059374	23.515639	.042525
37	18.216591	430.414776	.002323	.054895	23.627625	.042323
38	17.703065	467.576621	.002139	.050754	23.731162	.042139
39	21.310835	507.770873	.001969	.046924	23.826888	.041969
40	23.049799	551.244977	.001814	.043384	23.916392	.041814
41	24.930663	598.266576	.001671	.040111	23.997219	.41671
42	26.965005	649.125119	.001541	.037085	24.072872	.041514
43	29.165349	704.133728	.001420	.034827	24.142818	.041420
44	31.545242	763.631041	.001310	.031701	24.207487	.041310
45	34.119333	827.983334	.001208	.029309	24.267278	.041208
46	36.903471	897.586774	.001114	.027098	24.322557	.041114
47	39.914794	972.869854	.001028	.025053	24.373666	.041028
48	43.171841	1054.296034	.000949	.023163	24.420919	.040949
49	46.694664	1142.366591	.000875	.021416	24.464607	.040875
50	50.504948	1237.623705	.000808	.019800	24.504999	.040808
	$S^n = (1+i)^n$	$S_n = \dfrac{S^n-1}{i}$	$1/S_n = \dfrac{i}{S^n-1}$	$V^n = \dfrac{1}{S^n}$	$A_n = \dfrac{1-1/S^n}{i}$	$\dfrac{1}{A_n} = \dfrac{i}{1-1/S^n}$

8% ANNUAL TABLE 8%
EFFECTIVE RATE 8%   BASE 1.08

	1	2	3	4	5	6
YEARS	AMOUNT OF ONE	AMOUNT OF ONE PER PERIOD	SINKING FUND FACTOR	PRESENT WORTH OF ONE	PRESENT WORTH ONE PER PERIOD	PARTIAL PAYMENT
1	1.080000	1.000000	1.000000	.925926	.925926	1.080000
2	1.166400	2.080000	.480769	.857339	1.783265	.560769
3	1.259712	3.246400	.308034	.793832	2.577097	.388034
4	1.360489	4.506112	.221921	.735030	3.312127	.301921
5	1.469328	5.866601	.170456	.680583	3.992710	.250456
6	1.586874	7.335929	.130315	.630170	4.622880	.216315
7	1.713824	8.922803	.112072	.583490	5.206370	.192072
8	1.850930	10.636628	.094015	.540269	5.746639	.174015
9	1.999005	12.487558	.080080	.500249	6.246888	.160080
10	2.158925	14.486562	.069029	.463193	6.710081	.149029
11	2.331639	16.645487	.060076	.428883	7.138964	.140076
12	2.518170	18.977126	.052695	.397114	7.536078	.132695
13	2.719624	21.495297	.046522	.367698	7.903776	.126522
14	2.937194	24.214920	.041297	.340461	8.244237	.121297
15	3.172169	27.152114	.036830	.315242	8.559479	.116830
16	3.425943	30.324283	.032977	.291890	8.851369	.112977
17	3.700118	33.750226	.029629	.270269	9.121638	109629
18	3.996019	37.450244	.026702	.250249	9.371887	.106702
19	4.315701	41.446263	.024128	.231712	9.603599	104128
20	4.660957	45.761964	.021852	.214548	9.818147	.101852
21	5.033834	50.422921	.019832	.198656	10.016803	.099832
22	5.436540	55.456755	.018032	.183941	10.200744	.098032
23	5.871464	60.893296	.016422	.170315	10.371059	.096422
24	6.341181	66.764759	.014978	.157699	10.528758	.094978
25	6.848475	73.105940	.013679	.146018	10.674676	.093679
26	7.396353	79.954415	.012507	.135202	10.809978	.092507
27	7.988061	87.350768	.011448	.125187	10.935165	.091448
28	8.627106	95.338830	.010489	.115914	11.051078	.090489
29	9.317275	103.965936	.009619	.107328	11.158406	.089619
30	10.062657	113.283211	.008827	.099377	11.257783	.088827
31	10.867669	123.345868	.008107	.092016	11.349799	.088107
32	11.737183	134.213537	.007451	.085200	11.434999	.087451
33	12.676050	145.950620	.006852	.078889	11.513888	.086852
34	13.690134	158.626670	.006304	.073045	11.586934	.086304
35	14.785344	172.316804	.005803	.067635	11.654568	.085803
36	15.968172	187.102148	.005345	.062625	11.717193	.085345
37	17.245626	203.070320	.004924	.057986	11.775179	.084924
38	18.625276	220.315945	.004539	.053690	11.828869	.084539
39	20.155298	238.941221	.004185	.049713	11.878582	.084185
40	21.724521	259.056519	.003860	.046031	11.924613	.083860
41	23.462483	280.781040	.003561	.042621	11.967235	.083161
42	25.339482	304.243523	.003287	.039464	12.006699	.083287
43	27.366640	329.583005	.003034	.036541	12.043240	.083034
44	29.555972	356.946646	.002802	.033834	12.077074	.082802
45	31.920449	386.505617	.002587	.031328	12.108404	.082587
46	34.474085	418.426067	.002390	.029007	12.137409	.082390
47	37.232012	452.900152	.002208	.026859	12.164267	.082208
48	40.210573	490.132164	.002040	.024869	12.189136	.082040
49	43.427419	530.342737	.001886	.023027	12.212163	.081886
50	46.901613	673.770156	.001743	.021321	12.233485	.081743
51	50.653742	620.671769	.001611	.019742	12.253227	.081611
52	54.706041	671.325510	.001490	.018280	12.271506	.081490
53	59.082524	726.031551	.001377	.016925	12.288432	.081377
54	63.809126	785.114072	.001274	.015672	12.304103	.081274
55	68.913856	848.923201	.001178	.014511	12.818614	.081178
56	74.426965	917.837058	.001090	.013436	12.332050	.081090
57	80.381122	992.264022	.001008	.012441	12.344491	.081008
58	86.811612	1072.645144	.000932	.011519	12.356010	.080932
59	93.756540	1159.456755	.000862	.010666	12.366676	.080862
60	101.257064	1253.213296	.000798	.019876	12.376552	.080798
	$S^n = (1+i)^n$	$S_n = \dfrac{S^n - 1}{i}$	$1/S_n = \dfrac{i}{S^n - 1}$	$V^n = \dfrac{1}{S^n}$	$A_n = \dfrac{1 - 1/S^n}{i}$	$\dfrac{1}{A_n} = \dfrac{i}{1 - 1/S^n}$

APPENDIX 2

都市計畫法臺中市施行自治條例

都市計畫法臺中市施行自治條例

中華民國 103 年 2 月 6 日府授法規字第 1030021855 號令公布

實務上常發生法規，分述如下：（節錄）

第一章　總則

第 3 條

本自治條例用詞，定義如下：

一、道路，指合於下列規定之一者：

    (一)經主要計畫或細部計畫規定發布之計畫道路。

    (二)依法指定或認定建築線之巷道。

二、道路境界線：指道路與其他土地之分界線。

第 4 條

本法第十七條第二項但書所稱能確定建築線，指該計畫區之主要計畫道路已依有關法令規定豎立樁誌，而能指示建築線者；所稱主要公共設施已照主要計畫興建完成，指符合下列各款規定者：

一、面前道路已依主要計畫之道路長度及寬度興建完成。但其興建長度已達六百公尺或已達一完整街廓者，不在此限。

二、基地周邊八百公尺範圍內已有國民小學興闢完成者。

第二章　都市計畫之擬定、變更、發布及實施

第 5 條

都市計畫擬定、變更案件應於本法第十九條規定之公開展覽期間內辦理說明會，並於公開展覽期滿三十日內提請臺中市都市計畫委員會（以下簡稱都委會）審議。

第 7 條

依本法第十九條提出書面意見者，應於都委會審議完竣前送達本府。

第 8 條

土地權利關係人依本法第二十四條規定自行擬定細部計畫時，應配合本法第十七條規定之分區發展優先次序辦理之。但有下列情形之一者，不在此限：

一、都市計畫指定應自行擬定細部計畫地區。

二、自行擬定細部計畫地區範圍之土地面積在十公頃以上，並符合本法第六十一條之規定。

三、興辦公辦住宅或社區開發。

四、有明顯之天然界線，且其範圍不得小於一個街廓。

前項街廓，指都市計畫地區內四周被都市計畫道路或其他分區界線圍成之土地。

第 9 條

土地權利關係人依本法第二十四條或第六十一條規定自行擬定或變更細部計畫者，應檢送載明下列事項之申請計畫書、圖及相關文件正、副本各一份，送本府核辦：

一、申請人姓名、出生年月日、住址。

二、本法第二十二條及第二十四條規定事項。

三、全部土地權利關係人姓名、住址、權利證明文件及其同意書。但以下列方式之一開發者，其同意書應辦理事項如下：

　　(一)以市地重劃方式開發地區，經私有土地所有權人五分之三以上及其所有土地總面積超過範圍內私有土地總面積三分之二之同意。

　　(二)以都市更新方式開發地區，應依都市更新條例相關規定取得同意書。

四、套繪擬定、變更細部計畫之地籍圖。

五、主要計畫相關規定內容及其他必要事項。

依前項規定申請變更細部計畫者，並應檢附變更前之計畫圖及變更部分四鄰現況圖。

第 10 條

前二條之細部計畫，本府認不符都市整體發展需要或有礙公共利益時，得通知限期修正；屆期未修正者，不予受理。申請書圖及附件與本法或本自治條例之規定不符者，得通知限期補正；屆期不補正者，不予受理。

第 11 條

依第八條及第九條規定自行擬定或變更細部計畫時，其計畫書規定以市地重劃或都市更新方式辦理者，應檢附本府各目的事業主管機關認可之可行性評估相關證明文件。

前項計畫書規劃之公共設施用地兼具其他使用項目者，應於計畫書內載明其主要用途及使用比例。

第 15 條

本府或內政部為擬定或變更都市計畫，派員進入設有圍障之公私有土地或房屋為勘查或測量時，應依下列規定辦理：

一、將工作地點及日期預先通知土地所有權人或使用人。

二、攜帶證明身分文件。

三、在日出前或日沒後不得進入他人之房屋。但日沒前已進入並開始進行或經現住人同意者，不在此限。

前項勘查或測量須遷移或除去障礙物時，應於十五日前將應行遷移或除去物之種類、地點及日期通知所有權人或使用人。

第 16 條

依本法第二十九條及第四十一條所給付之補償金有下列情形之一，得依法提存：

一、受補償人拒絕受領或不能受領者。

二、受補償人所在地不明者。

第三章　使用分區管制

第 17 條

都市計畫地區內土地得視實際發展情形，劃定下列各種使用分區，分別限制其使用：

一、住宅區。

二、商業區。

三、工業區：

　　(一)特種工業區。

　　(二)甲種工業區。

(三)乙種工業區。

(四)零星工業區。

四、行政區。

五、文教區。

六、體育運動區。

七、風景區。

八、保存區。

九、保護區。

十、農業區。

十一、其他使用分區。

前項使用分區外，必要時得劃定特定專用區。

各使用分區限制使用之規定有疑義時，由各該目的事業主管機關認定之。

第 18 條

住宅區為保護居住環境而劃定，除本自治條例另有規定者外，不得為下列建築物及土地之使用：

一、第二十一條規定限制之建築物及土地之使用。

二、使用電力及氣體燃料（使用動力不包括空氣調節、抽水機及其附屬設備）超過六匹馬力，電熱超過六十瓩（附屬設備與電熱不得流用於作業動力）、作業廠房樓地板面積合計超過一百五十平方公尺或其地下層無自然通風口（開窗面積未達廠房面積七分之一）者。

三、經營下列事業：

(一)使用乙炔從事焊切等金屬之工作者。

(二)噴漆作業者。

(三)使用動力以從事金屬之乾磨者。

(四)使用動力以從事軟木、硬橡皮或合成樹脂之碾碎或乾磨者。

(五)從事搓繩、製袋、碾米、製針、印刷等使用動力超過零點七五瓩者。

(六)彈棉作業者。

(七)醬、醬油或其他調味品之製造者。

(八)沖壓金屬板加工或金屬網之製造者。

(九)鍛冶或翻砂者。

(十)汽車或機車修理業者。但從事汽車之清潔、潤滑、檢查、調整、維護、總成更換、車輪定位、汽車電機業務或機車修理業設置地點面臨十二公尺以上道路者，不在此限。

(十一)液化石油氣之分裝、儲存、販賣及礦油之儲存、販賣者。但僅供辦公室、聯絡處所使用，不作為經營實際商品之交易、儲存或展示貨品者，不在此限。

(十二)塑膠類之製造者。

(十三)土石方資源堆置處理。

(十四)成人用品零售業。

四、汽車拖吊場、客貨運行業、裝卸貨物場所、棧房及調度站。但僅供辦公室、聯絡處所使用者或計程車客運業、小客車租賃業之停車庫、運輸業停車場、客運停車站及貨運寄貨站設置地點面臨十二公尺以上道路者，不在此限。

五、加油（氣）站、客貨運業停車場附設加儲油或加儲氣設施。

六、探礦、採礦。

七、各種廢料或建築材料之堆棧或堆置場、廢棄物資源回收貯存及處理場所。但僅供辦公室、聯絡處所使用者或資源回收站者，不在此限。

八、殯儀館、殯葬服務業（殯葬設施經營業、殯葬禮儀服務業）、壽具店。但僅供辦公室、聯絡處所使用，不作為經營實際商品之交易、儲存或展示貨品者，不在此限。

九、毒性化學物質、爆竹煙火之販賣及貯存者。但農業資材、農藥或環境用藥販售業經本府實地勘查認為符合安全隔離者，不在此限。

十、戲院、電影片（映演、拍攝）業、視聽歌唱場、錄影帶節目播映業、電子遊戲場、遊樂場、動物園、機械式遊樂場、歌廳、保齡球館、高爾夫球場、汽車駕駛訓練場、攤販集中場、零售市場及旅館。但汽車駕駛訓練場及旅館經目的事業主管機關核准者，不在此限。

十一、舞廳（場）、酒家、酒吧（廊）、飲酒店業、特種咖啡茶室、浴室、性交易場所或其他類似之營業場所。但經目的事業主管機關認定確有發展溫泉浴池使用，並訂定使用面積、使用條件及有關維護事項者，不在此限。

十二、樓地板面積超過一千平方公尺之商場（店）或樓地板面積超過五百平方公尺之飲食店（以下簡稱大型商場（店）及飲食店）。

十三、樓地板面積超過五百平方公尺之證券及期貨業。

十四、樓地板面積超過一千平方公尺之金融業分支機構、票券業及信用卡公司。

十五、人造或合成纖維或其中間物之製造者。

十六、合成染料或其中間物、顏料或塗料之製造者。

十七、從事以醱酵作業產製味精、氨基酸、檸檬酸或水產品加工製造者。

十八、肥料製造者。

十九、紡織染整工業。

二十、拉線、拉管或用滾筒壓延金屬者。

二十一、金屬表面處理業。

二十二、資訊休閒業及室內溜冰場、室內球類運動場、室內機械遊樂場、室內兒童樂園、保健館、健身房、健身服務場所、室內操練場、撞球場、室內體育場所、少年服務機構（供休閒、育樂之服務設施）、室內高爾夫球練習場、釣蝦（魚）場、健身休閒中心、美容瘦身中心等健身休閒場所。

第 19 條

住宅區建築物及土地之使用未超過前條第二款、第三款第五目或第十二款至第十四款之限制規定，與符合前條第三款第十目但書、第四款但書及第九款但書規定者，得依下列規定使用：

一、許可作為工廠（銀樓金飾加工業除外）、汽車保養所、機車修理業、計程車客運業、小客車租賃業之停車庫、運輸業停車場、客運停車站、貨運寄貨站、農業資材、農藥或環境用藥販售業者，限於使用建築物之第一層及地下一層。

二、許可作為商場（店）、銀樓金飾加工業之工廠、飲食店及美容美髮服務業者，限於使用建築物之第一層、第二層及地下一層。

三、許可作為證券業、期貨業、金融業分支機構、票券業、期貨業者，應面臨十二公尺以上道路，申請設置之樓層限於第一層至第三層及地下一層。

前項各款使用應有獨立之出入口，使用共同出入口應經公寓大廈區分所有權人會

議之同意。

第 20 條

大型商場（店）及飲食店符合下列條件，不受第十八條第十二款使用面積之限制：

一、主要出入口面臨二十公尺以上之道路。

二、設置之地點位於建築物第一層、第二層或地下第一層。

三、建築物應自道路境界線退縮達六公尺以上之空地（不包括地下室）。

第 21 條

商業區為促進商業發展而劃定，不得為下列建築物及土地之使用：

一、第二十三條至第二十五條規定限制之建築及使用。

二、使用電力及氣體燃料（使用動力不包括空氣調節、抽水機及附屬設備）超過十五匹馬力、電熱超過六十瓩（附屬設備與電熱不得流用於作業動力）或作業廠房之樓地板面積合計超過三百平方公尺者。

三、經營下列事業：

(一)製造爆竹或煙火類物品者。

(二)使用乙炔，其熔接裝置容量在三十公升以上及壓縮氣或電力從事焊切金屬工作者。

(三)賽璐珞或其他易燃性塑膠類之加熱、加工或使用鋸機加工者。

(四)印刷油墨或繪圖用顏料製造者。

(五)使用動力超過零點七五瓩之噴漆作業者。

(六)使用氣體亞硫酸漂白物者。

(七)骨炭或其他動物質炭之製造者。

(八)毛羽類之洗滌洗染或漂白者。

(九)碎布、紙屑、棉屑、絲屑、毛屑及其他同類物品之消毒、揀選、洗滌或漂白者。

(十)使用動力合計超過零點七五瓩從事彈棉、翻棉、起毛或製氈者。

(十一)使用動力合計超過三點七五瓩從事削切木作者。

(十二)使用動力鋸割或乾磨骨、角、牙或蹄者。

(十三)使用動力合計超過二點二五瓩從事研磨機乾磨金屬者。

(十四)使用動力合計超過三點七五瓩從事碾碎礦物、岩石、土砂、硫磺、金屬玻璃、磚瓦、陶瓷器、骨類或貝殼類者。

(十五)煤餅、機製煤餅或木炭之製造者。

(十六)使用熔爐鎔鑄之金屬加工者。但印刷所之鉛字鑄造，不在此限。

(十七)使用動力超過三點七五瓩從事磚瓦、陶瓷器、人造磨石、坩鍋、搪瓷器之製造或使用動力之水泥加工者。

(十八)玻璃或機製毛玻璃製造者。

(十九)使用機器錘之鍛冶者。

四、殯葬設施、動物屍體焚化場。但單獨設置禮廳及靈堂者，不在此限。

五、廢棄物貯存、處理、轉運場、屠宰場。但廢棄物貯存場經目的事業主管機關核准者，不在此限。

六、公共危險物品、高壓氣體及毒性化學物質分裝、貯存。但加油（氣）站附設之地下油（氣）槽，不在此限。

七、馬廄、牛、羊、豬及家禽等畜禽舍。

八、乳品工廠、堆肥舍。

九、土石方資源堆置場。

十、賽車場。

十一、環境用藥微生物製劑製造業、釀（製）酒業。

第 22 條

住宅區及商業區設置補習班，其建築物除每層樓地板面積不得超過五百平方公尺外，並應符合下列規定：

一、不得設置於第十一樓以上之樓層。

二、建築物面前道路寬度應符合下列規定：

(一)設置於建築物第五層、第六層者，其主要出入口應面臨寬度十公尺以上之道路。

(二)設置於建築物第七層至第十層者，其主要出入口應面臨寬度十二公尺以上之道路。

本自治條例公布前已核准設置之補習班，得繼續為原來之使用。

第 29 條

依產業創新條例、原獎勵投資條例或促進產業升級條例規定編定開發之工業區內建築物及土地之使用，得依其有關法令規定辦理，不受第二十三條至第二十七條之限制。

第 30 條

行政區以供政府機關、自治團體、人民團體、紀念性建築物及其他公益上需要之建築物使用為限。

第 31 條

文教區供下列之使用：

一、藝術館、博物館、社教館、圖書館、科學館、紀念性建築物等及其附屬設施。

二、學校。

三、體育場所、集會場所。

四、其他與文教有關之建築物或設施。

第 32 條

體育運動區供下列之使用：

一、傑出運動名人館、運動博物館及紀念性建築物。

二、運動訓練設施。

三、運動設施。

四、國民運動中心。

五、運動器材展售店。

六、飲食店。

七、其他與體育運動相關，經本府核准者。

第 33 條

風景區為保育及開發自然風景而劃定，以供下列之使用為限：

一、住宅。

二、宗祠及宗教建築。

三、招待所。

四、旅館。

五、飲食店。

六、俱樂部。

七、遊樂設施。

八、農業及農業建築。

九、紀念性建築物。

十、戶外球類運動場、運動訓練設施。

前項使用之建築物，其結構、造型、色彩、位置應無礙於景觀；本府核准其使用前，應會同有關機關審查並由開發許可委員會審查通過。

前項審查作業、管理維護及開發義務，於細部計畫訂之。

第 34 條

保存區供下列之使用：

一、名勝古蹟。

二、具有歷史、文化、紀念性、藝術或科學價值之建築物及其環境景觀。

三、其他經本府認定之特殊景觀。

第 35 條

保護區為國土保安、水土保持、維護天然資源與保護生態環境，經本府核准得供下列之使用：

一、國防所需之各種設施。

二、警衛、保安、保防、消防設施。

三、臨時性遊憩及露營所需之設施。

四、公用事業、社會福利事業所必需之設施、再生能源發電設備及其輸變電相關設施。

五、採礦之必要附屬設施：電力設備、輸送設備及交通運輸設施。

六、土石方資源堆置處理場。

七、廢棄物資源回收、貯存場及其附屬設施。

八、水質淨化處理設施及其附屬設施。

九、造林及水土保持設施。

十、為保護區內地形、地物所為之工程。

十一、汽車運輸業所需之停車場、客貨運站及其必需之附屬設施。

十二、危險物品及高壓氣體儲藏、分裝等。

十三、休閒農業設施。

十四、農村再生相關設施。

保護區內原有合法建築物拆除後之新建、改建、增建，除寺廟、教堂、宗祠於都市計畫書規定外，應符合下列規定：

一、建造後之簷高不得超過十點五公尺並以三層為限，建蔽率最高以百分之六十為限。

二、建築物最大基層面積不得超過一百六十五平方公尺，建築總樓地板面積不得超過四百九十五平方公尺。

三、土地及建築物除供居住使用及建築物之第一層得作小型商店及飲食店外，不得違反保護區有關土地使用分區之規定。

都市計畫發布實施前，原有依法實際供農作、養殖、畜牧生產且未停止其使用者，得準用農業區相關規定及條件，申請建築農舍及農業產銷必要設施。但依規定辦理休耕、休養、停養或有不可抗力等事由，而未實際供農作、養殖、畜牧等使用者，視為未停止其使用。

第一項第四款設施之申請，本府於辦理審查時，應依據地方實際情況，對於其使用面積、使用條件及有關管理維護事項作必要之規定。

第 36 條

保護區內之土地，禁止下列行為。但因前條第一項第四款所列各目設施所必需，並經有關主管機關核准者，不在此限：

一、砍伐竹木。但經中央目的事業主管機關或本府核准之間砍伐者，不在此限。

二、破壞地形或改變地貌。

三、破壞或汙染水源、堵塞泉源或改變水路及填埋池塘、沼澤。

四、採取土石。但經中央目的事業主管機關或本府核准者，不在此限。

五、焚毀竹、木、花、草。

六、毀損名勝、古蹟及史蹟。

第 37 條

農業區為保持農業生產而劃定，除保持農業生產及本自治條例另有規定者外，僅得申請下列使用：

一、建築農舍。

二、農業設施。

三、農村再生相關公共設施。

申請建築農舍應符合下列規定：

一、興建農舍之申請人應符合農業用地興建農舍辦法規定。

二、高度不得超過四層或十四公尺，建築面積不得超過申請建築農舍之該宗農業
用地面積百分之十，建築總樓地板面積不得超過六百六十平方公尺，與都市
計畫道路境界線之距離，除合法農舍申請立體增建外，不得小於八公尺。

三、農業用地已申請建築者（百分之十農舍面積及百分之九十之農業用地），經
本府都市發展局於地籍套繪圖上著色標示者，不論該百分之九十農業用地是
否分割，均不得再行申請建築農舍。

四、農舍不得擅自變更使用。

第一項所定農業設施之項目及其設置需求由本府農業局認定，並依農業發展條例
及其相關法令規定辦理，且不得擅自變更使用；農業產銷必要設施之建蔽率不得
超過百分之六十，休閒農業設施之建蔽率不得超過百分之二十。

農業產銷必要設施，不得供居住、工廠及其他非農業產銷使用。

農舍、農業產銷必要設施及休閒農業設施，其建蔽率應合併計算，不得超過百分
之六十。

第 38 條

農業區除都市計畫書另有規定外，本府得核准為下列之使用：

一、公用事業設施。

二、土石方資源堆置處理場。

三、廢棄物資源回收、貯存場。

四、汽車運輸業停車場（站）、客貨運站與其附屬設施。

五、汽車駕駛訓練場。

六、社會福利事業設施。

七、幼兒園。但經目的事業主管機關核准，得兼供國民小學兒童課後照顧服務使
用。

八、加油（氣）站（含汽車、機車定期檢驗及代檢設施）。

九、液化石油氣貯存場。

十、面積零點三公頃以下之運動場及運動場館設施。

十一、政府重大建設計畫所需之臨時性設施。

核准設置之各項設施，不得擅自變更使用，並應依農業發展條例第十二條規定辦理。

第一項第六款至第八款之設施，其建蔽率不得超過百分之四十。

第一項設施之使用面積、使用條件及管理維護事項由本府另定之。

第 39 條

毗鄰農業區之建築基地，無法以其他相鄰土地作為私設通路連接建築線者，得經本府核准以農業區土地作為私設通路使用。

前項私設通路設置之位置、長度、寬度及使用條件等事項，依建築相關法規規定辦理。

第 40 條

農業區土地在都市計畫發布前已為建地目、編定為可供興建住宅使用之建築用地或已建築供居住使用之合法建築物基地者，其建築物及使用，應依下列規定辦理：

一、建築物簷高不得超過十四公尺，並以四層為限，建蔽率不得超過百分之六十，容積率不得超過百分之一百八十。

二、土地及建築物除作居住使用及建築物之第一層得作樓地板面積五百平方公尺以下之商店、樓地板面積三百平方公尺以下之飲食店、農藥或農業機械設備之零售與簡易維修外，不得違反第三十八條及第三十九條之規定。

三、原有建築物超過第一款規定者，僅得就地修建。改建、增建或拆除後新建者，應依第一款之規定。

第 41 條

電信專用區為促進電信事業之發展而劃定，得為下列之使用：

一、經營電信事業所需設施：

　　(一)機房、營業廳、辦公室、料場、倉庫、天線場、展示中心、線路中心及動力室（電力室）。

　　(二)衛星電臺、自立式天線基地、海纜登陸區、基地臺、電信轉播站、移動

式拖車機房及其他必要設施。

二、電信必要附屬設施：

　　(一)研發、實驗、推廣、檢驗及營運辦公室。

　　(二)教學、訓練、實習房舍（場所）及學員宿舍。

　　(三)員工托育中心、員工幼兒園、員工課輔班、員工餐廳、員工福利社、員
　　　　工招待所及員工醫務所（室）。

　　(四)其他經本府核准之必要設施。

三、與電信運用發展有關設施：

　　(一)網路加值服務業。

　　(二)有線、無線及電腦資訊業。

　　(三)資料處理服務業。

四、與電信業務經營有關設施：

　　(一)電子資訊供應服務業。

　　(二)電信器材零售業。

　　(三)電信工程業。

　　(四)金融業派駐機構。

五、商業、辦公設施：包括金融保險業、一般批發業、一般零售業、運動服務
　　業、餐飲業、一般商業辦公大樓。

前項第五款之設施，以都市計畫書載明者為限，其使用之總樓地板面積，不得超
過該電信專用區總樓地板面積之二分之一。

第 49 條

擬定細部計畫時，應於都市計畫書中訂定使用分區管制事項；並得就該地區環境
之需要訂定都市設計相關事項。

前項使用分區管制事項，應包括區內土地及建築物之使用、最小建築基地面積、
基地內應保持空地之比率、容積率、綠覆率、透水率、排水逕流平衡、基地內前
後側院深度及寬度、建築物附設停車空間、建築物高度與有關交通、景觀、防災
及其他管制事項，並依本法第二十三條規定之程序報經核定施行。

本府為審查都市設計、公共開放空間配置及管理維護，得組成審議會，並得酌收
審查費用，其收費標準，由本府另定之。

第一項使用分區管制事項規定土地及建築物之使用，得視各都市計畫實際發展需要，訂定較本自治條例嚴格之規定。

第四章　公共設施用地

第 51 條

公共設施用地建蔽率、容積率，依都市計畫書中所載規定；未載明者，不得超過附表二之規定。

● 附表一

都市計畫地區使用分區容積率規定表

使用分區	容積率規定			
一、住宅區及商業區	居住密度（人／公頃）	分區別	鄰里性公共設施用地比值未逾百分之十五	鄰里性公共設施用地比值超過百分之十五
	未達二百	住宅區	百分之一百二十	百分之一百五十
		商業區	百分之一百八十	百分之二百十
	二百以上未達三百	住宅區	百分之一百五十	百分之一百八十
		商業區	百分之二百十	百分之二百四十
	三百以上未達四百	住宅區	百分之一百八十	百分之二百
		商業區	百分之二百四十	百分之二百八十
	四百以上	住宅區	百分之二百	百分之二百四十
		商業區	百分之二百八十	百分之三百二十
二、旅館區	(一)山坡地：百分之一百二十			
	(二)平地：百分之一百六十			
三、工業區	百分之二百十			
四、行政區	百分之二百五十			
五、文教區	百分之二百五十			
六、體育運動區	百分之二百五十			
七、風景區	百分之六十			
八、保存區	百分之一百六十。但古蹟保存區內原有建築物已超過者，不在此限。			
九、加油（氣）站專用區	百分之一百二十			
十、郵政、電信、變電所專用區	百分之四百			
十一、醫療專用區	百分之二百			
十二、漁業專用區	百分之一百二十			
十三、農會專用區	百分之二百五十			

（續前表）

十四、倉庫區	百分之三百
十五、寺廟保存區	百分之一百六十

附註：

一、所稱居住密度，於都市計畫書中已有規定者，以都市計畫書為準；都市計畫書未規定者，以計畫人口與可建築用地（住宅區及商業區面積和）之比值為準。所稱鄰里性公共設施用地比值，指鄰里性公共設施面積（包括鄰里性公園、中小學用地、兒童遊樂場、體育場所、停車場、綠地、廣場及市場等用地）與都市建築用地面積之比值。

二、都市建築用地面積，係指都市計畫總面積扣除非都市發展用地（包括農業區、保護區、河川區、行水區、風景區等非屬開發建築用地，以都市計畫書為準）及公共設施用地之面積。

三、都市計畫書及本表均未規定事項，由本府依實際需要循都市計畫程序另定之。

●附表二

都市計畫地區公共設施用地建蔽率、容積率之規定

公共設施用地名稱	建蔽率	容積率
一、公園	(一)公園用地面積在五公頃以下者，有頂蓋之建築物建蔽率不得超過百分之十五。	(一)面積在五公頃以下者：百分之四十五
	(二)公園用地面積超過五公頃者，其超過部分之建蔽率不得超過百分之十二。	(二)公園面積超過五公頃者：百分之三十五
二、兒童遊樂場	(一)兒童遊樂場用地面積在五公頃以下者，有頂蓋之建築物建蔽率不得超過百分之十五。 (二)兒童遊樂場用地面積超過五公頃者，其超過部分之建蔽率不得超過百分之十二。	百分之三十
三、社教機構、體育場所、機關及醫療（事）衛生機構用地	百分之六十	百分之二百五十
四、停車場	(一)平面使用：百分之十	(一)平面使用：其附屬設施百分之二十
	(二)立體使用：百分之八十	(二)立體使用：百分之九百六十
五、郵政、電信、變電所用地	百分之六十	百分之四百
六、學校用地	百分之五十	(一)國中以下用地：百分之一百五十
		(二)高中職用地：百分之二百
		(三)大專以上用地：百分之二百五十

（續前表）

七、零售市場	百分之八十	百分之二百四十
八、批發市場		百分之一百二十
九、加油站	百分之四十	百分之一百二十
十、火化場及殯儀館用地	百分之六十	百分之一百二十
十一、屠宰場	百分之六十	百分之三百
十二、墳墓用地	百分之二十	百分之二百
十三、港埠用地	百分之七十	依實際需要訂之。
十四、鐵路用地	百分之七十	

附註：都市計畫書及本表均未規定事項，由本府依實際需要循都市計畫程序另定之。

APPENDIX 3

非都市土地最新修正條例

各種使用地容許使用項目及許可使用細目表（修正附表）

使用地類別	容許使用項目	許可使用細目		附帶條件
		免經申請許可使用細目	須經目的事業主管機關、使用地主管機關及有關機關許可使用細目	
三、丙種建築用地	觀光遊憩管理服務設施	國際觀光旅館		
		觀光旅館		
		一般旅館		
		餐飲住宿設施		
		風景區管理服務設施（管理處所、遊客中心、展示陳列設施、門票、收費站、停車場、眺望臺、公廁）		
		水族館		
		文物展示中心		
		汽車客運業設施		
		觀光零售服務站		
		涼亭		
		游泳池		係屬附設游泳池設施
		花棚花架		
		藝品特產店		
		其他遊憩服務及管理設施		
遊憩用地	遊憩設施	同乙種建築用地		
	戶外遊樂設施	同丙種建築用地		
	水岸遊憩設施	水岸遊憩建築及構造物		
		水上遊憩器材租售店		
		船舶加油設施		
		遊憩停泊碼頭及修護設施		
		遊艇出租		
		警衛或消防救生設備及建築		
		其他水岸遊憩設施		
	觀光遊憩管理服務設施	同丙種建築用地		

修正說明：刪除「遊憩用地」容許使用項目「水岸遊憩設施」及「觀光遊憩管理服務設施」各許可使用細目之附帶條件「本款各目高爾夫球場除外」規定。

各種使用地容許使用項目及許可使用細目表（現行附表）

使用地類別	容許使用項目	許可使用細目		附帶條件
		免經申請許可使用細目	須經目的事業主管機關、使用地主管機關及有關機關許可使用細目	
三、丙 種 建築用地	觀光遊憩管理服務設施	國際觀光旅館		
		觀光旅館		
		一般旅館		
		餐飲住宿設施		
		風景區管理服務設施（管理處所、遊客中心、展示陳列設施、門票、收費站、停車場、眺望臺、公廁）		
		水族館		
		文物展示中心		
		汽車客運業設施		
		觀光零售服務站		
		涼亭		
		游泳池		係屬附設游泳池設施
		花棚花架		
		藝品特產店		
		其他遊憩服務及管理設施		
遊憩用地	遊憩設施	同乙種建築用地		
	戶外遊樂設施	同丙種建築用地		
	水岸遊憩設施	水岸遊憩建築及構造物		本款各目高爾夫球場除外
		水上遊憩器材租售店		
		船舶加油設施		
		遊憩停泊碼頭及修護設施		
		遊艇出租		
		警衛或消防救生設備及建築		
		其他水岸遊憩設施		
	觀光遊憩管理服務設施	同丙種建築用地		本款各目高爾夫球場除外

國家圖書館出版品預行編目資料

不動產投資與環境規劃：附國土計畫實務探討
與估價應用／邢進文著. -- 八版. -- 臺北
市：五南圖書出版股份有限公司, 2020.12
面；　公分
ISBN 978-986-522-350-2（平裝）

1.不動產　2.不動產業　3.土地開發

554.89　　　　　　　　　　109018077

1K31

不動產投資與環境規劃：
附國土計畫實務探討與估價應用

作　　者 ―	邢進文（255.2）
企劃主編 ―	侯家嵐
責任編輯 ―	鄭乃甄
文字校對 ―	鐘秀雲、黃志誠
封面設計 ―	姚孝慈
出 版 者 ―	五南圖書出版股份有限公司
發 行 人 ―	楊榮川
總 經 理 ―	楊士清
總 編 輯 ―	楊秀麗
地　　址：	106臺北市大安區和平東路二段339號4樓
電　　話：	(02)2705-5066　傳　真：(02)2706-6100
網　　址：	https://www.wunan.com.tw
電子郵件：	wunan@wunan.com.tw
劃撥帳號：	01068953
戶　　名：	五南圖書出版股份有限公司

法律顧問　林勝安律師

出版日期	2003年10月初版一刷
	2004年10月二版一刷（共二刷）
	2009年10月三版一刷（共五刷）
	2013年9月四版一刷
	2014年8月五版一刷
	2015年4月六版一刷（共三刷）
	2018年1月七版一刷
	2020年12月八版一刷
	2024年9月八版三刷

定　　價　新臺幣700元

※版權所有·欲利用本書內容，必須徵求本公司同意※

五 南
WU-NAN

全新官方臉書

五南讀書趣

WUNAN
Books since1966

Facebook 按讚

👍 1秒變文青

★ 專業實用有趣
★ 搶先書籍開箱
★ 獨家優惠好康

五南讀書趣 Wunan Books 🔍

不定期舉辦抽
贈書活動喔！！

經典永恆·名著常在

五十週年的獻禮——經典名著文庫

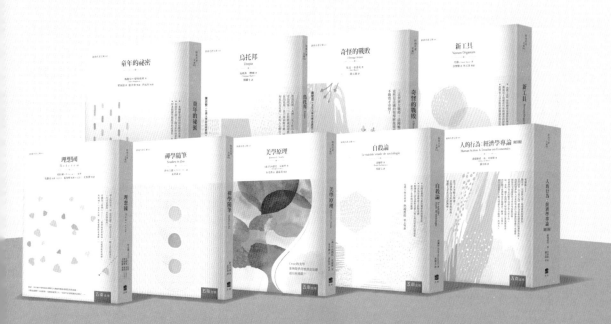

五南，五十年了，半個世紀，人生旅程的一大半，走過來了。

思索著，邁向百年的未來歷程，能為知識界、文化學術界作些什麼？

在速食文化的生態下，有什麼值得讓人雋永品味的？

歷代經典·當今名著，經過時間的洗禮，千錘百鍊，流傳至今，光芒耀人；

不僅使我們能領悟前人的智慧，同時也增深加廣我們思考的深度與視野。

我們決心投入巨資，有計畫的系統梳選，成立「經典名著文庫」，

希望收入古今中外思想性的、充滿睿智與獨見的經典、名著。

這是一項理想性的、永續性的巨大出版工程。

不在意讀者的眾寡，只考慮它的學術價值，力求完整展現先哲思想的軌跡；

為知識界開啟一片智慧之窗，營造一座百花綻放的世界文明公園，

任君遨遊、取菁吸蜜、嘉惠學子！